Hilarion G. Petzold
Integrative Bewegungs- und Leibtherapie
Ein ganzheitlicher Weg leibbezogener Psychotherapie
($1988n^3$)

Integrative Therapie
Schriften zu Theorie, Methodik und Praxis Bd. I/2

Hilarion G. Petzold

# Integrative Bewegungs- und Leibtherapie

## Ein ganzheitlicher Weg leibbezogener Psychotherapie

### 3. überarbeitete Auflage

### Band I,2 – Klinische Leib- und Bewegungspsychotherapie

Junfermann Verlag · Paderborn

© Junfermannsche Verlagsbuchhandlung, Paderborn 1988
3. überarbeitete Auflage 1996

Satz: adrupa Paderborn
Druck: PDC – Paderborner Druck Centrum


CIP-Titelaufnahme der Deutschen Bibliothek
**Petzold, Hilarion G.:**
Integrative Bewegungs- und Leibtherapie: ein ganzheitlicher
Weg leibbezogener Psychotherapie / Hilarion G. Petzold. –
Paderborn: Junfermann, 1988
  ISBN 3-87387-289-7
  NE: GT



ISBN 3-87387-289-7

Für die Mitbegründerin der Bewegung der
„Integrativen Therapie" und des Fritz Perls Instituts

## Lic. theol., Dr. phil. Johanna Sieper

als Dank für ihren Einsatz und
ihr Engagement in der Entwicklung
integrativer didaktischer Modelle
und Konzepte für die Therapieausbildung

Hilarion G. Petzold

## Band I,2 – Klinische Leib- und Bewegungspsychotherapie

»Das Einbeziehen von Leib, Bewegung und kreativem Ausdruck, von sozialen
Netzwerken und ökologischen Kontexten, von Ergebnissen der Entwicklungspsychologie der Lebensspanne und der Therapieforschung sind grundlegend für die Praxis „Integrativer Therapie" und ihrer „Vier Wege der Heilung
und Förderung". Es müssen diese Perspektiven als unverzichtbar für eine moderne, ganzheitliche und differentielle (Psycho-)Therapie angesehen werden.« –
Hilarion Petzold

# Inhaltsübersicht

# Inhaltsverzeichnis Teilband I,2

## Methodische Ansätze der Integrativen Bewegungstherapie im Bereich der Supervision (unter Mitarbeit von *I. Orth*) . . . 563

## Zur Aus- und Weiterbildung von Psychotherapeuten für Integrative Leib- und Bewegungstherapie . . . . . . . . 583

# Thymopraktik als Methode Integrativer Therapie

## (1975e, 1977a)

*„Die Wiederentdeckung des Körpers und das Konzept ganzheitlicher Behandlung müssen als die wichtigsten Errungenschaften moderner (Psycho)-Therapie angesehen werden"* (Petzold 1968a).

## 1. Integrative Therapie als allgemeiner Bezugsrahmen

Die Zeit der „eindimensionalen" Behandlungen beginnt abzulaufen und die Forderung nach einem ganzheitlichen und integrativen Ansatz der Therapie, der sich nicht nur auf die psychische Realität beschränkt, sondern auch die körperliche, geistige, soziale und ökologische Dimension des Menschen zu erreichen sucht, stellt sich immer dringlicher. Eine Integration verschiedener therapeutischer Verfahren über eine Analyse der ihnen gemeinsamen Theoreme und Praktiken, anhand von *Heuristik* also, und eine empirische Untersuchung der verschiedenen, therapeutisch effizienten Variablen durch vergleichende (Psycho-)Therapieforschung wird vielleicht die Lösung der Zukunft sein (*Petzold* 1988v), wenn man auf die nicht mehr zu überschauende Methodenvielfalt in der Psychotherapie blickt. Dabei kann es nicht nur um die „Reduktion von Komplexität" (*Luhmann* 1968) gehen, sondern um die Freisetzung und Erschließung eines enormen und weitgehend ungenutzten Potentials.

Unter den herkömmlichen psychotherapeutischen Verfahren finden sich nur wenige, die vom theoretischen Anspruch und von der praktischen Anwendung her einen *ganzheitlichen* und *integrativen* Zugang zum Menschen haben und insbesondere seinen Körper einbeziehen. Für den letztgenannten Aspekt sind hier besonders die reichianischen und neoreichianischen Verfahren, wie sie von *Alexander Lowen* (1973), *Gerda Boyesen* (1974) u.a. vertreten werden, und die Gestalttherapie in ihren verschiedenen Ausfächerungen (*Perls* 1974, 1975; *Polster* 1975; *Petzold* 1973a, 1974k) von Bedeutung.

Für die genannten Verfahren ist kennzeichnend, daß sie den „ganzen Menschen" in seiner Körperlichkeit, seiner Emotionalität, seiner geistigen Struktur und seinem sozialen und ökologischen Kontext, d.h. also als *„Leibsubjekt in der Lebenswelt"*, erreichen wollen, wobei die Gewichtungen unterschiedlich gesetzt sind. Die bioenergetische Analyse (*Lowen* 1975) arbeitet vorwiegend körperorientiert, wobei der imaginative, kognitive und soziale Bereich in der Reihenfolge der Aufzählung eher am Rande angesprochen wird. – Die klassische Gestalttherapie (*Perls* 1974) arbeitet emotionsorientiert, wobei der imaginative und körperliche Bereich stärker, der kognitive und soziale Bereich nur marginal einbezogen sind. Neuere Entwicklungen, wie die im Rahmen des „Fritz Perls Instituts" ausgearbeitete und gelehrte „Integrative Therapie" (*Petzold* 1974k) zielen unter Rückgriff auf Gestalttherapie (*Perls*), aktive Psychoanalyse (*Ferenczi*), Psychodrama (*Moreno*), Körpermethoden (*Reich, Gindler*) darauf ab, eine Ausgewogenheit der verschiedenen therapeutischen Ebenen zu erreichen. Dieses Ziel folgt aus einem anthropologischen Ansatz, der den Menschen als personales System, als Leib-Subjekt sieht, das durch personale Identität gekennzeichnet ist und aus dieser Identität zu anderen Systemen/Subjekten in Beziehung tritt. Diese Beziehungen wie auch die Abläufe in der Binnenstruktur des Systems werden durch **Sinn** (*Luhmann* 1971; *Merleau-Ponty* 1945; *Tilliette* 1973; *Petzold* 1978c) als ultimativer Kategorie bestimmt. Dabei ist Sinn nicht allgemeingültige und absolute Wahrheit, sondern das in Erfahrungen und Beziehungen eingebettete Wahrnehmen, Handeln, Fühlen und Denken der Person, eine ursprüngliche Erfahrung, die an den Sinn des „stummen Seins" angeschlossen ist (*Merleau-Ponty* 1964, S. 35; 1945, S. 218). In der therapeutischen Arbeit geht es um die Entlarvung und Beseitigung von Sinn-losigkeit in der individuellen und sozialen Realität des Menschen, geht es um die Konstituierung von Sinn in den intraorganismischen, intrapersonalen und interpersonalen Beziehungen sowie in den Relationen zur näheren und weiteren sozialen und physikalischen Umwelt. Therapie trägt dazu bei, daß sich Sinn aus den Gegebenheiten des Alltäglichen, aus dem „être brut et sauvage" (ibid. 1964, S. 203) artikulieren kann (ausführlicher *Petzold* 1978c). Aufgrund dieser anthropologischen Prämissen ist jede Therapie letztlich Leibtherapie und in einen sozialen und ökologischen Kontext gestellt, den der Lebenswelt. Sie muß zugleich

Körper-, Psycho- und Nootherapie* sein. Diese miteinander verwobenen Teilbereiche sind als Schwerpunkte bzw. Ansatzpunkte für spezifische Indikationen und Interventionen zu verstehen.

Wir unterscheiden in der Integrativen Therapie und damit auch in der Thymopraktik, wie an anderen Stellen ausgeführt (*Petzold* 1974k), den *Körper* als den physikalisch-biologischen Organismus des Menschen, vom *Leibe*, der sich im Wahrnehmen, Spüren, Kommunizieren, Handeln als „engagiertes Subjekt" (*Merleau-Ponty* 1966, S. 311) konstituiert, in dem alle menschlichen Fähigkeiten konvergieren und der unsere „Verankerung in der Welt" darstellt (ibid. S. 174). Der Leib ist Ausdruck des ganzen Menschen. Er hat Subjektcharakter. Deswegen ist therapeutische Intervention am Körper, die aus einer intersubjektiven Grundhaltung erfolgt (vgl. infr. 6), immer Therapie am *Leibe*. Der Therapeut muß sich bewußt sein, daß er keinen „Körper berührt und mehr oder weniger fachgemäß auf Funktionstüchtigkeit traktiert, sondern es wird ein Mensch in die Hand genommen" (*Dürckheim* 1974, S. 15). Von „Körperarbeit" kann letztlich nach dieser Unterscheidung nur bei einer funktionalen Behandlung (z.B. Massage) gesprochen werden, die den Körper des anderen als Objekt sieht – eine Haltung, die in der Integrativen Therapie strikt abgelehnt wird. Die deutsche Sprache ermöglicht die Unterscheidung zwischen Körper und Leib, wie sie z.B. in der Anthropologie *Dürckheims* (1974) und *Plessners* (1965) durchgehalten wird, wobei Körper den gegenständlichen und Leib den zuständlichen physischen Daseinsmodus kennzeichnen soll. *Merleau-Ponty* hat zwischen „corps objectif" und „corps phénoménal" unterschieden (1945, S. 123) und damit eine ähnliche Differenzierung vorgenommen. In den neuen Ansätzen der „body therapy" (*Brown* 1973) wird eine derartige, durchaus notwendige Distinktion leider nicht vorgenommen. Oft ist mehr oder weniger eindeutig der „phänomenale Körper" gemeint, oft aber auch – gerade bei den mit einem physikalistischen Energiebegriff operierenden reichianischen Verfahren (*Russelman* 1988) – ein objekthafter Leib, was häufig eine objektivierende Interventionspraxis zur Folge hat, wie in vielen Formen der Bioenergetik (*Lowen* 1975; *Lowen, Lowen* 1981). Sofern wir nicht ausdrücklich die Termini „Leib" und

---

* von griech. νοῦς = Geist

„Leibtherapie" benutzen, die sicher unserem Verständnis am besten entsprechen, sondern die in Kreisen der humanistischen Psychotherapie gebräuchlichen Begriffe „Körper", „Körpertherapie", „Körperarbeit" verwenden, ist, sofern nicht ausdrücklich anders vermerkt, der „phänomenale Leib" und die therapeutische Arbeit mit ihm gemeint. Dieses Zugeständnis an einen „gängigen" Sprachgebrauch bedeutet indes keine Inkonsequenz im Denkansatz. Es gilt, daß ich meinen Körper lediglich *virtuel* aber *letztlich* niemals „haben" kann, denn das Subjekt solcher Körperhabe ist wiederum der Leib genauso wie er das Subjekt der Welthabe ist. Ich *bin* immer Leib. Der „reine Körper" (*Schmitz* 1965, 53) ist eine Abstraktion, die, so lange ich *lebe*, keinen Realitätscharakter gewinnen kann. Erst meine Leiche (*corps*) ist „reiner Körper". Die Verobjektivierung des eigenen Körpers muß deshalb als pathologische Abspaltung gesehen werden, die der Therapie bedarf, denn es handelt sich um eine Spaltung zwischen *Selbst* und *Körper* durch einen Selbstobjektivierungsakt des *Ich*, das in eine *Exzentrizität* geht, die das *Zentrum* des Leibes ausblendet und verliert. Damit wird die Einheit des Leibsubjektes zerstört. Auch der Körper eines anderen Menschen kann für mich, sofern ich die Ganzheit meiner Wahrnehmung nicht zerspalte, nicht nur Körper, ein Ding unter Dingen, sein, sondern er ist Leib, der redet, handelt, fühlt und denkt und mir darin *consubstantial* ist. Der andere Mensch ist mein „Fleischgenosse" (*syssarkos*), mit dem ich als Mitmensch (*consors*) in einem Milieu der *Zwischenleiblichkeit* lebe. Die Verobjektivierung des anderen heißt, ihn seines Menschseins berauben, verleugnen und verneinen, daß er Leib-Subjekt ist, in dem alle Fähigkeiten und Aspekte des Menschen zusammenwirken und ein einzigartiges Ganzes konstituieren. Wir haben dieses Zusammenwirken als „Synergie" bezeichnet und den Leib zugleich als Ort und Produkt synergetischer Wirkung beschrieben. Im Leib und durch ihn vollziehen sich die synergetischen Prozesse. Er wirkt sie und wird zugleich durch sie konstituiert.

In einem hochkomplexen System, wie es der menschliche Organismus darstellt, gibt es keine singulären, isolierten Wirkungen. Wie in der Gestalttheorie können wir formulieren: Jede Einwirkung hat multiple Auswirkungen, und das Gesamt aller Wirkungen ist [mehr und] etwas anderes als die Summe der Einzelwirkungen. Das Synergieaxiom in der Integrativen Therapie ist das Prinzip des Zusammenspiels vielfältiger Wirkungen. Das Synopseaxiom ist das Prinzip des Zusammenspiels vielfältiger Informationen wie z.B. im diagnostischen Prozeß. Für beide Axiome gilt, daß „das Gesamt aller Elemente [mehr und] etwas anderes ist, als die Summe der Einzelkomponenten oder Einzelwirkungen". Ein diagnostischer Prozeß z.b., in den verhaltenstherapeutische, psychoanalytische und gestalttherapeutische Erwägungen eingehen, ist insgesamt komplexer und führt zu diagnostischen Ergebnissen, „die vielfältiger und anders" sind, als die Summe der auf verschiedenem theoretischen und praktischen Hintergrund gewonnenen Einzelinformationen. Für ein Zusammenwirken verschiedener therapeutischer Verfahren in *einem* Behandlungsprozeß kann für das Gesamt der Wirkungen das gleiche ausgesagt werden (vgl. *Petzold* 1974, S. 301 ff). So kann es in der Therapie zwar unterschiedliche Gewichtungen oder Ansatzpunkte geben, man kann *körperzentriert* wie die Atemtherapie oder *einsichtszentriert* wie die Psychoanalyse oder *emotionszentriert* wie die klassische Gestalttherapie arbeiten, dennoch sind immer auch Auswirkungen in anderen Teilbereichen zu spüren, weil der Leib, auf den dies alles einwirkt, *einer* und als solcher ein *Ganzes* ist. Diese Auswirkungen sind jedoch nicht gezielt ausgelöst, sondern sind eher als eine Art „Streueffekt" zu betrachten, der keine optimale Wirkkraft besitzt. Z.B. kann eine Frau in einer psychoanalytischen Behandlung die Einsicht gewinnen, daß die Ursache ihrer Frigidität in einer frühkindlichen Phantasie, genital verletzt zu werden, zu suchen ist. Daraus resultiert vielleicht eine angstfreie Einstellung zum Sexualkontakt mit dem „Streueffekt", daß sich die chronisch verkrampfte Beckenmuskulatur löst und die Frigidität verschwindet. – In gleicher Weise vermag eine Entspannung der Beckenmuskulatur durch Atemtherapie und die auf diese Weise erreichte Erfahrung eines schmerzfreien bzw. lustvollen Sexualkontaktes als „Streueffekt" zu Partnerbeziehungen führen, die von Phantasmen unbelastet sind.

In der Integrativen Therapie sind wir bemüht, nicht nur mit Streueffekten zu arbeiten, sondern mit *gezielten Wirkungen*. Wir gehen davon aus, daß im Leibe jede Emotion ein physisches Korrelat hat, z.B. in muskulären Verspannungs- bzw. Entspannungszuständen, daß sie in einem kognitiv erfaßbaren Zusammenhang steht und in einem sozio-ökologischen Kontext. Jeder dieser Bereiche des Leibes wird mit spezifischen Interventionen angegangen. „Integrative Therapie" ist deshalb Leibtherapie, die nach dem Ansatzpunkt folgende Schwerpunkte unterscheidet: Körpertherapie, Psychotherapie und Nootherapie, die aufgrund ihrer Einbettung in zwischenmenschliches Beziehungsgefüge immer auch Soziotherapie und aufgrund ihrer Situiertheit in einem ökologischen Kontext immer auch ökologische Intervention (vgl. dieses Buch S. 62, 85) sind; *denn „Behandlung von Pathologie erfordert immer auch die Behandlung des pathogenen Umfeldes, und Gesundheit erfordert den Aufbau und die Erhaltung eines gesundheitsfördernden sozialen und ökologischen Umfeldes"* (Petzold 1968a).

## 2. Leibtherapie als spezieller Bezugsrahmen

Ich will mich an dieser Stelle mit dem Bereich „Leibtherapie" in-nerhalb der Integrativen Therapie befassen. Ich unterscheide drei Schwerpunkte: die *funktional-übungszentrierte* Modalität der Arbeit, die im wesentlichen durch Atem-, Entspannungs- und Bewegungstherapie geleistet wird, wie auch die *erlebniszentrierte* Arbeit, bei der u. a. kreative Bewegungsimprovisation verwendet wird (vgl. S. 552 f., 410 f.), und die *konfliktzentrierte* Modalität der Arbeit, durch die die Atem- und Bewegungstherapie einen mehr biographisch ausgerichteten Akzent erhält. Insbesondere die direkte Arbeit am Leibe wird mit konfliktzentrierter Ausrichtung eingesetzt. Ich habe diese Arbeit innerhalb der Integrativen Therapie als *Thymopraktik* bezeichnet (*Petzold* 1970c) [von θυμός = Gefühl, Wille, Gemüt, Mut, d. h. das Vegetativum, und πρᾶξις = Handeln, Tun] und das Verfahren mit meinen Mitarbeitern am *Fritz Perls-Institut* in den vergangenen Jahren beständig weiter ausgebaut. Es war dies eine der Entwicklungen, die den integrativen Ansatz über die klassische Gestalttherapie hinaus geführt hat. Zur personzentrierten Arbeit auf dem „hot seat" traten als Eigenheiten des integrativen Stils die leibzentrierte Arbeit auf der Matte, die Verwendung kreativer Medien in der Therapie, das gruppenzentrierte Vorgehen, das bei *Perls* durch seine Praxis der „Einzeltherapie in einem Gruppen-setting" (1971, S. 77) weitgehend verloren gegangen war und das Einbeziehen des Umfeldes durch soziotherapeutische Interventionen.

Für die Entwicklung der *Thymopraktik* konnte ich im wesentlichen auf zwei Quellen zurückgreifen: einmal auf psychoanalytische Traditionen wie z.B die körperorientierte Therapie in der „elastischen und aktiven Technik" *Ferenczis*, wie ich sie bei seinem Schüler *Iljine* erfahren habe, und die reichianische Körpertherapie, wie ich sie bei *Reichs* Schülern *Karl Vööbus* (1956) und *Ola Raknes* (1972) kennengelernt habe, eine Erfahrung, die durch den Kontakt mit der neoreichianischen Bioenergetik, insbesondere der Arbeit von *Alexander Lowen* (1973; 1975) eine Ergänzung erfuhr, wobei ich mir klar wurde, daß ich *so* nicht arbeiten wollte. Die andere Quelle war die funktionale Körpertherapie: die Entspannungsarbeit und Tonusregulierung, wie ich sie in Massagepraktiken, bei der *Gindler*- und *Goldstein*-Schülerin (*Pross* 1989) *L. Ehrenfried* (1958) und im Sensory-Awareness (*Brooks* 1975; *Selver* 1974) erfahren habe. Weitere Inspirationen kamen aus dem *Iljine*schen Improvisationstraining (*Iljine* 1942), der Eutonie nach *Gerda Alexander* (1974) und der differentiellen Atemtherapie, die ich bei *Konrad Schmidt* und *N. Ouspiensky* erlernt habe (vgl. weiterhin besonders die Arbeiten von *Ilse Middendorf* 1986 und *Marianne Fuchs* 1975). Die genannten Verfahren haben die Thymopraktik vor allem in technischer Hinsicht bereichert und dazu geführt, daß ein Spektrum von Interventionstechniken vorhanden ist, das von der „harten", in muskuläre Blockierungen eingreifenden Technik des *Rolfings*, bis zur „sanften", spannungslösenden Atemmassage reicht. Die verschiedenen Möglichkeiten können mit spezifischer Indikation eingesetzt werden.

Die Thymopraktik hebt sich von den genannten Verfahren und Methoden ab durch ihren anthropologischen Ansatz, ihr theoretisches Erklärungsmodell und ihr methodisches Vorgehen. Sie macht nicht – wie die reichianischen und neoreichianischen Therapieformen – ein biophysikalisches Energiekonzept (Orgonenergie, Bioenergie) zur Erklärungsgrundlage.[*] Methodisch gesehen, werden in der Thymopraktik immer körperliche Reaktionen, emotionales Erleben, biographischer Kontext und rationales Durcharbeiten ver-

---

[*] In der Thymopraktik stehen wir einer energetischen Betrachtungsweise reserviert, wenn auch nicht gänzlich ablehnend gegenüber. Alle Lebensprozesse sind ja energetische Prozesse. Jedoch setzen wir uns von jeglichem Energiemystizismus sowie von mechanistischen, biophysikalischen oder biologistischen Vorstellungen ab, die uns für die Erklärung von Lebensprozessen nicht angemessen erscheinen. Wir sehen den Menschen nicht als eine Batterie, die sich entlädt und wieder aufgeladen werden kann (*Petzold* 1987h; *Russelman* 1988). Ein bloß metaphorischer Gebrauch des Energiekonzepts etwa im Sinne *Bergsons* „élan vital" scheint uns

bunden. Auch in dieser Form mehrdimensionaler Konfliktbearbeitung unterscheidet sich die Thymopraktik von anderen Verfahren körperorientierter Therapie. In der Verwendung ihres technischen Instrumentariums arbeitet sie vorwiegend prozeßorientiert, und weniger übungszentriert als die Mehrzahl der funktionalen Methoden, es sei denn, eine spezifische Indikation für funktionales Vorgehen wäre gegeben.

## 3. Theoretische Konzepte

Ich möchte mich an dieser Stelle auf Konzepte* beschränken, die für thymopraktische Arbeit wesentlich sind. Ein umfassender anthropologischer Rahmen wurde schon an anderer Stelle vorgelegt und ist im Entwurf der *Integrativen Therapie* zu sehen (dieses Buch S. 173ff; *Petzold, Sieper* 1988a). Wie bei fast allen körperorientierten Therapieverfahren steht die Theorienbildung bei der Thymopraktik auch noch in den Anfängen, so daß mehr als ein konzeptueller Rahmen zum augenblicklichen Zeitpunkt nicht geleistet werden kann, und auch dieser verändert und erweitert sich.

In theoretischer Hinsicht ergeben sich zwei zentrale Fragestellungen: *Was* ist der menschliche Körper und *wie* funktioniert er. Die erste Frage verweist in den Bereich der philosophischen, die zweite in den Bereich der naturwissenschaftlichen Anthropologie, mit ihren Zweigwissenschaften Medizin, Biologie, Neuropsychologie.

---

allerdings auch nicht ausreichend, weil es die biologisch-organismische Realität des Menschen nicht adäquat zu erfassen vermag. In der Erforschung biophysikalischer Phänomene zeichnen sich neue und faszinierende Entwicklungen ab (vgl. *Tiller* 1973; und die Veröffentlichungen in der von *Krippner* seit 1974 herausgegebenen Zeitschrift *Psychoenergetic Systems*). Ihre Bedeutung für die psychotherapeutische Praxis läßt sich noch nicht absehen, und verfrühter Enthusiasmus (*Boadella* 1975) scheint uns nicht am Platze. Für die Praxis unserer Leibtherapie bzw.Körperarbeit und die theoretische Absicherung dieser Praxis ist das Energiekonzept keine *conditio sine qua non*. Das theoretische Erklärungsmodell der Thymopraktik mit seinem Rekurs auf eine Stimulierungstheorie einerseits und auf eine Hermeneutik der Leiblichkeit andererseits ist in sich konsistent, ohne daß ein Bezug auf die bioenergetische Theorie *Reichs* erforderlich wäre. Es ist indes für weitere Entwicklungen offen (vgl. *Petzold* 1988i).

\* Zum Begriff des Konzeptes im Rahmen der Theorienbildung vgl. *Petzold, Sieper* (1977; *Petzold* 1978c).

In der leibbezogenen Arbeit der Integrativen Therapie sind unsere philosophisch-anthropologischen Grundlagen der Existenzialismus, die Phänomenologie und die Hermeneutik, insbesondere die Überlegungen von *Vladimir Iljine, Helmut Plessner, Gabriel Marcel, F.J.J. Buytendijk* und *M. Merleau-Ponty* zur Bedeutung des Körpers bzw. Leibes. Für die naturwissenschaftliche Fundierung greifen wir auf lerntheoretische (*Bernstein* 1975; *Gibson* 1979; *Turvey, Kugler* 1984; *Reed, Johnes* 1982; zum Ganzen *Meijer, Roth* 1988 und *Meijer* 1988) und neurowissenschaftliche Modelle (*Gazzaniga* 1989, *Ornstein* 1989) zurück. Beide Ansätze können an dieser Stelle nur angesprochen und nicht weiter ausgeführt werden.

## 3.1 Leib, Lernen und Gedächtnis

Unser leiblicher Organismus ist die Grundlage aller Lebensprozesse, auch der emotionalen und geistigen. Durch ihn nehmen wir wahr, „produzieren" wir Gefühle, Gedanken und Verhaltensweisen. Durch ihn und mit ihm *lernen* wir. Der Leib wird damit zum Ausgangs- und Zielpunkt aller Therapie. In der Thymopraktik nehmen wir an, daß es eine bestimmte, durch Anlage vorgegebene und sich in Reifungsprozessen aktualisierende Grundausstattung an Motorik, Sensorik und Affekten gibt, und daß alles, was darüber hinausgeht, in einem in sich gestuften Prozeß motorischer, emotionaler und kognitiver Sozialisation erworben wird. Dieser ist ein komplexer Lernprozeß (*Gagné* 1969), der sowohl einfache Reiz-Reaktionsmuster als auch komplizierte emotionale, kognitive und psychomotorische Strukturmuster umfaßt, wobei wir unter **Lernen die „Veränderung von Strukturen aufgrund von Erfahrung"** verstehen. Derartige Strukturmuster (*patterns*) werden über den Körper aufgenommen und in den cortikalen und subkortikalen Zentren als multipel vernetzte biophysikalische Engrammsysteme (Spuren) gespeichert. Die bei diesem Prozeß beteiligten physiologischen Vorgänge sind noch nicht ausreichend geklärt und Gegenstand unterschiedlicher Theorien. Insbesondere das Phänomen des sogenannten Muskel- bzw. Körpergedächtnisses (*propriozeptives* oder *viscerales Gedächtnis*) ist noch wenig erforscht. Das Körpergedächtnis kann jedoch niemals losgelöst von der Gesamtheit der Gedächtnisfunktionen betrachtet werden (wir sprechen deshalb auch lieber von Leibgedächtnis), eine Auffassung, die offenbar von manchen neoreichianischen Therapeuten vertreten wird, wenn sie annehmen, daß eine Engrammierung unmittelbar in der Muskulatur stattfindet. Vielmehr werden propriozeptive Wahrnehmungen aus der Haut, den Muskeln und Gelenken cerebral, wenn auch in unterschiedlichen Hirnzentren gespeichert. Die propriozeptiven Informationen – wir nennen sie Propriozepte – bleiben weitgehend im subkortikalen Bereich. Das Leibgedächtnis, das die *motor memory* einschließt, „muß vom begrifflichen und perzeptuellen Gedächtnis verschieden sein, da bewußte Bildvorstellungen unbestimmt und weitgehend ausgeschlossen sind" (*Henry* 1960). Das heißt aber nicht, daß sie nicht mit begleitenden, bildhaften oder begrifflichen Inhalten multipel verschaltet sind. Im Leibgedächtnis gespeicherte Ereignisse stellen komplexe „high level" und „low level activities" (*Meijer* 1988, 59), „unconscious motormemory programs" (*Lawther* 1977, S. 3) dar, die bei der Aufnahme und Identifizierung einer angemessenen Stimulussituation z. T. willentlich ausgelöst werden können; „jedoch ist für den Ablauf des spezifischen, gelernten, motorischen Programmes durch die spezifischen Zentren, Subzentren und Nervenbahnen keine bewußte Lenkung erforderlich" (ibid.). Obgleich das Leibgedächtnis in die Gesamtheit der Gedächtnisfunktionen eingebettet ist und von ihnen nicht isoliert werden kann, kommt ihm für die Theorie und Praxis der Leibtherapie einige Bedeutung zu. In ihm sind die archaischen, vorprädikativen Erfahrungen (propriozeptiver und atmosphärischer Art) gespeichert, die durch Leibtherapie therapeutisch erreicht werden sollen, die Empfindungen des Säuglings und Kleinkindes, die – vor Sprache und Begriff liegend – als *Qualitäten*, Niederschlag von Atmosphären  festgehalten sind, insbesondere das Selbsterleben, die *Leibinseln*, die Vorläufer des Körperschemas, das ganzheitliche Erfassen von Situationen, wie es vor allem für die Funktionsmodalität der rechten Hirnhemisphäre kennzeichnend ist (*Eccles* 1973; *Gazzaniga* 1989; *Dimond* 1972). Das propriozeptive Erfassen des eigenen Leibes durch den Säugling wird Grundlage aller späteren Wahrnehmungsverarbeitung. Aus ihm wachsen, zusammen mit den exterozeptiven Impulsen, mnestische Strukturen, die für spätere Informationen als Identifikationsraster dienen und eine wachsende Komplexität der Informationssysteme ermöglichen. Von den ersten Lebenstagen an ist „jeder Moment des Lernens eine Funktion der schon vorhandenen gelernten Organisation des Subjekts" (*McGeoch*

1942). Damit geht alles Lernen aus vorgängigem Lernen hervor. (Dies gilt natürlich auch für das Lernen im Leibgedächtnis.) Wir können an dieser Stelle auf die verschiedenen Lerntheorien bzw. Modelle des Gedächtnisses nicht näher eingehen, die Spurentheorien von *Semon* (1920) oder *Köhler, Koffka* und *Wulf* – Vertreter des gestalttheoretischen Konzeptes des „Spurenfeldes" – bis zu neueren neurophysiologischen und systemtheoretischen Modellen (vgl. *Norman* 1973; *Collins, Quillian* 1972; *Kintsch* 1972, *Gazzaniga* 1989 u.a.). Unsere eigene Position wollen wir nur kurz skizzieren: Lernen geschieht in einem komplexen Sozialisationsprozeß, der zur Ausbildung von cerebralen Informationssystemen führt. Diese sind derart aufgebaut, daß sich aus einfachen Elementen, z.T. mit „low level autonomy", immer komplexere Einheiten bilden, die nach dem *Synergieprinzip* eine eigenständige Charakteristik gewinnen, ohne daß dabei die Grundelemente verloren gehen. Das Gesamt der Einzelwirkungen ist zwar mehr und etwas anderes als ihre Summe, das aber führt nicht zum Verlust des einzelnen Elementes, das für das Zustandekommen der Struktur bzw. des Systems konstitutiv ist; ja, im Detail ist auch das Ganze. Durch das *Hologrammtheorem* (*Pribram* 1979) wird die Tatsache nicht beseitigt, daß Struktur Elemente hat. Informationssysteme, wie sie im Gedächtnis festgehalten sind, beinhalten bildhafte, begriffliche, emotionale, motorische Informationen, die aus dem aktualen Erleben gewonnen wurden; und das bedeutet nichts anderes als *Wahrnehmen* des *perzeptiven Leibes* und *Reagieren* des *expressiven Leibes* und das *Speichern* von beidem im *memorativen Leib*, wobei einmal gespeicherte Wahrnehmungen und Reaktionen die Struktur zukünftiger Wahrnehmungen und Handlungen festlegen. Ich möchte in Erweiterung des Ansatzes von *Norman* (1973) für das Gedächtnissystem neben den Prinzipien der *Permanenz* – keine Information geht im Erinnerungssystem verloren –, der *Diskrimination* – Elemente werden nach bestimmten Charakteristika differenziert – noch drei weitere Prinzipien hinzufügen: das der *Komplexität* – jedes Informationssystem hat kognitive, emotionale und somatomotorische Komponenten – und das der *Abrufbarkeit*. Es ergibt sich aus dem Prinzip der Permanenz und besagt, daß einmal gespeicherte Informationen abgerufen werden können und damit dem Organismus zur Verfügung stehen. Schließlich das Prinzip der *Modulation*. Informationssysteme können durch neue Information verändert werden.

Für die therapeutische Arbeit werden die letztgenannten Prinzipien besonders wichtig, ja sie bilden geradezu ihre Voraussetzung. Dabei wirft das Prinzip der Abrufbarkeit besondere Probleme auf: Wie rufe ich Informationen ab, die in komplexe Systeme bereits eingebaut sind und zu deren Charakteristik sie beitragen? Modulation wird nämlich nur möglich sein, wenn vorhandene Informationen durch neue ergänzt werden. Wir gehen davon aus, daß jegliches Abrufen durch *Stimulierung* erfolgt. Bei allen Stimulierungen, externen (exterozeptiven) und internen (propriozeptiven) reagiert der Körper einerseits mit angeborenen Reaktionsmustern, andererseits mit Responsen, die durch Lernerfahrungen erworben wurden und im Gedächtnis innerhalb komplexer Informationssysteme gespeichert sind. Diese Informationen sollen aktiviert und abgerufen werden. Ein großer Teil der Techniken in der Integrativen Therapie hat kein anderes Ziel, als Erlebnis- und Reaktionsmuster zu stimulieren und die ihnen zugrundeliegenden, in den cerebralen (kortikalen und subkortikalen) „Informationsspeichern" aufbewahrten Lernerfahrungen wieder verfügbar zu machen. Das Zustandekommen der gespeicherten Informationssysteme sei der Vollständigkeit halber kurz und vereinfacht dargestellt: Eine Reizkonfiguration als stimulierendes Strukturmuster wird durch entsprechende Perzeptoren wahrgenommen und als Impuls an die spezifischen cerebralen Speicherzonen weitergeleitet. Dort werden sie anhand von schon vorhandenen Informationen identifiziert und lösen ein entsprechendes, in vorgängigen Erfahrungen erlerntes Reaktionsmuster aus*. Die ausgelösten Reaktionen sind Informationssysteme, die aufgrund realer biographischer Situationen als Lernerfahrungen aufgebaut wurden. Nach Auffassung der gestaltpsychologischen Spurentheorie und neuer neurophysiologischer Lerntheorien sind es denn auch die Strukturen, Hologramme (dieses Buch S. 590f), die bei einer eingehenden Informationsmenge identifiziert und zugeordnet werden. Das Ganze ist dem Detail vorgeordnet, ohne daß das Detail damit unwichtig oder gar überflüssig würde, denn in ihm ist auch das

---

* Es ist dabei anzunehmen, daß in den Perzeptoren schon ein erstes, der cerebralen Informationsverarbeitung vorgeschaltetes Screening und gewisse unmittelbare Reaktionen erfolgen (*Pfeiffer* 1962; *Michael* 1969) im Sinne einer „low level autonomy" (*Meijer* 1988).

Ganze präfiguriert. Die Aktivierung einer Spur (eines Informations-systems) durch „multiple Stimulierung" (*Petzold* 1988f) führte schon nach Auffassung von *Koffka* zu einer mehr oder weniger starken Aktivierung der anliegenden Spuren. Auf ein System- bzw. Struktur-konzept übertragen, hieße das: die Aktivierung einer Struktur (eines Hologramms) führt zu einer umfassenden Aktivierung der Elemen-te, die zu ihrem Zustandekommen beigetragen haben, und das sind die konkreten Lernerfahrungen in der Biographie, in der „Lernge-schichte". Je intensiver und komplexer die über die Perzeptoren eingehenden Reizkonfigurationen werden, je reicher ihr über die Grundstrukturen hinausgehender Informationsgehalt ist, desto hö-her ist auch ihr Aktivierungspotential in bezug auf das Abrufen der konstitutiven Elemente der Struktur, d.h. im Hinblick auf die zu-grundeliegenden biographischen Erfahrungen. Über die Aktivie-rung durch *multiple* Stimulierung kommen Strukturen in Bewegung und können in einem komplexen Lernprozeß (therapeutische Sozia-lisation, Modulation) modifiziert, neu formiert oder gänzlich neu ge-bildet werden.

## 3.2 Konzepte zur Pathogenese

Wir sind mit *Perls* (1969a) der Auffassung, daß der Organismus, wenn er seinen Lebens- und Entwicklungsrhythmus ungestört in einem ihm angemessenen Umfeld vollzieht, grundsätzlich seinen Bestand erhalten und seine Potentiale entfalten kann. Dies mag als eine sehr einfache, nicht sehr differenzierende Vorstellung von Ge-sundheit gelten. Pathologie entspringt unter dieser Perspektive weit-gehend einem pathogenen Umfeld, das die Entwicklungs- und Selbstregulationsprozesse des Organismus beeinträchtigt oder stört. Natürlich liegen die Dinge häufig komplexer. Der Mensch ist eben nicht *nur* sondern allenfalls *auch* Organismus (vgl. dieses Buch S. 276). Er ist Leib-Subjekt, für das das Selbstregulationsmodell nur bestimmte Dimensionen erklären kann und andere nicht (z.B. das Problem der Freiheit oder der Sinnhaftigkeit). So sollen im folgenden im Rahmen dieser Arbeit auch nur einige Konzepte zur Pathogenese kurz vorgestellt werden, auf die wir in der Thymopraktik in dia-gnostischer und therapeutischer Hinsicht ein spezifisches Augen-merk richten. Dabei wollen wir uns an dieser Stelle auf „psychogene" bzw. „soziogene" Faktoren beschränken. Durch erbliche Dispositionen, Läsionen, Infektionskrankheiten, Stoffwechselstörungen etc. hervorgerufene oder mitbedingte Störungen sind selbstverständlich auch von großer Wichtigkeit für die Genese mancher psychiatrischer Erkrankung, und es liegt uns fern, eine „totale Psychogenese" oder soziale Verursachung all dieser Erkrankungen zu vertreten. Somatische Ursachen und Dispositionen müssen als Möglichkeit immer mit im Blick sein, wenn die Diagnostik nicht zu kurz greifen soll. Für die Indikation, Prognose und therapeutische Strategie ergeben sich aus einer primären oder partiellen Somatogenese wichtige Implikationen, insbesondere im Hinblick auf die Kombination von Medikation und Psychotherapie. Letztere ist in jedem Fall indiziert – und sei es nur in lindernder, stützender oder kompensatorischer Form (*coping*); denn jede *primär* somatogene Erkrankung hat *sekundär* psychische und *tertiär* soziale Auswirkungen, etwa dadurch, daß der Kranke mit den Reaktionen seiner Umwelt auf seine Erkrankung nicht fertig wird und deshalb der psychotherapeutischen Unterstützung bedarf.

### 3.2.1 Defizite

Der Mensch als „personales System" (*Petzold* 1974k) benötigt zu seiner Entwicklung motorische, sensorische, perzeptuelle, emotionale, kognitive und soziale Stimulierung. Das Neugeborene und Kleinkind erhält diese im „Körperdialog" mit der Mutter. *René Spitz* (1976) hat die Bedeutung des Dialoges zwischen Mutter und Kind für eine gesunde Entwicklung betont. Dieser Dialog ist unserer Auffassung nach zunächst ein „Körperdialog" von Haut zu Haut. In ihm kommen taktile und thermische, olfaktorische und gustatorische, auditive und visuelle Wahrnehmungen zum Tragen, durch die Sensationen von Lust und Unlust ausgelöst und ausdifferenziert werden. Das Kind entwickelt durch den taktilen Kontakt und propriozeptive Informationen nach und nach ein Empfinden des eigenen Körpers. Es bildet sich der Leib als Wahrgenommener und cerebral Repräsentierter, der selbst bei Verlust eines Körperteiles (z.B. durch Unfall) dieses als „*Phantomglied*" in seinen „Leib-Selbstbild" (vgl. Körperschema, Körperbild) behält. Beim Säugling finden sich noch keine Phantomphänomene, was darauf hinweist: der *Leib* ist keine *materiel-*

*le Realität,* wie der Körper (in dem er indes gründet), sondern eine *transmaterielle Realität,* gebildet aus in Wahrnehmungsprozessen gewonnenen und abgespeicherten *Informationen* (vgl. *Petzold* 1988f). Die basale somato- bzw. sensumotorische, kognitive und emotionale Sozialisation stellt im Sinne unserer bisherigen Ausführungen die Grundlage für alle fortführenden Lernprozesse dar. Im „dialogue tonique" (*Ajuriaguerra, Angelergues* 1962) mit der Mutter werden die Impulse des Kindes aufgenommen und durch Stimulierung entwickelt. Das erfordert eine Mutter als empathischer Dialogpartner, die für die Bedürfnisse des Kindes sensibel ist und ihnen angemessene Befriedigung, d.h. aber optimale Stimulierung in qualitativer und quantitativer Hinsicht, bieten kann. Der Körperdialog zwischen Mutter und Kind wird damit zur Matrix aller frühen Entwicklungsprozesse und bildet die Grundlage für die spätere Beziehungsfähigkeit, d.h. auch die Fähigkeit zur Intersubjektivität (vgl. infr. 6). Weil das Kind sich zumindest im ersten und zweiten Lebensjahr in der Beziehung zu *einer* Bezugsperson optimal entfaltet (*Müller-Braunschweig* 1975) und zwar im „Körperdialog", so ist unserer Auffassung nach die Therapie „früher *Schädigungen*" an die intersubjektive, dialogische Matrix der Therapeut-Patient-Beziehung gebunden, die in der Thymopraktik die Körperebene oder besser – die Ebene des *Leibes,* der *Leiblichkeit,* der *Zwischenleiblichkeit –* einbezieht. Körperarbeit *ohne* eine derartige intensive Beziehung, wie sie von der Theorie und Praxis der Primärtherapie *Janovs* (1974) betrieben wird, halten wir deshalb für problematisch (vgl. auch die Kritik *M. Browns* 1975 und *Ch. Kelleys* 1977, 134ff.). Auch durch Gruppentherapie (so wichtig sie für die Behandlung von Problemen ist, die im über die Primärgruppe hinausgehenden Kontext der Sozialisation während des Kindes- und Jugendalters gesetzt wurden) können die Störungen aus der präverbalen Periode nicht optimal angegangen werden.

Mögliche Krankheitsfolgen bei Erwachsenen durch sensorische, perzeptuelle und soziale Deprivation bei Kleinkindern sind seit den grundlegenden Forschungen von *Spitz* (1945, 1946), *Bowlby* (1951; 1973; 1976) von zahlreichen Autoren angenommen worden (vgl. *Moog* 1972). Dabei kommt der taktialen Stimulierung offenbar besondere Bedeutung zu, wie z.B. die Untersuchung von *Casler* (1965) zeigt. Bei mangelnder Stimulierung (Monotonie-Effekt) kann sich der Säugling nicht optimal entwickeln und kann – erfolgt keine kompensatorische Entlastung – Schäden davontragen, wie die Arbeiten von *Spitz* (1967), *Rheingold* (1956; 1960) u.a. dokumentieren. Diese Ergebnisse werden von Experimenten mit Jungtieren gestützt (*Harlow* 1962). Allerdings konnte von Seiten der Longitudinalforschung bislang kein empirischer Beweis dafür erbracht werden, daß Schädigungen in der frühen Kindheit mit Sicherheit oder hoher Wahrscheinlichkeit zu psychischen oder psychosomatischen Erkrankungen im Erwachsenenalter führen (*Sameroff* 1975, 1983; *Luckner, Ernst* 1985). Vielmehr müssen für diese eine *„Karriere von Schädigungen im Lebensverlauf"* angenommen werden, bei denen die frühen Negativerfahrungen nur ein – wenn auch gewichtiger – Faktor sind.-

Daß die Kontinuität des Stimulierungsniveaus schon beim Übergang von der „totalen Stimulierung" *in utero* zur partiellen Stimulierung nach der Geburt eine große Bedeutung hat, scheinen die Arbeiten des französischen Gynäkologen *Leboyer* (1974) anzuzeigen, der auf den direkten Hautkontakt von Mutter und Kind unmittelbar nach der Geburt Wert legt und bei Kindern, die mit seinem Entbindungsverfahren geboren wurden, gegenüber Vergleichsgruppen einen positiven Entwicklungsverlauf feststellen konnte.

Wenn man bedenkt, daß die Ausbildung der neuronalen Bahnungen in den ersten Lebensmonaten weitgehend abgeschlossen wird, und das nicht allein aufgrund endogener Reifungsprozesse, sondern auch in Abhängigkeit von externer Stimulierung, kann man die Bedeutung des „Körperdialoges" gar nicht hoch genug einschätzen.

Wir können für die Genese von *frühen Defiziten* 1. Deprivation als fehlende Quantität an Stimulierung und 2. Deprivation als fehlende Qualität von Stimulierung (homogene Reizdarbietung anstelle von „multipler Stimulierung") annehmen.

Defizite, verstanden als fehlende Lernerfahrungen und damit unzureichende Ausbildung somatomotorischer, emotionaler und kognitiver Strukturen, bewirken, daß nachfolgendes Lernen beeinträchtigt wird, *sofern die defizitäre Entwicklung nicht nachsozialisiert werden kann.* Gerade das Fehlen von taktiler Stimulierung im ersten Lebensjahr und die daraus resultierende mangelnde Ausbildung des Leib-Selbst und kräftiger Ich-Funktionen – Vorläufer eines starken Ichs – kann die Entwicklung der Persönlichkeit nachhaltig beeinflussen und für zahlreiche schwere Krankheitsbilder, insbesondere psychosomatische Störungen und verschiedene Psychoseerkrankungen als eine wesentliche Ursache angesehen werden. Derartige, als „frühe narzißtische Störungen" (*Kohut, Kernberg*), Grundstörungen (*Ferenczi, Balint*) oder „archaische Ich-Krankheiten" (*Ammon* 1975) klassifizierte Krankheitsbilder aus der Zeit *vor* der Sprach- und Begriffsbildung, können nach unserer Auffassung auch nicht allein durch verbale Psychotherapie behoben oder gemindert werden, sondern erfordern Interventionen auf der Leibebene. Durch sie werden in der therapeutischen Regression und Progression (vgl. dieses Buch S. 484 ff.) Defizite *nachsozialisiert* im Prozeß der Beelterung (*parentage, réparentage,* vgl. dieses Buch S. 457) oder durch *übungszentriertes* oder *erlebniszentriertes* Vorgehen (vgl. *Petzold, Berger* 1977, 455) kompensiert. Die Thymopraktik besitzt durch Techniken

# Das Entstehen von Schädigungen
## KONZEPTE DER PATHOGENESE

### Pathogene Situation
### DEFIZITE

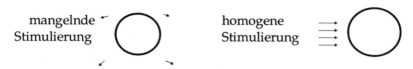

mangelnde Stimulierung

homogene Stimulierung

### Pathogene Situation
### STÖRUNGEN

**uneindeutige Stimulierung**
(z.B. durch mangelnde oder fehlgeleitete Empathie der Bezugsperson)

**inkonstante Stimulierung**
(z.B. durch fehlende „Objektkonstanz", d.h. Beziehungskontinuität)

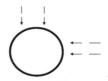

### Pathogene Situation
### TRAUMATA

Externe Überstimulierung

Interne Überstimulierung

# Pathogene Situation
## KONFLIKTE

1. **O–O–Konflikt**
   Zwei autochthone Bedürfnisse, (d.h. Stimulierungssituationen), die im Organismus angelegt sind, treten gleichzeitig auf. Sie kollidieren miteinander und hemmen sich wechselseitig, z.B. das Bedürfnis nach Nahrung und Schlaf.

2. **O–E–Konflikt**
   Ein autochthones Bedürfnis des Organismus kollidiert mit Außenrealität, z.B. Hunger oder Müdigkeit, mit dem Entzug von Nahrung oder Schlaf in einer Katastrophensituation. Oder: Klara will naschen. Die Mutter kommt hinzu. „Läßt du das wohl sein!"

3. **O–I–Konflikt**
   Das Bedürfnis nach Nahrung als autochthoner organismischer Stimulierungszustand wird durch ein internalisiertes Verbot gehemmt (Es/Über–Ich–Konflikt). Klara will naschen. Die „innere Mutter": „Das darf man doch nicht."

4. **I–E–Konflikt**
   Eine erlernte und internalisierte Strebung und die Außenrealität kollidieren miteinander, z.B. das Bedürfnis, einem anderen Menschen in Schwierigkeiten zu helfen, und das Verbot einer äußeren Instanz, etwa in einem totalitären Staat.

5. **I–I–Konflikt**
   Zwei erlernte und internalisierte Strebungen stehen gegeneinander, z.B. das Streben nach Erfolg in einer Konkurrenzsituation (Stimulierung) und das Gebot der Fairness (Hemmung).

6. **E–E–Konflikt**
   Zwei externe, gleich starke Impulse treffen auf den Organismus und führen zu dem Konflikt, in welche Richtung er reagieren soll.

7. **O/I1,2 — I–Konflikt**
   Hunger (O) auf ein sauber (I1) und schmackhaft (I2) zubereitetes Gericht wird in seiner Befriedigung dadurch gehemmt, daß noch nicht alle Gäste am Tisch sitzen (I).

8. **O/I–E–Konflikt**
   Das basale Bedürfnis nach Sexualität (O), gekoppelt mit dem erlernten Bedürfnis nach einer anregenden, angenehmen Umgebung (I), wird durch widrige äußere Umstände (E) gehemmt.

des direkten Körperkontaktes für die *konflikt-* und *erlebniszentrierte* Arbeit (ibid. S. 456ff) Möglichkeiten des therapeutischen Vorgehens, um bei Defiziten auf der Primärebene ansetzen zu können. Ähnliches Vorgehen – wenngleich auf anderem Hintergrund – findet sich in der „primal therapy" *Janov*s (1974; 1975), in der Bioenergetik *Lowen*s (1975) und in den verschiedenen reichianischen und neoreichianischen Verfahren (*Baker* 1967; *Boadella* 1976). Außerdem können durch die funktionalen, atem- und tonusregulierenden Praktiken unserer Methode chronifizierte Verspannungen und Einschränkungen der Atmung sowie die damit einhergehenden emotionalen Zustände in der therapeutischen Arbeit angegangen werden, ähnlich wie es *Ajuriaguerra* (1962) in seiner Relaxationstechnik versucht (*Lemaire* 1964).

### 3.2.2 Störungen

Wir unterscheiden von den *Defiziten* die *Störungen* als Impulse, d.h. Stimulierungskonstellationen, die auf den Haushalt, die Balance der menschlichen Persönlichkeit, die – allgemein gesprochen – auf die Selbstregulationsprozesse des Organismus bzw. des „personalen Systems" derart einwirken, daß sie vorübergehend oder auf Dauer beeinträchtigt, fehlgeleitet oder lahmgelegt werden. Als Folge von Störungen können sich natürlich auch Defizite ausbilden. In der frühen Periode des Säuglings- und vielfach noch des Kleinkindalters werden Störungen häufig auf der Leibebene gesetzt. Wir sind der Auffassung, daß die Qualität der taktilen Stimulierung im „Körperdialog" nicht nur für die emotionale Sozialisation ausschlaggebend ist, sondern weil auch eine somatomotorische* Sozialisation stattfindet, werden Tonusregulation, Atemmuster und, damit verbunden, die Herz-Kreislauftätigkeit von der Art des körperlichen Kontaktes zwischen Mutter und Kind bestimmt. Eine angespannte oder unruhige Mutter wird ihre Befindlichkeit in einem so intensiven Kontakt, wie er etwa beim Stillen vorhanden ist, unmittelbar über die Haut

---

\* Wir verwenden den Begriff *somatomotorisch* anstelle von *sensumotorisch*, weil er weiter gefaßt ist und auch Tonus- und Atemregulation einschließt, wie auch das gesamte Sensorium des Körpers.

dem Kind vermitteln. Damit werden die Signale, die von der Mutter ausgehen, und der situative Kontext uneindeutig. Mit dem an sich lustvollen und die Hypertonie des hungrigen Säuglings entspannenden Fütterungsgeschehen – das Kind wird ge*stillt* – werden Impulse der Unruhe, Ungeduld und Anspannung von Seiten der Mutter vermittelt. Es entsteht eine „Double-Bind-Situation" auf der Leibebene, die die Ausbildung stabiler und eindeutiger emotionaler Strukturen beeinträchtigt, was für die gesamte weitere Entwicklung des Menschen Folgen haben kann (sofern keine kompensatorischen Erfahrungen gemacht werden), wenn man sich vergegenwärtigt, daß Lernvorgänge immer von vorausgegangenen Lernprozessen und den durch diese gebildeten Strukturen bzw. Informationssystemen bestimmt werden. Die kommunikationstheoretisch orientierte Schizophrenieforschung (*Bateson* et al. 1969) müßte für die Untersuchungen zur Pathogenese der Schizophrenie auch den Säuglingspflegepraktiken in Familien psychiatrischer Patienten Aufmerksamkeit schenken. Nach unseren klinischen Beobachtungen und denen bioenergetischer Therapeuten finden sich gerade bei psychiatrischen Patienten Störungen der Tonusregulation und insbesondere des Grundtonus, die sehr frühe Schädigungen in der somatomotorischen Sozialisation annehmen lassen, wobei die *Abwesenheit von Kompensationen und spätere Noxen* mit berücksichtigt werden müssen, um *monokausale* Herleitungen in der Pathogenese zu vermeiden.

Neben Störungen, die aufgrund uneindeutiger Stimulierung auftreten können, sei noch auf eine weitere pathogene Konstellation hingewiesen: inkonstante Stimulierung. Wenn z.B. der Fütterungsakt beständig gestört und unterbrochen wird, so können sich im Erleben des Kindes konstante Erlebnisgestalten nicht oder nur unzureichend ausbilden. Situationsstrukturen werden ja niemals als singuläre Stimuli, sondern als Ganzheiten wahrgenommen und internalisiert. Störungen bewirken Reaktionen. Impuls und Reaktion werden als Struktur cerebral verankert und unterliegen damit den Prinzipien der *Permanenz* (d.h. sie werden perpetuiert), der *Generalisierung* und *Diskrimination* (d.h. sie bestimmen weiteres Lernen) sowie dem der *Komplexität* (d.h. sie wirken in allen Bereichen der menschlichen Persönlichkeit).

### 3.2.3 Traumata

Auch Überstimulierung, die als Folge von externer (z.B. durch Verletzungen) und interner (z.b. durch Krankheit) Reizüberflutung oder durch die Kombination von beidem eintreten kann, muß als eine Schädigung angesehen werden, die je nach Intensität und Dauer nachhaltige pathologische Folgen zeitigen kann. Wir fassen sie unter dem Begriff der Traumatisierung, der in Abhebung zu dem der Störung oder des Defizits sehr eingegrenzt gesehen wird, als „eine außergewöhnliche, kurzzeitige Stimulierungssituation, die für den Organismus bzw. das ‚personale System', die Persönlichkeit, derart bestandsbedrohende Wirkung hat, daß sie zu bleibenden Strukturschäden führt" (z.b. durch einen übersteuerten Generalisierungseffekt, aufgrund dessen etwa alle Kontaktsituationen als existenzbedrohend eingestuft werden). Traumatisierungen können durch extreme Über- oder Unterstimulierungen gesetzt werden, wie z.b. Unfälle, Krankheiten, akute Deprivation. Sie sind niemals „*nur* psychisch", sondern immer auch intensives körperliches Erleben mit Folgen innerhalb des Leibes (z.b. psychosomatische Reaktionen, Störungen der Atem- und Tonusregulation), die nur auf der Ebene des Leibes angegangen werden können, wenn man sich nicht mit partiellen Interventionen und Streueffekten zufrieden geben will.

### 3.2.4 Konflikte

Konflikte können wir als das „zeitgleiche Aufeinandertreffen von widerstreitenden Impulsen bzw. von Impuls und Hemmung" definieren. Sie stellen eine Polarisierung, einen ungelösten Spannungszustand dar, der, wenn er perpetuiert wird und entsprechend gravierend ist, zu pathologischen Reaktionen führt. Der Mensch erlebt alle seine Konflikte an seinem Leibe als körperliches Geschehen. Selbst Inter- oder Intrarollenkonflikte, die ja von den Erwartungen bestimmt werden, die an bestimmte Positionen geknüpft sind, werden von den Betroffenen als Zustände körperlich-seelischer, d.h. leiblicher Spannung erlebt. Wir haben für die therapeutische Arbeit in der Integrativen Therapie ein heuristisches Modell entworfen, das die verschiedenen Konfliktkonstellationen darstellt und dabei die Ansätze der klassischen Konflikttheorien (Es/Über-Ich, *Freud* – Appetenzkonflikte, *Lewin* – Dissonanztheorie, *Festinger*) weitgehend inkorporiert (vgl. *Lückert* 1959; *Rocheblave-Spenlé* 1972). Wir gehen davon aus, daß es im menschlichen Organismus Bedürfnisanlagen und Hemmungen gibt, die einerseits „autochthon" in der biologischen Natur angelegt sind (O), zum anderen aber durch Lernprozesse erworben, d.h. ursprünglich „von außen" kommend, durch Speicherung internalisiert sind (I). Schließlich gibt es externe Impulse (E), die auf den Organismus bzw. das „personale System", den Menschen als „Leib-Subjekt" einwirken und ihn stimulieren oder hemmen können. Diese drei Größen O(= organismisch), I(=internalisiert), E(=extern) ermöglichen vielfältige Konfliktkonstellationen.

Konflikte sind häufig komplexer als die hier dargestellten Konstellationen „erster Ordnung". Autochthone Bedürfnisse des Organismus werden in erlernte Verhaltensweisen eingebettet. So sind häufig O und I einander gekoppelt. Das basale Bedürfnis nach Nahrung (O) ist mit Bedürfnissen nach Sauberkeit und Nahrungsmittel oder Finesse der Nahrungszubereitung (I), mit äußeren Regeln der Nahrungsaufnahme, z.B. Etikette (E) gekoppelt. So kommt es zu kombinierten Konfliktsituationen. Wir geben an dieser Stelle nur zwei Beispiele, weil eine umfassende Darstellung von Konfliktkonstellationen zweiter und dritter Ordnung über den Rahmen dieser Arbeit hinausginge.

Die *Konfliktanalyse* nimmt in der therapeutischen Arbeit einen wesentlichen Raum ein, da Konfliktkonstellationen häufig am Anfang pathologischer Entwicklungen stehen oder die Probleme der Gegenwart darstellen. Im Hinblick auf unsere Ausführungen über Defizite, Störungen, Traumata und Konflikte sehen wir Pathogenese in a) für den Organismus bzw. das Leib-Subjekt inadäquaten Stimulierungssituationen, d.h. Über- und Unterstimulierungen und b) in der Hemmung von Reaktionen auf Stimulierung. Oder für b) anders formuliert: Pathogenese ist in der Verhinderung adäquater Reaktionen auf externe – insbesondere noxische – Stimulierung, sowie in der Verhinderung der Befriedigung aktualer Bedürfnislagen des Organismus bzw. des Leib-Subjekts, d.i. interner Stimulierung, zu sehen. Es handelt sich bei b) also um ungelöste Konfliktsituationen, das Aufeinandertreffen von Impuls und Hemmung.

## 3.3 Defizite, Störungen, Traumata und Konflikte als leibliches Geschehen

Wenn wir die genannten pathogenen Konstellationen als *leibliches* Geschehen ansprechen, so soll einerseits der körperliche Aspekt betont werden, zum anderen aber darauf verwiesen sein, daß es sich um ein ganzheitliches, den ganzen Menschen erfassendes Geschehen handelt. Die Bedeutung kognitiver, affektiver und sozialer Komponenten für die Pathogenese soll in keiner Weise zugunsten einer ausschließlichen Somatogenese pathologischer Erscheinungen heruntergespielt werden. Dies widerspräche unserem integrativen Ansatz. Es wird in pathogenen Situationen immer der gesamte Kontext vom *„perzeptiven Leib"* mit allen seinen Sinnen aufgenommen und im „memorativen Leib" gespeichert (vgl. dieses Buch S. 116): Atmosphären, Bilder, Geräusche (z.B. Anschreien), direkte Einwirkungen auf den Körper (z.B. Schläge) zusammen mit den Reaktionen des *„expressiven Leibes"* auf diese Einwirkungen (z.B. Ausdruck oder Zurückhaltung von Schmerz, Verspannungen). Dabei haben positive wie negative Erfahrungen und die mit ihnen verbundenen psychophysischen Reaktionsmuster die Tendenz, sich zu generalisieren. Ein Übermaß von Schmerz, Furcht, Entsetzen, Ekel, Unlust-, Uneindeutigkeits- und Mangelerlebnissen im Verlauf der Biographie hat über den Generalisierungseffekt zur Folge, daß ein adäquates Reagieren auf die Anforderungen der Gegenwart schwierig oder unmöglich wird. Bei jedem Erlebnis laufen im Leib-Subjekt intensive Reaktionen ab: auf der Ebene des offenen Verhaltens (*overt behavior*) als Veränderungen in Mimik, Gestik und Atemfrequenz. Diesem zugeordnet sind physiologische Veränderungen, insbesondere im Hormonspiegel, im Muskeltonus, im Blutgasgemisch, Blutdruck usw.*. Mit all diesen Reaktionen gehen die Gefühle einher, die als ein komplexer psychophysischer Prozeß aufzufassen sind. Entsetzen z.B. ist mit bestimmter Mimik und Gestik, mit Atem- und Kreislaufveränderungen sowie spezifischen und neurophysiologischen und hormonalen Reaktionen verbunden. Freude und Zorn haben wiederum andere

---

* Wenn man dem reichianischen Theorem der Bioenergie folgen will, so kann man annehmen, daß mit all diesen Reaktionen Veränderungen im biophysikalischen Energieniveau und -fluß einhergehen (vgl., allerdings kritisch, *Russelman* 1988).

spezifische Reaktionsmuster im Organismus. Wird der komplizierte Prozeß von Außenstimulierung und psychophysischer Reaktion oder innerer Bedürfnislage (=Innenstimulierung) und Bedürfnisbefriedigung beständig gestört, so kann es zu neurotischen Entwicklungen kommen.

Wirkt ein noxischer Stimulus auf einen lebendigen Organismus ein, so kann dieser folgende Reaktionsmöglichkeiten zeigen:

I. *Primäre Reaktion*
1. Er zeigt Ausdrucksverhalten (von Schmerz, Furcht etc.)

II. *Sekundäre Reaktionen*
2. Er versucht zu fliehen und entfernt sich von der Gefahrenquelle
   – oder
3. er reagiert aggressiv und versucht, die Gefahrenquelle zu zerstören.

III. Als *tertiäre Reaktionsmöglichkeit* kann der Organismus sich
4. desensibilisieren, indem er seine Erlebnismöglichkeiten herabsetzt bis zur Anästhesierung,
5. sich schützen, indem er Vorbeugungs- oder Vermeidungstechniken entwickelt.

Als konkretes Beispiel können wir ein Kind annehmen, das von einem Erwachsenen geschlagen wird. Es verspürt Schmerz und Bedrohung, auf die es in der Primärreaktion reflexhaft mit Ausdrucksverhalten und in den Sekundärreaktionen mit Flucht und/oder Aggressionsimpulsen reagiert. Schmerz und Bedrohung wollen sich in Mimik und Gestik ausdrücken. Das Kind wird unter widrigen Umständen schon bald die Erfahrung machen, daß es sich weitere unangenehme Reize (Schläge) einhandelt, wenn es einem der drei Impulse nachgibt, also seinem Schmerz Ausdruck verleiht und schreit oder im Zorn zurückschlägt oder fortläuft. Um weiteren noxischen Einwirkungen zu entgehen, hemmt es diese Impulse und die damit verbundenen Innervationsmuster (Tertiärreaktion). Die Folgen sind z.B. Verspannungen im muskulären Bereich, Störungen im Atemrhythmus („vor Furcht den Atem anhalten"), die sich bei häufigen Negativerfahrungen generalisieren können. Es werden auf diese Weise Möglichkeiten motorischen und emotionalen Ausdrucks blockiert bis hin zur Blockierung, ja Amputation des *„expressiven Leibes"*. Aufgrund des noch nicht voll entwickelten Diskriminationsvermögens des Kindes und seiner Tendenz zur Generalisierung werden die negativen Erfahrungen auch auf Situationen übertragen, in denen keine oder nur geringe Bedrohung vorhanden ist. Angemessenes Ausdrucks-, Aggressions- und Fluchtverhalten wird damit nicht mehr möglich. Statt dessen werden tertiäre Reaktionsformen, d.h. Muster der Sicherung, Vermeidung und Abwehr aufgebaut: Schutzgesten, bei denen sich die Muskulatur verspannt und sich das Atemmuster verändert, um z.b. Schläge abzufangen, weiterhin Reaktionen, durch die leibliches Empfinden, das Erleben des Gefühls abgewehrt wird – man beißt die Zähne zusammen oder anästhesiert sich, indem der Organismus durch Über- oder Untersteuerung hormonaler Reglermechanismen die Empfindungsfähigkeit herabsetzt: Dämpfung, ja Anästhesierung des *„perzeptiven Leibes"* (dieses Buch S. 42ff). Als Folge derartiger Erlebnisse werden Vermeidungs- oder Vorsorgerreaktionen ausgebildet, z.B. Ängstlichkeit, Unsicherheit, überschießende, destruktive Aggressivität oder manipulatives Verhalten, deren Hintergründe oft nicht mehr zugänglich sind, weil die schmerzlichen Negativerfahrungen zu einer Amnesierung des *„memorativen Leibes"* führen.

Ähnliche Prozesse wie bei noxischen Einwirkungen aus der Aussenwelt laufen bei Mangelerfahrungen im Organismus selbst, d.h. bei interner Stimulierung, ab. Das Kleinkind, das Mangel an Nahrung, Wärme und Zuwendung erlebt, wird zunächst mit der Äußerung von Unlust und dann mit Aggression reagieren. Selbst wenn auf dieses Ausdrucksverhalten keine negativen Konsequenzen folgen, sondern lediglich der bestehende Mangel, das Defizit, nicht oder unzureichend behoben wird, kommt es zu Blockierungs-, Generalisierungs-, Amnesierungs- und Anästhesierungsreaktionen, die die Verarbeitung späterer Eindrücke bestimmten im Sinne einer Beeinträchtigung der adäquaten Wahrnehmungs-, Verarbeitungs-, Ausdrucks- und Handlungsfähigkeit. Das Leib-Subjekt in seiner körperlich-geistig-seelischen Ganzheit ist beeinträchtigt.

## 3.4 Zur Komplexität pathologischer Erscheinungen

Eine monokausale Betrachtungsweise und linearkausale Herleitung pathologischer Erscheinungen wird heute von kaum einer therapeutische Richtung noch aufrecht erhalten, wenn auch nach wie vor Richtungen der Psychoanalyse den „ödipalen Konflikt" oder die „frühen Störungen" und die Primärtherapie die Bedeutung der Primärerlebnisse besonders betonen. Aber auch eine multikausale Betrachtungsweise erweist sich oft genug einem linearen Ursache-Wirkung-Denken verpflichtet, das für die Situation eines lebendigen Organismus mit Subjektcharakter, den Menschen als Leib-Subjekt also, nicht angemessen ist (*Merleau-Ponty* 1945). Der jeweilige situative Kontext der Person ist mit Kausalitäten allein nicht zu erschließen. Sicherlich ist die biographische Dimension ein Hintergrund, vor dem die Gegenwart, und damit auch die Erkrankung, Figur wird, doch ist dieser Hintergrund durch Situationsgestalten organisiert, für die Kausalbezüge nur *ein* Organisationsprinzip sind. Weiterhin sind die biographisch-historischen Strukturen der Vergangenheit mit denen der Gegenwart und der antizipierten Zukunft im Hier-und- Jetzt verflochten. Wir müssen in jeglicher Arbeit mit Menschen immer das Lebensganze (Kontinuum) und den Lebenszusammenhang (Kontext) sehen (dieses Buch S. 85), jedoch nicht fraktioniert, sondern *synoptisch.* Die Kausalwirkung traumatischer Ereignisse, etwa eines Unfalls oder einer Vergewaltigung, wird durch eine solche Sicht gar nicht ausgeblendet, sie wird nur als *Struktur unter Strukturen* in einen Kontext und einen „life span developmental approach" gestellt.

Verhalten – gesundes wie auch pathologisches – wird bestimmt durch *das Zusammenwirken (Synergie) aller Negativerfahrungen (Störungen, Traumata, Konflikte) + das Zusammenwirken aller positiven Erfahrungen (die mildernd, korrigierend oder kompensierend wirkten) + das Zusammenwirken aller nicht-gemachten Erfahrungen, die für unsere Entwicklung notwendig gewesen wären (Defizite).* Die *Gesamtheit* all dieser Wirkungen, wie sie im Hier-und-Jetzt zum Tragen kommen, ist [mehr und] etwas anderes als die Summe der Teilwirkungen. Sie ist die totale Realität eines konkreten Menschen, dem ich begegne. Eine einseitige Betrachtung dieses Menschen unter der Optik der Pathologie macht ihn genauso zum Objekt, wie die Objektivierung einzelner Lebensereignisse, die doch *seine* subjektive Realität sind und bleiben oder wieder werden müssen, wenn Verdinglichung und Abspaltung aufgehoben und Integration und Kreation ermöglicht werden sollen. Wir sind in der Thymopraktik der Auffassung, daß positive, defizitäre und negative Erfahrungen in ihrer prägenden Bedeutung als gleichwertig anzusehen sind. Das Erleben von Nähe und Wärme im Körperkontakt zwischen Mutter und Säugling führt zur Bekräftigung des je mitgegebenen *Grundvertrauens*, das in der primordialen Sicherheit des uterinen „Urmeeres", des mütterlichen Schoßes, einerseits und in der fraglosen Verläßlichkeit des Funktionierens unseres Leibes andererseits wurzelt (*Petzold* 1981i). Ein Fehlen solcher *Urvertrauen* (*Erikson*) fördernder Nähe führt zur Ausprägung basaler Angst (*Balint, Spitz, Klein, Montagu, Bowlby*), durch die der gesamte Lebensweg des Menschen bestimmt wird. Die Bearbeitung von traumatischen Erfahrungen *und* die Aktualisierung von positiven Erlebnissen, die Erschließung von Potentialen und Stimulierung alternativen Erlebens (bei Defiziten) bilden damit zentrale Ansatzpunkte thymopraktischer Arbeit, die dabei immer auf dem Hintergrund der *Metaszene* organismisch-zwischenleiblicher Geborgenheit steht, dem *Grundvertrauen*, das nicht – wie *Eriksons* „Urvertrauen" – in der Interaktion zwischen Mutter und Kind entsteht, sondern als Qualität des Leibes gegeben ist, eine Qualität, zu der der Zugang in der therapeutischen Arbeit wieder erschlossen werden muß.

## 4. Praktische Anwendung

In der Thymopraktik versuchen wir Stimulierungskonstellationen herzustellen, die ein hohes Aktivierungspotential besitzen. Wir wollen Reaktionsmuster, Atmosphären, Bilder, Szenen, Stücke abrufen und darüber hinaus an die Erfahrungen herankommen, die zum Aufbau dieser Strukturen (Muster, Lebensstile, Narrative, vgl. dieses Buch S. 236ff, 487) beigetragen haben, um sie zu verändern. Dieses geschieht in einem Prozeß *multipler Stimulierung*, bei dem wir folgende, zusammenwirkende Variablen unterscheiden können:

1. Leibgerichtete Intervention (Berührung, Druck, Beeinflussung der Atmung zur Aktivierung des *Leibgedächtnisses* mit den dort „archivierten" Propriozepten, Atmosphären, Bildern, Szenen);
2. begleitende verbale Ansprache (eventuell verbalsuggestive Einflußnahme) zur Aktivierung von Erinnerungen, Stimmungen, Imagination;

3. Aufbau situativer Strukturen (Übertragungskonstellationen oder Formen direkter emotionaler Kommunikation durch partielles selfdisclosure des Therapeuten) zur Aktivierung von Emotionen, Erinnerungen, Phantasmen;
4. Anregung von Erinnerungen und Überlegungen auf der rationalen Ebene.

Durch diese zusammenwirkenden Interventionen werden die „Archive des Leibes" geöffnet, die Speicherzonen des kortikalen und subkortikalen Gedächtnisses aktiviert und dem gegenwärtigen Erleben wieder zugänglich gemacht.

## 4.1 Indikation

In der Integrativen Therapie und der Gestaltanalyse als ihrem der Tradition der „aktiven Psychoanalyse" der ungarischen Schule entstammenden Instrument für längerfristige dyadische Behandlung, d.h. Einzeltherapie, ist die direkte Leibarbeit der Thymopraktik ein wesentliches Element. Als eine im Einzelfall durchaus variierende Regel kann man sagen, daß ein Drittel einer Gestaltanalyse als leibzentrierter Prozeß verläuft. Thymopraktik kommt häufig bei der Bearbeitung von „frühen Schädigungen", „Grundstörungen" (Balint) zur Anwendung, die in die präverbale Periode der ersten beiden Lebensjahre zurückgehen. Störungen, Traumata, Defizite in der Mutter-Kind-Dyade führen dazu, daß in der basalen emotionalen Sozialisation Schmerz-, Mangel- und Unlusterlebnisse vorherrschen und prägend wirken (vgl. Janov 1975), Grundvertrauen nicht bekräftigt wird und positive, auf die Welt zugehende Aggressionen sich nicht entwickeln können (vgl. die Arbeiten von Sándor Ferenczi, Michael Balint, Margret Mahler, Melanie Klein, Erik Erikson, Donald Winnicott und Lacan). Schließlich kann eine angemessene Beziehung zum eigenen Leib, können prägnante Ich-Grenzen nicht aufgebaut werden (vgl. Ammon 1975). „Primärerlebnisse", „Grunderfahrungen" laufen auf der Ebene basaler Empfindungen und Emotionen im Leibe ab. Sie können deshalb therapeutisch auch nur auf dieser Ebene umfassend und wirkungsvoll angegangen werden.

Thymopraktik wird weiterhin eingesetzt bei der Aufarbeitung von Erlebnissen, deren emotionale Intensität den ganzen Leib erschüttert (z.B. Unfall- und Operationstraumata, Mißhandlungen, Mißbrauch z.T. in der Behandlung sexueller Dysfunktionen). Ausfälle im Leiberleben, chronische muskuläre Verspannungen und die oft damit verbundenen verschiedenen psychosomatischen Störungen und Erkrankungen (vgl. *Petzold, Hundertmark, Teegen* 1986) bilden eine weitere Indikation für leibzentrierte Arbeit. Schließlich eignet sich Thymopraktik ausgezeichnet zur Behandlung von emotional schwer gestörten Kindern (z.B. Autismus). Die Erfahrungen in der Behandlung von Psychotikern sind noch zu gering, als das verläßliche Aussagen gemacht werden könnten. Die Ergebnisse sind sehr unterschiedlich. Spezifische Indikationen und spezifisches Procedere in diesem Feld sind noch in der Entwicklung (vgl. *Petzold/ Berger*, dieses Buch S. 493ff).

## 4.2 Behandlungsbeginn und diagnostischer Prozeß

Zu Beginn einer thymopraktischen Behandlung oder Behandlungsphase im gestaltanalytischen Prozeß ist es wesentlich, daß Therapeut und Klient die Art ihrer Beziehung zueinander klären und sich über das praktische Vorgehen unterhalten. Körperliche Berührung hat in unserer Kultur ihre Unbefangenheit verloren. Sie ist mit Tabus, Ängsten, Zweideutigkeiten besetzt. Deshalb wird der Klient ermutigt, seine Phantasien, Erwartungen und Befürchtungen mitzuteilen und seine positiven und negativen Gefühle gegenüber der Person des Therapeuten zu äußern, wie es schon *Wilhelm Reich* in seinen Analysen praktiziert hat (vgl. *Raknes* 1973; *Vööbus* 1956). So wird eine Vertrauensbasis geschaffen. In dieser vorwiegend verbal verlaufenden Eingangssituation werden Übertragungen deutlich, und das reichhaltige projektive Material ermöglicht einen tieferen Einstieg. Häufige Phantasien sind, an der Brust des Vaters (der Mutter) zu liegen, gestreichelt zu werden, regressive Wünsche also, denen wir im Sinne von *Ferenczi*s (1931) „Kinderanalysen mit Erwachsenen" auch nachkommen. Es wird aber auch phantasiert, Schläge oder Verletzungen zu erhalten, vom Therapeuten verführt oder vergewaltigt zu werden u.ä. Die Aktivierung durch situative Strukturen, insbesondere durch das Herstellen von Übertragungskonstellationen als dritte Variable der multiplen Stimulierung (cf. supr.) erweist sich oftmals als ein außerordentlich intensiver Einstieg. Aufkommende Emotionen werden dabei neben verbalem Zuspruch durch Beeinflussung der Atmung oder durch direkte leibliche Berührung vertieft.

Die thymopraktische Arbeit stellt sich als diagnostisch-therapeutischer Prozeß dar. Im Unterschied zu den neoreichianischen Schulen versuchen wir, den Klienten/Patienten nicht in starre diagnostische Kategorien einzuordnen, wie sie die charakteranalytische Vegetotherapie und, darauf aufbauend, die bioenergetische Analyse entwickelt hat (*Reich* 1973; *Lowen* 1973). *Reich* hat die unlösbare Verbindung von psychischer und körperlicher Struktur vertreten und später in seiner Vegetotherapie eine Identität von Körperstruktur und Charakterstruktur angenommen. *Lowen* hat den Charaktertypen Körpertypen zugeordnet und mit dem „body reading" ein elaboriertes diagnostische System entwickelt. Die Schwäche derartiger Systeme besteht darin, daß sie die Vielfalt charakterlicher Erscheinungsformen nicht adäquat erfassen (vgl. S. 291f). Es kommt zu Simplifizierungen, Verzerrungen und in der Therapie zu Artefakten – (der masochistische Charakter z.B. „produziert" das Verhalten, das man von ihm erwartet, ein Rosenthal-Effekt in der Therapie). Die bioenergetischen Charaktertypen können allenfalls Hinweise geben, die im Gesamt aller diagnostischen Informationen nützlich sein können (vgl. das Synopseprinzip), wenn sie nicht dogmatisiert werden.

Das diagnostisch-therapeutische Vorgehen der Integrativen Therapie und damit auch der Thymopraktik ist prozeßorientiert d.h. phänomenologisch und tiefenhermeneutisch bestimmt und begründet.

Wir versuchen mit dem Klienten/Patienten festzustellen, *was* er in seinem Körper, *wie* er seinen Körper, d.h. auf welche Weise er sich als Leib erlebt. Ein diagnostischer und zugleich intensiv therapeutischer Prozeß beginnt: das *Spüren*. Spüren heißt, sich den Leib verfügbar zu machen und einen Zugang zur Welt zu gewinnen. *Marcel* macht dies deutlich, wenn er schreibt: „Ich kann also, genau gesprochen, nicht sagen, daß ich einen Körper *habe*, aber die geheimnisvolle Verbindung, die mich mit meinem Körper eint, ist die Wurzel aller meiner Möglichkeiten zu *haben*. Je mehr ich mein Körper *bin*, desto mehr an Wirklichkeit wird mir verfügbar, existieren die Dinge doch nur, sofern sie mit meinem Körper in Kontakt stehen, von ihm wahrgenommen werden. Hier aber, so scheint mir, liegt das Wesen der seelischen Erkrankung, daß die existentielle Einheit von Selbst und Körper gestört oder verlorengegangen ist. Für den Patienten wird die Welt, die Wirklichkeit unverfügbar, er verliert das Bewußtsein seiner selbst als Existierender, er vermag keinen Kontakt – oder nur einen gestörten – nach außen, zu anderen zu finden" (*Marcel* 1968).

Die Einheit von Selbst und Körper als Leibsubjekt gilt es wiederherzustellen, die Abspaltung des Körpers oder bestimmter Körperregionen gilt es zu beheben und Konflikte gilt es aufzulösen. Polarisierungen und Abspaltungen sind immer Ausdruck neurotischer Strukturen, d.h. aber Strukturen, die für den Prozeß der adäquaten Wirklichkeitsbewältigung (=Wahrnehmen und Handeln, Perzeption und Expression) dysfunktional, unbrauchbar oder sogar schädigend geworden sind.

In unserer Leibdiagnostik sind wir auf folgende Indikatoren von neurotischen Strukturen gerichtet:

1. Mangel oder Verzerrung von Wahrnehmung oder Sensibilität,
2. Abspaltungen im Erleben des Leibes oder von Leibregionen,
3. Störungen im Atemmuster,
4. muskuläre Verspannungen und Erschlaffungen,
5. blockierte, eingeschränkte und verzerrte Bewegungen,
6. Schmerzgefühle und Mißsensationen, für die eine „somatische Ursache" (Unfall, Erkrankung) nicht gefunden werden kann,
7. Polarisierung, d.h. Verspannungen aufgrund gegengerichteter muskulärer Impulse.

Auch andere Körpertherapien sehen derartige Erscheinungsbilder als Hinweise auf emotionale Probleme oder neurotische Konflikte (vgl. *Lowen* 1965).

Wir kennen drei Möglichkeiten, die aufgeführten Störungen zu diagnostizieren:

1. durch *Fokussieren* der awareness (= Spüren),
2. durch *Experimentieren* mit awareness, Atem und Bewegung,
3. durch *Explorieren* des Körpers des Patienten durch den Therapeuten.

*ad 1.* Über das *Spüren* versuchen wir, die genannten Störungen aufzufinden, indem der Klient gebeten wird, seine Aufmerksamkeit
(awareness) auf seine verschiedenen Körperteile und -regionen zu
richten und wahrzunehmen, *wie* er sie erlebt. Er findet dabei vielleicht heraus, daß seine Schultern verspannt sind, daß er sein Becken
gar nicht richtig wahrnehmen kann oder daß seine Hände kraftlos
werden.

Was auch immer er entdecken mag, es bildet die Grundlage für
ein besseres leibliches Selbsterleben und einen Ansatzpunkt dafür,
Blockierungen zu entdecken und über sie an unerledigte Situationen
aus der Vergangenheit und der Gegenwart heranzukommen. Dieser
*„non touching approach"* stellt in der Eingangsphase thymopraktischer Behandlung für den Patienten eine wichtige Hilfe dar, die
Ängste vor der Leibtherapie abzubauen. In späteren Phasen der Behandlung und nach ihrem Abschluß ist das Fokussieren der Awareness eine hervorragende Methode, mit sich selbst zu arbeiten. Die
Regungen des Leibes zuzulassen, mit seinem Leib und seinen Empfindungen und Gefühlen mitzugehen, hat eine ausgesprochen positive psychohygiene Wirkung. Es wird dem Klienten durch dieses
Vorgehen möglich, in gewisser Weise „sein eigener Therapeut" zu
sein – dies natürlich nur, wenn er über längere Zeit eine entsprechende Leibtherapie durchlaufen hat. Das „Arbeiten aus der Awareness"
wurde von *Barry Stevens* (1977) eindrucksvoll dargestellt.

*ad 2.* Das *Fokussieren* der *Awareness* kann durch Experimente mit
Übungen aus dem Sensory-Awareness- und Gestalttraining (*Brooks*
1979; *Stevens* 1975) gefördert und vertieft werden. Diese Übungen
können auf Grund ihres hohen Aktivierungs- bzw. Stimulierungs-
potentials als Warm-up für konfliktzentrierte Arbeit dienen. Die Art
ihrer Durchführung gibt dem Therapeuten wichtige diagnostische
Informationen über den Patienten. Wird z.B. die Aufforderung
gegeben, alle Körperregionen mit den Händen zu berühren, so lassen
sich aus der Qualität und der Dauer des Berührens Bereiche feststellen, die besonders betont oder besonders vermieden werden. Noch
wichtiger sind die Regionen, die „vergessen" werden. In ähnlicher
Weise kann man den Patienten Bewegungen ausführen lassen, um
herauszufinden, wo Hemmungen, Behinderungen oder Verspannungen wirksam sind. Wir haben in der Thymopraktik eine Reihe

von Bewegungen und Positionen, die uns über eingeschränkte Mobilität und Verspannungen Aufschluß geben. Zu den Routineexperimenten der diagnostischen Phase gehört die Zentrierung und Ausrichtung des Atems. Der Patient wird aufgefordert, den Atem in die verschiedenen Bereiche seines Rumpfes zu senden: in den oberen Thorax, die Flanken, in den Beckenboden, in den Bauch, die Schultern, usw. Blockierungen und Störungen im Atemmuster werden auf diese Weise feststellbar. Eine Reihe von Atemübungen verwenden wir vorwiegend mit diagnostischer Zielsetzung.

*ad* 3. Die dritte Möglichkeit des diagnostischen *Explorierens* ist in der direkten Arbeit am Leibe gegeben. Der Therapeut geht mit der „rezeptiven Hand" die Muskulatur des Patienten systematisch durch. Er sucht Verspannungsfelder, punktuelle Verkrampfungen, Sensibilitätsstörungen oder besondere Schmerzpunkte festzustellen. Er achtet weiterhin auf die Stärke der Atemwelle in den verschiedenen Körperregionen. Sehr aufschlußreich sind die Reaktionen auf Berührungen; z.B. kommt es bei manchen Patienten schon bei leichten Berührungen zu heftigem Zusammenzucken und zu Abwehrreaktionen. Besonders häufig finden wir dieses Phänomen bei Berührungen an der Schulter oder in der Magengegend. Schließlich wird die Entspannungsfähigkeit durch Techniken der „passiven Entspannung" geprüft. Der Therapeut versucht z.B. einen Arm vom Handgelenk bis zur Schulter zu lockern, um ihn dann schwer herabfallen zu lassen. Mangelnde Entspannungsfähigkeit ist oft ein Hinweis für ein hohes Angst- und damit Abwehrpotential.

Die diagnostische Arbeit am Leibe kann in ihrem Wert gar nicht hoch genug eingeschätzt werden. *Iljine* (1923) spricht vom Leib als „dem Ort der Wahrheit". Körperstruktur und körperliche Reaktionen zeigen, wo der Patient wirklich steht. Im Leib sind alle Informationen der individuellen Biographie gespeichert. An ihm und mit ihm hat sich das persönliche Lebensschicksal vollzogen. Wenn wir mit *Marcel* den Leib als Fixierung der persönlichen Lebensgeschichte ansehen, die in den „Archiven" des „memorativen Leibes" aufgezeichnet sind, ist die Beschränkung auf ein diagnostisches Vorgehen, das Körperwahrnehmung, Körperausdruck und Körpersprache, den „perzeptiven und expressiven Leib" übergeht, nicht mehr möglich.

# 5. Thymopraktische Behandlung als „Tetradisches System"

Die thymopraktische Arbeit ist wie alle Prozesse in der Integrativen Therapie als „tetradischer" Verlauf strukturiert (*Petzold* 1974k). Das geschilderte Vorgehen der Initialphase hat zu einem Teil diagnostische Zielsetzungen: der Leib des Klienten soll in seinem augenblicklichen Zustand erfaßt werden, um dadurch Aufschluß über seine „Geschichte" und sein Verhalten zu gewinnen. Gleichzeitig dient dieses Vorgehen als Warm-up für weiterführende, konfliktorientierte Arbeit. Von zentraler Bedeutung ist der Aufbau einer Atmosphäre des Vertrauens zwischen Therapeut und Patient in dieser Anfangssituation, denn ohne tragfähige therapeutische Beziehung ist eine erfolgversprechende Behandlung nicht möglich (cf. infr.).

## 5.1 Initial- und Aktionsphase

In der *Initialphase* werden über das Fokussieren, Experimentieren und Explorieren Stimuli gesetzt, die in dem Leib verdrängtes oder im Leibe archiviertes biographisches Material aktivieren. Das diagnostische Vorgehen löst immer auch schon therapeutische Prozesse aus. Diese werden in der *Aktionsphase* vertieft und differenziert. In der Initialphase versucht man, Störungen und Probleme aufzufinden, um dann von der *Konfliktperipherie* zu den *Konfliktkernen* vorzustoßen. In der Aktionsphase arbeitet man im Zentrum des Konfliktes mit der Zielsetzung einer Lösung, Integration und damit Neustrukturierung. Die therapeutischen Interventionen dürfen nicht darauf begrenzt werden, eine funktionale Entspannung oder einen kathartischen Durchbruch zu erreichen, sondern sie müssen den Aufbau neuer Strukturen ermöglichen.

In der thymopraktischen Arbeit sind emotionale Entladungen und kathartische Prozesse sehr wesentlich, aber sie stellen immer nur *ein* Element der Behandlung dar. Kathartische Praktiken können zwar Blockierungen lösen, aber sie verhindern in der Regel nicht, daß sich die gleichen Verspannungsmuster wieder aufbauen, wenn eine entsprechende Außenstimulierung erfolgt, die die alten Reaktionen abruft. Rein funktionale Praktiken (z.B. Relaxationstechniken), durch die ein Umüben möglich ist, können oft nicht zum Tragen kommen, solange massive Blockierungen vorhanden sind. Ähnlich steht es mit der „Einsicht" in die *Struktur* einer Situation. Einsicht ist notwendig, aber sie reicht oft allein nicht aus. Eine Neubeelterung in der Übertragungsbeziehung kann heilend wirken, aber sie bedarf der Ablösung durch Einsicht. Ein Zusammenwirken der verschiedenen therapeutischen Variablen ist deshalb erforderlich und wird auch durch unser theoretisches Konzept von der komplexen Verschaltung zwischen kortikalem und subkortikalem Gedächtnis nahegelegt. Ein eindimensionaler Ansatz im therapeutischen Vorgehen, sei er nun funktional, kathartisch oder auf den Gewinn von Einsicht ausgerichtet, wird immer nur partielle und im Hinblick auf das Gesamtsystem eingeschränkte Wirkungen erzielen bzw. nur mit *Streuwirkungen* arbeiten. In der Thymopraktik versuchen wir durch das Prinzip der multiplen Stimulierung verschiedene „Wege der Heilung" (*Petzold* 1969c) zu beschreiten, um komplexe Veränderungen einzuleiten. Veränderung aber kann nur erreicht werden, wenn ein Geschehen für den Patienten *vitale Evidenz* gewinnt. Über Katharsis und Einsicht hinausgehend, ist es das Ziel der Aktionsphase, Evidenzerlebnisse zu vermitteln.

## 5.1.1 Vitale Evidenz als Medium der Veränderung

Unter *vitaler Evidenz* verstehen wir in der Integrativen Therapie das Zusammenwirken von *Körpererleben, emotionaler Erfahrung und kognitivem Verstehen*. Dieses *totale Geschehen* ist mehr als *Einsicht*, wie sie im psychoanalytischem Prozeß gewonnen wird. Der gesamte Mensch wird davon erfaßt. Alle basalen Emotionen, die in ihrem sozio-emotionalen Kontext mit dem Leib erfahren und begriffen werden, führen zu *Evidenzerlebnissen*. Das Gleiche kann von überwältigenden Einsichten ausgesagt werden, die in das körperliche Erleben hineinwirken, oder von körperlichen Erfahrungen, die zu einer überraschenden rationalen Klarheit führen. *Perls* hat das, was wir unter „vitaler Evidenz" verstehen, in Adaption eines Zen-Terminus als „Mini-Satori" bezeichnet, als eine Art Aha-Erlebnis, das den ganzen Menschen ergreift.

Evidenzerlebnisse können überwältigende Erfahrungen der Freude und Lust sein. Wenn z.B. eine sexuell gehemmte, frigide Frau oder ein penisfixierter Mann zum erstenmal den Orgasmus voll und ganzleiblich erlebt und ein plötzliches Verstehen da ist: „Ja, so muß es sein, ich brauche mich nicht mehr festzuhalten, ich brauche keine Angst mehr zu haben", so ist das ein Geschehen von vitaler Evidenz. Aber auch Trauer, Betroffenheit, ja Entsetzen können mit Evidenzerlebnissen verbunden sein, wenn z.b. eine schreckliche Wahrheit in ihrer vollen Tragweite erfaßt wird. *Lernen, d.h. Veränderung von Strukturen*, wird nach unserer Auffassung nur durch Evidenzerfahrungen möglich (vgl. *Petzold, Sieper* 1977).


## 5.2 Integrationsphase und Neuorientierung

Evidenzerlebnisse als „totale Erfahrungen" erfordern Zeit zur körperlichen, emotionalen und kognitiven Integration. Die aufgewühlten körperlichen Reaktionen müssen abklingen, die hochgehenden Emotionen müssen sich beruhigen, und der erfaßte Zusammenhang muß gedanklich feste Formen annehmen. Der gesamte Prozeß muß sich „setzen". Dies geschieht in der Integrationsphase, in der wir mit dem Klienten/Patienten das Erleben in der Aktionsphase durchsprechen und einzuordnen versuchen.

„Nehmen Sie Ihren Körper wahr und spüren Sie, wie er sich *jetzt* nach der Sitzung anfühlt." – „Vielleicht können Sie noch einmal auf dieses Stück Arbeit zurückschauen und sehen, was die wichtigsten emotionalen Erfahrungen für Sie waren, und welche Zusammenhänge (Einsichten) Sie finden können?" Diese oder ähnliche Aufforderungen leiten die Integrationsarbeit für das Geschehen in der Aktionsphase ein. Wir bleiben aber im „tetradischen System" an dieser Stelle nicht stehen, sondern gehen einen Schritt weiter. Aus dem Zusammenkommen von körperlichem Erleben, emotionaler Erfahrung und rationaler Einsicht soll – soweit das möglich ist –, eine unmittelbare Konsequenz gezogen werden. Wir bezeichnen diesen Schritt als die „*Phase der Neuorientierung*".

Die Neuorientierung kann sich auf eingegrenzte Probleme oder auch auf den gesamten Lebensbereich beziehen. Thymopraktische Arbeit führt in der Regel zu umfassenden Konsequenzen. Für diese können mit den verschiedenen Mitteln der Integrativen Therapie (z.B. Behaviordrama, Verhaltensprogramme etc.) Transferhilfen geboten werden. Es ergeben sich aber auch ganz spezifische Konsequenzen im Hinblick auf den Leib. Störungen des Atemmusters, der Bewegung, der Sensibilität und des Tonus können und müssen oftmals durch funktionales Training angegangen werden, das die konfliktorientierte Therapie begleitet.

*Fallbeispiel*: In der Behandlung einer Migräne wurde deutlich, daß der Patient chronisch verspannt war (Engung), weil er unbewußt noch immer von seinem Vater Schläge erwartete und seine Aggressionen zurückhalten mußte, die dann in der Aktionsphase ausagiert (*Weitung, Schmitz* 1989) und in ihrer Bedeutung verstanden wurden. Nach der Sitzung war die verspannte Muskulatur gelöst und schmerzfrei. Auf diesem Hintergrund von emotionaler Erfahrung und rationaler Einsicht wurde dem Patienten ein Entspannungstraining verordnet. An seiner Beziehung zum Vater wurde in der Therapie weitergearbeitet. Das Zusammenwirken von konfliktorientierter und funktionaler Therapie führte nach kurzer Behandlungszeit (ca. 30 konfliktorientierte und 20 halbstündige funktionale Sitzungen) zu einer dauerhaften Beseitigung der Symptomatik und einigen wichtigen Veränderungen in der allgemeinen Lebensführung.

Das „tetradische System" bietet eine Hilfe, den Verlauf des therapeutischen Prozesses in einem strukturierten Rahmen zu sehen und zu handhaben. Es ist einem Behandlungsverlauf nicht übergestülpt, sondern orientiert sich an seiner Dynamik. So muß nicht unbedingt auf die Initialphase die Aktionsphase folgen oder auf diese die Integrationsphase. Der Prozeß kann in der einen oder anderen Phase verharren, stagnieren, zwischen einzelnen Phasen oszillieren. Grundsätzlich aber ist die einem therapeutischen Prozeß inhärente Logik in der Folge „Erinnern, Wiederholen, Durcharbeiten, Verändern" zu sehen, genauso wie der experientielle Prozeß im Verlauf als „Stimulieren, Explorieren, Integrieren und Neuerproben" zu fassen ist. Diese tetradische Struktur bezieht sich nicht nur auf eine therapeutische Sitzung, sondern kann auch auf den Behandlungsverlauf in seiner Gesamtheit bezogen werden. Das Wesentliche bei der Verwendung von Strukturmodellen zur Beschreibung und Lenkung von therapeutischen Prozessen ist, daß sie vom Therapeuten nicht als starre Klassifizierungsschemata verstanden werden dürfen und damit den Charakter eines therapeutischen Prokrustesbettes gewinnen. Sie dienen vielmehr dazu, die Dynamik des individuellen Prozesses zu erkennen, situative Interventionshilfen zu bieten, jedoch nicht dazu, den therapeutischen Verlauf in seiner Gesamtheit zu bestimmen. Wir kommen sonst zu Therapien, die von den Bedürfnissen der Therapeuten oder den Theoremen von Methoden in einer Weise bestimmt sind, daß die individuelle Wirklichkeit des Patienten/Klienten nicht mehr Gestalt annehmen kann. Es soll hier nicht der (gar nicht wünschenswerten) Utopie einer „wertfreien" Therapie das Wort geredet werden, sondern wir plädieren für Therapeutenhaltung und -verhalten, die der personalen Verwirklichung des Patienten einen möglichen großen Spielraum lassen. Die Thematisierung – und Problematisierung – der Werthaltung des Therapeuten und seiner Methode müssen deshalb Gegenstand jeder längerfristigen Therapie sein. Damit verbunden ist ein Durcharbeiten der Beziehung zwischen Therapeut und Klient, und zwar nicht nur auf der phantasmatischen Ebene als Analyse des Übertragungs-/Gegenübertragungsgeschehens, sondern auch auf die Ebene realen *Kontaktes*, lebendiger *Begegnung* und tragfähiger *Beziehung*.

## 5.3 Die vier Ebenen der therapeutischen Tiefung

Eine leiborientierte Therapie wird im Verlauf des tetradischen Prozesses Ebenen verschiedener „Tiefung" durchlaufen. Tiefung bestimmen wir nach dem Maß an rational-reflexiver Kontrolle, das der Patient im therapeutischen Geschehen hat. Der Therapeut muß diese Ebenen unterscheiden, um die jeweils angemessene Interventionsstrategie einzusetzen. Wir haben ein heuristisches Modell zur Bestimmung der Ebenen der therapeutischen Tiefung entwickelt, das nicht nur für die Thymopraktik, sondern für alle erlebniszentrierten und integrativen Verfahren, wie z.B. die Bioenergetik, die klassische Gestalttherapie, das Psychodrama verwendet werden kann (*Petzold* 1974, S. 333 ff.; vgl. S. 104ff). Wenn wir davon ausgehen, daß in intensiven und umfassenden therapeutischen Prozessen die fünf Dimensionen des Menschen, seine Körperlichkeit, Emotionalität, seine geistigen Strebungen, seine Sozialität, sein Lebensraum (vgl. S. 75f, 185ff) einbezogen werden müssen, so liegt auf der Hand, daß das therapeutische Geschehen sehr unterschiedliche Qualitäten aufweisen kann. Wir sind der Auffassung, daß ein gesunder Mensch, der durch bewußtes Wahrnehmen und Handeln in wachem Kontakt mit seinem sozialen und ökologischen Umfeld steht und realisiert, daß er integraler Teil desselben ist, alle seine kognitiven, emotionalen, perzeptiven und motorischen Fähigkeiten kontrollieren und nutzen kann. Sein „Ich" ist stark und klar. In Zuständen der Regression nimmt die kognitive Kontrolle ab und nehmen die autonomen Reaktionen des Organismus, des „archaischen Leib-Selbst", zu. Regression aber ist erforderlich, um an *frühe Schädigungen*, d.h. Defizite, Störungen, Traumatisierungen oder Konflikte heranzukommen. Nur so ist ein Nachsozialisieren auf der emotionalen und somatomotorischen Ebene möglich und kann sich in der nachfolgenden Aufarbeitung kognitive und emotionale Integration vollziehen. Die Regression muß deshalb, wo immer erforderlich, angesteuert werden, aber man darf nicht in der Regression verbleiben. Sie muß sich in *„benigne Progression"* (*Petzold* 1969b; vgl. S. 245f, 484ff) wandeln. Thymopraktik ist in diesem Sinne keine „Regressionstherapie" wie z.B. die Primärtherapie. Wir unterscheiden vier Ebenen der Tiefung, die an anderer Stelle (vgl. dieses Buch S.104f) detaillierter beschrieben worden sind. Die Ebenen der *Reflexion* (I), des *Bilderlebens und der Affekte* (II) und der *Involvierung* (III) sollen deshalb hier nicht mehr aufgegriffen werden, sondern es sei für den Kontext dieser Arbeit nur noch einmal die *Ebene der autonomen Körperreaktionen* herausgestellt.

Im Modell der „therapeutischen Tiefung" sehen wir den Menschen als personales System in die Umwelt als seiner „Lebenswelt" (*Husserl, Merleau-Ponty*) eingewurzelt. Sie umgibt ihn, er bewohnt sie. Er ist mit Wahrnehmungen und Handlung, ja mit seinem ganzen Sein auf sie ausgerichtet, ragt in sie hinein. In bewußter Wahrnehmung und Handlung, d.i. in bewußtem Kontakt, realisiert sich das *Ich* als das „leibhaftige *Selbst in actu*", werden Innenwelt und Umwelt verbunden. Als Innenwelt verstehen wir den Organismus, in den die Gesamtheit unserer Erfahrungen eingewoben ist. Die durch endogene Reifungsprozesse und exogene Sozialisationseinflüsse gewachsene Ganzheit des Organismus konstituiert das Subjekt oder Selbst, das deshalb immer Leib-Subjekt bzw. Leib-Selbst, *leibhaftige Person* ist. Das Leib-Selbst inkorporiert alle Fähigkeiten des Wahrnehmens, Erinnerns, Denkens, Fühlens, bewußten Handelns und vegetativen Funktionierens, Fähigkeiten, die unlösbar miteinander verbunden sind und ineinandergreifen. Im Modell der „Therapeutischen Tiefung" (dieses Buch S. 104f) können diese Fähigkeiten als jeweilig vor dem Hintergrund des Leib-Subjektes prägnant werdende Charakteristika herausgestellt und aus heuristischen Gründen unterschieden werden. Eine solche Unterscheidung differenziert wesentliche Aspekte der Persönlichkeit, wie sie im Therapiegeschehen auftauchen und einbezogen werden und kann deshalb ein Raster zur Einordnung therapeutischer Prozesse bieten, aus dem sich Interventionsstrategien ableiten lassen. So werden in den Ebenen I-III der „therapeutische Tiefung" (vgl. Abb. S. 105 in diesem Buch) die Persönlichkeitsdimensionen *Ich* und *Identität* und damit das „reife Leib-Selbst", dessen Funktionen sie sind (vgl. dieses Buch S. 37ff), einbezogen, wohingegen die Ebenen III und IV stärker das „archaische Leib-Selbst" mit den frühen Ich-Funktionen („archaisches Ich") ansprechen. Die Fragen „*Was* ist?" oder „*Warum* ist?" in der *Ebene der Reflexion* (I) aktivieren das „exzentrische Ich". Die Fragen „*Wie* erlebst, spürst, fühlst du das?" schränken die Exzentrizität schon etwas ein, das Ich wird vom Strom der Affekte „affiziert". Das charakterisiert die Ebene des *Bilderlebens und der Affekte* (II). In der *Ebene der Involvierung* (III) intensiviert sich die Regression mit der Frage „*Woher* kennst du das?".

Die rationale Kontrolle nimmt erheblich ab, und die Bilder und Gefühle der Vergangenheit steigen mit einer Erlebnisintensität und Dichte auf, daß im Hier-und-Jetzt der therapeutischen Situation die Vergangenheit „gegenwärtig gesetzt" wird. Involvierungsprozesse finden sich meistens in der Aktionsphase des tetradischen Systems. Zur weiteren Vertiefung und zur Intensivierung des Rapports zum Therapeuten können Körperinterventionen eingesetzt werden. Damit beginnt die im spezifischen Sinne „thymopraktische" Arbeit. Vertiefende Interventionen sind „Bleib' bei deinem Gefühl!", „Folge deinem Körper!", „Nichts festhalten! Loslassen!"

### 5.3.1 Ebene der Autonomen Körperreaktion

Diese Ebene ist dadurch gekennzeichnet, daß die rationale Kontrolle vollends ausgeschaltet ist und der Körper „autonom" reagiert. Es

kommen die Reaktionen des *archaischen Leib-Selbst* „hinter" der biographischen Situation auf, die in der Ebene der Involvierung für das
Erleben gegenwärtig gesetzt wurde: Die heruntergeschluckte Wut,
die verdrängte Lust, der verschüttete Schmerz, alle Gefühle, die in
den (cerebral verankerten) Mustern der Muskulatur und der
Atmung „festgehalten" (blockiert, inhibiert) sind, können sich Bahn
brechen und erschüttern nicht nur den Körper, sondern das Leib-
Subjekt, d.h. die gesamte Person. Derartige *Primärszenen*, wie wir sie
aus allen konfliktorientierten Verfahren der Körpertherapie kennen,
haben jedoch nicht nur eine kathartische Wirkung, sondern bewirken die Veränderung von somatomotorischen und emotionalen
Strukturen. Dafür allerdings ist es notwendig, daß es sich nicht um
eine einmalige Gefühls- und Verspannungsentladung handelt,
sondern daß die traumatischen Ereignisse oder die Störungen auf der
*Ebene der autonomen Körperreaktion* tatsächlich *durchgearbeitet* werden.
Der Klient muß sich also über einen längeren Zeitraum auf derartige
Erfahrungen einlassen, besonders, wenn man davon ausgeht, daß
muskuläre Verspannungen, oder Blockierungen und Distortionen
des Atemmusters selten auf die Wirkung *eines* Prototraumas zurück-
geführt werden können, sondern es sich in der Regel um Summa-
tionseffekte handelt: die vielen kleinen und großen Verletzungen, die
man im Laufe seiner Biographie erhält. So kann man die Hoffnung
nicht auf irgend ein „großes Durchbruchserlebnis" setzen, das „irgendwann" einmal eintritt, und in dem man seinen „Kern", sein
„wahres Selbst" findet, wie es die Arbeiten des mittleren und späten
*Reich* und die seiner Schüler *Lowen, Pierrakos, Perls* und die Praxis
ihrer Epigonen häufig suggerieren. Zumindest ist dies nicht die Auffassung, die wir in unserer Form der Leibtherapie vertreten. Thymopraktik ist vielmehr „*Körperanalyse*" (*Vööbus* 1956), geduldiges
Durcharbeiten am Leibe in kleinen Schritten, Neubeelterung (*parentage, réparentage*) im Sinne von *Ferenczi* und *Iljine* durch „Berührung
aus Berührtheit", sorgfältiges Bearbeiten von Übertragungen.

Die Prozesse auf Ebene IV laufen durchaus nicht immer drama-
tisch und spektakulär ab. Es können genausogut Erfahrungen von
Lust, satter Zufriedenheit (wie nach dem Stillen) und Glück in der
Leibarbeit aufkommen, und diese Gegenwärtigsetzung positiver
Vergangenheitserfahrungen sind für den leibanalytischen Prozeß
wesentlich, denn ein ausschließliches Arbeiten an „primären

Schmerz-Pools" (*Janov*) und unlustvollen Ereignissen vermag keine Alternativerfahrungen zu vermitteln.

Die Prozesse auf der Ebene der autonomen Körperreaktion verlaufen häufig zyklisch, in Wellen. Phasen von großer Intensität werden von ruhigeren Abschnitten abgelöst, und es ist durchaus möglich, daß ein Patient zwischen den einzelnen Phasen kurzfristig in die Phasen I-III „auftaucht". Wird er nicht durch Fehlinterventionen des Therapeuten – eventuell, weil bei diesem Ängste aufkommen – auf einer der höheren Ebenen gehalten, so kommen die autonomen Reaktionen wieder „wie von selbst" auf, und das Geschehen verläuft im selbstregulativen Rhythmus des Leibes. Die Körperinterventionen des Therapeuten sind sparsam, nicht forcierend, eher stützend. Sie bieten ein mittleres Stimulierungsniveau; denn sind erst einmal autonome Reaktionen eingetreten, sind massive Körperinterventionen nicht mehr erforderlich, sondern eher hindernd als fördernd. Oftmals dienen die Interventionen nur dazu, den *Rapport* zum Therapeuten aufrecht zu halten, der in der tiefen Regression das Realitätsprinzip darstellt. Von entscheidender Wichtigkeit für den Verlauf des Prozesses in Richtung von Prägnanz und Schließung ist, daß der Therapeut die Interventionsebene einhält. Es ist wenig sinnvoll, einem Patienten, der sich in der Ebene der Involvierung befindet, „Warum-Fragen" zu stellen oder auf der Ebene der autonomen Körperreaktion Interventionen im Stile „Was fühlst du jetzt?", „Rollentausch!", „Laß deine Hand einmal sprechen!" zu geben. Durch derartige Impulse wird der Patient nur aus der Ebene seines Prozesses herausgerissen.

Wenn wir das Schema der *vier Ebenen* betrachten, so stellen wir fest, daß es die Richtung eines regressiven Verlaufs kennzeichnet, in dem eine fortschreitende Einschränkung des Ichs, ein Verlust von Ichfunktionen auftritt. Mit diesem Phänomen ist eine entsprechende Altersregression verbunden. Auf der Ebene der Involvierung finden sich häufiger Themen aus der Kindheit und dem Jugendalter als dies in der Ebene der Reflexion oder der Vorstellungen und Affekte der Fall ist. In der vierten Ebene kommen in der Regel sehr frühe Situationen auf, die häufig in den ersten drei Lebensjahren zu situieren sind. Besonders Atmosphären, Bilder, Szenenfragmente, Ereignisse aus der Zeit vor Ausbildung der Sprache und Begriffe werden erschlossen. Dennoch kann man die Altersregression nicht als unabdingbaren Verlauf ansehen. Es finden sich in der Ebene der autonomen Körperreaktion auch Ereignisse, deren traumatisierende Wirkung den Leib besonders betroffen hat, wie z.B. sexueller Mißbrauch, Unfälle, Operationen, persönliche Schicksalsschläge.

Die Regression in der Thymopraktik kann als eine „therapeutisch induzierte Krise" betrachtet werden, die Informationssysteme mobilisiert, Strukturen herauslöst, neu *emotional* bewertet und placiert und somit Lernen auf einer sehr basalen Ebene ermöglicht. Eine derartige *Mobilisierung* von Systemen kann natürlich auch in eine *Labilisierung* umschlagen und damit zu einer Labilisierung der Gesamtpersönlichkeit, des „personalen Systems", führen, insbesondere, da Körperinterventionen an der Basis der Person, am „Leib-Selbst" ansetzen. Die unqualifizierte Arbeit auf der Ebene der autonomen Körperreaktion kann deshalb den Klienten/Patienten massiv gefährden. Es muß deshalb vor dem Mißbrauch von Körpertechniken durch Personen ohne langjährige, qualifizierte Ausbildung nachdrücklich gewarnt werden (*Petzold*, 19771); denn nicht die Krise, sondern ihre Bewältigung ist das therapeutische Ziel. Der Klient muß nicht nur in die Regression hinein, sondern auch „ohne Bruch" und Diskontinuität aus ihr herausgeführt werden. Aus diesem Grunde ist es notwendig, daß, von der Ebene der autonomen Körperreaktion aufsteigend, jede voranliegende Ebene in einer „Rückführung" als Progression durchlaufen wird.

Das Körpergeschehen in der Leibarbeit sollte, wo immer möglich, mit biographischen Ereignissen verbunden werden (Ebene III). Auf der Ebene der Vorstellungen und Affekte (II) sollte die emotionale Integration gefördert werden, und auf der Ebene der Reflexion (I) die kognitive Durcharbeitung, indem Bezüge und Verbindungen hergestellt werden, durch die sich der Klient/Patient in seinem So-Sein und Geworden-Sein besser verstehen und annehmen lernt. Dieses Durcharbeiten auf den einzelnen Ebenen macht immer wieder deutlich, daß Schädigungen als komplexe Informationssysteme zu verstehen sind und Strukturen inkorporieren, die zu unterschiedlichen Zeitpunkten in der Biographie gesetzt wurden. Erst das Zusammenwirken dieser verschiedenen Strukturen macht die spezifische Charakteristik der Störung aus. Veränderungen können sich vollziehen, wenn es zu *Modulationen* wichtiger Strukturen bzw. Strukturelemente kommt, wodurch das Gesamtsystem beeinflußt wird, ohne daß unbedingt eine *Erstursache* oder eine besonders traumatische Episode aufgefunden werden muß (es ist ohnehin schwierig zu sagen, ob das, was wir oder auch der Patient selbst als besonders gravierend ansehen, tatsächlich die Wertigkeit hat, die wir dem Ereignis zuschreiben). Aus diesem Grund ist auch die Annahme irrig, daß therapeutische Sequenzen auf der Ebene der autonomen Körperreaktionen besonders effektiv, oder gar effektiver seien als solche auf den anderen Ebenen der therapeutischen Tiefung. Jede Ebene hat ihre eigene Bedeutung, und Veränderungen durch Fragen nach dem „Warum?" und durch Reflexion können nachhaltiger sein als manche dramatische Körpersitzung. Andererseits werden manche Veränderungen nur in vollem Umfang möglich, wenn der Zugang über den Leib gewonnen wird. Es gilt wiederum das *Synergieprinzip*: Die Wirkungen, die auf den verschiedenen Tiefungsebenen erreicht werden, gewinnen ihre volle Effizienz im Zusammenwirken.

## 6. Therapeut und Patient/Klient in der thymopraktischen Behandlung

Die Grundlage jedes therapeutischen Prozesses ist die Beziehung zwischen Therapeut und Klienten/Patienten. Sie ist die Matrix, in der sich situative Stimulierung, Wachstum, Integration und Neuorientierung vollziehen können. Deshalb ist es notwendig, daß der Therapeut aus einer „intersubjektiven Grundhaltung" heraus mit dem Klienten arbeitet, einer Haltung, die den anderen als Person ernst nimmt und ihn nicht als Objekt behandelt. Die Grundlage für die therapeutische Beziehung in der Integrativen Therapie und damit auch der Thymopraktik bietet das Intersubjektivitätskonzept *Gabriel Marcel*s (1965; *Petzold* 1968a; *Besems* 1977), das wir für die therapeutischen und pädagogischen Erfordernisse unseres integrativen Ansatzes adaptiert und durch die Perspektiven *Martin Buber*s (ICH und DU), *George Herbert Mead*s (SELF and OTHER) und *Maurice Merleau-Ponty*s (INTERCORPORALITÉ) ergänzt haben (*Maurer-Groeli, Petzold* 1978; *Petzold, Sieper* 1977; dieses Buch S. 300ff.).).

Wir sehen drei mögliche Beziehungsmodalitäten:

## 6.1 Objekt-Relationen = Haben-Beziehungen

Für diesen Beziehungsmodus ist eine Possesivrelation kennzeichnend. Ich „habe" Objekte, sie sind – in der Regel – ersetzbar, austauschbar; sie sind nicht begegnungsfähig. Dennoch kann ich mir und der Welt in den Dingen begegnen. Ich gehöre der Welt zu, und die Welt gehört mir zu, durch die Dinge. Die Welt begegnet mir in den Dingen. Die Dinge können lebendig, mir ein Gegenüber werden, wie es die Puppen der Kinderzeit zeigen (*Petzold* 1983b). Sie können zuweilen zu einem Teil von mir werden – ja manchmal „zum Besten", wie *A.-S. Mutter* (*McLellan* 1988) von ihrer Stradivari sagt: „My Strad is part of my body – the best part of my body" (ibid. 20). Die Modalität der Objektrelation ist deshalb nicht von Gleichgültigkeit, sondern von der „Sorge um die Dinge" gekennzeichnet (*Petzold, Sieper* 1977, S. 28f.), denn oft sind die Dinge schön und liebenswert und kostbar... und doch, es bleiben Dinge, die – soweit sie nicht „für mich" existieren, an meiner Subjekthaftigkeit partizipieren – in die Welt der Objekte zurückfallen. Deshalb bedeutet zu einem anderen Menschen in eine Objektrelation treten, ihn seiner Subjektivität und damit seines Menschseins zu berauben. Dies ist ein Grund dafür, daß wir vom „Objekt"-Begriff der klassischen Psychoanalyse abgerückt sind, denn Sprache schafft Fakten und Begriffe müssen deshalb sorgsam gehandhabt werden. (Der Begriff „Objekt-*Beziehung*" ist ohnehin eine sprachlogische Unmöglichkeit.)

## 6.2 Sachlich-funktionale Relationen = Machen-Beziehungen

Diese Beziehungsmodalität, die ich zur Differenzierung der *Marcel*-schen Sein/Haben-Kategorien für die Praxis eingeführt habe (*Petzold* 1968a), ist von sachlicher Funktionalität gekennzeichnet. Ihr eignet eine gewisse Wertneutralität. Sie steht zwischen Objekt- und Subjektrelationen. Die zahlreichen zweckgerichteten Transaktionen der Alltagsrealität, in denen es um „machen und tun" geht (Bankgeschäfte, Laboruntersuchung, Einkauf etc.), sind sachlich-funktionaler Natur. Im Kontakt zwischen Therapeut und Klient gibt es durchaus sachlich-funktionale Beziehungsmodalitäten, die durch die Tatsache bestimmt sind, daß die Beziehung weitgehend innerhalb von Institutionen (Klinik, Beratungsstelle, Privatpraxis) abläuft. Die sachlich-funktionale Modalität bietet für den Therapeuten und den Klienten eine Entlastungsmöglichkeit, da die Dichte intersubjektiver Beziehung in der Regel nicht in alle Bereiche der Therapeut-Klient-Relation ausgedehnt werden kann; sie birgt jedoch auch die Gefahr, in eine Objektrelation abzugleiten, wenn sie nicht von einer intersubjektiven Grundhaltung getragen ist. Die sachlich-funktionale Modalität impliziert in der Relation mit Menschen immer ein *intersubjektives* Moment.

## 6.3 Subjekt-Relationen = Sein-Beziehungen

Das Subjekt hat seinen Wert in seinem eigenen Sein, es ist unverwechselbar, einmalig, nicht objektiv zu übermitteln. Es benötigt zur Aktualisierung seiner Subjektivität das Mitsubjekt, die Intersubjektivität. Seine Existenz ist deshalb immer *Ko-Existenz*, Mit-Sein. Intersubjektivität bedeutet, dem anderen zu begegnen als der, der er ist, ihn fundamental wertzuschätzen. Ein Therapeut, der nicht mit „seinem Herzen" bei seinen Patienten ist, bleibt ein Techniker mit sehr eingeschränkten Behandlungsmöglichkeiten: denn Heilung kann sich nach unserer Auffassung alleinig in der intersubjektiven Beziehung zwischen Therapeut und Klient/Patient vollziehen. Dabei muß beachtet werden, daß aufgrund der Einwirkungen „*multipler Entfremdung*", Verdinglichung, Fragmentierung im Prozeß der Kolonialisierung des Leibes, der Lebenswelt, des Lebens (*Petzold* 1987d; dieses Buch S. 184) Intersubjektivität keine selbstverständliche Gegebenheit ist, die zwischen Menschen besteht. Gerade das Fehlen von Subjektrelationen zum Anderen (wie auch zum eigenen Leib, d.h. des Ich zum Leib-Selbst) ist ja eine wichtige Ursache von Pathologie. *Intersubjektivität* ist deshalb ein *Ziel*, das Menschen miteinander realisieren Müssen, um Menschen, Mitmenschen (*consortes*) zu bleiben. Die intersubjektive Grundhaltung ist wichtig, aber sie muß aktualisiert werden, und zwar *in jedem Kontakt, jeder Begegnung, jeder Beziehung* neu (idem 1986e). Wo sie nicht vorhanden ist, muß sie nach und nach aufgebaut werden; ja ein Zunehmen der Fähigkeit zur Intersubjektivität, mit allem, was sie kennzeichnet – Begegnungs-, Beziehungs-, Bindungsfähigkeit, Vertrauen, Empathie, wechselseitiges Sich-Einlassen (*mutualité*), Verantwortung, Ko-respondenz- bzw. Dialogfähigkeit –, muß als zunehmende Gesundung angesehen werden. Weil sich die Intersubjektivität entwickeln muß und sich in unterschiedlichen *Intensitäten* auf der Grundlage dessen, was an Potential vorhanden ist, vollziehen kann, gleicht keine therapeutische Beziehung der anderen. Therapie ist in Objekt- oder sachlich-funktionalen Beziehungen nicht möglich, aber sie erfordert auch nicht die absolute Verwirklichung eines abgehobenen Intersubjektivitätsideals, das an der Realität des Therapeuten und des Klienten vorbeigeht. Die Zielsetzung des Therapeuten ist, seinem Klienten oder Patienten dabei zu helfen, mit Störungen und Defiziten fertig zu werden, und ihn über diesen „reparativen Aspekt" hinaus in der Entfaltung seiner persönlichen Potentiale zu fördern („evolutiver Aspekt", vgl. *Petzold, Berger* 1977; dieses Buch S. 496f). Seine Intersubjektivität ist von dieser Zielsetzung bestimmt, was zur Folge haben kann, daß eine gewisse Distanz zu der zuweilen chaotischen Situation des Klienten hergestellt und eingehalten werden muß, ohne daß dadurch das Intersubjektivitätsideal aufgehoben werden müßte. Im Gegenteil, das Ernstnehmen der Wirklichkeit des Patienten, die aufrichtige Sorge um ihn als Person erfordert, ihm dort zu begegnen, wo *er* steht, und nicht dort, wo er nach den Wünschen und Idealen des Therapeuten sein sollte. *Effektive Therapie ist nur möglich, wenn ein Therapeut f ü r seinen Patienen/Klienten engagiert ist, aber nicht m i t ihm involviert ist.* Sein Engagement auf der Subjektebene, d.h. für die *Person* des Patienten sollte – wenn immer möglich – ein uneingeschränktes, ein *totales* sein. Im Hinblick auf die *Situation* des Patienten, die auch unter den sachlich-funktionalen Aspekten von Diagnose und Indikation gesehen werden muß, und im Hinblick auf die persönliche Leistungs- und Tragfähigkeit des Therapeuten, der ja nicht nur einen einzigen Patienten behandelt und der auch seine Grenzen hat und einhalten muß, kann und braucht sein Engagement nur ein *partielles* zu sein. Die klinische Situation verlangt aus der Sorge um den Patienten, aus der intersubjektiven Grundhalten heraus, einen Interventionsstil, der in der Integrativen Therapie als *partielles Engegement* (*Petzold* 1970) und in der Gestalttherapie als *selektive Offenheit* (*L. Perls* 1970; vgl. *Cohn* 1975) bezeichnet wird und einen Therapeuten erfordert, der in seiner Rolle konsistent und authentisch, in seiner Identität prägnant und ein seiner Zuwendung eindeutig und beständig ist, ohne daß er dabei in Distanzlosigkeit, Überidentifizierung und falsche Solidarisierung abgleitet, durch die ein klarer Blick für die Situation des Klienten und eine freie Handlungsfähigkeit eingeschränkt werden. Identität wird nach gestalttherapeutischer und systemtheoretischer Auffassung durch Kontakt und Abgrenzung gewonnen (*Perls, Hefferline, Goodman* 1951; *Luhmann* 1968). Selektive Offenheit und partielles Engagement bewahren den Therapeuten davor, seine Identität zu verlieren, von seinen Patienten absorbiert zu werden, und geben dem Patienten die Möglichkeit, in der Auseinandersetzung mit den Ich-Grenzen des Therapeuten die eigenen Grenzen zu finden und im Dialog mit dem Therapeuten immer mehr Intersubjektivität zu entwickeln. Damit wird *der Therapeut zum wichtigsten Instrument der Therapie*. Jede seiner Äußerungen, verbal oder nonverbal, seine ganze Haltung und Erscheinung sind *Medium* der therapeutischen Intervention (*Petzold* 1977c). Wir sind der Auffassung, daß ohne personale Konsistenz und Authentizität therapeutisches Handeln nicht möglich ist. Ein Fehlen dieser Eigenschaften hat Verstrickung, Manipulation, das Schaffen von Abhängigkeiten und schwerwiegenden Schädigungen des Patienten zur Folge. Eine Forderung an den Therapeuten ist, daß er mit seiner eigenen Person, ihrer körperlichen, emotionalen und geistigen Dimension, in den Prozeß permanenter bewußter Integration und Identitätsfindung eingetreten ist. Nur dann ist es ihm möglich, klare Grenzen zu setzen, ohne den Patienten zu seiner eigenen Identitätsfindung zu mißbrauchen. Nur dann kann er das oft belastende Material aus der Therapie für seine eigene Integration und seine eigenen Wachstumsprozesse benutzen. Selektive Offenheit und partielles Engagement bedeuten, daß der Therapeut *seinen Teil* der Verantwortung am therapeutischen Prozeß übernimmt, ohne den Patienten unbillig zu entmündigen oder zum Erleiden (lt. *pati*) zu machen, aber auch ohne ihm Verantwortung zuzuweisen, die er noch nicht zu tragen vermag. Eine solche Haltung erfordert eine differenzierte Interventionsstrategie und ein Verhaltensspektrum, das von der Abstinenz bis zur Offenheit und Selbstdarstellung (*selfdisclosure*) reicht. Der Therapeut muß sich daher an folgenden Kriterien ausrichten, die grundsätzlich als die Variablen angesehen werden können, die therapeutische Interventionen determinieren:

1. Der Situation des Klienten (d.h. seine Beziehungs- und Belastungsfähigkeit sowie seine aktualen Lebensumstände);
2. der Situation des Therapeuten (d.h. seine momentane Belastbarkeit und seine professionelle Kompetenz);
3. dem Setting der Therapie (d.h. die räumlichen und zeitlichen Möglichkeiten, die ökonomische Situation, die Gegebenheiten der Institution, in der die Therapie stattfindet);
4. der Situation der Gruppe, sofern eine Gruppentherapie durchgeführt wird (d.h. ihre emotionale Belastbarkeit und Tragfähigkeit).

Es wäre z.B. unsinnig, in einer Beratungsstelle konfliktzentrierte Körperarbeit durchzuführen, sich zehn Stunden Einzeltherapien pro Tag aufzubürden oder einem schwer gestörten, halluzinierenden Psychotiker die volle Mitverantwortung für den therapeutischen Prozeß zuzuschreiben. Aber es wäre falsch, ihm auch noch die Verantwortung zu nehmen, die er tragen kann, wie es in vielen psychiatrischen Institutionen geschieht. Die meisten Patienten kommen in der Haltung eines hilfesuchenden Kindes zum Therapeuten, der die Rolle des großen Heilers und Magiers oder – in der Terminologie der Transaktionalen Analyse – des stützenden, gütigen Elternteils einnimmt (vgl. *Berne* 1975; *Petzold* 1975g). An dieser Realität vorbeizusehen und den Patienten von Anfang an als in jeder Hinsicht voll verantwortlichen und voll beziehungsfähigen Partner aufzufassen, ist eine gefährliche Idealisierung, die die wirklichen Verhältnisse verschleiert. Den Patienten in seiner Wirklichkeit ernst nehmen heißt, mit ihm erarbeiten, wo er steht, und ihn da zu sehen, wo er ist. Nur wenn Therapeut und Patient *erkennen, ertragen* und *annehmen*, was wirklich ist, kann Veränderung und Wachstum geschehen – dies ist zumindest die Auffassung der „paradoxen Theorie der Veränderung" in der Gestalttherapie, der wir folgen (vgl. *Beisser* 1972). Nur wenn wir nicht absolute Maßstäbe dafür setzen, was sein *soll*, kann der Organismus sich ungestört selbst regulieren, kann die Person „stimmig" werden und der Patient seinen eigenen Weg finden.

Die oft übersteigerte Erwartungshaltung des Patienten an den Magier-Therapeuten zu Beginn einer Therapie ist nicht negativ zu bewerten. Sie bewirkt ein „Vorschußvertrauen", auf das in der Initialphase der Therapie nicht verzichtet werden kann. Außerdem ist sie Ausdruck der Situation, in der der Patient steht: er ist hilflos, oft regrediert und infantil und hat seine Möglichkeiten des *selfsupport* und der Selbstregulation noch nicht entdeckt und erschlossen. Er benötigt noch *environmental support*, Unterstützung aus der Umwelt. Der Therapeut muß diese Unterstützung in dem Maße geben, in der sie wirklich benötigt wird – nicht mehr und nicht weniger, um Verstärkung manipulativen Verhaltens zu vermeiden. Solange der Patient aufgrund seiner Situation den Therapeuten noch sehr unreal und durch Projektionen bzw. Übertragungen verzerrt sieht, ist er zu personaler Begegnung auf gleicher Ebene kaum fähig. Erst nach und nach beginnt er im Verlauf der Therapie den Therapeuten klarer zu sehen und kann er intersubjektive Beziehung aushalten. Er lernt mit der Offenheit des Therapeuten umzugehen, ohne seine Äußerungen phantasmatisch zu verzerren. Das Prinzip der *selektiven Offenheit* ist deshalb an den Fragen ausgerichtet: was kann der Patient ertragen und was löse ich mit meiner Haltung und meinem Verhalten (= Person = Intervention) bei ihm aus? Mit fortschreitender Therapie kann der Therapeut die Haltung der Abstinenz mehr und mehr ablegen oder sie auf bestimmte Bereiche und Themen eingrenzen und sich selbst verstärkt einbringen. Sein zunehmendes *selfdisclosure* – das nicht mir Ausagieren verwechselt werden und zu Ausagieren führen darf –, wird ein neues Realitätsprinzip in der Behandlung, auf dessen Grundlage intersubjektive Begegnung (vgl. *Moreno* 1914; *Buber* 1923) zwischen wirklichen Menschen (*real people*) möglich ist.

Für die thymopraktische Arbeit sind diese Konzepte grundlegend. Ohne sie steht der Therapeut in der Gefahr, zu forcieren oder dem Patienten einen Rhythmus aufzuzwingen, der ihm nicht gemäß und damit abträglich ist. Die Rolle des Therapeuten ist die eines *facilitators* (*Perls* 1969a), eines Förderers von Wachstums- und Integrationsprozessen. Seine Person ist Katalysator, durch den der Patient eine Hilfe erhält, Strukturen zu bilden. Diese Rolle ist keine passive, sondern erfordert ein Interventionsrepertoire, das von Zuwendung und Stützung (*support*) bis zur Konfrontation und gezielten Frustration (*skillful frustration*) reicht, um das zu zeigen, w a s   i s t. In diesem Prozeß ist der Therapeut Partner des Patienten. Er stellt sich ihm als Instrument zur Entdeckung und Entwicklung von Fähigkeiten und Möglichkeiten zur Verfügung und geht mit ihm durch die schmerzliche Erfahrung, daß er, der Patient, kein hilfloses Kind mehr ist, sondern ein erwachsener Mensch, der fähig ist, Verantwortung zu übernehmen. Dieses Wachsen und Großwerden des Patienten ist nur möglich, wenn der Therapeut gleichzeitig kleiner wird, wenn er das Image des großen Helfers und Heilers verliert und im Erleben des Patienten real wird, mit all seinen Fehlern und Schwächen. Hier liegt eines der größten Probleme der Therapie, und vielen Therapeuten gelingt es nicht, ihre Patienten groß werden zu lassen, weil sie es nicht ertragen können, kleiner und damit realer zu werden (*Maurer-Groeli, Petzold* 1978). Für den Leibtherapeuten ist diese Gefahr besonders gegeben. Die wirkungsvollen Techniken und die intensive emotionale Zuwendung und Dankbarkeit der Patienten sind genauso verführerisch, wie das analytische Setting der Couch, das dem Analytiker für einige hundert Stunden das Gefühl der allgewaltigen Elternfiguren vermitteln kann. Auch hier ist das Durcharbeiten der eigenen Bedürfnisse Voraussetzung für therapeutische Arbeit, gerade weil in der Leibtherapie das Entgleiten der Gegenübertragung, d.h. die Entwicklung einer eigenen Übertragung, eine besondere Gefahr ist und Möglichkeiten zu latentem sadistischen und kaschiertem sexuellen Agieren gegeben sind.

Thymopraktik kann nur der Therapeut betreiben, der selbst durch eine thymopraktische Behandlung gegangen ist. Nur er kann erfühlen und verstehen, was in einem Patienten vorgeht, wenn er basale emotionale Erfahrungen auf der Ebene der autonomen Körperreaktionen macht, denn er hat selbst ähnliche Prozesse durchlebt. Nur er kann partielles Engagement, d.i. die richtige Nähe und Distanz bewahren, weil er seine tiefen Emotionen und Körperregungen kennt und sich nicht mehr vor ihnen ängstigt. Der Therapeut selbst ist ja beständig multipler Simulierung ausgesetzt, wenn sich der Patient in Primärprozessen vor Schmerzen windet, wenn sein Gesicht vor Entsetzen verzerrt ist, wenn er heult und schreit, wenn er in mörderischer Wut eine Puppe an Stelle seines Vaters zerfetzt, oder wenn er in orgastischer Lust zuckt. Ohne eigene thymopraktischer Erfahrung wäre der Therapeut den stimulierten Emotionen und Erinnerungen hilflos ausgeliefert. Er würde *konfluent*, von ihnen hinweggeschwemmt oder er müßte sich „zumachen" und „festhalten", müßte retroflektieren, womit seine Einfühlung in einem Maße beeinträchtigt wäre, daß er dem therapeutischen Prozeß nicht mehr richtig folgen könnte. Im partiellen Engagement kann der Therapeut seine Gefühle soweit zulassen, daß sie ihn nicht überrollen, er kann seine eigene emotionale *Resonanz* – und das ist ein zentraler Begriff – verwenden und auf diese Weise näher bei seinem Patienten sein und adäquater intervenieren. Die Haltung des partiellen Engagements und die beständige Integrationsarbeit am eigenen Leibe bewahren ihn davor, ein kalter Techniker oder abgebrühter Routinier zu werden, der am Wesen thymopraktischer Arbeit vorbeigeht.

## 7. Beispiel einer thymopraktischen Behandlung

*Wilhelm*, 29. J., Sozialarbeiter in einem Jugendheim, kommt wegen häufigen, sehr schmerzhaften Schreibkrämpfen in die Behandlung. Im Kontaktgespräch teilt er mit, daß er schon seit seinem sechzehnten Lebensjahr immer wieder mit Sehnenscheidenentzündungen beider Unterarme zu tun hatte. Wir versuchen gemeinsam, von seiner aktualen Lebenssituation ein klares Bild zu gewinnen. W. arbeitet sehr gern engagiert in seinem Beruf und geht dabei oft über seine Kräfte. Er hat seit vier Jahre eine feste Partnerbeziehung, die allerdings sehr problematisch ist. Seine Freundin ist dominierend, sehr selbstsicher und klug. „Sie ist mir eigentlich in allem überlegen. Sie kränkt mich auch oft, aber sie steht mir auch zur Seite und ich kann mich auf sie verlassen." Die Schreibkrämpfe sind seit einem Jahr aufgetreten und haben sich im Laufe der Zeit so verschlimmert, daß sie oft schon auftreten, wenn der Klient nur einen Schreibgegenstand in die Hand nimmt. Es ist damit für ihn eine schwerwiegende Behinderung in der Ausübung seines Berufes verbunden.

Wir kommen überein, daß W. an der Gruppentherapie teilnimmmt und gleichzeitig im Sinne bimodaler Behandlung leiborientierte Einzelsitzungen erhält.

Die ersten Behandlungsstunden sind ganz darauf gerichtet, den Leib durchzuspüren und die Atmung zu erleben. Dabei stellt W. fest, daß sich seine „Hände und Arme ganz tot anfühlen". – „Überhaupt habe ich oft kalte Hände. Ich erlebe meine Arme so, als ob sie gar nicht zu mir gehören." Bei der Atmung entdeckt er, daß ihm eine tiefe Bauchatmung nicht möglich ist. In der Ausatmung wölbt er die Bauchdecke vor, bei der Einatmung sieht er sie ein. „Irgendwie geht es da nicht weiter. Ich fühle die untere Körperhälfte wie abgeschnitten." In der dritten Sitzung versuche ich, eine Vertiefung der Atmung anzuregen, indem ich dem Klienten anbiete, er solle über die Imagination sich vorstellen, der Atem sei wie ein Strom, der durch den Mund hinein und bei den Füßen wieder hinausfließe. Außerdem solle er seine Hände leicht auf die Bauchdecke legen. Nach einigen Minuten beginnen die Hände des Klienten leicht zu zittern. T.: „Ja, weiteratmen und dich deinem Körper überlassen!" Die Unterarme werden nun von einem heftigen Tremor geschüttelt, der von W. nicht kontrolliert werden kann, sondern auf der Ebene der „autonomen Körperreaktion" abläuft. Er bricht so plötzlich ab, wie er gekommen ist. Der Klient ist über dieses Geschehen sehr erschrocken. „Ich habe wahnsinnige Angst gehabt, daß irgend etwas Schreckliches geschehen könnte, etwas, das ich nicht steuern kann." Ich erkläre ihm, daß ein solches spontan auftretendes Zittern in der Thymopraktik öfters vorkomme, wenn sich Strukturen mobilisieren, und bitte ihn, auf Träume zu achten. In den nächsten Sitzungen berichtet der Klient, daß er jede Nacht lebhaft geträumt habe, ohne daß er sich an etwas erinnern könne. In der Behandlung, die bisher ohne direkte Berührung erfolgt, wird eine Intensivierung des Leiberlebens erreicht. Die Bauchatmung bleibt weiterhin blockiert und das Fremdheitsgefühl in den Armen besteht nach wie vor. Ich beginne nun damit, durch direkte Leibinterventionen an der Atmung zu arbeiten. Ich lege meine Hände auf den unteren Rippenbogen, spüre die Atemwelle von W. an und streiche bei jeder *Inhalation* über die Bauchdecke leicht nach unten bis zu den Oberschenkeln. Ich „locke" den Atem nach unten. Beim Ausatmen gebe ich einen leichten Druck auf die Bauchdecke, um eine möglichst vollständige Exhalation zu erreichen. T.: „Folge mit dem Atem meinen Händen! Nimm die Gefühle in deinem Körper wahr und lasse sie zu." Die Atmung vertieft sich und W., der insgesamt sehr angespannt ist, kann sich lösen. Am Schluß der Sitzung berichtet er: „Ich habe mich noch nie so entspannt gefühlt. Es war mir, als ob ich auf warmem Wasser treibe und alles an mir locker und schwer herunterhängt." Ich bitte W., weiterhin auf seine Träume und auf seine Körperreaktionen zu achten. Die nächste Stunde ist auf den folgenden Tag angesetzt. W. ist schon eine halbe Stunde vor dem Termin anwesend und sehr aufgeregt. Er berichtet, daß er am Abend im Bett versucht habe, die Atmung so zu vertiefen wie in der Therapiestunde. Dabei habe in plötzlich wieder das Schütteln und Zittern der Hände und Unterarme befallen. „Ich konnte gar nichts machen. Ich habe versucht, die Hände am Bettrand ruhigzuhalten. Das ging nicht. Ich hatte das intensive Gefühl, als wenn etwas Entsetzliches passieren würde. Ich weiß nicht, wie lange das gedauert hat. Dann habe ich irgend etwas Schlimmes geträumt. Ich weiß nicht was, nur, daß ein kleines Mädchen darin vorkam. Ich kann mir auf das alles keinen Vers machen." W. ist sichtlich aufgelöst. Seine Atmung ist flach und läßt sich nicht zu einer Vertiefung anregen. Auf direkte Leibinterventionen reagiert er schreckhaft und mit Verkrampfungen. Ich gehe deshalb zum „*non touching approach*" zurück und lasse W. mit „*verzögerter Bewegung*" (slow movement) arbeiten, um die Verkrampfung auszuloten, ein aktivierbares, pathogenes Milieu zu finden. Er soll einen Arm ganz langsam, so langsam es ihm möglich ist, anheben. Nach einigen Minuten beginnt sich der Streßeffekt der Übung zu zeigen. Der Arm ist auf halber Höhe und W. muß seinen gesamten Körper einsetzen, um ihn noch weiter zu bewegen. Die Atmung beginnt sich zu vertiefen und wird schwer und angestrengt. Ich ermutige ihn, weiter der Atmung Raum zu geben. Es setzt eine tiefe Bauchatmung ein. W. läßt den Arm plötzlich fallen und ein heftiges Schluchzen, das seinen ganzen Körper erschüttert, bricht aus ihm hervor. Nach und nach beruhigt sich das Weinen, und wir beginnen, die Arbeit durchzusprechen. W. berichtet, er habe plötzlich das Gefühl gehabt, gekränkt und gedemütigt worden zu sein. „Irgendwie furchtbar gequält, hintenangestellt, unheimlich verlassen." T.: „Woher kennst Du dieses Gefühl?" W.: „Ich kenn' das irgendwoher, aber ich komm' da nicht ran!" - T.: „Vielleicht kannst du, wenn es dir nicht zuviel wird, die verzögerte Bewegung noch einmal mit beiden Armen durchführen?" Es soll erneut versucht werden, einen Einstieg in eine relevante biographische Schicht zu finden. W. erklärt sich bereit und beginnt wieder, die Arme langsam zu heben, bricht aber schon kurz darauf ab mit dem Hinweis, ihm würde unheimlich zumute und er wolle für heute nicht weiterarbeiten. Die nächsten beiden Einzelsitzungen müssen wegen einer Reise des Therapeuten ausfallen. In der Gruppentherapie, die von der Kotherapeutin fortgeführt wird, verhält sich W. unauffällig. Er berichtet, daß er immer noch von dem Mädchen träume, und daß er seit einer Woche keinen Schreibkrampf mehr gehabt habe, obwohl er mehr schreibe als sonst. Bei Fortführung der Einzelstunden ist W. reserviert. Er möchte keine Leibarbeit machen, sondern will über die Beziehung zu seiner Freundin Ines sprechen. Im Verlauf dieses Gespräches teilt er mir mit, daß er zuweilen Potenzstörungen habe. „Irgendwie habe ich das Gefühl, ich will mich dadurch an ihr rächen. Sie ist auf die körperliche Liebe mit mir sehr angewiesen. Wenn ich mich von ihr zu sehr eingeschränkt fühle so im täglichen Umgang, dann will ich einfach nicht. Da spielt sich bei mir nichts ab." – T.: „Das ist ja eigentlich eine sehr indirekte Art, Aggressionen zu äußern." – W.: „Aggressiv kann ich sowieso nicht zu ihr sein, zu Mädchen(!) nie. Bei Männern habe ich da keine Schwierigkeiten. Ich glaube, wenn ich mal platzen würde bei ihr, gäb's ein Unglück."

Die folgende Sitzung beginnt damit, daß W. berichtet, er habe wieder schrecklich geträumt und dabei ein nacktes, totes Mädchen gesehen, ohne zu wissen, was es damit auf sich habe. Er schlägt von sich aus vor, wieder mit der Leibarbeit zu beginnen.

Ich lasse zunächst mit der Atmung arbeiten. Dabei ziehen sich die Arme mehrere Male zurück. Ich mache W. darauf aufmerksam, aber er hat diese Bewegung nicht bemerkt. Ich fordere ihn deshalb auf, mit dieser Bewegung zu experimentieren. Nach einigen Versuchen geht er von sich aus in die verzögerte Bewegung, wieder mit beiden Armen. Auf halber Höhe beginnt ein heftiges Zittern in den Armen. T.: „Jetzt nicht abbrechen! Das Zittern zulassen! Laß die Hände machen!" Tiefes Stöhnen dringt aus der Brust des Klienten. Er hat den Unterkiefer vorgeschoben und knirscht mit den Zähnen. Seine Hände verkrampfen sich, als wolle er etwas umfassen. Ich gebe ein kleines Kissen zwischen seine Hände. Er greift zu, drückt und zerrt. Sein ganzer Körper zieht sich zusammen. Ein gepreßter Ton kommt aus seiner Kehle. T.: „Nicht den Ton festhalten! Den Ton herauslassen!" Ein knurrendes, immer lauter werdendes Brüllen kommt aus W., er schlägt das Kissen in rasendem Zorn auf die Matte, wieder und wieder, bis er schließlich erschöpft zusammensinkt. Durch direkte Leibinterventionen stütze und beruhige ich die schnelle, etwas hechelnde Atmung. Es stellt sich ein ruhiges und gleichmäßiges Atemmuster ein. Die Atemwelle geht durch den ganzen Körper. T.: „Gib dir noch etwas Zeit. Nimm die Matte unter dir wahr. Spüre deinen Atem, deinen ganzen Körper, deine Hände!" Nach einiger Zeit beginnt W. zu berichten: „Als das Schütteln wieder anfing, wurde ich von panischer Angst erfaßt. Ich wollte das um jeden Preis stoppen. Ich merkte auch, wie sich meine Hände verkrampfen wollten, und ich kämpfte mit aller Kraft dagegen. Dann kam von ganz weit her deine Stimme: Laß die Hände machen', und da habe ich nicht mehr gekämpft. Ich habe plötzlich die Monika gesehen, meine Schwester. Ich hatte einen unbändigen Haß auf sie. Ich bin ihr an die Kehle gegangen, und da war sie plötzlich das tote Mädchen. Das war mir alles egal, immer nur drauf – ich (bricht in Tränen aus) hab' sie umgebracht!" Das Weinen beruhigt sich nach einer Weile und W. berichtet weiter. Ihm kommen plötzlich klare Bilder aus der Zeit zwischen vier und sechs Jahren. Er sieht, wie seine Schwester ihm vorgezogen wird, wie sich alle Aufmerksamkeit auf die „Kleine" richtet. Er berichtet, daß er Schläge bekam, wenn sie etwas kaputt gemacht hat, und wenn sie weinte, war er immer schuld und wurde bestraft. Obgleich sie zwei Jahre jünger war, mußte er bis in die Schulzeit „nach ihrer Pfeife tanzen". Als Dreizehnjähriger sei er ihr dann einmal im Beisein seines Vaters „nach einer ihrer Lügereien" an die Kehle gegangen. Er sei darauf ins Internat gekommen. „Ich hatte diese Szene völlig vergessen. Auch die anderen Sachen. Überhaupt, ich konnte mich nie an meine Kindheit erinnern. Ein paar Sachen aus der Schule und aus den Ferien, sonst nichts. Zu meiner Schwester habe ich schon seit Jahren ein gutes Verhältnis. Daß die Sachen von damals so stark wirken, daß hätte ich mir nie vorgestellt." Er machte mit seinen Händen Würgebewegungen. „Irgendwie leuchtet mir das ein, meine Schreibkrämpfe und meine Schwester..." T.: „Und die Ines..." W.: „Ich fühle jetzt doch einen ziemlichen Zorn auf die Ines. Irgendwie hat sie mich schon sehr untergebuttert... wie meine Schwester auch... ja, ich spüre jetzt sehr deutlich, das ist es, genau das ist es."

394

Wir beenden die Sitzung an dieser Stelle, und ich schlage dem Klienten vor, daß Thema Ines in die Gruppensitzung zu bringen, die am gleichen Abend stattfindet. Die thymopraktische Arbeit hatte zu einem Erlebnis von *vitaler Evidenz* geführt. Im Zusammenwirken von leiblichem Erleben, emotionaler Erfahrung und intellektuellem Verstehen sind W. Zusammenhänge klar geworden, die sein Leben entscheidend bestimmen. In weiteren Einzel- und Gruppensitzungen wird die Beziehung zu seiner Schwester und zu den Eltern weiter bearbeitet. Er kommt mit seiner Freundin zu mehreren Beratungsgesprächen, in deren Folge sich die Beziehung verbessert. W. beendet die Behandlung. Die Potenzstörungen treten nur noch selten auf und können durch ein Gespräch zwischen den Partnern aufgelöst werden, zumal sie sich regelhaft als Reaktion auf Spannungen erweisen. Im Hinblick auf die Schreibkrämpfe bleibt W. über ein Jahr symptomfrei. Dann treten sie sehr massiv wieder auf und er kommt – im Sinne des intermittierenden Therapie-Konzeptes (dieses Buch S. 249) – wieder zur Behandlung. In einer thymopraktischen, konfliktorientierten Kurztherapie zeigt sich, daß die Beziehung zu Ines im alten Muster verläuft, und es wird deutlich, daß W. die unlängst erfolgte Promotion seiner Schwester nicht verarbeitet hatte („Jetzt ist sie mir schon wieder über!"). Zusätzlich wird ihm ein funktionales Relaxationstraining verordnet.

W. ist jetzt seit drei Jahren völlig symptomfrei. Er ist noch zweimal *intermittierend* in die Therapie gekommen. Seine Bindung zu Ines hat er gelöst. Er ist jetzt mit einem weniger dominanten Mädchen verlobt und ist in dieser Beziehung sehr zufrieden.

# 8. Behandlungstechnik

Wie für alle Methoden und Medien in der Integrativen Therapie gilt, daß sie nur in prozeßorientierter Anwendung sinnvoll sind (vgl. *Vööbus* 1975). Darüber hinaus erfordert thymopraktische Behandlungstechnik manuelle Fertigkeit und eine solide Kenntnis des Körpers und seiner Funktionen. (Z.B. sind für die gezielte Anwendung von Massage- und Dehnungsgriffen sowie besonders für die muskuläre und respiratorische Stimulierung ein gutes Handwerkszeug, sowie Kenntnisse der funktionalen Anatomie unerläßlich.) Weiterhin sind ein gutes Gespür für Muskulatur und Atmung und eine solide Erfahrung im Hinblick auf den Ablauf emotionaler Prozesse in ihrem körperlichen Erscheinungsbild erforderlich.

Aufgrund ihres hohen Aktivierungspotentials sind die von den thymopraktischen Techniken hervorgerufenen Prozesse oft spektakulär und bergen die Gefahr, den Anfänger zu blenden. Die Lautstärke des Schreiens und die Menge der Tränen sind indes keine Gradmesser für gute Leibtherapie. Mit bloßer kathartischer Abreaktion oder hysterischem Agieren ist nichts gewonnen. Ja, das Schreien kann zu einer neuen, therapeutisch verbrämten Form der Vermeidung bzw. Abwehr werden, wenn es nicht richtig gehandhabt wird (dieses Buch S. 134ff). – (Ähnliches kennen wir von den Spieleifrigen im Psychodrama und den Musterträumern in der Analyse.)

Das „Durcharbeiten am Leibe" ist in der Regel ein mühevoller Prozeß, der oft nur in kleinen Schritten vorwärtsgeht und nicht von der Verwendung der einen oder anderen Technik abhängt. Vom verbissenen Schmerz zum trockenen Schluchzen und von diesem zum gelösten Weinen zu kommen, erfordert Zeit und eine entsprechende therapeutische Interaktion. Die Atmung, die Muskelreaktionen, das Ausdrucksverhalten in Atmung und Stimme und das Verhalten des Patienten in seinen Beziehungen müssen sich umstellen. Technische Interventionen lösen nur momentane Reaktionen aus, die integriert und weitergeführt werden müssen. Der Ausdruck von Schmerz z.B. in einer Therapiesitzung, bezogen auf eine konkrete biographische Situation, ist immer nur ein Anfang. Ziel ist der *angemessene* Ausdruck von Emotionen in der Lebenswirklichkeit, und dieses Ziel erfordert zumindest einen mittelfristigen therapeutischen Prozeß. Techniken werden im Verlauf dieses Prozesses eingesetzt, um Erfahrungen zu stimulieren, zu verdeutlichen, zu vertiefen. *Nicht die Techniken bestimmen den Prozeß, sondern der Prozeß bestimmt die Wahl der Technik.* Hierin unterscheidet sich die Thymopraktik auch von anderen, technikzentrierten Verfahren der Körpertherapie, wie z.B. der Primärtherapie, dem Rolfing oder bestimmten Richtungen der Bioenergetik. Diese Verfahren strukturieren durch Techniken das aktuale Erleben. Streßposition, Atemtechniken (z.B. Hyperventilation), massives manuelles Einwirken auf die Muskulatur des Patienten, werden mit dem Ziel eingesetzt, an frühe traumatische Erlebnisse heranzukommen. In der Thymopraktik hingegen gehen wir immer vom Kontext aktualen Erlebens aus und betrachten vergangene Traumatisierungen nur als relevant, sofern sie in diesem Kontext als störend oder beeinträchtigend erkennbar werden und bei sanfter *Simulierung*, gleichsam als Echo, als *Resonanzphänomen* auf den gesetzten Impuls Atmosphären, Bilder, Szenen aus den Archiven des Leibes, aus dem *Leibgedächtnis* auftauchen und ein *prävalent pathogenes Milieu* (vgl. dieses Buch S. 233f) erkennbar wird. Wir sind der Auffassung, daß die Mehrzahl traumatischer Erfahrungen bei den meisten Menschen im Laufe ihres Lebens integriert oder durch positive Erlebnisse und Alternativerfahrungen kompensiert wird. In der Integrativen Therapie folgen wir der Auffassung von *Perls*, daß es nicht darum geht, Archäologie als Selbstzweck zu betreiben und bei *jedem* Patienten nach dem „Ödipus" zu graben oder – auf die Primärtherapie bezogen – nach traumatischen Urerlebnissen, sondern daß sich die notwendigen Prozesse in einer ganzheitlichen Therapie organisch entwickeln. Bei entsprechender Indikation, vorwiegend bei frühen Defiziten und Störungen indes arbeiten wir – und hier unterscheiden wir uns von *Perls* und seiner Gestalttherapie – mit gezielter *Regression* (*Petzold* 1969b; dieses Buch S. 486) im Dienste der Nachsozialisation und Neubeelterung (*réparentage*).

Bei einem technikzentrierten Vorgehen werden durch das Aktivierungspotential der Techniken „Urerlebnisse gemacht". Hyperventilation und Schreien (idem 1985h) nach der Mutter aktivieren bei jedem Menschen frühe Engramme, ganz gleich, ob sie für das gegenwärtige Leben störende Auswirkungen haben oder nicht. Die damit einhergehende Labilisierung an sich gesunder und integrierter Strukturen durch die mechanische Anwendung von Techniken halten wir für ausgesprochen gefährlich. Thymopraktische Therapie verwendet Techniken zur Förderung von Integrations- und Wachstumsprozessen, indem durch sie das Erleben des Leibes vertieft und emotionale Erfahrungen stimuliert werden. Störende Muster können durch Techniken mobilisiert und damit einer Veränderung zugänglich gemacht werden. Konkret geschieht das durch Arbeit mit Atmung, Bewegung, Berührung.

## 8.1 Atemtechnik

Techniken direkter Leibarbeit sind in schriftlicher Form nicht adäquat darzustellen. Man muß sie im konkreten Tun erleben und erfahren, man muß sie *hand*-haben, um sie zu beherrschen. Es ist deshalb nicht unsere Absicht, an dieser Stelle eine detaillierte Beschreibung von Techniken zu geben. Wir wollen vielmehr einen Eindruck von Anwendungsmöglichkeiten vermitteln (vgl. S. 128ff).

Bei allem intensiven emotionalen Geschehen ist die Atmung wesentlich beteiligt. Man hält vor Furcht den Atem an, prustet vor Lachen, schnaubt vor Wut. Bei intensivem Lusterleben vor und während des Orgasmus ist die Atmung beschleunigt und vertieft. Eine volle und tiefe Atmung steigert die Erlebnisfähigkeit des gesamten Körpers. In der thymopraktischen Arbeit lassen wir bei bestimmten Einschränkungen im Atemmuster, insbesondere in der Brust-, Bauch- und Beckenatmung, je nach Indikation, die Atmung verlangsamt vertiefen, beschleunigt vertiefen, bei starken Verspannungen zuweilen auch verzögern, anhalten oder pressen. Der Stimulierungseffekt ist unterschiedlich. Verzögerung, Anhalten und Pressen bringen oft Angstreaktionen zum Vorschein, manchmal auch unterdrückten Zorn. Vertiefung und Verzögerung führen oft zu Trauer und Schmerz, Vertiefung und Pressen mit nachfolgendem Beschleunigen oft zu Zorn und Lusterlebnissen. Die genannten Anwendungen können aber auch mit ganz anderen Gefühlen gekoppelt sein. Mechanistische Wenn-Dann-Beziehungen sind für Leibarbeit unangemessen. Sie stülpen dem Patienten die Erwartungen des Therapeuten über und haben Artefakte oder die ungute Forcierung von Prozessen zur Folge. Es kommt bei der von uns praktizierten Form der *„differentiellen Atemtherapie"*, die wir auf der Grundlage der Arbeiten von *Conrad Schmidt* und *Nikolaj Ouspiensky* entwickelt haben (*Petzold, Schmidt* 1989), nicht nur darauf an zu sehen, wo die Atemwelle hinreicht und *wo* sie blockiert ist, sondern man muß beobachten, *wie* der Atem geführt wird, ob er aus dem Bauch-, aus dem Brustraum oder aus der Kehle kommt, ob er fließt oder stoßweise geht, ob er von Lauten begleitet wird oder ob die Stimme zurückgehalten ist. Die Charakteristik von Atemgeräuschen und Lauten ist ebenfalls wichtig. Der in der Thymopraktik versierte Therapeut hat während seiner Ausbildung an sich selbst und in seiner Arbeit immer wieder den atmenden Leib erlebt und dabei eine scharfe Beobachtung und hohe Einfühlung für die Atmung und ganz allgemein für Körperprozesse entwickelt. Diese Qualitäten können auf theoretischer Ebene nicht vermittelt werden. Sie erfordern ein ausgedehntes, ganzheitliches Beobachtungs- und Imitationslernen, auf dessen Grundlage sich Einfühlung und Erfahrung bilden (vgl. dieses Buch S. 592). Den so wesentlichen Faktor der Intuition können wir in diesem Kontext als *„das kreative Zusammenwirken von aktualer, durch Beobachtung gewonnener Information und vorgängiger Erfahrung"* definieren. Tritt noch *mitmenschliche Berührtheit und Beteiligung* hinzu, dann weitet sich Intuition zur *Empathie*.

Die Handhabung der Atemtechnik ist diffizil. Sie gehört nicht in die Hände von Dilettanten. Es geht nicht nur darum, Artefakte durch Hyperventilationseffekte zu vermeiden oder Gefährdung bei Herz-Kreislauflabilen auszuschalten, sondern in erster Linie darum, keine Prozesse zu forcieren, die über die physische und psychische Belastungs- und Integrationsfähigkeit des Patienten hinausgehen oder dem organismischen Rhythmus nicht entsprechen. Die Möglichkeiten und Grenzen der organismischen Selbstregulation richtig einschätzen zu können, gehört zu den wichtigsten Voraussetzungen, um thymopraktische Techniken einzusetzen. Dies gilt besonders im Hinblick auf die tiefgreifenden psycho-physischen Veränderungen, die die Atemtechnik bewirkt.

Die Arbeit mit der Atmung ist von der Arbeit mit der Stimme nicht zu trennen. Für die Stimmarbeit sind wir von den Methoden von *Alfred Wolfsohn* beeinflußt, wie wir sie durch seine Schülerinnen *Hilde Steuernagel* und *Irma Petzold-Heinz* kennengelernt haben (*Petzold, Petzold-Heinz* 1989; *Rose-Evans* 1977). Heftige Atembewegungen führen immer zu Lauten, sofern die Stimme nicht zurückgehalten wird. Wir ermutigen die Patienten immer wieder dazu, Gefühle, Atmung und Stimme zur Kongruenz zu bringen. Auch in Therapiesequenzen, in denen wir nicht spezifisch mit der Atmung arbeiten, versuchen wir häufig, aufkommende Gefühle über die Atmung zu vertiefen. Dabei sind der Zeitpunkt und die Form der Intervention entscheidend. Vertiefung der Atmung kann zur Vertiefung des Gefühls dienen, aber auch den gegenteiligen Effekt haben und Emotionen beruhigen. Ein Gleiches ist von der Äußerung von Lauten zu sagen. Sie können emotionale Prozesse fördern, aber auch überspielen und blockieren. Da die meisten Menschen Angst vor emotionsgeladenen Lauten haben, lassen wir oft einfach Ausdruck von Atem und Stimme üben: zorniges Schreien, lustvolles oder schmerzvolles Stöhnen, lautes Lachen, Kreischen vor Entsetzen aber auch vor Lust, Heulen vor Qual usw. Die zur Atmung hinzukommende akustische Stimulierung hat regelhaft eine Vertiefung der emotionalen Prozesse zur Folge. Auch die Verbindung von Atem, Stimme und Bewegungsabläufen (Schlagen, Kicken, Stoßen) werden mit dieser Zielsetzung verwandt. Da Atmen ein kontinuierlicher Lebensprozeß ist, kann man sagen, daß Atmung an jedem thymopraktischen Prozeß beteiligt ist.

## 8.2 Bewegung

Bei der Arbeit mit Bewegung unterscheiden wir *Ausdrucks-* und *Aktivierungsbewegungen*. Beide haben stimulierenden Charakter. Durch Mobilisierung des *„expressiven Leibes"* vermittels Ausdrucksbewegungen sollen emotionale Schlüsselsituationen herbeigeführt werden, die die Archive des *„memorativen Leibes"* öffnen. Kommen wir in der Behandlung an Angst- oder Bedrohungsphantasien, ohne daß eine situative Konkretisierung oder emotionale Vertiefung erreicht werden kann, so ist es möglich, den Patienten seine spezifische Furcht- oder Schreckgebärde herausfinden zu lassen und diese als Einstig zu benutzen. (Ähnlich kann man mit Zorn-, Schmerz-, Lustgebärden usw. verfahren.) Nimmt jemand z. B. in der Furchtgebärde seine Hände schützend an den Kopf, so intervenieren wir vielleicht: „Können Sie einmal schauen, ob diese Haltung in Ihnen Atmosphären, Bilder oder Erinnerungen oder Phantasien wachruft?" Kommen Erinnerungen auf, so lassen wir zuweilen die Atmung vertiefen und Ton in die Stimme geben. Weiterhin ermutigen wir den Patienten, sich ganz dem Körper und seinen Reaktionen zu überlassen und nichts zurückzuhalten. Die Bewegungen werden dann meistens lebhafter, expressiver und führen den Patienten in die jeweiligen relevanten Situationen aus *prävalent pathogenen Milieus*. Ähnlich verfahren wir bei Zorn- oder Lustbewegungen. Im Unterschied zur Bioenergetik werden die Emotionsgesten nicht ritualisiert, wie es durch das Schlagen mit dem Tennisschläger, das *„get off my back"* etc. geschieht, sondern wir versuchen, mit dem Patienten seine *individuelle Ausdrucksform* zu finden. Auch beim Ausdruck von Lust gehen wir nicht von einer Ideal- oder Normvorstellung des Orgasmusreflexes (*Reich*) aus. Vielmehr ermutigen wir den Klienten, all seine Ausdrucksmöglichkeiten: wie Stimme, Mimik, Gestik, Atmung zu benutzen, um das Gefühl „stark werden zu lassen". So finden wir für jedes wichtige, in der Therapie aufkommende Gefühl, sei es nun Angst, Scham, Peinlichkeit, Ekel, Freude, Lust, Übermut, Ausdrucksbewegungen und -gesten, bei denen wichtige körperliche Reaktionen wie z.B. Erröten, Schwitzen, „kalte Füße", Zittern der Hände usw. spontan auftreten können.

Neben den Ausdrucksbewegungen sind die Aktivierungsbewegungen und -positionen wesentlich. Eine Position, d.h. eine bestimmte Körperhaltung, fassen wir als einen „Sonderfall der Bewegung" auf. Wir haben z.B. aus der Bioenergetik einige ausgewählte Streßpositionen übernommen. Es geht und dabei nicht darum, den freien Fluß von „Energien" zu bewirken, sondern wir wollen in erster Linie Gefühle stimulieren und dem Erleben zugänglich machen. In den bioenergetischen *exercise classes* werden diese Übungen funktional verwandt, um bessere Atmung, Lösung von Verspannungen und damit das „freie Strömen der Energien" (*Orgon, Bioenergie*) zu bewirken. In der bioenergetischen *Analyse* werden sie gezielt eingesetzt, um in konfliktzentrierter Ausrichtung an der Charakterstruktur zu arbeiten. Dabei wird nach unserer Auffassung oft ein mechanistisches Konzept der Charakterstruktur zugrunde gelegt (vgl. dieses Buch S. 291 ff), wenn z.B. der *orale Typ* mit speziellen Übungen behandelt wird, die im wesentlichen Ausreichen und Hineinnehmen (*reaching out, taking in*) beinhalten. In der thymopraktischen Arbeit wird im Unterschied zur Bioenergetik neben dem spezifischeren funktionalen Gebrauch ausgewählter bioenergetischer Techniken im konfliktorientierten Vorgehen eine mehr prozeßorientierte Praxis geübt. Aktivierungsbewegungen und -übungen zur Stimulierung des „*perzeptiven und memorativen Leibes*" werden eingesetzt, damit der Klient im Verlauf des „Spürens" durch *Fokussieren* der Awareness, in der direkten *Exploration* durch den Therapeuten Blockierungen entdeckt, oder entsprechende Atmosphären, Gefühle, Erinnerungen, Phantasien aufkommen. Erlebt sich ein Patient in bestimmten Regionen seines Körpers als „festgehalten", so kann durch den gezielten Einsatz bestimmter Streßpositionen dieses Erleben vertieft und in eine lösende Mikro- oder Makrobewegung übergeleitet werden. Verspürt der Klient den Wunsch zu schlagen oder zu treten, gleichzeitig aber eine starke Hemmung, so kann über ein *Experimentieren* mit Schlagen und Kicken an dieser Schwierigkeit gearbeitet werden. *Alexander Lowen* und seine Mitarbeiter haben in der bioenergetischen Analyse ein ungeheuer reiches Repertoire an Übungen und Techniken geschaffen, an dem keine Form körperorientierter Therapie mehr vorbeigehen kann. Allerdings muß eine Auswahl getroffen werden und sind viele theoretische Implikationen nicht zu übernehmen. In einigen Bereichen haben wir recht unterschiedliche Auffassungen. So ist die Bioenergetik viel stärker auf das Einatmen, das Hineinnehmen von Luft zentriert, wohingegen die Thymopraktik wie die fernöstlichen Formen der Atemtherapie, dem Ausatmen größere Bedeutung beimißt. In der bioenergetischen Therapie *Lowens* werden vorwiegend heftige Bewegungen, das Setzen von Schmerz und Streßpositionen verwandt, wohingegen in der Thymopraktik sanfte, fließende Bewegungen, zarte Berührungen und gelöste Positionen genauso wichtig sind und in der Therapie breiten Raum einnehmen. Übungen zum Loslassen, Hängenlassen, zum lockeren Sitzen, Stehen und Liegen sind eigenständige Charakteristika der Thymopraktik; ebenso die Techniken der *verzögerten Bewegung*, bei der Bewegungen in verschiedenen Graden von Langsamkeit durchgeführt werden. Bei extremem Zeitlupentempo kommt es zu Streßerlebnissen, die wie die bioenergetischen Streßpositionen ein hohes Aktivierungspotiential für schmerzliche und traumatische Erfahrungen haben. Sie führen aber bei konsequenter Durchführung zu einer tiefen psychophysischen Gelöstheit. Weiterhin sind die *Mikrobewegungen* zu nennen, wo im Experimentieren mit kleinsten Bewegungen (der Lippen, der Brauen, eines Fingergliedes etc.) tiefgreifende Prozesse aufkommen können.

## 8.3 Berührung

Die dritte Möglichkeit thymopraktischer Behandlungstechnik liegt in der direkten Arbeit am Leib des Patienten, und zwar wiederum in konfliktorientierter und funktionaler Hinsicht. Der „*healing touch*" (*Brown* 1976) ist so alt wie therapeutisches Handeln überhaupt, und es ist eigentlich verwunderlich, daß die heilende, lindernde, beruhigende Wirkung körperlicher Berührungen, die jede Mutter mit ihrem Kind oder die Partner untereinander so selbstverständlich praktizieren, gänzlich aus dem Repertoire psychotherapeutischer Interventionen verschwunden ist. Es wurde vielmehr die körperliche Berührung mit einem Tabu belegt (*Forer* 1968). In der Thymopraktik greifen wir wieder auf das therapeutische Potential der Berührung zurück. Sie wird in folgender Weise eingesetzt. 1. als *physikalische Geste*. Wärme, Gewicht, Druck, Vibration der Hand können lösen, relaxieren, aktivieren etc.; 2. als *emotionale Geste* – des Trostes, der Zuwendung, der Zärtlichkeit, der mitmenschlichen Präsenz also; 3. als *Übertragungsgeste*, wenn ich den Patienten mit „mütterlicher Zärtlichkeit" (*Ferenczi*), mit väterlicher Güte – aus der Position von Übertragungsfiguren also – berühre. Bei den beiden letztgenannten Gesten ist es unerläßlich, daß die *Berührung aus der inneren Berührtheit des Therapeuten durch die Person und das Leiden des Patienten* (oder auch durch seine Freude) erfolgt. In diesem *zwischenleiblichen Geschehen*, in diesem phänomenologischen Prozeß der Wahrnehmung des anderen als Leibsubjekt und im hermeneutischen Erfassen und Verstehen seiner leibhaft erfahrenen Geschichte geschieht Therapie und nicht in der Manipulation von Energieströmen.

Die neoreichianischen Therapieformen nehmen an, daß im direkten Körperkontakt ein Energieaustausch oder energetische Auf- und Entladung erfolgt (*Brown* 1976; *Keleman* 1971; *Rosenberg* 1973). Dies trifft sicher zu, wenn man diese Auffassung im Sinne einer Veränderung des Erregungsniveaus interpretiert. In diesen Veränderungen indes ist nach unserer Auffassung nicht das Zentrum der Therapie zu sehen, will man nicht einem vorwissenschaftlichen oder kryptoreligiösen Energiemystizismus oder einem physikalistischen Reduktionismus verfallen (*Russelman* 1988; *Petzold* 1988h).

Die direkte Einwirkung auf den Körper in der Thymopraktik folgt dem Prinzip der *multiplen Stimulierung.* Zunächst exploriert die „*rezeptive hand*" die Region des Leibes, die durch die „*Interventionshand*" stimuliert werden soll, wobei der Therapeut die unterschiedlichen Qualitäten im Gebrauch seiner Hände gut „hand-haben" muß. Bei Berührung der Haut oder Druck auf die Muskulatur wird der Patient/Klient aufgefordert, seine Wahrnehmung auf den Berührungspunkt zu fokussieren und zu spüren, wie er den Kontakt mit der Hand des Therapeuten erlebt, und welche Sensationen, welche Resonanzen in seinem Körper ausgelöst werden. Er wird weiterhin ermutigt, sich ganz in seine Gefühle hineinzugeben und zu schauen, ob er sie mit irgendwelchen Bildern, Erinnerungen oder Phantasien verbinden kann. Durch diese „doppelte Stimulierung" vermittels Berührung und verbaler Ansprache wird das Leibgedächtnis aktiviert, und offene Situationen, positive wie negative, kommen auf und werden einer Bearbeitung verfügbar.

Die Art und Intensität der Informationen, die abgerufen werden, hängt von der Qualität der therapeutischen Beziehung (Übertragung, situative Struktur, cf. supr.), dem Charakter der Interventionen (fester bis schmerzhafter oder sanfter Druck) und von der stimulierten Körperregion ab. Auch hier lassen sich keine festen Regeln geben, sondern man kann nur von Häufigkeiten sprechen. Das massive, schmerzhafte Angehen muskulärer Verspannung stimuliert häufig das Auftauchen schmerzhafter, bedrohlicher Situationen aus der Kindheit, wobei sich oft eine Folge von Schmerz, Zorn, Trauer und Lösung ergibt. Tritt die Schmerz setzende „Interventionshand" (z. B. die rechte) in Aktion, so muß die linke als „supportive Hand" versichern und stützen. Schmerzende Interventionen können aber auch zu einer noch weiteren Verhärtung führen, besonders, wenn der Patient in der Kindheit gezwungen war, den Ausdruck von Schmerz als Folge starker Verletzungen zu unterdrücken, damit nicht noch weitere negative Reaktionen heraufbeschworen wurden. Wir lehnen daher die ausschließlich mit massivem körperlichen Schmerz arbeitende Praxis der Strukturellen Integration („Rolfing", *Rolf* 1972) und ähnlicher Ansätze ab und begrenzen derartige Interventionen auf notwendige funktionale Zielsetzungen, z.B. Haltungskorrekturen oder Relaxierung schwerster Verspannungszustände. Wird auf Schmerz mit zunehmender Verhärtung reagiert, so sind schmerzauslösende Interventionen kontraindiziert. Kann sich der Patient jedoch in den Schmerz hineingeben, so kommt meistens relevantes biographisches Material auf, und die verspannten Muskelpartien lösen sich. Ist das viscerale bzw. das propriozeptive Gedächtnis durch Stimulierung der tiefliegenden quergestreiften Muskulatur einmal aktiviert, so können schon leichte Berührungen zu außergewöhnlichen Schmerzreaktionen führen, und es kommen zahlreiche klare Erinnerungsbilder auf. Besonders die Schulter-Nacken-Muskulatur und die Beuger und Strecker der Unterschenkel neigen selbst bei nur geringfügiger Berührung zu schmerzhafter Hypersensibilität, die über Tage, ja Wochen dauern kann und meistens mit einer lebhaften Traumaktivität verbunden ist. Leibarbeit stimuliert überhaupt das Erleben von Träumen, die mit in die therapeutische Bearbeitung einbezogen werden. Aber nicht nur die „harten", sondern auch die „weichen" Interventionen haben ein hohes Aktivierungspotential. Sanfte Berührung, leichtes Dehnen und Streicheln lösen positive Erinnerungen oder im Kontrasteffekt schmerzliche Erfahrungen fehlender Zärtlichkeit und Geborgenheit aus. Dem Vermitteln positiver Erinnerungen oder neuer Erfahrungen messen wir in der Integrativen Therapie große Bedeutung zu, und gerade durch thymopraktische Arbeit ist es möglich, „peak experiences" (*Maslow* 1964) zu fördern. Die Aktualisierung situativer Strukturen spielt hierbei eine große Rolle. Leichtes Über-das-Haar-Streichen oder Durch-das-Haar-Fahren setzt Erfahrungen aus der Kindheit gegenwärtig, denn fast jedes Kind hat solche Gesten bei seinen Eltern erlebt. Sanftes Wiegen oder In-den-Arm-Nehmen hat einen ähnlichen Effekt. Es können auf diese Weise Erfahrungen von Vertrauen und Geborgenheit vermittelt und Defizite in der basalen emotionalen Sozialisation ausgeglichen werden. Auch die Grundeinstellung zum Leben kann nachhaltig beeinflußt werden.

Die Körperregion, an der thymopraktisch gearbeitet wird, hat zu einem Teil Einfluß auf die Thematik des therapeutischen Geschehens. Oft „"sitzt Furcht im Nacken, Angst in der Kehle und Wut im Bauch", aber man muß sich davor hüten, aus diesen – schon in den Volksmund eingegangenen Konfliktfeldern – Regelfälle zu machen. Arbeit an der Gesäßmuskulatur aktiviert häufig Erinnerungen an Schläge und bei tieferer Regression an Szenen aus der Sauberkeitsgewöhnung. Die Klarheit, mit der der Erinnerung völlig entschwundene Szenen aus den ersten beiden Lebensjahren visualisiert und erlebt werden, ist für die Patienten immer wieder überraschend.

Die Bauch- und Genitalregion ist meistens mit Angst- und Peinlichkeitsgefühlen besetzt. Beim Fokussieren werden in der Regel starke Verspannungen und Verkrampfungen entdeckt, die vorwiegend mit Atemtechnik und Bewegungspraktiken angegangen werden. Dies gilt besonders für den Genitalbereich, wo wir immer mit einem „non-touching approach" arbeiten.

Die Techniken der direkten Körperberührung erfordern von Seiten des Therapeuten eine klare Haltung und eine gute Einfühlung, um die Grenzen des Patienten/Klienten zu erkennen und zu respektieren. Sicherlich ist der direkte Körperkontakt in einer konfliktorientierten und emotionszentrierten Therapie schwieriger zu handhaben als in der Physiotherapie und der medizinischen Massage, der Eutonie oder der funktionalen Atemtherapie, aber er ist, sofern eine klare Indikation für Leibtherapie vorliegt*, in keiner Weise proble-

---

* Bei einer Reihe von sexuellen Zwangsvorstellungen, insbesondere bei Vergewaltigungsängsten, massiven Hysterien, hysterisch oder hypochondrisch agierter Homosexualität und sadomasochistischen Aberrationen ist ein unmittelbarer Einstieg mit Körpertherpie und Techniken direkter Körperberührung kontraindiziert.

matisch. Die weitverbreiteten Ängste vor Arbeit mit direktem Körperkontakt in der Psychotherapie wurzeln zum großen Teil in irrationalen Tabus, unaufgearbeiteten Ängsten der Therapeuten vor ihrer eigenen Leiblichkeit und in psychoanalytischen Theoremen, die in der Praxis niemals verifiziert wurden, sondern durch die Arbeiten von *Wilhelm Reich, Sándor Ferenczi* und der reichianischen, neoreichianischen und funktionalen Körpertherapeuten verschiedenster Provenienz (*Ch. Selver, M. Fuchs, G. Alexander, M. Feldenkrais* u.a.) widerlegt wurden.

Das Wiederentdecken des „healing touch", der heilenden Berührung, muß als eine der wichtigsten Errungenschaften in der Behandlungstechnik der modernen Psychotherapie angesehen werden. Die Möglichkeiten, die sich damit eröffnen, sind noch kaum erschlossen. Die thymopraktische Arbeit mit Techniken der direkten Berührung steht hier noch in einem fruchtbaren Prozeß wachsender Erfahrung.

# Zur Arbeit mit Musik in der Integrativen Bewegungstherapie

## (1979g)

Obgleich der größte Teil der therapeutischen und agogischen Arbeit in der IBT als „reine Leib- und Bewegungsarbeit" verbunden mit analytisch-verbaler oder gestalttherapeutischer Aufarbeitung durchgeführt wird, wird immer wieder auch Musik in der IBT verwandt, und zwar spezifisch als *„Medium der Stimulierung"*, das *rezeptiv, produktiv* oder *rezeptiv-produktiv* aufgenommen wird. In der folgenden Arbeit soll auf Möglichkeiten der Verwendung von Musik in der IBT eingegangen werden, da spezifische Unterschiede – neben durchaus vorhandenen Gemeinsamkeiten – zu anderen bewegungstherapeutischen Verfahren bestehen, wie *Kirchmann* (1979) gezeigt hat. Unter dem rezeptiven Effekt von Stimulierung durch Musik wird die Wirkung von Klängen und Rhythmen auf die physische und psychische Verfassung des Menschen verstanden. Da der Integrative Ansatz in seinem theoretischen Modell der „Erlebnisaktivierung" ohnehin von einer Stimulierungstheorie ausgeht – Lernen und Veränderungen geschehen durch Stimulierung (vgl. *Petzold* 1977a, S. 258-266) – läßt sich die Arbeit mit Musik ausgezeichnet in diesen theoretischen und methodischen Ansatz einordnen.

Die Stimulierung durch Musik in der IBT wird in vielfältiger Hinsicht eingesetzt, niemals jedoch im Sinne der „passiven" Musiktherapie (*Schwabe* 1964, 95). Selbst wo Musik im Liegen, Stehen oder Sitzen „nur angehört" wird, kommt nach einer Zeit immer Bewegung hinzu, so daß das rein Rezeptive (*Simon* 1973, 91) zum Rezeptiv-Produktiven ausgeweitet wird.

Unter dem produktiven Effekt von Stimulierung im Sinne aktiver Gestaltung wird in der IBT die Verwendung von Musik verstanden, die von den Teilnehmern selbst gemacht wird (vgl. *Willms* 1975), wobei Musikgestaltung und Bewegungsgestaltung ineinander übergehen, etwa dadurch, daß ein Teil der Gruppe musiziert, der andere sich bewegt und nach einiger Zeit die Gruppen ihre Rollen tauschen. Eine weitere Variante der Arbeit besteht darin, daß die Musik vokal und/oder instrumental zugleich mit der Bewegung gemacht wird.

Dabei ist natürlich nur ein bestimmtes Instrumentarium verwendbar (Flöten, Handtrommeln, Tamburins, Schellen, Schlaghölzer, Mundharmonika o. ä.). Der Vorteil dieses Vorgehens ist, daß der einzelne Teilnehmer oder auch die ganze Gruppe die Bewegung unmittelbar mit der Musik verbinden kann, so wie es der momentanen Gestimmtheit entspricht. Musik und Bewegung beeinflussen sich hier wechselseitig, ja kommen aus *einem* Impuls. Der gleiche Impetus, der den Tänzer treibt, sich immer wilder, kräftiger, toller zu bewegen, ist es, der ihn dazu bringt, sein Tamburin heftiger und in schnelleren Rhythmen zu schlagen. Der Klang wirkt auf die Bewegung zurück, die Bewegung auf den Klang. Im Unterschied zur Musik, die von außen aufgenommen wird (im rezeptiv-produktiven Effekt), entfällt die Fremdbestimmung durch die Musik. Alles, was der Bewegende bringt, bringt er „aus sich".

Kennzeichnend für die gestaltungsorientierte Verwendung von Musik in der IBT ist, daß es sich immer um reine Improvisationsmusik handelt und nie um das Abspielen eingeübter Stücke. Dies hat den Vorteil, daß die individuelle und gruppale Dynamik sich frei und projektiv entwickeln kann. Eingeübte Melodien und Stücke beeinträchtigen die kreative Entfaltung im Musikgestalten und im Bewegungsausdruck. *Die Improvisation steht im Zentrum.* Für sie kann die Begrenzung des Instrumentariums ruhigen Herzens in Kauf genommen werden.

Wie die Medientheorie des integrativen Verfahrens deutlich macht (vgl. *Petzold* 1977c), kann ein Medium nicht jenseits vom theoretischen Rahmen, von Methode und Prozeß eingesetzt werden, sondern steht im Dienste von Zielen und Inhalten. Es ist zu einfach oder zumindest zu unspezifisch, von dem Konzept auszugehen, daß Musik „*per se*" schon heilsam sei. Hier kommt es sicher auf die Art der Musik an, das Setting, in dem sie gehört wird, und auf die „disponibilité" in der sich die Zuhörer befinden. In der Integrativen Musiktherapie (*Frohne* 1989) und in den Verfahren dynamischer Bewegungstherapie (vgl. *Kirchmann* 1979) wird Musik spezifisch eingesetzt. Ein Grundprinzip besagt, daß durch Musik nicht das „überspielt" werden darf, was im einzel- bzw. gruppentherapeutischen Prozeß gerade ansteht. Weiterhin muß eine klare Zielvorstellung und Indikation gegeben sein. Die Tatsache, daß erfahrene Tanztherapeuten wie z. B. *L. Santangelo* (vgl. *Briner* 1978) keine Musik in der therapeutischen Arbeit verwenden, weil sie zu determinierend sei und als Einfluß von außen das feine Spüren auf die eigenen inneren Impulse überdecke, sollte ernst genommen werden. So ist es nach den Konzepten der IBT nur sinnvoll, Musik einzusetzen, wenn die Patienten bzw. Klienten schon durch vorangehendes *Sensibilitätstraining* eine gute Selbstwahrnehmung und Fremdwahrnehmung entwickelt haben. Das Erspüren der eigenen Leiblichkeit im Sinne der „Sensory Awareness" (*Brooks, Selver* 1977, 1979) ist Voraussetzung dafür, daß man sich „in der Musik" erspüren kann und die Impulse wahrnimmt, die Musik im eigenen Leibe und in der eigenen Gestimmtheit auslöst. Die Feinheit der Differenzierung nimmt natürlich, sofern ein entsprechendes Ausgangspotential gegeben ist, während der Arbeit mit Musik noch zu. Ihr ist deshalb so große Bedeutung beizumessen, weil sie die Voraussetzung dafür schafft, daß der Klient/Patient wahrnehmen kann, *was* die Musik mit ihm macht, *wie* er sich auf sie einläßt, ob er sich überhaupt auf die in ihm ausgelösten Impulse einlassen will, so daß das hohe manipulative Potential der Musik durch die bewußte Entscheidung des Klienten reduziert wird. Die therapeutische Arbeit mit Musik kann auf diese Weise niemals zur „Musikapotheke" degenerieren („Ich fühle mich so bedrückt, muß mal eine heitere Platte auflegen ..., ich habe solche Angstgefühle, etwas beruhigende Musik wird mir sicher guttun.").

Die Frage, wann bei welchen Patienten/Klienten welche Musik wie eingesetzt wird, die Frage der Indikation also, ist schon für die Musiktherapie schwierig und wird nicht einheitlich beantwortet (vgl. *Strobel, Huppmann* 1975). In der Integrativen Bewegungstherapie sind diese Fragestellungen auch noch in der Diskussion, werden immer noch Erfahrungen gesammelt und theoretische Vorstellungen ausgearbeitet. Die empirische Fundierung und Kontrolle steht erst in den Anfängen, so daß an dieser Stelle nur „Konzepte" geboten werden können, die in der praktischen Erfahrung gründen. Die Vorgehensweise der Integrativen Bewegungstherapie unterscheidet drei „Modalitäten":

1. übungszentriert-funktional,
2. erlebniszentriert-agogisch bzw. -stimulierend,
3. konfliktzentriert-aufdeckend (vgl. *Petzold/Berger* 1977, 454; 1978, 92).

Musik wird in den Dienst dieser drei Ausrichtungen gestellt.

# 1. Musik in der übungszentriert-funktionalen Modalität

Die übungszentrierte Modalität hat folgende Richtziele: vorhandene Defizite zu beheben, zu mindern oder zu kompensieren. Musik soll allgemein in diesem Sinne zur Unterstützung der Bewegungsarbeit eingesetzt werden. Es findet sich weiterhin ein Grobzielkatalog: durch Relaxationstraining soll optimale Entspannung, durch Sensibilitätstraining eine gute Sensibilität, durch Expressivitätstraining Ausdrucksfähigkeit, durch Orientierungtraining Orientierung entwickelt werden usw. Die Musik wird ganz nach diesen Zielen ausgewählt. Soll zum Beispiel die Relaxation gefördert werden (*Petzold/Berger* 1974), so werden beruhigende und entspannende Stücke genommen. Soll ein Vitalisierungstraining erfolgen (vgl. *Petzold/Berger* 1979), so wird entsprechend aufmunternde Musik vom Therapeuten ausgewählt. Soll Zeitstrukturierung durch Aufbau des Rhythmusgefühls gefördert werden, werden rhythmisch akzentuierte Stücke verwandt. Dabei werden Musik und Trainingsformen nicht „technologisch" eingesetzt, sondern nur, wenn sie im Prozeß der Gruppe und des Einzelnen angezeigt sind, so daß sie nicht in die Gefahr geraten, von der Abwehr der Patienten in Dienst genommen zu werden.

Im Sensibilisierungs- oder Expressivitätstraining der übungszentrierten Modalität kann Musik mit besonders gutem Effekt eingesetzt werden. Vielen Patienten fällt es leichter, sich aggressiv, selbstbehauptend, zuwendend o. ä. zu verhalten, wenn sie durch entsprechende Musik angeregt und unterstützt werden. Der Ausdruck in der Bewegung zur Musik wird durch das Erleben von Klang und Rhythmus bereichert und gewinnt an Intensität. So kann z. B. zu einer aggressiven Musik aggressiv getanzt werden und auf diese Weise die Fähigkeit zur konstruktiven Aggressivität „eingeübt" werden. Die Einübung aber alleine nützt nichts, wenn nicht auch die zugrundeliegenden Hemmungen angegangen und aufgearbeitet werden. Andererseits erweist sich aber auch ein rein konfliktzentriert-aufdeckendes Vorgehen oftmals nicht als ausreichend, weil – um im Beispiel zu bleiben – aggressives Verhalten ja auch erlerntes „*overt behaviour*" ist, das über Einsicht allein nicht gänzlich verändert werden kann, sondern ein Umlernen im Verhalten erforderlich macht. Das Konvergieren von Einsicht und Übung ist es ja gerade, was die therapeutische Arbeit der Integrativen Therapie so effektiv macht.

Besonders deutlich wird dies beim Relaxationstraining. Ein Patient kann durchaus um die Hintergründe seiner Verspanntheit wissen. Er vermag die Konfliktkonstellationen zu erkennen, die sich in seiner Alltagswelt reproduzieren und die auch in der Übertragung zu seinem Therapeuten oder zu anderen Gruppenmitgliedern zum Ausdruck kommen. Er ist vielleicht sogar in der Lage, sein aktuales Verhalten zu ändern, aber er kann sich körperlich nicht „loslassen"; er bleibt verspannt, seine Bewegungen sind weiterhin krampfig. Hier kann die gezielte Verwendung von relaxierender Musik eine ausgezeichnete Wirkung haben. Sich durch Musik und zu Musik entspannen zu können auf dem Hintergrund eines entsprechenden Problembewußtseins, sich zur Musik entspannt zu bewegen und diese Erfahrung übend wieder und wieder zu durchleben, kann zu einer Generalisierung und zu einem grundsätzlichen „Loslassen-können" führen.

## 2. Musik in der erlebniszentriert-agogischen Modalität

Die erlebniszentriert-agogische bzw. -stimulierende Modalität hat zum Richtziel, noch nicht erschlossene Potentiale des Patienten/Klienten zu fördern und zu entwickeln, ihm alternative Erlebnis- und Handlungsmöglichkeiten zu erschließen. Für die Verwirklichung derartiger Richtziele eignet sich Musik in besonderer Weise. Sie kann hier in rezeptiver und/oder produktiver Weise eingesetzt werden. Dabei ist die Auswahl der Stücke bei rezeptiver Ausrichtung von der Gestimmtheit abhängig, in der sich die Gruppe befindet, sowie von den Intentionen des Therapeuten, der entscheiden muß, welche Stimmung er auf diesem Hintergrund verstärken, abschwächen oder evozieren will. Von der kontemplativen Meditationsmusik bis zum Rock, von der Barockmusik bis zur Elektronik stehen alle Möglichkeiten offen. Die Teilnehmer in der Gruppe bleiben jedoch niemals nur rezeptiv. Sie nehmen niemals die Musik nur „in sich auf", sondern setzen sie in Bewegung um. Die musikalische Stimulierung führt immer zu Ausdrucksverhalten. Dieses kann in seiner Intensität z. B. durch Regulierung der Lautstärke, Zuschalten von Stereoeffekten u. ä. beeinflußt werden.

Musikerleben und Bewegungserleben werden in der erlebniszentrierten Modalität verbunden und zu *einem* Erlebens- und Gestaltungsprozeß vertieft. Dabei können imaginative Techniken zusätzlich eingesetzt werden, dies besonders, wenn bestimmte Themen einbezogen werden, z. B. Fließen des Wassers, Wind, Ablauf der Jahreszeiten. Hier eignen sich besonders symphonische Dichtungen oder Musiken, in denen eine thematische Abfolge deutlich wird. Stücke wie die „Moldau" von *Smetana* oder die „Bilder einer Ausstellung" von *Mussorgsky* (mit gänzlich anderer Wirkung, in der Bearbeitung von *Ravel*) haben ein hohes evozierendes Potential und ermöglichen den Vollzug unterschiedlicher Gestimmtheiten und Bewegungsgestalten. Die Vielfältigkeit der emotionalen und mimischgestischen Ausdrucksmöglichkeiten derartiger Musik/Bewegungseinheiten bieten dem einzelnen und der Gruppe ein breites Erlebnisspektrum. Zuweilen fügen sich die Einzelimprovisationen zu Gruppenimprovisationen zusammen, und das ganze Geschehen kann in individuellen und gruppalen *„peak experiences"* kulminieren. Die positive Kraft solcher „Höhepunktserfahrungen" (*Maslow* 1964) wirkt nicht nur heilend, sondern entfaltet die kreativen Potentiale der Persönlichkeit. Die Erfahrungen werden jeweils in Kleingruppen oder auch in der Großgruppe durchgesprochen. Je nach dem, welche Musik angeboten wird, werden Interventionen, die Tanz- bzw. Bewegungsklischees durchbrechen und damit der freien Gestaltung Raum geben, eingegeben (vgl. *Kirchmann* 1979). Eine solche einleitende Strukturierung ist deshalb von besonderer Wichtigkeit, weil stereotype Bewegungsmuster, wie sie durch die Gesellschaftstänze vielfach vermittelt werden, Tanzmonotonien, wie sie in Beatschuppen und Discotheken „sozialisiert" wurden, den spontanen, ganz persönlichen und einzigartigen Ausdruck verhindern, zu dem jeder Mensch fähig ist und in dem er sich selbst erkennen und finden kann.

Solange die Auswahl der Stücke primär vom Therapeuten bzw. Gruppenleiter ausgeht, ist die Gefahr einer negativ-manipulativen Einwirkung sehr groß. Der Therapeut muß auf jeden Fall klare Vorstellungen von seinen Zielsetzungen haben, und er kann diese nur aus einer sorgfältigen Analyse der individuellen und gruppalen

Dynamik entwickeln. Wir sind davon überzeugt, daß das Einsetzen von Musik im psychotherapeutischen und bewegungstherapeutischen Prozeß eine sehr massive Intervention ist, und daß diese Intervention je nach Auswahl des Musikstückes sehr differenzierte Wirkungsmöglichkeiten haben kann. Deshalb ist es empfehlenswert, wenn man, soweit dies möglich und angezeigt ist, die Gruppe am Prozeß der Auswahl des Stückes beteiligt. Besonders bei fortgeschrittenen Gruppen kann aus der Bewegungsarbeit ohne Musik und aus den Gruppengesprächen die Wahl von Musikstücken hervorgehen. Die Gruppe einigt sich, welche Musik gespielt wird, und bestimmt auch die Folge von verschiedenen Stücken, so daß sich eine „Komposition" von Musik-Bewegungs-Stücken ergibt, in der sich die Wünsche und Bedürfnisse der Gruppe artikulieren. Die Reflexion der Wahl von Stücken wiederum erschließt neue Erkenntnismöglichkeiten über die gegenwärtige gruppendynamische Situation und die Psychodynamik einzelner Teilnehmer.

Bei der freien Wahl von Stücken kann die Gruppe oder der einzelne Teilnehmer gezielt seine Erfahrungsrichtungen explorieren. Wichtig dabei ist, daß der Therapeut die Teilnehmer ermutigt, auch Musikstücke mitzubringen und vorzuschlagen. In den persönlichen Präferenzen, Lieblingsstücken, die man mitteilt und gemeinsam in der Bewegung erfährt, liegt eine wichtige Möglichkeit der Begegnung und Kommunikation. Weiterhin kann der Therapeut verschiedene Musikrichtungen anbieten, um die unterschiedlichen Stimulusqualitäten verschiedener Musiken erfahrbar zu machen. Erst wenn die Teilnehmer die Wirkung verschiedener Musikstücke kennengelernt haben, können sie diese auch bewußt in den Dienst ihrer Arbeit stellen.

Im produktiven Musik-Bewegungsgestalten der erlebniszentrierten Modalität kommt dem Musik- und Bewegungs-machen besondere Bedeutung zu. Diese Form der Arbeit ermöglicht durch das Medium Musik eine „Autokommunikation" (*Petzold* 1977c), in der Wirkung und Rückwirkung zusammenfließen: die Klänge, die vokal und/oder mit Instrumenten von den Teilnehmern erzeugt werden, sind Ausdruck ihrer augenblicklichen Befindlichkeit. Dieser Ausdruck wird ihnen wiederum zum Eindruck und bestimmt ihr Musik- und Bewegung-machen neu. Die im Musikgestalten hervorkommenden unbewußten Anteile werden in der Gestaltung hörbar und sichtbar und damit dem wachen Erkennen zugänglich. Auf diese Weise wird der musikalische und tänzerische Ausdruck eine Botschaft des Spielers an sich selbst. Der Klang bewirkt neue Klänge, Bewegung neue Bewegungen. Es kommt über die Medien Musik und Bewegung zu einer Zwiesprache des Teilnehmers mit sich selbst: Autokommunikation.

Interessante Konstellationen ergeben sich, wenn ein Teil der Gruppe musiziert, der andere sich zu dieser Musik bewegt. Dabei können die Gruppen oder auch einzelne spontan von den Spielern zu den Tänzern und von den Tänzern zu den Spielern wechseln. Die gruppendynamische Situation, Übertragungskonstellationen, soziometrische Konfigurationen werden in diesem Geschehen deutlich (vgl. *Petzold* 1974k). Das erlebniszentrierte Vorgehen erschließt dem Klienten auf diese Weise vielfältige neue Erlebnisdimensionen mit sich selbst, mit den anderen, mit dem Raum, in dem er sich befindet. Sein Erlebnis- und Handlungsspektrum wird erweitert, wird reicher und variabler. Es werden auf diese Weise nicht nur Defizite kompensiert, Störungen gemindert, sondern es werden Möglichkeiten aufgezeigt, sich an Musik und Bewegung, sich am Leben zu erfreuen und sich als Persönlichkeit zu verwirklichen.

## 3. Musik in der konfliktzentriert-aufdeckenden Modalität

Die konfliktzentriert-aufdeckende Modalität hat als Richtziele, Störungen und traumatisches Material aufzudecken, bewußt zu machen und durchzuarbeiten. Das Durcharbeiten geschieht im Gespräch, mit analytischen, psychodramatischen oder gestalttherapeutischen Methoden (*Perls* 1975) und/oder im Bewegungsgeschehen selbst.

Der „tetradische" Ablauf der IBT mit einer Initialphase (erinnern/stimulieren), einer Aktionsphase (wiederholen/explorieren), einer Phase der Integration (durcharbeiten/integrieren) und einer Neuorientierung (verändern/erproben) bietet ein Prozeßmodell für das therapeutische Procedere (vgl. *Petzold* 1974k; 1978c), in dem Musik spezifisch eingesetzt werden kann.

Als Warm-up-Medium in der *Initialphase* vermag Musik Stimmungen zu stimulieren, verdrängte Erinnerungen an die Oberfläche des Bewußtseins zu locken. Wird die Musik von den Klienten/Patienten dabei noch selbst ausgewählt, so sind die Möglichkeiten besonders gut, daß unbewußte Wünsche und Bedürfnisse mit eingehen und das projektive Material im Bewegungsgestalten prägnant wird. Dieses in der Initialphase durch Musik evozierte Material kann im Bewegungsgeschehen zur Musik gleichsam „nahtlos" in die *Aktionsphase* übergehen. Im freien Bewegungsausdruck werden auf diese Weise belastende Erfahrungen wiederholt, gegenwärtiggesetzt, noch einmal leibhaftig durchlebt, so daß Katharsis und Befreiung möglich werden: „Jedes wahre zweite Mal ist die Befreiung vom ersten" (*Moreno* 1924).

Wichtig ist, daß die Musik so gewählt ist, daß sie zu keinem Bruch in der Stimmungslage des Klienten führt. Falls z. B. in einem neuen Satz ein Wechsel der Stimmung des Stückes den Klienten in seiner augenblicklichen Befindlichkeit zu stören droht, kann der Ton einfach ausgeblendet werden, mit der Instruktion: „Bleibe bei deiner Stimmung und Bewegung." Das Fortfallen der Musik wirkt sich in der Regel nicht störend aus.

Die Bewegungsimprovisation der Aktionsphase wird in der *Integrationsphase* durchgesprochen, wobei der Therapeut gestalttherapeutisch noch vertiefen oder, wo angezeigt, auch vorsichtig deuten kann. Die in der Aktionsphase gewonnenen emotionalen Erfahrungen und die im Gespräch gewonnenen Einsichten sollen in der Integrationsphase konvergieren und einen neuen Horizont eröffnen. So ist es möglich, daß ein Klient aus der verbalen Integrationsarbeit wieder in die Bewegung geht und sich auch eine entsprechende Musik auswählt. Das *Durcharbeiten*, die Integration wird damit letztlich ein ganzheitliches Geschehen, das noch über die Dimension des Verbalen hinausgehen kann und „transverbalen Charakter" gewinnt. Es ist diese Möglichkeit von besonderer Bedeutung für Erfahrungen und Erkenntnisse, die nicht mehr sprachlich zu benennen sind, wenn man etwa „stumm vor Schmerz" oder „sprachlos vor Glück" geworden ist. Hier gilt, daß Musik, Bewegung, Tanz beginnen, wo die Sprache aufhört. Die Erkenntnis, daß nicht alle Erfahrungen benennbar sind, darf aber nicht zu einer Extremhaltung führen, die wir bei manchen Bewegungs-, Tanz- und Musiktherapeuten finden, nämlich die verbale Dimension gänzlich auszublenden. Erfahrung soll nicht sprachlos bleiben, und Aussagbares soll ausgesagt werden (*Ferenczi* 1909/1964, III, 25). Die Dimension der emotionalen Erfahrung des körperlichen Erlebens soll – wo immer möglich – mit der Dimension der rationalen Einsicht verbunden werden. Denn im Zusammenspiel dieser drei Dimensionen werden Erfahrungen von „vitaler Evidenz" (*Petzold* 1975h) gewonnen.

Musik wird auch in der konfliktorientierten Modalität für die *Phase der Neuorientierung* verwandt, ganz gleich, ob in den vorangehenden Phasen mit Musik gearbeitet wurde oder nicht. Die stimulierende Wirkung von Musik kann den Transfer von emotionaler Erfahrung, wie sie in der Aktionsphase gewonnen wurde, und rationaler Einsicht, wie sie für die Integrationsphase kennzeichnend ist, zu neuen Verhaltensmöglichkeiten fördern und erleichtern. Hat jemand etwa erkannt, daß er durch eine repressive Erziehung seine aggressiven Impulse immer zurückgehalten hat, so kann er eine entsprechend aggressive Musik wählen und zu ihr im Bewegungsgestalten Aggressionen ausdrücken. Die unterstützende Wirkung in der Musik darf gerade im Hinblick auf derartige Transferaufgaben nicht unterschätzt werden.

Eine besondere Möglichkeit, Musik in der konfliktzentrierten Modalität einzusetzen, besteht in ihrer Verwendung zur „musikalischen Assoziation" (*Ferenczi*, ibid. 24) und nichtverbalen Deutung. Bemerkt z. B. der Therapeut, daß ein Klient sehr verhalten ist und in den Themen, die verbal oder in der Bewegung aufkommen, Emotionen festgehalten werden, so kann er fragen: „Welche Melodie, welches Musikstück fällt Ihnen ein?" oder er kann eine entsprechende Musik anbieten und vorschlagen, der Klient möge schauen, was sie ihm sage. So kann bei abgewehrter Trauer, abgewehrtem Schmerz oder Zorn durch eine „musikalische Intervention" dem Klienten ein Zusammenhang aufgehellt und deutlich werden.

Entscheidend für die Verwendung von Musik in der konfliktzentrierten Arbeit der IBT ist eine hohe Sensibilität des Therapeuten bei der Wahl von Musikstücken, ihrer Darbietung (Lautstärke, Ausblenden, Dauer) und Aufarbeitung, damit die stimulierende Kraft der Musik nicht suggestiv-manipulierend den Klienten bzw. Patienten in Richtungen leitet, die für ihn ungut sind oder seiner Entwicklungsdynamik noch nicht entsprechen und ihn in die „maligne Progression" des Frühentwicklers treibt (*Petzold* 1969c; vgl. S. 455ff).

Musik kann durchaus aufwühlende Effekte haben, die nur schwer in den Griff zu bekommen sind, wenn Fehlstimulierungen stattgefunden haben. Musik ist ein sehr potentes Medium zum Auslösen tiefer emotionaler Prozesse, insbesondere, wenn sie mit bewegungstherapeutischem und gestalttherapeutischem Vorgehen verbunden wird. Sie gehört deshalb in die Hände eines kompetenten und im Umgang mit stimulierenden Verfahren erfahrenen Therapeuten.

In dem vorliegenden Beitrag haben wir eine Reihe von Möglichkeiten für die Verwendung von Musik in der Integrativen Bewegungstherapie aufgezeigt. Vielfache Formen der Arbeit mit Musik könnten noch dargestellt werden, weitere könnten entwickelt werden. Es dürfte deutlich geworden sein, daß der Umgang mit kreativen Medien wie Musik und Bewegung einem kreativen Therapeuten zahllose Improvisationsmöglichkeiten bietet (*Frohne* 1989a, b), daß diese Improvisationen aber nicht der Beliebigkeit anheimgestellt sind, sondern bestimmten therapeutischen Grundprinzipien folgen müssen. Vor allen Dingen aber erfordern sie ein Instrumentarium, mit dem durch musikalische Stimulierung ausgelöste Prozesse bearbeitet werden können, weiterhin klare Konzepte für die Indikation zur Stimulierung durch Musik. Wo dies nicht gegeben ist, erscheint uns die dynamische und aktivierende Verwendung von Musik in bewegungstherapeutischen Prozessen nicht vertretbar. In der Hand des im Umgang mit musikalischen Interventionen erfahrenen Bewegungstherapeuten jedoch wird Musik ein Mittel im therapeutischen Prozeß, das für einen kreativen Therapeuten einen kaum auszuschöpfenden Reichtum erschließt.

# Die Rolle der Gruppe in der Integrativen Bewegungstherapie

## (1978)*

Der vorliegende Beitrag will sich mit der spezifischen Frage beschäftigen, welche Bedeutung die Gruppe in der Integrativen Bewegungstherapie hat und wie in diesem Verfahren therapeutische Gruppenarbeit gehandhabt wird. Dabei wird es unerläßlich, die Gruppentheorie der Integrativen Therapie zu rezipieren, wie wir sie an anderer Stelle entwickelt haben (*Petzold, Schneewind* 1986a, b; *Petzold, Frühmann* 1986), um den theoretischen und methodischen Hintergrund voll zu erfassen.

## 1. Einzel- und Gruppenarbeit als Formen der Bewegungsarbeit

Die Integrative Bewegungstherapie kann sowohl als einzeltherapeutisches, d. h. „dyadisches" als auch als gruppentherapeutisches Verfahren eingesetzt werden. Die einzeltherapeutische Arbeit empfiehlt sich für Patienten, bei denen eine Gruppentherapie wegen ihrer Problematik nicht indiziert ist, sei es, weil sie gar nicht in der Lage sind, die Komplexität des Beziehungsgefüges einer Gruppe zu ertragen oder sei es, weil ihre Erkrankung aufgrund eines akuten Zustandsbildes und spezifischer Problemstellung eine Einzeltherapie erforderlich macht. Eine Einzelbehandlung kann weiterhin angezeigt sein, wenn die Probleme des Patienten für eine Gruppe zu belastend wären, z. B. bei sexuellen Perversionen, schweren Zwangsvorstellungen und akuten psychotischen Zuständen.

Methoden der Integrativen Bewegungstherapie werden als Einzeltherapie auch zur funktionalen Behandlung eingesetzt. Interventionen, die auf die Regulierung der Atmung und des Tonus abzielen,

---

* Unter Mitarbeit von *Angelika Berger* (*Petzold, Berger* 1978b)

die unmittelbar auf das Angehen muskulärer Verpanzerung gerichtet sind, und die deshalb direkte Arbeit am Körper erforderlich machen, sind nur in Einzelarbeit möglich, weil sie die volle Aufmerksamkeit des Therapeuten verlangen, wie in der funktionalen Massage, Atemtherapie oder Psychomotorik.

Neben diesen Möglichkeiten des Vorgehens ist die Integrative Bewegungstherapie eine Methode therapeutischer Gruppenarbeit, die konfliktzentriert-aufdeckend, übungszentriert-funktional und erlebniszentriert-agogisch arbeitet. Einzel- und Gruppentherapie sind demnach keine Alternativen, sondern zwei Möglichkeiten des Verfahrens, die je nach Indikation separat oder miteinander verbunden eingesetzt werden können. So ist es durchaus möglich, daß ein Patient an Einzelsitzungen etwa mit funktionaler Atemarbeit oder mit konfliktzentrierter Körperarbeit teilnimmt und zugleich Mitglied einer fortlaufenden Therapiegruppe ist.

In der Gruppe werden Möglichkeiten des sozialen Lernens bereitgestellt, die die Einzelarbeit nicht zu bieten vermag. Die Einzelarbeit hingegen läßt eine Differenziertheit und Kontinuität zu, die in der Gruppe nicht immer erreicht werden kann. Der therapeutische Prozeß im Einzel- oder Gruppensetting weist zum Teil unterschiedliche Qualitäten auf, die sich eine differenzierte Indikationsstellung zunutze machen kann. Im folgenden soll die Rolle der Gruppe in der Integrativen Bewegungstherapie näher dargestellt werden: die Möglichkeiten, die gruppentherapeutische Bewegungsarbeit bietet und die Faktoren, die eine solche Arbeit bestimmen.

## 2. Zur Begründung bewegungstherapeutischer Gruppenarbeit

Es ist zunächst die Frage zu stellen, warum in einem bewegungstherapeutischen Ansatz der Gruppe eine Bedeutung zugemessen wird, die über die einer Übungsgemeinschaft hinausgeht.

Es ist ein Mangel der herkömmlichen Bewegungstherapie und der Gymnastikgruppen in der Psychiatrie, daß den gruppalen Aspekten keine oder nur wenig Beachtung geschenkt wird. Nicht nur, daß damit therapeutische Möglichkeiten vergeben werden, es werden auch Faktoren nicht beachtet, die für Störungen im Arbeitsprozeß verantwortlich sein können. Wir konnten immer wieder feststellen, daß Lustlosigkeit, Fehlquoten, mangelnde ‚Ernstwertung' in der Regel Ausdruck ungeklärter Gruppensituationen waren. Gerade in den übungszentrierten Arbeit besteht die Gefahr, daß latente Spannungen zwischen Gruppenmitgliedern oder Untergruppen nicht beachtet und bearbeitet werden. Dem kann zwar dadurch abgeholfen werden, daß regelhaft Übungsfolgen oder Spiele eingestreut werden, um die Gruppensituation zu entschärfen und zu konsolidieren, wie z. B. Ball- und Mannschaftsspiele. Aber gerade derartige Spiele sind auch dazu geeignet, die Gruppensituation offenzulegen und bewußt zu machen. In ihnen nämlich werden Wahlen, Präferenzen und Konkurrenzsituationen deutlich erkennbar. Sie können in einem ‚ludischen Kontext' angesprochen werden, ohne daß sofort Widerstand und Abwehr einsetzen. Konkurrenz wird im Spiel selbstverständlicher mitgeteilt als die tatsächlichen Spannungen im Alltagsleben. Die Spielsituation ist unverfänglicher und weniger risikoreich. Zuweilen müssen Auseinandersetzungen allein auf der spielerischen Ebene belassen werden, so daß schwelende Konflikte nur indirekt angegangen werden können, weil die direkte Auseinandersetzung zu angstauslösend wäre. Es kann auch durch derartige Maßnahmen eine ausgeglichene Gruppenatmosphäre hergestellt werden, in der ein gutes Arbeitsklima möglich ist. Besser aber ist es, wenn die anstehenden Situationen konkretisiert und ausgetragen werden. Eine Gruppenarbeit, in der keine offene Interaktion möglich ist, in der Hostilitäten überspielt werden und in der keine Bewußtheit für ablaufende Prozesse herrscht, ist in ihrer Effektivität eingeschränkt. Dies gilt für die meisten herkömmlichen Ansätze der Bewegungstherapie.

In der Integrativen Bewegungstherapie geht es hingegen nicht nur um das körperliche Ausdrücken und Ausagieren von Konfliktsituationen, sondern wesentlich auch um die Schulung der Awareness für den eigenen Leib, für den Leib anderer, für soziale Konstellationen. Aus diesem Grunde können die Beziehungen in der Gruppe nicht ausgeblendet werden. Sie stellen im Gegenteil ein wertvolles Übungsfeld für den Umgang mit Konflikten, für die Problemlösungsfähigkeit und die Schulung der Selbst- und Fremdwahrnehmung dar. Die soziale Kompetenz der meisten Patienten ist defizitär. Ihnen fehlt oftmals das Gefühl für die Gruppe. Ein wesentlicher

Teil ihrer Probleme ist in der persönlichen Isolation, in zerstörten *sozialen Netzwerken* zu sehen, in ihrer Unfähigkeit, Kontakt zu schließen, besonders aber, verbal in Gruppen zu kommunizieren. So stellt die Kombination von verbalem und nonverbalem Ansatz der Gruppenarbeit in der Integrativen Bewegungstherapie ein ideales Medium dar, derartige Defizite anzugehen.

## 3. Zur Zusammenstellung von Gruppen

Die Zusammenstellung einer Gruppe ist für den Charakter der nachfolgenden Gruppenarbeit von entscheidender Bedeutung. Die Fragen, die mit der Zusammenstellung von Gruppen verbunden sind, sind jedoch außerordentlich komplex (*Yalom* 1974), so daß hier nicht mehr als ein Abriß gegeben werden kann, der die spezifische Position der Integrativen Bewegungstherapie wiedergibt.

Die Zusammenstellung von Gruppen ist in der Regel von äußeren Realitäten bestimmt, z. B. der Art der Einrichtung, in der die Gruppe stattfindet.

Therapeutische Patientengruppen sollten nicht mehr als acht Teilnehmer haben, pädagogisch ausgerichtete Gruppen können größer sein (vgl. *Petzold* 1979k). Bei schwer erkrankten psychiatrischen Patienten empfiehlt es sich oft, nur mit fünf oder sechs Teilnehmern zu arbeiten.

Grundsätzlich ist für die Zusammenstellung von Gruppen eine *„Heterogenität ohne Extrempositionen"* anzustreben, z. B. kann durchaus eine Altersstreuung vorhanden sein, ohne daß in der Gruppe einzelne Teilnehmer besonders jung oder besonders alt sind. Jugendliche und alte Menschen müssen für kontinuierliche Arbeiten in homogenen Gruppen zusammengefaßt werden, da ihr Erfahrungshintergrund und ihre Erlebnis- und Verhaltenscharakteristik sich so sehr unterscheiden, daß die Arbeiten auf Dauer für die einen oder die anderen wenig fruchtbar wird. Von den Krankheitsbildern her ist eine gute Durchmischung zu empfehlen. So sollte auf keinen Fall die Zahl der depressiven Patienten in einer Gruppe überwiegen, da ansonsten das Arbeitsklima insgesamt gedrückt und wenig dynamisch wird. Eine Homogenität der Gruppenzusammenstellung empfiehlt sich nur bei Suchtkranken (Alkoholiker, Drogenabhängige, Polytoxikomane), da diese aufgrund ihrer spezifischen Problematik ein besonderes Vorgehen erfordern und weiterhin gemeinschaftlich an dem sie verbindenden Problem besonders effektiv arbeiten können. Schließlich wird die Arbeit in homogenen Gruppen bei schwer erkrankten psychiatrischen Patienten, z. B. akuten Psychotikern, aber auch bei chronifizierten Psychosen und Defekten erforderlich. Obgleich eine Zusammenfassung dieser Kranken in homogenen Gruppen ein hohes pathologisches Potential akkumuliert, in dem wenig positive Imitationsmodelle gesetzt werden und eine sehr spezifische, interaktionsarme Gruppendynamik entsteht, ist eine Durchmischung mit weniger schwer gestörten Patienten, z. B. Neurotikern oder psychosomatisch Erkrankten, kaum möglich, da für diese der Umgang mit akuten Psychosen seelisch zu belastend ist und die Arbeit etwa mit Defektschizophrenen durch ihre Schwerfälligkeit die therapeutische Entwicklung neurotischer Patienten beeinträchtigt. Die Unterschiede in der Antriebsdynamik und im Hinblick auf noch vorhandene Kompetenzen sind zu groß. Eine *Heterogenität ohne Extrempositionen* wäre nicht gewährleistet.

In jedem Falle wünschenswert sind Gruppen mit männlichen und weiblichen Teilnehmern. Sie bieten gegenüber geschlechtshomogenen Gruppen vielfältige Vorteile. Insgesamt ist die Dynamik lebendiger und lebensnäher. Der in der Regel gestörte Bereich der Partnerbeziehungen und der Sexualität kann besser angesprochen werden und sich erlebnisnah konkretisieren. Auch hier gilt, daß keine Extrempositionen geschaffen werden, etwa dadurch, daß auf eine Gruppe von acht Patienten nur eine oder zwei Patientinnen kommen oder umgekehrt. Ein Drittel sollte nicht unterschritten werden, da sonst Minderheitspositionen entstehen, die sowohl für die betroffene Minderheit als auch für die Gruppenmehrheit sich nicht positiv auswirken.

Schließlich sollte bei der Zusammenstellung einer Patientengruppe darauf geachtet werden, daß die Differenzen, was Introspektionsfähigkeit und Verbalisationsfähigkeit, also sprachliche, personale und soziale Kompetenz anbelangt, nicht zu groß werden. So wesentlich die Entwicklung einer gewissen Toleranz ist, so störend können sich zu großen Divergenzen für den Behandlungsprozeß auswirken.

Wie in der Praxis eine Gruppe zusammengestellt werden kann, ist natürlich von den vorhandenen Patienten und der Struktur der Einrichtung abhängig. So gibt es leider in der Psychiatrie immer noch genügend reine Männer- oder Frauenkrankenhäuser, in denen gemischte Gruppen nicht stattfinden können.

## 4. Initialsituationen in Bewegungsgruppen

Ist es gelungen, eine einigermaßen ausgeglichene Gruppe zusammenzustellen, so gilt es, in den ersten Sitzungen aus jener Ansammlung von Menschen, die sich zum ersten Mal im Gruppenraum treffen, eine tragfähige Gruppe zu bilden, die durch ein dichtes Netz von Beziehungen, durch Offenheit und Direktheit der Kommunikation, durch gegenseitige Wertschätzung und Bereitschaft, aufeinander einzugehen, gekennzeichnet ist. Eine solche Gruppe unterscheidet sich von einer Ansammlung fremder Menschen, die immer bedrohlich ist, weil sie Unbekanntes und Unverfügbares impliziert. Die Sicherheitsdistanz, die die Teilnehmer in derartigen Initialsituationen aufbauen, und die oft nur sehr schwer zu überwinden ist, wenn man sich allein auf verbale Interaktionen beschränkt, muß reduziert werden zugunsten einer Nähe, in der Kontakt und Begegnung möglich wird, die aber jedem Teilnehmer noch genügend Freiraum läßt. Es ist diese Mischung von Nähe und Freiraum, in der ein Klima von Vertrauen entstehen kann und in dem Wachstumsprozesse möglich werden. Unter dem Druck von Aggression oder Angst können sich persönliche Entwicklung und Gesundung nicht realisieren. Die Gruppe muß in dieser Hinsicht ein Klima entwickeln, das dem einer guten Familie ähnelt und das von Sicherheit und Freiheit gekennzeichnet ist. Das Medium der Bewegung, der nonverbalen körperlichen Übung, in der Nähe und Distanz sich auf natürliche Weise regulieren, bietet hier ausgezeichnete Voraussetzungen, um Gruppenkohäsion aufzubauen.

Bei Patienten, denen verbaler Kontakt ohnehin schwer fällt, ist die konkrete Gruppenaktivität, selbst wenn sie nur aus einfachen Übungen besteht, eine große Hilfe. Die Übungen verweisen den Patienten zunächst auf seinen eigenen Leib, der eine bestimmte Aufgabe ausführen muß. Bei ihm liegt die primäre Zentrierung der Awareness. Da die Übungen mit anderen Teilnehmern ausgeführt werden, wird Kontakt eine „beiläufige Selbstverständlichkeit", durch die Angst reduziert und „en passant" Beziehungen aufgebaut werden können.

Durch entsprechende Übungsfolgen, die über Partnerarbeit, arbeiten in Dyaden, Triaden und größeren Untergruppen immer stärker auf die Gesamtgruppe hinführen, kann Kohäsion systematisch aufgebaut werden. Die aufzuwendende Zeit wird dabei durch das Zustandsbild der Teilnehmer wesentlich bestimmt. Bei Patienten, deren soziale Kompetenz noch nicht sehr beeinträchtigt ist, gelingt es meistens sehr schnell, eine gute Kohäsion zu erreichen. Sehr zurückgezogene Patienten hingegen erfordern ein sehr behutsames, geduldiges Heranführen. Bei ihnen liegt die Bedeutung der Gruppe nicht im Aufarbeiten ungeklärter oder spannungsgeladener Beziehungen, denn solche sind allenfalls rudimentär vorhanden, sondern darin, Beziehungen erst möglich zu machen und ein Gruppenklima herzustellen, in dem Vertrauen, Wärme und Offenheit die Grundlage der Interaktion bilden. Die direkte körperliche Tätigkeit miteinander, die wechselseitigen Übungen und die spielerische Atmosphäre bieten hierzu die ideale Voraussetzung.

## 5. Zum Konzept der Gruppe in der Integrativen Bewegungstherapie

Wir sehen die Gruppe „mehrperspektivisch" (*Frühmann* 1986), als eine Einheit in einem in sich gestaffelten Kontext-Kontinuum (vgl. Abb. S. 85): im Kontext der Klinik, des Gesundheitswesens in diesem Lande, der Gesamtgesellschaft. Die therapeutische Gruppe ist ein System in einem komplexen Systemgefüge. Folgende Aspekte sind für die Gruppe konstitutiv: der Kontext (Systemzusammenhang), Kontinuum (Geschichte), die einzelnen Teile (Teilnehmer), die Beziehungen, die die einzelnen Teile zueinander haben (Interaktionsprozesse). Das Zusammenwirken dieser Komponenten, die „Synergie" (*Petzold* 1974), konstituiert die Gruppe als ein Ganzes, das nicht unbedingt mehr, aber in jedem Falle etwas *anderes* als die Summe der einzelnen Teile ist (vgl. *Petzold, Frühmann* 1986).

Diese Kategorien aus der Gestalttheorie, Systemtheorie bzw. dem Strukturalismus ermöglichen ein komplexeres Verständnis der

Gruppe als summative Definitionen, die unter einer Gruppe eine Anzahl von Personen verstehen, die miteinander direkte Kontakte unterhalten (*Homans* 1950), durch eine Situation (*Lindgren* 1973) oder durch gemeinsame Ziele verbunden sind, ein Rollensystem und spezifische Normen ausgebildet haben (vgl. *Fengler* 1986).

All diese in den vielfältigen Gruppendefinitionen der Sozialpsychologie gängigen Kategorien sind wesentlich, aber sie tendieren dazu, die Gruppe als Ganzheit von eigener Charakteristik außer Acht zu lassen. Das Ganze der Gruppe hat eine eigene Qualität, die im therapeutischen Prozeß sehr wesentlich ist (*Battegay* 1976). Das aber bedeutet durchaus nicht, daß die einzelnen Teile (,Unterganzen'), die einzelnen Personen, Dyaden, Subgruppen, ihre Eigenständigkeit und ihren Charakter verlieren. Ganzes, Teile, Prozesse und Kontext müssen in der Gruppenarbeit gleichermaßen berücksichtigt werden. Eine einseitige Zentrierung auf die Gruppe, wie dies in bestimmten gruppendynamischen Verfahren der Fall ist (z. B. Tavistock-Model), ist mit dem Arbeitsstil der Integrativen Bewegungstherapie genau so wenig vereinbar, wie die Zentrierung auf den Einzelnen, die bestimmte Therapieformen kennzeichnet (z. B. die klassische Gestalttherapie und das personzentrierte Psychodrama).

Der Einzelne wird Figur vor dem Hintergrund der Gruppe. Die Gruppe gewinnt Gestalt aus dem Zusammenwirken, der Synergie, ihrer Teilnehmer im jeweiligen Kontext-Kontinuum. Dieses wirkt auf die Gruppe, die Gruppe wirkt auf den einzelnen Teilnehmer: ein Gefüge von Wirkungen und Rückwirkungen. Dem Zusammenwirken der einzelnen Komponenten kommt deshalb die zentrale Bedeutung zu.

## 6. Person- und gruppenzentrierte Arbeit

Es ist daher eine der wichtigsten Aufgaben der therapeutischen Arbeit, die Verwobenheit zwischen Figur und Grund, den Systemzusammenhang als Kontext im Auge zu behalten und person- und gruppenzentrierte Arbeit zu verbinden. Bringt z. B. ein Klient in einer Gruppensitzung ein Problem, sei es dadurch, daß er es verbal äußert, oder dadurch, daß er es in der Bewegung ausdrückt, so ist dies zwar sein eigenes, ganz spezifisches Anliegen, aber er hat im gleichen Moment die Gruppe als Matrix und Verweisungshorizont.

Es ist das Klima der Gruppe, das das Einbringen des Problems zum gegebenen Zeitpunkt ermöglicht. Irgend etwas in der Gruppeninteraktion, irgendeine vorausgegangene Bewegungskonstellation, Äußerung, Beziehungsqualität oder Gestimmtheit in der Gruppe kann als auslösende Anregung angenommen werden. Diese Annahme ist kein Muß. Es kann durchaus sein, daß ein Klient unter dem Einfluß seiner aktualen Lebenssituation (Kontext) ein Thema in die Gruppe bringt und damit seinerseits die Gruppe in ihrer Charakteristik beeinflußt. Oft genug aber ist die Gruppe insgesamt Auslöser, oder es bedingen sich individuelle und gruppale Impulse und Einflüsse aus dem Kontext. So ist denn immer die Frage zu stellen, wenn ein Gruppenteilnehmer ein spezifisches Thema bringt, welche Bedeutung es für die Gruppe insgesamt hat, was dieses Thema für die Gestimmtheit, die Situation, die Zielrichtung der Gruppe aussagt, welche Einflüsse aus dem Kontext-Kontinuum wirksam werden.

Ich (*Petzold* 1973a, S. 17) habe in der Gruppentheorie der Integrativen Therapie, die für die Entwicklung der Integrativen Bewegungstherapie wichtige Impulse gegeben hat, vier Stile der Gruppenarbeit unterschieden:

1. *Personzentrierte Arbeit*, die eine „Einzeltherapie in der Gruppe" darstellt. Die Therapeuten arbeiten mit dem Patienten und die übrigen Teilnehmer sind beteiligte Zuschauer, die erst im auf die Arbeit folgenden Gruppengespräch aktiv teilnehmen können, und zwar durch ihr *„Sharing"*, der Mitteilung des eigenen Betroffenseins, durch ihr *„Feedback"*, der Mitteilung von Beobachtungen, und in der *„Analyse"*, durch interpretative Überlegungen zum Geschehen.

2. *Gruppenzentrierte Arbeit*, die auf die Interaktion zwischen den Gruppenteilnehmern im Hier und Jetzt gerichtet ist und die gesamte Gruppe einbezieht, ohne daß persönlich-biographische Elemente größeren Raum einnehmen.

3. *Gruppengerichtete Arbeit*, in der das Thema eines Klienten Bedeutung für die gesamte Gruppe hat und die Gruppe an der Bearbeitung des Themas durch verbale und aktionale Beiträge aktiv teilnehmen kann.

4. *Themenzentrierte Arbeit,* in der ein vorgegebenes Thema im Mittelpunkt steht und Ergebnisse zum Thema erarbeitet werden sollen. Im themenzentrierten Vorgehen spielen gruppenzentriertes und gruppengerichtetes Vorgehen zusammen.

In der praktischen Arbeit gestaltet sich das Zusammenspiel von personzentrierter, gruppengerichteter und gruppenzentrierter Arbeit als ein dynamisches Geschehen, das sich aus der konkreten Situation entwickelt. Es ist z. B. möglich, daß in einer Bewegungsimprovisation oder einem Gruppengeschehen plötzlich ein Klient sein ganz persönliches Thema findet, das er „personzentriert" bearbeitet, wobei die Gruppe ganz in den Hintergrund tritt.

Oft aber kommt ein Patient und bringt ein Thema, das unmittelbar von der gesamten Gruppe aufgenommen und im Gruppengespräch oder in der Bewegungsarbeit „gruppenzentriert" vertieft wird. Das scheinbar ganz „persönliche Thema" war das latente Thema der Gruppe. Es hat bei allen Teilnehmern Resonanz gefunden. Eine solche Resonanz kann sich auch darin ausdrücken, daß die Gruppe sehr aufmerksam dabei ist, wenn der Patient mit den Therapeuten sein Problem personzentriert durcharbeitet. Die Auswertung für die Gesamtgruppe ergibt sich dann in der Integrationsphase nach der Arbeit und zeigt sich in lebhaftem „Feedback" und sehr persönlichem und engagiertem „Sharing".

Ein Teilnehmer berichtet z. B., wie er gezwungen wurde, bei Tisch immer alles aufzuessen. Diese Erfahrung ist vielen Gruppenteilnehmern nicht fremd. Sie können das Geschehen mitvollziehen. Die Arbeit ist zwar nicht gruppenzentriert, aber sie läßt die Gruppe auch nicht aus. Auf der strukturellen Ebene sind die Gemeinsamkeiten noch viel größer. Jeder Patient hatte Vater und Mutter. Viele haben Geschwister und diese Familienstrukturen wurden von Interaktionen bestimmt, die von Zuwendung oder Ablehnung, Freiheit oder Unterdrückung, Geborgenheit oder Unsicherheit usw. charakterisiert sind. Je allgemeiner derartige Strukturaspekte von Teilnehmern an einer personzentrierten Arbeit geteilt werden können, desto stärker ist diese Arbeit auf die Gruppe gerichtet (*group oriented*). Werden derartige Strukturelemente dann Thema des Gruppengespräches, so ist es in der Analyse der Zusammenhänge durchaus möglich, daß in der Gruppe selbst zwischen den einzelnen Teilnehmern in ihrer Beziehung untereinander oder zu den Therapeuten derartige Strukturen entdeckt und offengelegt werden. Damit ist die Gesamtgruppe wieder 'einbezogen. Es kann aber auch der umgekehrte Verlauf eintreten, daß eine gruppenzentrierte Interaktion im Hier-und-Jetzt, in der sich zwei Teilnehmer über eine Alltagsbanalität (z. B. die Verteilung des Aufräumdienstes auf der Station) auseinandersetzen, zu einer Situation führt, in der Elemente aus der persönlichen Biographie zum Tragen kommen, und die nur durch die Aufhellung dieses Hintergrundes verständlich wird.

Dieser beständige Wechsel zwischen Einzelarbeit in der Gruppe und Arbeit mit der Gesamtgruppe ist von Kontinuität und Diskontinuität gekennzeichnet. Er läßt sich nicht durch Regeln und Gesetzmäßigkeiten vorausbestimmen. Es ist möglich, daß sich ein Thema in der Gruppe über einige Sitzungen hin entwickelt, daß Einzelarbeiten eingestreut sind, die in dieser Themenrichtung liegen (Kontinuität); es ist aber auch möglich, daß eine Einzelarbeit aufkommt, die sich mit der Themenlinie nicht verbinden läßt oder daß das Gruppenthema plötzlich umschlägt (Diskontinuität, Kipphänomen), um gegebenenfalls in eine neue Kontinuität einzumünden, wenn nämlich die Gruppe eine neue Themenlinie findet.


## 7. Gegenwarts-, Vergangenheits- und Zukunftsorientierung in der Gruppenarbeit

Der Wechsel von personzentrierter und gruppenzentrierter Arbeit geht oftmals mit einem Wechsel der Zeitdimension einher. Gruppenzentrierte Arbeit ist in der Regel von den aktualen Interaktionen im Hier-und-Jetzt bestimmt. Personzentrierte Arbeit in der Gruppe ist häufiger biographisch orientiert und auf die individuelle Vergangenheit des Klienten gerichtet, oder auf seine Hoffnungen, Pläne, Zukunftsentwürfe. Da aber jeder Teilnehmer *seine* Vergangenheit hat und diese persönlichen Vergangenheiten oftmals strukturelle und inhaltliche Gemeinsamkeiten aufweisen, besteht für die Gesamtgruppe vielfach die Möglichkeit zur Identifikation und Teilnahme im gruppenorientierten Prozeß.

Die Gegenwartsorientierung des gruppenzentrierten Vorgehens wird jedoch nicht dogmatisch gehandhabt, wie in der klassischen

T-Gruppe, in der aufkommende biographische Elemente nicht aufgenommen, abgewiesen oder gar unterdrückt würden. Wenn sie sich deutlich genug artikulieren, wechselt die Arbeitsmodalität der Gruppe. Die für die Klärung der Gruppendynamik notwendige Zentrierung auf das „hic et nunc" darf nicht so gehandhabt werden, daß das „tum et olim" oder das „fore" der individuellen Biographie ausgeblendet werden. Die persönliche Lebensgeschichte eines jeden Teilnehmers spielt in das aktuale Gruppengeschehen hinein, denn jeder kann sich nur so darstellen, wie er ist. Er präsentiert sich in seinem persönlichen So-geworden-sein. Der Teilnehmer verhält sich so, wie er sich immer in Gruppen und Beziehungen verhalten hat und zeigt damit seine Kompetenzen und seine Pathologie. Er prägt durch die Art, wie er ist, das Gruppenklima, trägt zu der Gestalt der Gruppe insgesamt bei.

In der Integrativen Bewegungstherapie gehen wir, ähnlich wie in der analytischen Gruppentherapie, von der Annahme aus, daß sich Verhalten in Gruppeninteraktionen reproduziert. Dies aber – und hier greift der integrative Ansatz weiter – nicht nur auf der Ebene der Übertragung, wie sie sich verbal artikuliert, sondern auch auf der Ebene konkret geäußerten, leibhaftigen Verhaltens: Mimik, Gestik, Haltung, Bewegungsabläufe. Das Hier-und-Jetzt der Gruppeninteraktion umfaßt daher immer die individuelle Vergangenheit der Teilnehmer in der Reproduktion pathologischen *und* gesunden Verhaltens, und zwar als leibhaftige Vergangenheit; denn dem Leib ist die Lebensgeschichte des Patienten eingegraben, der Leib selbst *ist* Geschichte (*Marcel* 1978; *Petzold* 1981h) und bestimmt damit auch die Zukunft, z. B. durch die Lebensdauer (vgl. S. 34).

In der Integrativen Bewegungstherapie nehmen wir also an, daß die Gruppe neben dem im Vordergrund stehenden Aktualaspekt – nämlich eine Gemeinschaft zu sein, die mit dem Ziel zusammenkommt, bewegungstherapeutisch zu arbeiten – Hintergrunddimensionen hat, die gleichfalls mehr oder weniger ausgeprägt in das Hier-und-Jetzt hineinwirken. Zu diesen Hintergrundaspekten gehören nicht nur die spezifischen Fakten der persönlichen Biographie der einzelnen Teilnehmer, sondern auch allgemeine Konfigurationen, Strukturen, die von jedem in seiner Primärgruppe aufgenommen und internalisiert wurden.

Wir sind also der Auffassung, daß die Gruppe, ähnlich wie es verschiedene Schulen der psychoanalytischen Gruppenpsychotherapie vertreten, Aspekte der Primärgruppe aktualisiert und daß aus diesem Grunde regressive Phänomene und die Reproduktion früherer Verhaltensmuster gefördert werden. Eine derartige Aussage darf aber keinesfalls dazu verleiten, die Gruppe auf diese Dimension zu begrenzen. Der Bezug zur Primärgruppe wird im Erleben der Patienten durch Strukturähnlichkeiten evoziert. Das Therapeutenpaar kann prototypisch für das Elternpaar stehen, die Gruppenteilnehmer prototypisch für die Geschwister. Weil der Strukturbegriff aber Elemente und Prozesse impliziert, Systemteile und Systemrelationen, können im Bewußtsein der Teilnehmer hier und jetzt Anklänge an die Primärgruppe besonders gut aufkommen, wenn die Interaktionen zwischen den einzelnen Gruppenmitgliedern die Qualitäten von Nähe und positiver wie negativer Intimität aufweisen, wie dies für die meisten Familiengruppen charakteristisch ist.

Die bewegungstherapeutische Arbeit fördert ein derartiges Klima außerordentlich. Der unmittelbare körperliche Kontakt, das Vertrauen, das ganz selbstverständlich aufkommt, wenn man miteinander eine Übung macht, in der sich der eine Partner auf den anderen verlassen muß, emotionale Anteilnahme, Zuwendung und Trost, die die Gruppe im „Sharing"vermittelt, all das sind Faktoren, die Gemeinsamkeiten mit dem Klima einer Primärgruppe aufweisen. Eine solche Atmosphäre ist geeignet, Korrektive für Negativerfahrungen zu setzen oder defizitäre Erfahrungen nachzusozialisieren. Es sind also nicht nur die konfliktzentriert-aufdeckende Arbeit oder das funktional-übungszentrierte Vorgehen Variablen im therapeutischen Prozeß, durch die Fähigkeiten und Fertigkeiten restituiert und entwickelt werden, sondern auch dem Gruppenklima, dem emotionalen Beziehungsnetz zwischen den Teilnehmern muß ein hoher therapeutischer Wert zugebilligt werden. In ihm können sich Nachreifungsprozesse vollziehen, können Alternativerfahrungen gemacht werden. Die Gruppe als Ort der Sicherheit und Freiheit vermag ein Stück „Grundvertrauen" heranzubilden. Die Bewegungsgruppe bietet hier durch den unmittelbaren körperlichen Kontakt besondere Möglichkeiten, da sie auf der Ebene ansetzt, in der Sicherheit und Vertrauen ihren Ursprung haben: der Ebene des Körperkontaktes, wie er *ab utero* in der Mutter-Kind-Beziehung selbstverständlich ist.

In der Gruppenarbeit werden aus diesem Grund im übungszentrierten Vorgehen ganz gezielt Konstellationen hergestellt, die das Erleben von Sicherheit und Vertrauen fördern: führen und geführt werden, wiegen und sich wiegen lassen, halten und gehalten werden, stützen und gestützt werden usw.

Dadurch, daß die Teilnehmer im Rollenwechsel beide Positionen, die des Kindes und die des Elternteils einnehmen, also in ihrer kindhaft-regressiven und ihrer Elternseite angesprochen werden (in der Terminologie der Transaktionsanalyse ihr „Kind-Ich" und ihr „Eltern-Ich", vgl. *Berne* 1975; *Petzold* 1976c), wird eine ausschließlich regressionsbetonte Arbeit vermieden. Die Aussprache zwischen den Partnern oder in der Gruppe nach derartigen Übungen, die Reflexion des Erlebens und seine Auswertung für den Lebensvollzug des Alltags, stellen eine weitere Relativierung des regressiven Settings dar (man könnte sagen, die Reflexion erfolgt zwischen erwachsenen Menschen auf der Ebene des „Erwachsenen-Ichs").

Die voranstehenden Ausführungen seien an einem Beispiel konkretisiert:

Eine Patientin berichtet in der Auswertung einer Partnerübung, die die Struktur „stützen und gestützt werden" beinhaltete, daß sie sich noch nie in ihrem Leben habe so fallen lassen können, wie mit ihrer Partnerin. Sie habe ein Gefühl von Geborgenheit und Nähe gehabt, das sie fast erschreckt habe. Ein Gruppenteilnehmer fragt zurück, ob sie denn derartige Erfahrungen nie bei ihren Freunden oder in ihrem Elternhaus gehabt habe. Die Patientin teilt daraufhin mit, daß in ihrem Elternhaus ein sehr strenges und kaltes Klima geherrscht habe. Sie sei nie auf den Schoß oder in den Arm genommen worden. Die Patientin kann sich erinnern, daß sie einmal von der Mutter einer Freundin in den Arm genommen und gedrückt worden sei und sie bei jedem Besuch gehofft habe, daß sich diese Umarmung wiederhole. Die Familie aber sei dann weggezogen.

Ein anderer Gruppenteilnehmer bemerkt, daß die Patientin auch in der Gruppe ein Verhalten zeige, als würde sie immer auf etwas warten, ohne je konkret zu äußern, was sie wolle: „Wenn du Zuwendung willst, dann mußt du auch etwas dafür tun, dann mußt du was sagen und auf andere zugehen! Von nichts kommt nichts!" Therapeut: „Aber Zurückweisungen sind schmerzlich!" Bei dieser Interpretation des Therapeuten zuckt die Patientin zusammen. Patientin:

„Ich bin in meinem Leben zu oft zurückgewiesen worden!" Eine Reihe von anderen Gruppenteilnehmern berichtet über ähnliche Erfahrungen. Der Therapeut schlägt darauf eine nonverbale Übung vor, in der jeder Teilnehmer einen anderen, und zwar den, mit dem er am meisten Schwierigkeiten hat, um Zuwendung bitten soll.

Die Übung wird danach im Gespräch zwischen den Gruppenteilnehmern aufgearbeitet. Dabei wird den Beteiligten deutlich, wie sehr sich vergangene Erfahrungen (archaische Narrative) und gegenwärtiges Verhalten bedingen können. Im nachfolgenden Gruppengespräch können zahlreiche Verbindungspunkte zum Aktualverhalten in der Gruppe gefunden werden. In der Sitzung konnte auf diese Weise gruppenzentrierte Arbeit im Hier-und-Jetzt und personzentrierte Arbeit ohne Bruch verbunden werden.

## 8. Verbale und nonverbale Arbeit

Ein Charakteristikum in der Integrativen Bewegungstherapie ist darin zu sehen, daß verbale und nonverbale Arbeit, Bewegung in der Gruppe und Gruppengespräche miteinander verbunden werden.

Eine Gruppe ist neben den schon aufgeführten Charakteristika u. a. auch dadurch gekennzeichnet, daß sich Personen in einem Raum befinden und verbal und nonverbal miteinander interagieren. Es handelt sich, wenn man diese Konstellation einmal physikalisch betrachtet, um eine Anzahl von Körpern im Raum, die sich zueinander in veränderbaren Distanzen befinden, je nachdem, ob sie sich aufeinander zu oder voneinander weg bewegen. Dabei können die Bewegungen verschiedene Qualitäten haben. Ein solches System bzw. Strukturgefüge impliziert „Sinn", noch ehe dieser in sprachlicher Bedeutung gefaßt ist. Dieser vorsprachliche Beziehungsmodus ist der Urgrund aller Bedeutungen, verwurzelt in der „stummen Erfahrung" (*Husserl* 1963): zwischen Mutter und Säugling, den Gefühlsqualitäten, die Hautkontakt, Blicke, Mimik und Gestik, Körperhaltung auslösen und vermitteln. Wenn auch mit der Entwicklung der Sprache nach und nach viele dieser präverbalen Qualitäten mit zunehmender Differenzierung benannt werden können, so werden sie von der Sprache doch nie in ihrer ganzen Fülle erfaßt. Die Benennung bleibt dem Erleben nachgeordnet (*Merleau-Ponty* 1966; 1964).

Ich (*Petzold* 1974j und 1977a, S. 385) habe den Begriff „nonverbal" wie folgt spezifiziert:

1. *präverbal*: Hierunter werden alle Formen des Körperausdrucks gefaßt, die einer verbalen Botschaft vorausgehen: Empfinden und Ausdruck vor der sprachlichen Benennung, wobei Benennung nicht unbedingt als Konsequenz erfolgen muß.

2. *periverbal*: Hierunter werden alle Verhaltensweisen gefaßt, die den sprachlichen Ausdruck begleiten: die Sprache der Hände, die Sprache des Gesichtes während des Redeflusses.

3. *transverbal*: Hierunter werden alle die Formen des körperlichen Ausdrucks verstanden, die an die Stelle von Sprache treten, weil ihre Aussage über das, was sprachliche Benennung zu vermitteln vermag, hinausgeht: eine Geste des Trostes oder der Hoffnungslosigkeit, ein Blick zwischen Liebenden, ein Gesicht, in dem sich „namenloses" Entsetzen widerspiegelt.

Untersuchungen zur nonverbalen Kommunikation (*Argyle* 1978; *Schefflen* 1975; *Watzlawick* 1969) haben gezeigt, welche immense Bedeutung der nonverbale Anteil in unserer scheinbar vorwiegend sprachlich charakterisierten Kommunikation hat. In den herkömmlichen Psychotherapien wird dennoch dem nonverbalen Verhalten fast keine Beachtung geschenkt. In herkömmlichen nonverbalen Therapien, z. B. der Heilgymnastik, Atemtherapie, funktionaler Bewegungstherapie, Tanztherapie wird die sprachliche Dimension vernachlässigt. Diese Aufspaltung der Kommunikation verkürzt die menschliche Realität und schränkt die therapeutische Aktivität ein. Erst in jüngster Zeit beginnen sich hier, besonders unter dem Einfluß der Gestalttherapie, Veränderungen abzuzeichnen (*Briner* 1977).

In der Integrativen Bewegungstherapie wird bewußt versucht, die nonverbale Dimension einzubeziehen, ohne sie von der verbalen zu trennen, wobei nachdrücklich darauf verwiesen wird, daß es eine Dimension des Averbalen gibt, die der „stummen Erfahrung" (*Husserl* 1963), die der transverbalen Aussage, für die die Sprache nicht mehr zureicht. Die nonverbale Arbeit in der Gruppe führt den Menschen unmittelbar an sein Erleben und unmittelbar an erlebnisintensive Konstellationen in seiner Biographie, traumatische wie positive. Die freie Bewegungsimprovisation des Einzelnen für sich, in der Gruppe, mit einem Partner, mit der Gruppe insgesamt, erschließt Erlebnisqualitäten, die zu integrativen Erfahrungen werden können. Die

„hautnahe" Erfahrung von Zuwendung und Sicherheit ist bedeutsamer als eine verbale Versicherung und dennoch bleibt die Benennung, die persönliche sprachliche Aussage wichtig. Sie stellt eine Hilfe dar, Erfahrung einzuordnen.

Auf jede Bewegungsimprovisation folgt eine Auswertung im Gespräch. Sei es zwischen den Partnern, die miteinander gearbeitet haben, sei es in der Gesamtgruppe. Dabei ist es oftmals wichtig, darüber zu wachen, daß Erfahrungen nicht zerredet werden. Genauso wesentlich aber ist es, darauf zu sehen, daß sie nicht „sprachlos" bleiben, sondern daß die verbale und nonverbale Dimension, wo immer möglich, integriert werden. Eine Geringwertung der Sprache kann niemals Ziel ganzheitlicher und integrativer Therapie sein. Aus diesem Grunde ist die Bezeichnung „nonverbale Therapie", die heute vielfach für die verschiedenen atem-, bewegungs- und körpertherapeutischen Verfahren verwandt wird, nicht sehr glücklich. Genauso wie es Realitäten gibt, die sprachlich nicht auszudrücken sind, gibt es solche, die nonverbal nicht vermittelt werden können. Deshalb gilt es, Einseitigkeiten zu vermeiden.

In der Praxis der therapeutischen Gruppenarbeit des integrativen Ansatzes wechseln freies Gruppengespräch und freie Bewegungsimprovisation, vorgegebene Bewegungsübungen und strukturierte verbale Auswertung. Bei jeder personzentrierten Arbeit erfolgt zunächst das *Sharing* der Gruppe, in dem die übrigen Teilnehmer dem Protagonisten mitteilen, was sie während seiner Arbeit erlebt haben, darauf das *Feedback* der Gruppe, in dem die Teilnehmer dem Protagonisten vermitteln, wie sie ihn in seinen Äußerungen und seinem Verhalten erlebt haben. Schließlich kann die Information des Feedbacks in einer *Analyse* noch weiter aufgeschlüsselt und deutend bearbeitet werden, wobei Verbindungen zur gesamten Gruppe hergestellt werden können. Dieses strukturierte Gespräch erlaubt es, verbale und nonverbale Arbeit zu integrieren.

Die nonverbale Arbeit erschließt aber nicht nur für den Einzelnen Erlebnis- und Ausdrucksmöglichkeiten, auch die Gruppe als Ganzes kann zum anstehenden Thema bewegungstherapeutische Arbeit leisten. Zum Beispiel kann jeder seine Befindlichkeit in der Gruppe durch Bewegungen ausdrücken. Eine Geste der Abneigung, etwa ein einfaches Sich-Abwenden, wird oftmals leichter vollzogen als eine verbale Zurückweisung. Durch die Bewegung kann jeder seine Position zu einem imaginierten oder konkret gekennzeichneten „Gruppenmittelpunkt" finden und sehen, ob er weit vom Zentrum entfernt ist, also am Rande steht, oder ob er sich nahe am Mittelpunkt befindet. Da bei der räumlichen Anordnung jeder jeden sieht, wird die gruppendynamische Situation weitaus plastischer wahrgenommen als in der Sitzrunde herkömmlicher Gruppentherapie und versandet nicht im Gewirr wenig durchschaubarer Reden. Dennoch wird die Verbalisierung nicht überflüssig. Sie erhält ihren Stellenwert im sprachlichen Ausdruck dessen, was *de facto* in der Gruppe vor sich geht.

Wenn Gruppendynamik „als Beziehungsstruktur zwischen den Teilnehmern einer Gruppe" gekennzeichnet werden kann, so stellt sie zunächst ein vorsprachliches Phänomen dar, das sich in der Regel auch zuerst auf der nonverbalen Ebene durch Blicke, Gesten, Haltungen zeigt und sich erst dann, wenn überhaupt, in Rede und Gegenrede artikuliert. In der Integrativen Bewegungstherapie wird diese präverbale Ebene unmittelbar angegangen. Zum Beispiel wird in der Bewegungsimprovisation zur Musik die Möglichkeit zum unbewußten, spontanen Ausdruck von Beziehung gegeben. Die Teilnehmer können, ganz ihren Impulsen und Neigungen folgend, aufeinander zugehen, sich voneinander entfernen, sich isoliert an den Rand stellen. Dabei wird die Qualität der Bewegung genau so aussagekräftig wie die Zahl der Kontakte und der Ort der Bewegungsimprovisation. Es ist nicht unerheblich, ob ein Teilnehmer sich eine Stelle aussucht, an der sich z. Z. eine größere Gruppe aufhält, ob er alleine steht oder nur zu einem Partner Kontakt aufnimmt. Derartige Konstellationen werden von fortgeschrittenen Gruppen selbstverständlich zum Thema eines Gruppengespräches gemacht. Aus dem Gespräch entwickelt sich nach einiger Zeit wiederum das Bedürfnis, in die Bewegung zu gehen, um Erkanntes umzusetzen oder neue Aspekte zu explorieren. Genau so wie es für verbale Therapiegruppen ein Habitus geworden ist, auf Stühlen in der Runde zu sitzen, für Psychodramagruppen eine Selbstverständlichkeit, Szenen zu spielen, wird es für Gruppen in der Integrativen Bewegungstherapie eine „ganz natürliche Sache", Gespräch und Bewegung abwechseln zu lassen.

Dies ist das Resultat eines Lernprozesses, in dessen Zentrum eine ganz wesentliche Erfahrung steht: die *Wiederentdeckung des Leibes.*

Wer die Möglichkeit der Sensibilität, des Ausdrucks, des Bewegungspotentials, der Kraft und der Elastizität, die der Körper bietet, wieder entdeckt hat, dem wird Bewegung in der Tat ein wesentliches Bedürfnis.

Eine ihrer wichtigsten Aufgaben sieht die Integrative Bewegungstherapie deshalb darin, Menschen zu helfen, wieder Freude an der Bewegung und einem bewegungsaktiven Lebensstil zu gewinnen. Die gemeinsame nonverbale und verbale Arbeit in der Gruppe vermag hierzu einen entscheidenden Beitrag zu leisten.

## 9. Konfliktzentrierte und erlebniszentrierte Arbeit in der Gruppe

Wie grundsätzlich im integrativen Ansatz werden gesunde Verhaltensweisen, die noch vorhandenen Kompetenzen an Kontakt-, Begegnungs-, Beziehungsfähigkeit, an Wahrnehmungs-, Bewegungs- und Ausdrucksmöglichkeiten, als ein wesentlicher Ausgangspunkt genommen. Die therapeutische Gruppe ist in erster Linie eine Gruppe von Menschen, die miteinander umgehen, und zwar nicht nur dadurch, daß sie über ihre Krankheit, über traumatische Ereignisse der Vergangenheit sprechen, sondern auch dadurch, daß sie miteinander in konstruktive Aktionen treten, daß sie sich miteinander bewegen, Körperfunktionen üben, zusammen spielen. Im Unterschied zu den meisten Formen therapeutischer Gruppenarbeit ist der Schwerpunkt des Geschehens nicht ausschließlich von der Pathologie, dem gemeinsamen Kranksein bestimmt, sondern auch von dem gemeinsamen Ausüben und Entwickeln natürlicher Funktionen. Dieses Faktum ist für die Teilnehmer entlastend, und zwar in einer Weise, durch die nichts von dem Leidensdruck genommen wird, den die analytische Therapie mit Recht als den „Motor der Behandlung" ansieht. Jedoch auch die Erfahrung des Tun-Könnens (mastery, performance), des Fähigseins (*competence*), des persönlichen und gemeinsamen Erfolges kann als ein wesentlicher Antrieb angesehen werden.

Die Bewegungsarbeit in der Gruppe macht derartige Erfahrungen möglich. So kommt zu dem Wechsel von personzentrierter und gruppenzentrierter Arbeit, biographischer und aktualer Ausrichtung, verbaler und nonverbaler Praxis, noch der Wechsel zwischen konfliktzentrierter und erlebniszentrierter Arbeit. So gesehen umfaßt die Gruppenarbeit den gesamten Menschen in seinem Kontext; sein „total behavior", seine persönliche Geschichte und sein aktuales Verhalten im sozialen Miteinander.

Das Gruppengeschehen ist damit so komplex wie das Leben, und es bietet die Möglichkeit, all die Vielfalt zu erschließen, die gesundes, reiches Leben zwischen Menschen zu bieten vermag. Je gesünder die Gruppe ist, d. h. je vielfältiger, klarer und prägnanter in ihrer Struktur, desto größer sind die Chancen für den Einzelnen, in ihr zu gesunden. Damit wird ein weiterer, wichtiger Gesichtspunkt für die Bedeutung der Gruppe angesprochen: Die Gruppe bietet die Chance, daß die Vielfalt noch vorhandener *Kompetenzen* und *Performanzen,* die die einzelnen Teilnehmer einbringen, insgesamt ein größeres Potential an positiven Möglichkeiten bietet, als es dem Einzelnen zur Verfügung steht. Die Gruppe bildet damit ein Reservoir an positiven Impulsen, an Verhaltensmöglichkeiten, an Imitationsmodellen, die jeder Einzelne für sich fruchtbar machen kann. Selbstverständlich bietet sie in gleicher Weise ein Sammelbecken für pathologische Verhaltensweisen, negative Gestimmtheiten usw.

Da jedes Individuum beide Elemente, positive wie negative, in seinem Verhalten in der Gruppe freisetzen kann und damit die Charakteristik der Gruppe prägt, besteht eine wesentliche Aufgabe des Gruppentherapeuten darin, das Gruppenklima so zu regulieren, daß das positive Potential überwiegt, ohne daß dabei die negativen Anteile gänzlich ausgeblendet werden. Es wird in einer positiven Grundstimmung möglich, Probleme zu aktualisieren und zu bearbeiten, Konflikte zuzulassen und auszutragen. Wenn die Gruppe zu einem Ort werden soll, der auf alltägliches Verhalten vorbereitet, so dürfen Konflikte nicht ausgeblendet werden, sie dürfen aber auch nicht das ausschließliche Thema darstellen, wie es in vielen Therapiegruppen der Fall ist. Die Gefahr einer therapeutischen Subkultur, eines artifiziellen Gruppensettings, das Transferleistungen in das tägliche Leben erschwert, darf nicht unterschätzt werden. Die ständige Thematisierung von Krankheit kann alles andere als einen heilenden Effekt haben. In der Integrativen Bewegungstherapie wird deshalb ein ausgewogenes Verhältnis zwischen gemeinsamer Arbeit an Konflikten, gemeinsamen Aktionen in übungszentrierter Arbeit und gemeinsamen Erfahrungen in erlebniszentrierter Arbeit angestrebt. Die Gruppenmitglieder bleiben dadurch nicht nur Leidensgenossen, sie werden Aktionspartner und Mitspieler. Sie teilen das körperliche Ausagieren in Aggressionsübungen, die schmerzlichen Vergangenheitserlebnisse genau so miteinander wie die kreative Bewegungsimprovisation und die solidarische, wechselseitige Hilfeleistung (vgl. S. 260ff)..

Der Übergang von konfliktzentrierter und erlebniszentrierter Arbeit vollzieht sich in der Regel durch den Wechsel von Themen in der Gruppe. Oftmals hat eine erlebniszentrierte Sequenz eine entlastende Funktion, wenn eine intensive problemzentrierte Sitzung die Teilnehmer sehr beansprucht hat. Die Möglichkeiten der Bewegungsspiele und der Tanzimprovisation zur Musik können hier ein wichtiges Regulativ bilden. Über dem Ernst der therapeutischen Arbeit darf das Lachen, die gemeinsame Freude nicht verloren gehen. Gerade in der Gruppenarbeit kommt eine heitere, gelöste Stimmung gut zum Tragen, denn „sie steckt an", wenn sie authentisch ist. Sie unterscheidet sich deutlich von „mangelnder Ernstwertung" als Phänomen der Abwehr. In der gelockerten Atmosphäre erlebniszentrierter Arbeit können auch depressive Patienten sich oft dem „Ansteckungseffekt" nicht entziehen. Der therapeutische Wert solcher Sitzungen ist gegenüber den konfliktzentrierten durchaus nicht geringer zu veranschlagen.

## 10. Der Gruppenprozeß in der Integrativen Bewegungstherapie

Der Gruppenprozeß in der Integrativen Bewegungstherapie vollzieht sich als primordialer und intersubjektiver „Ko-respondenzprozeß" (*Orth, Petzold* 1995; *Petzold/Schneewind* 1986a). Intersubjektive Ko-respondenz ist leibhaftige Begegnung und Auseinandersetzung über ein Thema in einer konkreten Situation und Zeit (Kontext-Kontinuum). Kontext ist das Gruppensetting mit all den Komponenten aus dem Außenfeld, z. B. dem Klinikalltag, der persönlichen aktualen Lebenssituation der Klienten. Das Thema ergibt sich aus der jeweiligen Interaktion zwischen zwei oder mehreren Teilnehmern. Dabei hat jedes Thema wiederum einen eigenen Kontext, einen Bezugsrahmen, der, wenn auch nicht immer explizit angesprochen, so doch immer präsent ist, z. B. die Frage nach dem Kranksein und dem Gesundwerden, nach den Lebensbedingungen in der Klinik oder im Alltag bis hin zu den historischen, ökonomischen und gesellschaftlichen Faktoren, die diese Bedingungen hervorbringen oder bestimmen (vgl. Abb. S. 85).

Diese implizierten Rahmen- oder Hintergrundthemen können nicht in allen Gruppen angesprochen werden, weil z.B. die Aktualproblematik vordergründiger ist oder der Horizont der Patienten noch nicht genügend Weite gewonnen hat; vielleicht aber auch, weil eine Ausdehnung der Perspektive eine Ablenkung von unmittelbar im Vordergrund stehenden Themen nach sich ziehen würde.

Wenn intersubjektive Begegnung und Auseinandersetzung das Zentrum der mit „Ko-respondenz" bezeichneten therapeutischen Interaktionen zwischen den Gruppenmitgliedern ist und zu diesen gehört – wenn auch in spezieller Funktion der Therapeut bzw. die Therapeuten –, so müssen Bedingungen geschaffen werden, in denen ein gemeinsames Antworten auf aufgeworfene Fragen, ein Sich-in-Beziehung-setzen zu Menschen, Dingen und Themen (co-respondere) möglich wird. Die rechte Beziehung zu den Mitmenschen und der Welt ist ja gerade d a s, was bei den meisten Patienten verrückt ist. Intersubjektive Ko-respondenz gründet in einer vorsprachlichen, „primordialen" Ebene: der Wahrnehmung durch den Leib. „Das ‚dies da', auf das sich mein Bewußtsein wortlos bezieht, ist weder Bedeutung noch Idee, obwohl es als Ausgangspunkt logische Explikationsakte sprachlicher Ausdrücke dienen mag" (*Merleau-Ponty* 1945, S. 228).

Ausgangspunkt in der Integrativen Bewegungstherapie ist die „Awareness", die wache Ausrichtung des „totalen Sinnesorgans" Leib auf das, was in mir und um mich herum vor sich geht. Diese Ausrichtung, die *Husserl* (1923) als „Intentionalität" bezeichnet, ist immer ein Sich-in-Beziehung-setzen. Primordiale Ko-respondenz mit dem eigenen Körper, den Dingen, den Menschen, beginnt, wenn ich meine Sinne, meine *Awareness* auf sie lenke (*Petzold* 1978c). Die Gruppenarbeit in der Integrativen Bewegungstherapie ist darauf gerichtet, den Teilnehmern den Vorgang der „primordialen Ko-respondenz" ins Bewußtsein zu rufen, ihnen deutlich zu machen, wie sie sich in jeder Situation zu ihrer Umgebung und zu den anderen Men-

schen in Beziehung setzen, und wie dieses nichtverbale Ko-respon-
dieren das Verhalten bis in die Körperlichkeit bestimmt. Kommt man
z. B. in eine größere Gesellschaft, in der man unbekannt ist und sich
nicht wohlfühlt, so setzt man sich vielleicht in einen Eckplatz oder
setzt sich so, daß man die Wand im Rücken hat. Die Atmung wird
vielleicht flacher, der Herzschlag beschleunigt sich, die Muskulatur
verspannt sich o. ä. Nähert sich dann ein anderer Mensch, so wird er
wahrgenommen, und zwar zunächst „atmosphärisch". Seine Erscheinung und „Ausstrahlung" (das ist die Gesamtheit der ausge-
sandten und wahrgenommenen Stimuli) übt eine Wirkung aus, die
oft genug in einem vorbewußten Stadium bleibt, aber dennoch
unsere Handlungen beeinflußt. Die Vielfalt der Informationen, die
unsere Sinne uns in jedem Augenblick vermitteln, und die uns zu
Verhalten veranlassen, sollen verfügbar und für das Bewußtsein
prägnanter gemacht werden. Deshalb beginnt unsere Gruppenarbeit
mit einem „Awarenesstraining". Die Teilnehmer der Gruppe richten
ihre Aufmerksamkeit auf ihren Körper, treten mit ihm in Ko-respondenz: Die sinnenhafte Wahrnehmung wird in diesem Moment
*bewußt* und die bewußte *Selbst*-wahrnehmung (vgl. S. 278ff) in der
Situation führt dazu, daß die Beziehungen zum Kontext, zu den
Menschen und Dingen des Raumes deutlich werden.

Die „Bewegung im Raum", durch die ich meinen Standort, meinen
räumlichen Bezug, verändern kann, ist deshalb einer der wichtigsten
Ansätze in der Bewegungsarbeit. Die Teilnehmer können, „ihrem
Gefühl folgend", sich zu anderen Teilnehmern in Beziehung setzen,
indem sie sich näher oder weiter entfernt von ihnen plazieren, und
indem sie in der Bewegung, in Haltung, Mimik und Gestik ihre
innere Gestimmtheit dabei ausdrücken. Sprachliche Benennung ist
für dieses Geschehen möglich, aber nicht nötig. Die Teilnehmer
nehmen sich bei der Bewegung im Raum wechselseitig wahr: sie reagieren aufeinander, indem sie Distanzen verändern, sie ko-respon-
dieren miteinander dadurch, daß sie in Distanzen Beziehungsquali-
täten ausdrücken, die noch unbenannte Bedeutungen haben. Vieles
von dem, was „unterhalb der Sprache" in den Kommunikationen
mitschwingt, wird in dieser Form der Gruppenarbeit deutlich. In
dem Moment, wo die Veränderung der Distanzen ein Wechselspiel
wird, wo zwei Teilnehmer aufeinander reagieren, sich einander
zuwenden, wird die primordiale Ko-respondenz, das unspezifische

Miteinander-in-Beziehung-Sein, zur intersubjektiven Ko-respondenz, zu einem bewußten Miteinander-in-Beziehung-Treten. Auch dieses beginnt nonverbal und bleibt es auch dann, wenn die sprachliche Kommunikation hinzu kommt. Selbst wenn der Inhalt der Rede Vordergrund wird, wenn zwei Subjekte sprachlich miteinander korespondieren, bleibt die Gegenwärtigkeit (*présence*) zweier Leiber (*Marcel* 1978), die sich wahrnehmen und die wahrgenommen werden und jenseits der Sprache in einer primordialen Ko-respondenz stehen. Weiterhin läuft mit der Sprache, sie begleitend, sie umspielend, mit ihr zusammenwirkend das periverbale Geschehen von Mimik, Gestik und Haltung ab.

Für den Patienten in der Gruppenarbeit ist es wichtig, diese Dimensionen zu erfahren, oder besser, sich in diesen Dimensionen zu erfahren. Und für derartige Erfahrungen braucht er den anderen, dem er begegnen kann, mit dem er sich auseinandersetzen und zu dem er sich in Beziehung setzen kann. Dieses als Ko-respondenz bezeichnete Geschehen (*Petzold* 1978c) macht das Wesen therapeutischer Einzel- und Gruppenarbeit aus. In dem Moment, in dem der Patient sich zu anderen Menschen, Gruppen, Dingen, Institutionen in eine angemessene Beziehung setzen kann, gewinnt er seine Gesundheit wieder. Dies aber erfordert auch, daß er sich zu den Ereignissen seiner Vergangenheit in Beziehung zu setzen vermag und daß er sie damit in eine rechte Beziehung zu seiner Gegenwart und Zukunft bringen kann. Ohne Mitmenschen, ohne Gesprächs- bzw. Ko-respondenzpartner, ist dies nicht möglich. Sie bilden die Bezugspunkte, sind Markierungen, machen Grenzziehungen möglich und werden dadurch konstitutiv für den Gewinn von Identität.

Intersubjektive Ko-respondenz als Begegnung und Auseinandersetzung zwischen Menschen in einem gegebenen Kontext ist in verschiedenen Intensitäten möglich. Je klarer und unmittelbarer sie ist, je weniger sie von Ängsten, Vorbehalten und Vorurteilen verzerrt ist, desto „gesünder" sind die Beziehungsstrukturen und die in ihnen agierenden Menschen.

In der nonverbalen Gruppenarbeit werden durch den Umgang mit räumlichen Distanzen Beziehungen möglich, die durch die Komplexität der Sprache unbelastet sind. Wenn sie klar und prägnant sind, kann die sprachliche Ko-respondenz hinzukommen, ohne daß Verwirrung entsteht. Es ist charakteristisch für die therapeutische

Arbeit in Bewegungsgruppen, daß die Teilnehmer, wenn die verbale Auseinandersetzung ins Stocken gerät, wenn im Moment keine Lösung oder sinnvolle Alternative gefunden werden kann, als Gruppe „in die Bewegung gehen". Diese Praxis darf nicht als ein Vermeiden aufgefaßt werden. Es wird lediglich die verbale Ko-respondenz zugunsten einer nonverbalen zurückgestellt, wobei einerseits Komplexität reduziert wird und andererseits Qualitäten prägnant werden können, die von der Rede überdeckt waren: die emotionalen Dimensionen von Beziehungen, die oftmals mit Erlebnissen aus der persönlichen Vergangenheit verbunden sind. Die Arbeit in der Bewegung stellt damit eine Art „Inkubationsphase" dar, wie wir sie aus der Kreativitätsforschung kennen (*Landau* 1969). Sie ist für eine Zeit das Aussetzen des Bemühens, auf der verbalen Ebene zu Ergebnissen zu kommen (suspended judgement, *Osborn* 1964), aber kein Wegschieben von Entscheidungen. Die aufgeworfene Fragestellung wirkt fort und artikuliert sich erneut, wenn ihre Prägnanztendenz stark genug wird. So kommt es oftmals vor, daß in den Bewegungsaktionen einzelner Teilnehmer oder der Gruppe insgesamt neue Aspekte deutlich werden. Diese werden entweder in pantomimischer Improvision in das Geschehen eingebracht und damit zu einem neuen Impuls, oder sie führen zu erneutem Gespräch. In diesem gelingt es dann vielleicht, die verschiedenen Aspekte zu integrieren, was eine neue Ausrichtung, eine Veränderung im Verhalten der Einzelnen oder im Gruppengeschehen zur Folge hat. Schaut man auf die Struktur eines solchen Ko-respondenzprozesses, der den vertikalen Verlauf in der Therapie, d. h. eine Sitzung oder kürzere Sitzungsfolge (= therapeutische Einheit) bestimmt, so sieht man, daß er wie ein Problemlösungsprozeß verläuft. In der *Initialphase* nehmen sich die Teilnehmer in der Situation wahr. Sie nehmen Positionen ein und Beziehungen auf. Die primordiale Ko-respondenz, die sich richtende Wahrnehmung, wird zur intersubjektiven Begegnung und Auseinandersetzung. In ihr und durch sie werden Probleme deutlich gemacht, Fragestellungen formuliert und angegangen.

In der folgenden *Aktionsphase* gemeinsamer Ko-respondenz über die Lösung von Fragen bringt die Bewegungsarbeit neue Impulse und bietet andere Möglichkeiten der Auseinandersetzung als das „Wortgefecht", die Diskussion, das Gespräch. Diese Impulse werden in einer *Integrationsphase* wieder Gegenstand sprachlicher Auseinandersetzung und Reflexion, als deren Resultat sich die Phase einer *Neuorientierung* ergeben kann. Ein solcher vielgestufter „tetradischer Ablauf" (*Petzold* 1974k, 1978c) verbindet in sich Wahrnehmung, Handlung, Reflexion und mündet ein in Verhaltensänderungen durch Konsequenzen, die aus Erfahrung und Einsicht gezogen werden. Der aufgezeigte tetradische Verlauf des Ko-respondenzprozesses ist nicht immer linear. Er ist oftmals diskontinuierlich. Die vielfältigen Einflüsse, die von den einzelnen Teilnehmern kommen, aus ihrem Zusammenwirken entstehen und durch den Kontext in die Gruppe hineingetragen werden, führen zu einer Komplexität des Geschehens, in dem regelhafte Verläufe wahrscheinlich sein können, aber nicht sein müssen. Die Komplexität kann durch äußere Regeln und durch die Intervention der Therapeuten eingeschränkt werden. Sie ist bei schwer erkrankten psychiatrischen Patienten geringer, weil ihre Dynamik durch Ängste und Hemmungen in der Regel reduziert ist (*Petzold, Berger* 1977).

Das tetradische Prozeßmodell, das die *vertikale* Dimension eines mittelfristigen oder kurzfristigen therapeutischen Verlaufs kennzeichnet und damit im wesentlichen den Lösungsprozeß für *ein* Problem oder einen Problemkreis innerhalb einer oder mehrerer Sitzungen – wir sprechen von *therapeutischen Einheiten* – darstellt, dieses Prozeßmodell muß in ein Konzept über die *horizontale* Dimension der Therapie, d. h. den Langzeitprozeß, eingebettet sein. Ein solcher Langzeitverlauf kann als eine Folge von Ko-respondenzprozessen mit spezifischer Charakteristik aufgefaßt werden, als eine Reihe miteinander verflochtener „Ko-respondenzgeschichten", Narrationen im Kontinuum eines Wachstums- bzw. Sozialisationsprozesses.

Wir können davon ausgehen, daß die Fähigkeit von Begegnung und Auseinandersetzung in Gruppen nicht von Anfang an gegeben ist. Sie setzt bei den Teilnehmern eine persönliche Stabilität und Integrität voraus, die wir bei vielen Patienten nicht finden. Die Ko-respondenz, das Sich-in-Beziehung-setzen auf einer intersubjektiven Ebene, ist oft erst das Ergebnis eines Lern-und Wachstumsprozesses, den der Einzelne in der Gruppe und die Gruppe als Ganzes durchläuft. Der Verlauf des Gruppenprozesses kann, in seiner Gesamtheit gesehen, als ein solches Wachstumsgeschehen aufgefaßt werden, der in gewisser Weise die Entwicklungsphasen der Sozialisation nachbildet. Der Prozeß der therapeutischen Sozialisation beginnt mit einer anfänglichen Phase der Fremdheit, der sozialen Klischees, des Agierens in habituellen, Sicherheit gebenden Rollen (*Klischeephase, Rollenspielphase, Perls* 1969; *Petzold* 1973a), um dann, wenn die Abwehr der damit verbundenen Angst und Unsicherheit (*Blockierungsphase,* ibid.) überwunden und durch *Plateauarbeit* Sicherheit gewonnen wird, in einen regressiven Verlauf überzugehen. Mit dieser Regression in ein „prävalentes pathogenes Milieu" kann ein „Neuanfang" (*Balint* 1988) gesetzt werden, von dem ausgehend die Therapie in einem Prozeß „*progredierender Analyse"* (*Petzold* 1969b) voranschreitet. Die Gruppe vermag in dieser Entwicklungsstufe ein Klima aufzubauen, das dem der frühen Familiensituation vergleichbar ist. Es entsteht dadurch für den Teilnehmer die Möglichkeit, einerseits leichter mit traumatischen Ereignissen aus dieser Periode in Kontakt zu kommen und sie durchzuarbeiten, andererseits durch die Wärme und Zuwendung in der Gruppe Defizite aufzufüllen, in einen Nachreifungsprozeß einzutreten, in dem fehlendes „Grundvertrauen", stabile Erlebnisgestalten, eindeutige Ko-respondenz u. ä. *nachsozialisiert* werden können. Durch die leiborientierte Arbeit in der Bewegungsgruppe finden sich weniger Widerstandsphänomene gegen die Regression als in rein verbalen Therapiegruppen und kann eine präverbale Erlebnisebene, in der sich oft „*frühe Schädigungen"* finden, leichter erreicht und nachhaltiger in die Arbeit einbezogen werden.

Nach einer „Krabbelphase" der Gruppe, die durch eine Übertragungsintensität, insbesondere zu dem Therapeuten, gekennzeichnet ist, findet sich häufig eine Art „Kleinkindphase", in der Neugier, Verspieltheit und Phantasie, Trotzverhalten, Zank, Geschwisterrivalität das Gruppengeschehen bestimmen. Die Traumaktivität nimmt zu, es tauchen nun mehr traumatische Szenen aus den ersten sieben Lebensjahren bei den Teilnehmern auf und die Auseinandersetzung mit den Eltern rückt allmählich in das Zentrum. Im weiteren Verlauf der Gruppenarbeit beginnt eine größere Verselbständigung. In einer Art „Peergruppenphase" arbeiten die Teilnehmer eigenverantwortlicher miteinander. Freie Bewegungsimprovisationen in konfliktorientierter oder erlebnisorientierter Ausrichtung werden häufig gewünscht, regressives Klima nimmt ab. Die Therapeuten geben weniger Strukturierungsimpulse, und die gruppendynamische Interaktion nimmt zu. Die Teilnehmer vermögen sich zueinander besser in Beziehung zu setzen und miteinander besser zu arbeiten. Die Ko-respondenz- und Kooperationsfähigkeit wird in der folgenden Phase der Gruppenentwicklung, die man mit der Adoleszenzphase vergleichen könnte, weiter gefestigt und ausgebaut. Dies geschieht wesentlich über die Auseinandersetzung mit dem Therapeuten, in der sich die Ablösung vorbereitet und in der die Gruppenmitglieder immer besser in der Lage sind, einander auf der Subjektebene zu begegnen und sich miteinander auseinanderzusetzen. Tiefe Fokalarbeiten auf der Primärebene werden möglich. Die erwachsene, partnerschaftliche Ko-respondenz in der Abschlußphase der Gruppe ist das Resultat einer Entwicklung, deren *horizontaler* Verlauf hier idealtypisch aufgezeigt wurde (vgl. *Petzold, Schneewind* 1986a).

Gelungene Wachstums- und Ko-respondenzprozesse zeichnen sich nicht nur durch Resultate aus, etwa dadurch, daß die Gruppe über ein Problem Konsens gefunden hat oder daß ein Einzelner in der Gruppe und mit der Gruppe „Mehrperspektivität" und „Sinn" für sich finden und seine Persönlichkeit entfalten konnte; sie sind auch Prozesse von „guter Gestalt" durch ein ausgewogenes Verhältnis von personzentrierter und gruppenzentrierter Arbeit, konfliktzentriertem und erlebniszentriertem Geschehen, von Zukunfts-, Gegenwarts- und Vergangenheitsausrichtung, von Gespräch und Bewegungsarbeit. Bestimmt wird das Geschehen durch das Zusammenwirken, die *Synergie* all der Faktoren, die sich in der gegebenen Situation finden und die zu immer neuen Gestalten, Konstellationen, Ereignisfolgen führen. Aus diesem Grunde ist trotz der gewissen Regelhaftigkeit, die die tetradische Struktur des Problemlösungsprozesses und das Phasenkonzept des Entwickungsprozesses bieten, und trotz thematischer Kontinuitäten, die sich für eine Zeitlang stabilisieren können, das Geschehen in jeder Bewegungsgruppe neu und anders.

## 11. Mehrperspektivische Gruppenarbeit

Die im Voranstehenden aufgezeigten komplexen Dimensionen der Gruppenarbeit in der Integrativen Bewegungstherapie erfordern einen mehrperspektivischen Zugang. Personen- und gruppenzentrierte Arbeit, Gegenwarts-, Vergangenheits- und Zukunftsorientierung, non-verbales und verbales Vorgehen, konfliktzentrierte, übungszentrierte und erlebniszentrierte Modalität, Einzelindividuum und Gruppe, Dynamik und Thema müssen zusammenspielen, *synoptisch* gesehen werden und in balancierter Ausgewogenheit Berücksichtigung finden. Dies erfordert vom Gruppentherapeuten ein hohes Maß an Flexibiltät, Fähigkeiten zu lateralem, transversalem, integrativem Denken (*Welsch* 1978). Als Hintergrundkonzepte dienen uns hier das mehrperspektivische Gruppenmodell (MPG-Modell) zur Strukturierung des therapeutischen Geschehens und die Theorie der Mehrperspektivität, die auf dem Konzept des atmosphärischen Wahrnehmens und szenischen Erfassens und Verstehens basiert. Im mehrperspektivischen Gruppenmodell werden Gruppe, Individuum, Szene, Zeit vom Gruppenleiter aus „exzentrischer Position" in den Blick genommen. In „Engagierter Distanz und distanzierter Involviertheit" vermag er die Prozesse der Teilnehmer, der gesamten Gruppe und weitgehend auch sein eigenes Beteiligtsein zu handhaben. Das Diagramm (aus *Petzold/Frühmann* 1986, I, 258) macht die möglichen Perspektiven aus dem Gruppenprozeß deutlich. (Abb. 1)

Gruppenarbeit nach dem mehrperspektivischen Modell gibt auch dem Patienten die Möglichkeit zum mehrperspektivischen Sehen, und diese ist für ihn eine wichtige Voraussetzung, seinen Alltag erfolgreich bewältigen zu können. Die Gruppe wird zum Lernfeld, in dem die Erprobung von *Exzentrizität* möglich wird in einer Weise, daß dabei die *Zentrierung* in der eigenen Leiblichkeit und im sozialen Miteinander nicht verloren geht. Der Gruppenprozeß als *Nachsozialisation* bewirkt, daß Unbewußtheit aufgehellt, der Bereich der Bewußtheit erweitert wird, daß man *Abstand* zu seiner Lebenssituation gewinnen kann, ohne den *Kontakt* mit ihr zu verlieren und so in besonderer Weise handlungsfähig wird. Die Fähigkeit des Gruppentherapeuten, Zentrierung und Exzentrizität zu praktizieren, komplexe Zusammenhänge atmosphärisch zu erfassen und mehrperspektivisch zu sehen, wird gleichsam zum Imitationsmodell für die Gruppenteilnehmer, die in einem gemeinsamen Lernprozeß ihren Horizont weiten und an Boden gewinnen.

Das Metamodell der Mehrperspektivität muß deshalb vom Therapeuten und Einzelklienten und einer Gruppe als Ganzes erfahren und angeeignet werden, und dafür muß seine Struktur verstanden werden, darf nicht nur Hintergrundkonzept „im Kopf" des Therapeuten bleiben.

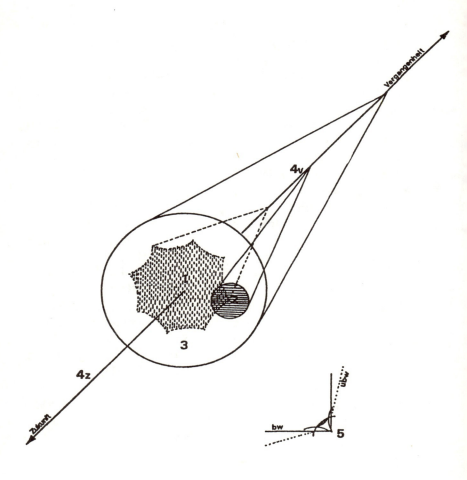

1 Perspektive Gruppe
2 Perspektive Individuum
3 Perspektive Szene (Kontext)
4 Perspektive Zeit (Vergangenheit, Gegenwart, Zukunft)
5 Perspektive Beobachter (aus exzentrischer Position)

*Abb. 1:* Mehrperspektivisches Gruppenmodell (MPG-Modell, *Frühmann*)
(aus *Petzold/Frühmann* 1986, I, 258; vgl. erweitertes Diagramm Bd. II, 3, S. 1320)

Legende zu Abb. 1:

»Nach der anthropologischen Grundformel der Integrativen Therapie (*Petzold* 1965, 1974k) ist der Mensch ein ganzheitlich funktionierendes Wesen, eine Körper-Seele-Geist-Einheit,

unlösbar verbunden mit einem ökologischen und sozialen Umfeld,

Er ist als Mensch auf den/die Mitmenschen bezogen und eingebettet in die Gesellschaft

Diese wird nur als Entfremdete bedrohlich und schädigend.

„Ich und Du, das sind Grundlagen zum wir, und nur gemeinsam können wir das Leben menschlicher machen" (*Perls* 1969).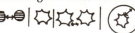

Das therapeutische Geschehen ist in einer „Philosophie der Koexistenz" ⟷ fundiert (*Petzold* 1980b). Der „integrative Ansatz" der Gestalttherapie und somit auch seine Gruppentherapie gründet insgesamt auf systemischen und feldtheoretischen Betrachtungsweisen (*Lewin* 1963; *Petzold* 1974k; *Walter* 1977). Er muß in einem zeitlichen

und gesellschaftlichen Kontext gesehen werden und kann sich deshalb auch der politischen Dimension nicht entziehen.

Wie aus dieser Einblendung des Modells in die theoretischen Konzepte ersichtlich wird, können die Perspektiven, die in den Aussagen zueinander in Bezug stehen, rasch gesehen werden« (*Frühmann* 1986, 259).

---

Legende zu Abb. 2:

»Im therapeutischen Kontext der Gruppe steht das Individuum in einem gestaffelten Figur-Hintergrund-Bezug, der mehr-perspektivisch gesehen wird. In der Anfangsphase ist der Patient in der Gruppe gänzlich involviert und hat keine oder nur wenig Distanzierungsfähigkeit gegenüber der Gruppe und seinen neurotischen Verstrickungen im Kontext seines Alltagslebens. Auch die Patientengruppe ist zu wenig oder zu keiner *Exzentrizität* fähig. Der Therapeut hingegen berührt die Patientengruppe und den Kontext bzw. steht zentriert in ihnen, transzendiert sie jedoch gleichzeitig in *exzentrischer Position*. Gelingt die Therapie, so wächst der Patient in den Klienten- bzw. Teilnehmerstatus, der durch ein höheres Maß an Zentriertheit und Exzentrizität gekennzeichnet ist, und verwandelt sich die Therapiegruppe in eine Peergruppe, die gleichzeitig zu dem Einzelnen, zu sich selbst, zu dem Therapeuten und zum Kontext in Distanz zu gehen vermag, also an Exzentrizität gewonnen hat. Damit verbunden ist eine Zunahme von Bewußtheit, ein Abbau von Unbewußtheit. Wo Übertragungen waren, sind Beziehungen geworden. Der Therapeut hat in seiner Arbeit Patient, Gruppe, Kontext und sich selbst hier-und-jetzt und mit dem Blick auf Vergangenheit und Zukunft wahrzunehmen und zu verstehen und im aktualen Verhalten Implikate bzw. Äußerungen *unbewußter Dynamik* aufzuspüren« (*Petzold* 1970 c).

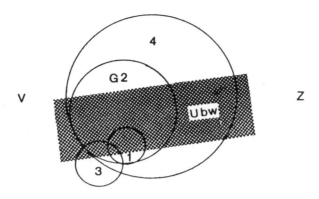

*Therapiebeginn*
1 Patient (involviert)
2 Therapiegruppe (involviert)
3 Therapeut (exzentrisch)
4 Kontext

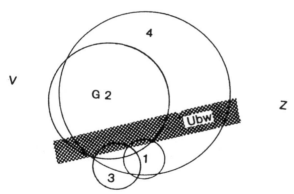

*Therapieende*
1 Klient (exzentrisch)
2 Peergruppe (exzentrisch)
3 Therapeut (exzentrisch)
4 Kontext

V = Vergangenheit, G = Gegenwart, Z = Zukunft
Ubw = Unbewußtes

*Abb. 2:* Mehrperspektivität und Exzentrizität der Gruppe
(aus: *Petzold* 1970 c)

*Mehrperspektivität erfordert atmosphärisches Erspüren und szenisches Erfassen und Verstehen:* Es ist dies eine ganzheitliche Form des Wahrnehmens und zugleich des Durchdringens, die greift, weil sie dem Wahrgenommenen entspricht. Wirklichkeit ist ihrem Wesen nach mehrperspektivisch. Das Leben ist vielfältig und komplex. Das Ganze ist im Teil, das Teil im Ganzen. So ist beides verwandt und verschieden und pluriform. Im Prozeß des wahrnehmenden Erfassens von Vielfältigem geschieht *Synopse*, im Vorgang des Verstehens wirkt *Synergie* – alles wirkt zusammen und schafft *Sinn*, ja mehr noch, Sinnfülle. Im Hier-und-Jetzt der Gegenwart werden bestimmende Ereignisse der Vergangenheit oder bedeutungsvolle Antizipationen durch *Synchronizität* szenisch verstanden, wird Bewußtes und Unbewußtes durch *Permeation* in wechselseitiger Durchdringung zugänglich (*Petzold* 1970 c, 1974 k, 1981 i).

All diese Begrifflichkeiten, die die Vorgänge ganzheitlichen Begreifens zu fassen versuchen, lassen sich durch neuere Ansätze der Physik, der Bewußtseins- und der Gehirnforschung fundieren, die unter den Stichworten „holonomisches Paradigma" (*Grof* 1984), *Multimind* (*Ornstein* 1989) zusammengefaßt werden können. *Karl Pribram* (1979) hat gute Gründe dafür beigebracht, daß das Gedächtnis nach holographischen Prinzipien arbeitet – ein Konzept, das schon in den Theoremen der klassischen gestaltpsychologischen Gedächtnisforschung (*Koffka, Dunker, Wertheimer*) impliziert war. Gedächtnisvorgänge sind nicht die summative Abspeicherung und (in der Erinnerung) die Abrufung von Einzelinformationen bzw. -ereignissen, von isolierten *Gedächtnisspuren*, sie sind „übergreifend vernetzt" und in multiplen *Modulen* aktiv (*Gazzaniga* 1989). Die Holographie des Gedächtnisses bedeutet die vieldimensionale Verbundenheit von Informationen (akustischer, optischer, taktiler Art usw.), wobei in jedem Detail auch das Ganze erscheinen, aber auch das Einzelmodul für sich wirken kann.

Aus dem Bruchteil einer Szene – mehr steht uns vielleicht nicht zur Verfügung – entsteht durch die Fokussierung der Wahrnehmung die *ganze Szene* wie ein Hologramm, je es werden uns Szenenfolgen in ihrer Verbundenheit deutlich, wie in einem Kompositionshologramm. Zuvor nicht *Sichtbares*, z.B. unbewußtes Material, erscheint plötzlich in der holographischen Evokation, die das mehrperspektivische Erfassen möglich macht. Die Fokussierung der Awareness über die Optik des mehrperspektivischen Modells auf verschiedene Facetten der Wirklichkeit evoziert, wie der Laserstrahl auf der Fotoplatte, Hologramme, mehrdimensionale Bilder, *Szenen*. Die mehrperspektivische Sichtweise durch die unterschiedlichen „Linsen" darf aber nicht als ein fragmentierter Wahrnehmungs- und Verstehensprozeß aufgefaßt werden. Der jeweilige Fokus hat die übrige Wirklichkeit als Horizont. Mehrperspektivität steht unter dem Prinzip der *Synopse*: Die Dinge werden *zusammen*geschaut und enthüllen wie im Hologramm ihr Wesen als Ganzheit und das *Teil*.

Damit wird die Möglichkeit gegeben, den in der Ganzheit ruhenden Sinn zu erfassen – zumindest teilweise, denn in jeder Szene liegt mehr Sinnfülle, als dem Begreifen der Betrachter zugänglich ist. Je vollständiger die Szene „ausgeleuchtet" ist, je prägnanter ihre Kulissen hervortreten, die einzelnen Elemente sichtbar werden, je günstiger die Position des Betrachters ist und schließlich je größer der Bestand an ähnlichen Szenen und Stücken in den Archiven des Leibgedächtnisses, desto umfassender wird er den Sinn der Szene erfassen und verstehen können. Und wenn dieses hermeneutische Unterfangen gar noch von einer Gruppe gemeinsam vorangetrieben wird, wenn also mehrere erfassen, sehen, verstehen, ist die Chance, *noch mehr an Sinn* zu erschließen, wiederum größer (vgl. S. 590f).

„Die individuelle und kollektive *Sinnerfassungskapazität* ist abhängig von der Mehrperspektivität des Sehens und der Komplexität des Erfassens von Szenen, abhängig von den Möglichkeiten, Gesehenes und Erfaßtes synoptisch-synergetisch zu synthetisieren" (*Petzold* 1970c, vgl. *Petzold, Mathias* 1983). Sinn scheint nur in Zusammenhängen auf. Zusammenhang, Verbindung, Verknüpfung *ist* Sinn. Ziel individuellen und gemeinschaftlichen Lebens ist, Zusammenhänge immer besser verstehen zu lernen, die Welt verstehen zu lernen. Die menschliche Entwicklung (die phylogenetische wie die ontogenetische) ist von einem zunehmenden Wachstum an Sinnerfassungskapazität gekennzeichnet, wobei hier „Sinn" nicht nur rational, sondern auch als *sinnlicher Sinn* verstanden wird (Sinn erwächst aus den Sinnen, *Merleau-Ponty* 1966; *Petzold* 1978). Wo die Sinne verletzt, depraviert, gestört werden, können Sinn-verwirrung, Sinn-verlust, Sinn-zerstörung, Sinn-losigkeit, Irr-sinn eintreten, und das ist immer mit einem Zerfall zeitlicher und szenischer Zusammenhänge, mit einem *Verlust von Mehrperspektivität* verbunden und mit einer Beeinträchtigung der Möglichkeit, sich in der Beziehung zu sich selbst, zu den Mitmenschen und zur Welt zu orientieren. Dies bedeutet für den Menschen mit seelischen und psychosomatischen Erkrankungen, daß ihm in einer umfassenden Weise Sinn (*sense*) abhanden gekommen ist, daß er seine Sinne (Alexithymie), seine Orientierung (Uhrzeigersinn), seinen Lebens-sinn verloren hat oder daß ihm dies alles verletzt und beeinträchtigt wurde. Das Modell des mehrperspektivischen Sehens, des *atmosphärischen Erspürens*, des *szenischen Verstehens* und *Erfassens* ist damit nicht nur Orientierungshilfe für den Therapeuten, sondern im Mitvollzug seines Erfassens auch Sinnbereicherung für den Patienten, die Restitution von verlorenen Fähigkeiten, die als solche schon heilsam ist. Unsere Zielsetzung geht damit über die klassische Deutungstechnik hinaus: Es geht nicht nur oder in erster Linie darum, einen Sinnzusammenhang, eine Bedeutung zu erkennen, sondern zu lernen, wie man sich mehr Sinn erschließen und eine Vielfalt an Bedeutung gewinnen kann.

Dieses Geschehen ist das Zentrum der therapeutischen Gruppenarbeit in der Integrativen Therapie, das – gemeinsam vollzogen – an das anschließt, was Menschen in ihrem Leben, in den sozialen Gruppen ihres Alltags, mit ihren Freunden, Kindern, Partnern realisieren sollen: *Sich selbst im Lebensganzen verstehen zu lernen, einander verstehen zu lernen*, um dazu beizutragen, miteinander ein sinnvolles, ein reiches Leben führen zu können.

# Progredierende Analyse – Kinderanalysen mit psychodramatischen und bewegungstherapeutischen Mitteln

## (1969b*)

[...] In einem integrativen Ansatz der Therapie muß das Konzept der *Progression* im „aktiven" psychoanalytischen Prozeß zwischen Analysand und Therapeut (oder in der Verwendung des „analytischen Psychodramas" und der „integrativen Bewegungstherapie", Methoden, mit denen die dyadische Therapie hin zur Gruppentherapie überschritten werden kann) an das Konzept der *Regression* gebunden werden. Es handelt sich um Regressionen, die wir durch die Behandlungstechnik induzieren oder durch unser Übertragungsangebot auslösen oder Regressionen, die uns z.T. in „maligner" Form (*Balint* 1968; *Ferenczi* 1922/1964, III, 202) im klinischen Feld begegnen. Im letzteren Fall müssen wir die gefährliche Regressionsbewegung aufhalten, die in der Vollendung ihrer „thalassalen Tendenz", dem Wunsch der Rückkehr in den mütterlichen Leib, wie *Ferenczi* in seiner Genitaltheorie (1924) deutlich gemacht hat und *Spitz* (1945, 1959) in seinen Hospitalismusforschungen bei Babies bestätigen konnte, den Tod bedeutet (lethale Katatonie, Suizid, Marasmus). Wir müssen deshalb die maligne Regression in eine progredierende Bewegung umlenken, um therapeutisch helfen zu können. Dafür wird es notwendig, die Momente im Leben des Patienten – Kind wie Erwachsenen – herauszufinden, durch die er so bedroht und verletzt wurde, daß er nur noch über die Regression, unter Aufgabe alles in der Entwicklung bislang erreichten, sich retten kann. Wir müssen

---

\* Dieser Text stellt eine Auswahl von Abschnitten aus der Arbeit von *H. Petzold*, L'analyse progressive en psychodrame analytique, *Fasc. Inst. St. Denis* 1 (Paris 1969) 2-32 dar. Die Übersetzung besorgte *Dr. Johanna Sieper*, die auch an der Originalpublikation maßgeblich beteiligt war und z.T. die Behandlungen mit durchführte. Es wurden Abschnitte ausgewählt, die auch heute noch eine gewisse Relevanz besitzen und im Kontext dieses Bandes die Ausgangspositionen und den frühen konzeptuellen Rahmen der Integrativen Therapie sowie die *Lebenslaufperspektive* und Ansätze der Bewegungsarbeit mit Kindern und Jugendlichen verdeutlichen.

herausfinden, warum ihm keine Hilfe zuteil wurde, warum er keine Kräfte (mehr) hatte, andere Wege als die des Regredierens zu wählen. Regression heißt ja: Ich gehe an einen Ort, in eine Zeit, wo es noch gut war – notfalls in die Kleinkind-, die Säuglings-, die Embryonalzeit, wo die gute Mutter noch sorgte und der Körper noch heil war und unter dem Schutz und der Leitung der *Orpha-Kraft*, das ist die ‚natürliche Intelligenz' des Organismus (*Iljine* 1942, 73), stand. Die Regression sucht das orphische Milieu der „Instinktgesichertheit", in dem autonome Regulationsprinzipien, atavistische Überlebenskräfte und -programme regieren, die vielleicht dem vergleichbar sind, was *Perls* (1969, 22) neuerlich als *„wisdom of the organism"* bezeichnet hat, der sich der Mensch überlassen solle. Doch Vorsicht! Dies geschieht allzu leicht um den Preis der „Exzentrizität" (*Plessner* 1928).

Die „Rettung durch Regression" wird teuer bezahlt, wenn sie als Mechanismus chronifiziert und andere Bewältigungsmöglichkeiten und Daseinstechniken (*Thomae* 1968) blockiert. Deshalb müssen vom regressiven Milieu, in dem wir den Patienten finden, *Schritte nach vorn* gemacht werden. Bei unseren kleinen Patienten, den Kindern, und auch noch bei den Jugendlichen können wir derartige *Notregressionen* häufig beobachten (Daumenlutschen, Einnässen, Einkoten). Das Remedium ist bald gefunden durch Schaffen einer Atmosphäre eindeutiger, körpernaher, mütterlicher Zuwendung und väterlicher Güte und Versicherung sowie das Auflösen der regressionsauslösenden Noxen (was in der Regel das schwierigste ist). Die Kinder werden gleichsam „adoptiert" von uns, und sie beginnen unter unserem Schutz im psychodramatischen und bewegungstherapeutischen Spiel, im Spiel mit Übergangsobjekten (*Winnicott* 1953), in „liebevollen Körperspielen" (*Iljine* 1942, 78) – mit den Blicken, den Händchen, den Füßchen, usw. – wieder zu *progredieren*, in „benigner" Weise, denn es muß darauf geachtet werden, daß keine Akzellerationen eintreten durch ein „therapeutisches Brutklima". Dies gilt besonders für Kinder, die vor der *Notregression* mit thalassaler Richtung (*Ferenczi* 1962) als letztem Mittel, durch das „ein Teil der Persönlichkeit in vortraumatische Seligkeit regrediert und das Trauma ungeschehen zu machen sucht" (idem 1932/1964, III, 522), die *Notprogression* als Ausflucht gewählt hatten, bis zum Scheitern dieser Strategie. „Höchste Not, besonders Todesangst, scheint die Macht zu haben, latente Dispositionen, die, noch unbesetzt, in tiefer Ruhe auf das Heranreifen warten, plötzlich zu erwecken und in Tätigkeit zu versetzen... Man darf da getrost, im Gegensatz zur uns geläufigen Regression von *traumatischer* (pathologischer) *Progression oder Frühreife sprechen*" (ibid.). In unserem integrativen therapeutischen Vorgehen nun, in dem wir den Kindern durch den Prozeß der Beelterung oder Neubeelterung [orig. *parentage ou réparentage*] ein neues, entwicklungsgemäßes Progredieren ermöglichen wollen, greifen diese zuweilen auf die Strategie der „malignen Progression" zurück, nicht weil wir Atmosphären generieren, die der traumatischen – etwa eines sexuellen Mißbrauches – ähnlich sind, sondern das Kind versucht nun, den Therapeuten als geliebten, wohlwollenden, heilbringenden Erwachsenen an sich zu binden. Um ihn nicht zu verlieren, müht es sich, sich anzupassen, ihm „zu Willen" zu sein. Es kann die Atmosphären nicht mehr differenzieren oder es kann nicht mehr auf andere Strategien des Verhaltens zurückgreifen. So finden wir in manchen therapeutischen Verläufen [*viations*] zuweilen geradezu unglaubliche „Therapie*fortschritte*", die indes eingebremst werden müssen, denn der Rückfall läßt oft nicht auf sich warten. Falls er ausbleibt, ist mit einer Verschiebung der Problematik in die Adoleszenz oder das Erwachsenenalter zu rechnen, wie wir aus Behandlungen von Erwachsenen, wo derartige Konstellationen sich als Hintergrund fanden, ersehen konnten. Zuweilen erscheint die *pathologische Progression* auch, wenn wir – im Bemühen, Kindern therapeutisch zu helfen – unbemerkt in die Situation kommen, daß ihnen von uns „*mehr Liebe* aufgezwungen [wird] oder Liebe anderer Art, als sie sich wünschen". Dieses mag, so fährt *Ferenczi* (ibid. 221) klarsichtig fort, „ebenso pathogene Folgen nach sich ziehen, wie die fast immer herangezogene *Liebesversagung*". Hier ist also besondere Aufmerksamkeit geboten.

Vermieden oder eingeschränkt werden solche Reaktionen, wenn wir im therapeutischen Geschehen selbst viel auf der Kinderebene agieren, szenisch, mit Körpersprache, mit den Mitteln des Psychodramas und der Bewegungstherapie also, und zwar sowohl mit dem kleinen Patienten auf dem *gleichen* Altersniveau als auch in der Rolle eines älteren Kindes. So können wir, wenn wir z.B. mit einem Achtjährigen, daß auf das Niveau eines Dreijährigen (insgesamt oder partiell) regrediert ist, *progredierend* Szenen spielen, die nach und nach höhere Altersniveaus verlangen. Dabei muß möglichst einer der beiden Therapeuten in der Erwachsenenrolle (z.B. „Mutter") bleiben mit der jeweils notwendigen Teilregression, die auch „kompetente" Mütter (wir ziehen diesen Terminus dem der *good enough mother*, Winnicott 1965, vor) auszeichnet, wohingegen der andere Therapeut (z.B. „Vater") als Dreijähriger, Fünfjähriger etc. spielt. Das setzt natürlich voraus, daß der Therapeut und besonders der Kindertherapeut in die entsprechenden Provinzen des „Kinderlandes" regredieren kann – wiederum in „partieller Involviertheit". Damit treten wir aus der Rolle des überlegenen Erwachsenen zumindest zeitweilig hinaus und kommen auf eine *gleiche Ebene*, die in fast allen Interaktionen Wechselseitigkeit [*mutualité*] ermöglicht. „Wahrhafte *Mutualität* muß in jeder Analyse statthaben, soll sie gelingen. Nur sie nimmt den demütigenden Stachel, *behandlungsbedürftig* zu sein. Nur sie erlaubt intimste Offenbarungen. Nur sie rüstet für das zwischenmenschliche Miteinander aus, das auf Mutualität gegründet ist" (*Iljine* 1942, 31). Dies gilt nach unserer Erfahrung auch und gerade in der Kinderanalyse. Wie sollen Kinder zu *Subjekten* werden, wenn sie nicht ein Gefühl für ihre „Würde als Person" in intersubjektiver Praxis (*Marcel* 1935) erfahren können, und dazu gehört – wie es in jeder guten Eltern-Kind-Beziehung tagtäglich geschieht –, daß sich der Erwachsene (in der Therapie der Therapeut) mit ihm zeitweilig *auf „gleiche Ebene"* begibt. *Ferenczi* hat mit seinen Entwicklungen zur „elastischen" und „aktiven" Technik Wege für eine solche Praxis in der Psychoanalyse vorbereitet. Seine Schüler haben sie in der therapeutischen Realität weiter erprobt. *Iljine* (1942) und *de Forest* (1954) mit Erwachsenen, *Klein*, *Petö* u.a. in der Behandlung von Kindern, wir in der Therapie alter Menschen (*Petzold* 1965). Das Prinzip der *Mutualität* bleibt dabei gleich. Jedesmal fordert es ein empathisches Sich-Einschwingen auf die jeweilige Situation des anderen und erfordert die Bereitschaft, das Einschwingen des Gegenübers anzunehmen. Der Therapeut muß deshalb „selbst eine biegsame, plastische Seele besitzen, was nur erreicht werden kann, wenn er selbst analysiert ist" (*Ferenczi* 1933/1964, III, 540). In dieser, mit dem Mittel der *Eigenregression* arbeitenden Form der Kinder- und Erwachsenenanalyse, ist die Spielerfahrung mit gesunden und kranken Kindern jeder Altersstufe und verschiedenster Milieus wichtig, um die altersgemäße *Spielkultur* (*Château* 1964) zu treffen, um Atmosphären,

Szenen, Stücke herstellen zu können, von denen die Kinder „angesteckt" werden. Sowohl für die Kinderanalyse als auch für die regressionsorientierte Arbeit mit Erwachsenen, die mit der *Evokation* archaischer Propriozepte, Atmosphären oder Szenen arbeitet, ist es unerläßlich, daß der Therapeut sich im Entwicklungsspektrum leicht und flüssig bewegen kann. Wir gehen nämlich von der Annahme aus, daß jedes somato-motorische, sensu-perzeptuelle und sozioemotionale Entwicklungsstadium, das der Mensch durchläuft, ihm prinzipiell verfügbar bleibt mit den jeweils charakteristischen Kommunikationsformen, „sozio-emotionalen Mikroklimata", d. h. atmosphärischen Qualitäten und szenisch-dramatischen Fähigkeiten im sozialen Rollenspektrum (*Mead* 1934; *Moreno* 1946), sofern nicht traumatisierende Ereignisse oder Defizite die verschiedenen Bereiche und Provinzen des Kinderlandes verwüstet (*Traumatisierung*), verödet (*Defizit*), in wichtigen Bereich gestört (*Störung*) oder in kontrahierende Bereiche aufgespalten haben (*Konflikt*). Die *Präsenz* der unterschiedlichen „Milieus" der Entwicklung in der Kommunikation hier und heute als Jugendlicher, als Erwachsener, als alter Mensch, macht den Reichtum und die Vielfältigkeit des kommunikativen Geschehens aus. Kreative Menschen können die verschiedenartigsten Wege [*viations*] beschreiten, vielfältige Milieus und Regionen betreten. Sie können zwischen diesen unterschiedlichen Welten oszillieren, ohne sich in ihnen zu verlieren oder auf eine Ebene fixiert zu bleiben. Es ist diese „Flüssigkeit" geradezu als ein Zeichen von Ich-Stärke und psychischer Gesundheit anzusehen. In der Arbeit mit Jugendlichen und Erwachsenen achten wir darauf, welche ,aktiven Milieus' vorhanden sind, in welchen Bereichen der Entwicklung noch Resonanzmöglichkeiten bestehen. Wir explorieren, welche Bereiche durch evokative Techniken aktivierbar sind. *Aktive Milieus* können sich als pathogen erweisen – wie die Fixierung des Neurotikers zeigt. Zuweilen finden wir ,*prävalent pathogene Milieus'*, Schichten in der Sozialisation, in denen besonders nachhaltige Schäden gesetzt wurden. In einer Art „Pfadanalyse" [l'analyse des viations], die verschüttete Zugänge freilegen und verlorene Streckenführungen wieder entdecken will, ist die progredierende Technik genau darauf gerichtet, defiziente oder diskordante biographische Milieus aufzufinden und in ihnen heilend zu wirken, *so daß die ,reparative Arbeit' in d e r Schicht geleistet wird und zum Tragen kommt, in der die Noxen eingetreten sind.* Die heilende Aktivität besteht nun darin, *,benigne Atmosphären, Szenen* oder *Stücke '* herzustellen, indem der Therapeut in sich all dieses dem jeweiligen Altersmilieu des Patienten angemessen *generiert* – als Vater, als Mutter, als Groß-vater, als Geschwister, ganz wie es die Situation des Patienten und die Übertragungs-/Gegenübertragungskonfiguration der Therapie verlangen. Er *verkörpert* die Übertragungsanfrage des kleinen Patien-ten: Willst du eine gute Mutter, ein guter Vater, ein verläßliches Ge-schwister für mich sein? und bedarf für diese Verkörperungen auch eines Repertoirs. Er muß auf *,Kinderweise '* handeln können. Insbe-sondere muß er die Methoden des Rollenspiels und Bewegungs-spiels beherrschen, den differenzierten Umgang mit kreativen Medien, um sie den Regressionsniveaus angemessen einzusetzen und benigne Progressionen einleiten und fördern zu können. Ein Praxisbeispiel mag dies illustrieren:

*Fallbeispiel: Yvonne*, 12 Jahre, Einzelkind, seit ihrem 10. Lebensjahr in kinderpsychiatrischer Behandlung wegen präpsychotischer Zustän-de (états prépsychotiques).

*Familienanamnese*: Großmutter väterlicherseits Klimakteriumswahn, Tante mütterlicherseits ungeklärter Suizid, Tabuthema.

*Milieu*: Mutter (41 Jahre) nervös, zwanghaft, kränklich, Sprachstudi-um, Hausfrau mit ausgeprägt literarischen Interessen; Vater (45 Jahre) dominant, sehr religiös, Großhandelskaufmann, erfolgreich. Das Verhältnis zwischen den Eltern ist eher kühl.

Der Vater ist viel, oft wochenlang abwesend.

*Konstitution*: pyknisch.

*Prämorbid*: gute Schülerin, sozial kontaktfreudig, lebensfroh, vital.

*Psychopathologie*: Unmittelbar nach ihrem zehnten Geburtstag begann die Patientin ein für die Eltern völlig unerklärliches Verhal-ten an den Tag zu legen. Sie stand mitten in der Nacht auf und sagte, sie müsse verreisen. Am Packen der Koffer gehindert, wurde sie tätlich. „Ich bringe euch alle um!" Es folgten zwei Wochen völligen Kontaktabbruchs. Die Patientin sprach erst wieder mit dem Kinder-psychiater, der konsultiert wurde. Die Diagnose Präpsychose (pré-psychose) schien durch coenästhetische Beschwerden und Bedeu-tungserlebnisse gestützt. Unter einer Psychopharmaka-Therapie mit

Neuroleptika verschwand die Symptomatik. Kurz nach dem zwölften Geburtstag kommt es zu einem erneuten Knick. Die Zwischenzeit war unauffällig, nur sei das Kind stiller geworden. Jetzt sind nächtliche Unruhe, der Zwang, packen und verreisen zu müssen, wieder da. Die Patientin äußert Suzidwünsche. „Da komme ich am besten zu meinem Reiseziel." – Das Leben sei „so komisch geworden in letzter Zeit", der Vater habe „noch einen Zwillingsbruder, mit dem er sich manchmal auswechsle". Auf Anraten einer Freundin der Mutter wird das Kind in die Kinderpsychotherapie gebracht, und zwar vom Vater gegen den Vorbehalt der Mutter.

Das Gespräch mit dem Vater, wie auch die nachfolgenden Gespräche mit beiden Eltern verlaufen indes kooperativ. Die Eltern haben Angst um ihre Tochter und glauben, die Medikamente bei der ersten Behandlung hätten das Kind wesensverändert. „Sie war nie mehr so fröhlich wie zuvor!" Die Anamnese scheint die Diagnose zu bestätigen. Das Kind zeigt eine ausgeprägte Ich-Schwäche und sehr unzulänglich entwickelte Abwehrmechanismen. Im Alltagsleben, wie auch in der Therapie wechseln Zwänge, phobische Reaktionen mit sehr impulsiven Handlungen, über die die Patientin selbst erstickt. Das Ich ist deutlich in einer Phase der *„obsessionalisation"* (*Lebovici*, *Diatkine* 1957, 1963; *Ajuriaguerra* 1969). Es besteht damit eine klare Indikation für das analytische Psychodrama (*Lebovici* et al. 1958; *Anzieu* 1956). Die Anamnese bringt noch zutage, daß die Mutter, als Yvonne 18 Monate alt war, durch eine Nierenerkrankung (nach einem geschäftlichen Zusammenbruch des Unternehmens ihres geliebten Vaters!) sieben Monate in Krankenhäusern und Sanatorien verbrachte und der Vater mit dem Großvater, der als Witwer nach seinem Bankrott zu seiner Tochter gezogen war, das Kind mit wechselnden Haushaltshilfen versorgte. „Dem Kind hat das glücklicherweise nicht geschadet. Es war sehr aufgeweckt, fröhlich und kam mit allem gut zurecht." Auch weitere Sanatoriumsaufenthalte der Mutter nach dem Tod des Großvaters – Yvonne war damals vier Jahre – überstand das Kind, den Aussagen der Eltern nach „gut".

*Psychotherapie:* In der Therapie wirkt die kleine Patientin insgesamt sehr „altklug". Bei Einzelkindern ist dies zwar nicht ungewöhnlich, aber hier war es sehr ausgeprägt. So kommt Yvonne beständig mit intelligenten Erklärungen und Hypothesen („Mein Vater war vielleicht manchmal zu streng. Deshalb habe ich das mit den

Ängsten!"), die sie von der psychologisierenden Freundin der Mutter aufgeschnappt hatte. Auch unsere Zuneigung will sie sich mit dem Überlebensmuster des „gelehrten Säuglings" (*Ferenczi* 1923 vgl. 1933/1964, III, 522) sichern. Im Spiel bringt sie zumeist Schulszenen mit kurzen aktionalen und langen verbalen Sequenzen. Wir arbeiten konsequent „triadisch": Therapeutenvater, -mutter und Kind mit dem Ziel „benigner Triangulation". Die Therapiestunden entlasten das Kind offensichtlich. Besonders wenn wir alle *auf der Kinderebene* agieren – hier unterscheidet sich unser Vorgehen von dem *Lebovicis* (et al. 1958) – und „keine Erwachsenen da sind". Die Symptomatik klingt ab bis auf die leibhypochondrischen, coenästhetischen Beschwerden. Yvonne klagt besonders über Bauchschmerzen und Völlegefühle. Sie sei ganz aufgeschwollen. In der Übertragung war sie auf die Therapeutin zentriert, anhänglich, sehr klammernd; dem Therapeuten gegenüber „wohlerzogen-zurückhaltend", mit kaum merklichen Angstreaktionen, Abbrechen mitten im Satz, Rückzug oder kryptischen Andeutungen, „Diskordanzen und leichten Dissoziationen" (*Mâle* 1969, 153). Wir beschließen, mehr auf die prä- und periverbalen Kommunikationsanteile und die Körpersymptomatik zu fokussieren und bieten Puppenspiel mit dem Sceno-Test an, den wir modifiziert und um Puppen und Gegenstände (Fernseher, Klo zum Abziehen, Messer und Axt, Motorrad etc.) ergänzt haben. Dabei schlagen wir vor, daß nur „Puppensprache" verwandt werden solle, also Laute, Gesten, keine „Menschenworte". Es tritt eine massive Regression ein. Auf eine Berührung von Yvonnes Puppe durch den Therapeuten reagiert das Mädchen panisch. Sie klammert sich an die Therapeutin, „rettet" sich mit ihrer Puppe, die sie „vor den Bauch" gepreßt hält, zu ihr. Über mehrere Sitzungen enthält sich der Therapeut jeder Interaktion mit Yvonne. Er spielt „für sich" abseits mit dem Baby aus dem Sceno-Kasten im Versuch, „en passant" eine „szenische Deutung" zu geben. Yvonne reagiert sehr aufgeregt. Sie kommt herüber, will mitspielen! Das *Phantasma* beginnt sich zu konkretisieren (*Lebovici, Diatkine* 1954) und zeigt sich dann in einer der folgenden Sitzungen in einem Kritzelbild, welches ein Mädchen (! Zöpfe, Schleifchen) darstellt, das ein Baby im Bauch hat. Yvonne kommt jetzt zum Therapeuten und zeigt ihm stumm die Zeichnung, die die Darstellungsqualität einer Fünfjährigen hat (*Debienne* 1968). Die Therapeutin ist nun nicht mehr wichtig, ja sie wird „eliminiert", indem die kleine Patientin sie mit Elementen der Polstergarnitur einbaut. Yvonne wird anschmiegsam und bietet Spiele an, in denen die Puppe im Zentrum steht. Natürlich kommen uns im Nachgespräch Ferenczis Ausführungen in den Sinn: *„Doch dieselbe Angst, wenn sie einen Höhepunkt erreicht, zwingt sie [die Kinder sc.] automatisch, sich dem Willen des Angreifers unterzuordnen, jede seiner Wunschregungen zu erraten und zu befolgen, sich selbst ganz vergessend sich mit dem Angreifer vollauf zu identifizieren"* (1931/1964, III, 518, Hervorhebung im Original). Im Außenfeld nimmt jetzt die Zwangssymptomatik dramatisch zu. Yvonne entwickelt ganze Rituale und es wird schwierig, die Kooperation der Eltern zu erhalten, die den Wert der Therapie zu bezweifeln beginnen. Insbesondere die Mutter reagiert agressiv und ungeduldig, will, daß die Behandlung beendet wird. Sie kann aber von uns und von ihrem Mann beruhigt werden. Die Zwangshandlungen verstehen wir nicht als Ausdruck „einer Zwangsneurose" sondern – mit *Mâle* – „als Abwehr einer Psychose" (*Mâle* 1969, 159). Der Therapeut nimmt die Spiele an, besteht aber darauf, daß die Therapeutin immer hinter den Polstern hervorsehen kann. Ab und zu gibt sie bestätigende und aufmunternde Laute. Zunächst ist Yvonne davon beunruhigt, wendet sich aggressiv ab, dann aber nimmt sie offen keine Notiz mehr von der Therapeutin, blinzelt aber oft verstohlen hinüber. Die Spiele werden jetzt als Körperspiele (*Iljine* 1942) durchgeführt, die der Therapeut vorschlägt: Fingerspiele, „Abnehmen" mit Fäden, Ballspiel mit den Füßen, „Fusseln". Dabei werden die Körperteile benannt. Bei den Ballspielen wird die Therapeutin vom Therapeuten zuweilen einbezogen. Die Szenen verlieren so das *Phantasma des Verbotenen* zwischen „Vater und Tochter". Yvonne kann ihre „passive Objektliebe" (*Ferenczi* 1964, III, 520), d.h. ihre Zärtlichkeit, angstfrei leben und Therapeut und Therapeutin gleichermaßen gegenüber zeigen. In diesem Stadium der Therapie kuschelt sie sich gerne zwischen uns beide und bevorzugt Körper- und Ballspiele (die Puppe wurde unter die Polster gesteckt), also Spielformen, die wir in der bewegungstherapeutischen Arbeit mit Kindern bevorzugt praktizieren. Es wird nur wenig verbalisiert. Auch ohne die Sprache der Worte vollzieht sich in dieser Analyse Heilsames (*Luquet* 1957). Yvonnes Zeichnungen, die sie auch zu Hause anfertigt und uns mitbringt, haben ein immer primitiveres Niveau angenommen. Sie kritzelt nur noch, nimmt aber von uns im gemeinsamen Malen Impulse auf und sagt uns, was *wir* „für sie" malen sollen. Hier fängt nun eine Entwicklung an, in der sie die Therapeuten wie ein gutes „unzertrennliches" Elternpaar zu sehen beginnt, denn sie gibt uns Anweisungen, „einen Papa und eine Mama auf einer Bank" und ähnliche Motive zu zeichnen und dann zu spielen – „aber ohne Worte". Sie gibt uns Anweisung, wie wir uns hinzusetzen haben, welche Haltung, Gesichtsmimik, Gestik wir zeigen sollen, daß wir uns „liebhaben" sollen usw. Sie strukturiert und modelliert uns in der Pantomime, so, wie sie sich ihre „Idealfamilie" erträumt. So wird eine Methode, die wir ansonsten in der Exploration von Familiensituationen einsetzen, statt in diagnostischer, in therapeutischer Weise genutzt, und zwar auf der Ebene der „symbolischen Wunscherfüllung" (*réalisation symbolique*), die aber im Unterschied zum Ansatz von Mme. *Séchehaye* (1947, 1955) nicht nur auf der imaginativen Ebene verbleibt, sondern sichtbar und be-greifbar wird. Yvonne kann uns anfassen, sich zu uns plazieren, sich zwischen uns setzen und sie tut dies auch. Sie wird Teil der *Skulptur*, findet ihren Platz zwischen uns, ihre Haltung zu uns und modelliert und skulpturiert die Situation insgesamt für sich „korrektiv". In diesem gesamten Prozeß hat sich die „*regredierende Analyse*" in eine *progredierende* gewendet. Dies zeigte sich auch auf der Ebene des Bildlichen. Wir haben Yvonne ermutigt, unsere Bilder zu ergänzen, beziehen sie durch die Technik des „dialogischen Malens" in das Gestalten ein, und in der Tat zeigt sich auf dem Niveau der Zeichnungen eine Altersprogression, die sich auch im Spiel- und Bewegungsverhalten beobachten ließ. Nach einjähriger Therapie verschwinden auch die Coenästhesien. Es scheint etwas „Land in Sicht", wird *Boden* spürbar, den wir legen konnten.

Über die Hintergründe eines möglichen sexuellen Mißbrauchs ist nur zu spekulieren. Die „Sprachverwirrungen" brauchen ja durchaus nicht, wie auch *Ferenczi* (1932) betont, die Form manifester sexueller Handlungen haben. Das Material in den Bildern und szenischen Aktionen im Rahmen der Therapie legt indes „verbotene Handlungen" nahe, die das Kind sehr bedrängt haben müssen. In einer Stunde erinnert Yvonne sich, daß sie, „als die Mama manchmal krank war" (also mit vier Jahren), am liebsten zur „Tante Madeleine" gefahren wäre, aber sie habe nicht gedurft. Hier nun schließt sich eine Verbindung: es handelt sich um die Schwester der Mutter, die sich schon mehrere Jahre vor der Geburt Yvonnes suizidiert hatte, im April, wenige Tage nach dem Geburtsdatum des Kindes! Woher das Kind davon wußte? Auf jeden Fall konnte es in seiner Not zu einer Toten, d.h. symbolisch in den Tod, fliehen. Die Symptomatik, die schon beim ersten Knick aufgetaucht war, der in der Nähe des Todestages der Tante eintrat, nämlich nachts „wegzureisen", wird hier verständlich und von uns als vorsichtige Deutung eingebracht: „Ob es ihr denn ähnlich gegangen sei, als sie des nachts verreisen wollte, wie damals, als sie zu Tante Madeleine wollte?" Yvonne bejaht: „Das muß so ähnlich gewesen sein. Ich wollte damals auch so furchtbar (!) weg." Wir können jetzt mit der kleinen Patientin über ihre Symptome sprechen. Wir tun dies, wo immer möglich, in der Arbeit mit Kindern wie mit Erwachsenen, weil durchlebte psychotische, angst- und zwangsneurotische oder auch psychosomatische Symptomatiken *Angstreste*, Befremdungen, Beunruhigung hinterlassen, die, sofern sie nicht aufgearbeitet werden, zu erneuten Verdrängungen führen. Von vielen Therapeuten wird dies vernachlässigt nach dem Motto: „Nur nicht daran rühren!" Im Gegenteil, es muß angepackt werden!

Im Dunkel bleibt die traumatisierende Person. Aus den Gesprächen mit dem Vater, seiner streng religiösen Orientierung, seiner guten Kooperation in der Therapie, scheinen sich keine Anhaltspunkte für ein bewußtes mißbräuchliches Agieren seinerseits zu ergeben. War er gespalten? Hatte er zwei Gesichter oder Seiten, für ihn selbst nicht steuerbar? Ist daher die Phantasie Yvonnes zu erklären, er habe einen Zwillingsbruder? Oder ist an den Großvater zu denken, dessen Versagen die Mutter so affiziert hatte, und den sie so sehr liebte? (Das Verhältnis der Mutter zu ihrem Vater schien sehr ödipal gebunden. Sie wies aber heftig jeden Explorationsversuch zurück.) Die Mutter wurde ja auch besonders aggressiv und ungeduldig, als das Phantasma in der Therapie sich konkretisierte und im Leben zu Hause Auswirkungen mit sich brachte, ja wollte die Behandlung der Tochter beenden. Fürchtete sie, daß Geheimnisse über ihren Vater zutage kommen könnten und aufgedeckt würden? All diese Fragen blieben offen. Sie brauchen auch nicht unbedingt *in einer Kinderanalyse* „aufgedeckt" zu werden. Die Internalisierung einer präsenten, schützenden Therapie-Mutter und eines *eindeutig* zärtlichen Therapie-Vaters hat oft genügend heilende Kraft.

Wie nun diese Analyse beenden? Dieses ist schon in der Behandlung von Erwachsenen eine prekäre Frage (*Nacht* 1955). Sie ist in der regressionsorientierten Kinderanalyse, die mit „Adoptionen auf Zeit" arbeitet, häufig noch schwieriger. Im Moment haben wir die Eltern in das Psychodrama und die bewegungstherapeutische Arbeit (Körper- und Ballspiele, Geschicklichkeitsübungen) in vierzehntägigem Rhythmus einbezogen, um die Ablösung vorzubereiten. Dabei kommt wieder die *Skulpturierung* der Familiensituation zum Einsatz. Wir schlagen der Familie vor, einmal sprachlos nur durch Körperhaltung und Gesten zu zeigen, „wie sie zueinander steht". Dies gelingt nach anfänglicher Abwehr. Wir lassen dann jeden der Beteiligten „aus dem Spiel" heraustreten und die Szene „von außen" betrachten, währenddessen einer der Therapeuten den Platz in der Skulptur einnimmt. Sodann wird jedem der Pantomimespieler die Gelegenheit gegeben, etwas an der Skulptur zu verändern, was ihm wichtig erscheint und danach mit den anderen darüber zu sprechen. Auf der symbolischen Ebene geben wir der Familie hier ihre Kompetenz zurück, ihre Geschicke selbst in die Hand zu nehmen, zu modellieren und zu gestalten, ohne die Hilfe der Therapeuten. Wir zeigen hier, daß es wichtig ist, sich von Zeit zu Zeit zueinander in Beziehung zu setzen – nicht nur über Worte und Gedanken, sondern durch konkrete leibliche Verhaltensweisen, die erfahren, benannt, besprochen und – wo dies wichtig ist – verändert werden können. Mit dieser Arbeit hat die Progression die Gegenwart erreicht. Die Pantomimespiele und die psychodramatischen Szenen richten sich zuweilen nun schon auf die nähere Zukunft (Ferien, Klassenwechsel, Zeugnisse) und können von Yvonne, ihren Eltern und den beiden Therapeuten in lebendigen Spielen inszeniert werden.

*[Die Behandlung endet nach zweijähriger Dauer. Eine Katamnese nach vier Jahren (1974) ergab, daß Yvonne ihr Baccalaureat bestanden hatte und sich zu einer eher introvertierten aber durchaus kontaktfähigen und emotional schwingungsfähigen jungen Dame entwickelt und ein Lehrerstudium aufgenommen hatte.]*

# Kinderanalysen mit Adoleszenten und Erwachsenen

Es liefern Erkenntnisse und Erfahrungen aus der Kindertherapie uns vielfache und wertvolle Einsichten über die Therapie mit Adoleszenten und Erwachsenen, besonders bei Patienten mit *Grundstörungen* (*Balint* 1968; *Hermann* 1959), aber auch bei Störungen im ödipalen Bereich, z. B. bei mißlungenen Triangulationen oder der Verinnerlichung einer „kalten" oder „diskordanten" Beziehung zwischen den Eltern. *V. Iljine* – er behandelte auch Kinder – hat erwachsene Analysanden, ja Patienten (*A. Petö* in ähnlicher Weise Eltern), zuweilen in oder nach den Stunden mit Kindern spielen lassen, die in dem Alter sind, für das der analytische Prozeß die *prävalenten* Schädigungen aufzuzeigen scheint. Diese Praxis hat sich für den Fortgang der Behandlung als höchst aktivierend und fruchtbar erwiesen und uns in unserer eigenen Ausbildung ein Verständnis dafür eröffnet, was für die Neurose *„in statu nascendi"* wirklich relevant ist: ich hab meinen Ball verloren, meine Puppe ist kaputt, meine beste Freundin ist weggezogen, mein Hamster ist gestorben, mein Brüderchen hat zwei Kuchen bekommen, mein Papi hat die Mami gehaut, meine Eltern zanken sich immer – das sind die wahrhaften *Dramen* im Leben von Kindern. Die Beschädigung und der Verlust von *Übergangsobjekten* hat traumatische Wirkungen, das sehen wir bei den kleinen Patienten, und hat traumatische Nachwirkungen, das entdecken wir bei adoleszenten und erwachsenen Patienten, wenn wir unser Augenmerk dahin richten und die Methoden der Körperspiele, Babysprache und des Puppenspiels einsetzen. Arbeitet man in dieser Weise, heißt das: ernst machen mit *Ferenczis* (1931) genialem Ansatz der „Kinderanalysen mit Erwachsenen". Es gilt die „Gemeinsamkeiten in den Analysen von Kindern *und* Erwachsenen" zu sehen und zu nutzen (ibid. 1931/1964, III, 503). Die Patienten nehmen es auf, wenn man an sie mit der inneren Haltung des Kinderanalytikers herangeht. Nicht mehr, nicht weniger ist notwendig, damit im so geschaffenen Übertragungsklima das traumatische Material aufkommen kann und die Regression erfolgt. Das herumliegende Spielmaterial (Puppen, Klötzchen, Teddy, Autos – sie sollten zur Ausstattung jeder Praxis gehören) in unserem Behandlungsraum, in dem Kinder *und* Erwachsene behandelt werden, wirkt dann in konstruktiver

Weise auffordernd. „Innerlich auf die archaischen Szenen gerichtet, dürfen diese auch vom Patienten gespürt werden und in Aktionen sich auch zeigen. Der spielbereite Analytiker ermöglicht das Spiel der traumatischen Szenen und neues Spiel benigner Szenen im therapeutischen Theater. Es bedarf keiner besonderen Aktivität, sondern nur der *inneren Disposition* des Therapeuten, eine frühe Mutter, aber auch – über *Ferenczis* Ansatz hinausgehend – einen frühen Vater zu spielen; denn die Beelterung [*parentage*] erfordert beide, die Mutter und den Vater, und dieser ist – und sei es nur vermittelt durch die Mutter in ihrer Stimmungslage – immer präsent. *Das Dreieck ist gegenwärtig – a conceptione –*, deshalb empfiehlt sich in der Gruppe *immer* und in der Einzeltherapie zumindest intermittierend ein *Therapeutenpaar*" (*Iljine* 1942, 82). Hier ist sogleich auch *Ferenczi* selbst zu zitieren, mit seiner Praxis eines „analytischen Psychodramas", das nun keineswegs sich im Agieren erschöpft: „Natürlich ist mit der Reaktivierung der Kindlichkeit und mit der Reproduktion der Traumata im Agieren die analytische Aufgabe nicht erfüllt. Das spielerisch agierte oder sonstwie wiederholte Material muß einer gründlichen analytischen Durchforschung unterzogen werden" (idem 1931/ 1964, III, 497). Jedoch hier droht auch die Gefahr des „zu früh zu viel", der „malignen Progression", wenn unmittelbar gedeutet, aufgedeckt, die Ebene des Erwachsenen angesprochen wird. Wir belassen, *Iljine* folgend, den Patienten oftmals ganze Sequenzen in Kinderaktivitäten, wenn wir ein *prävalentes pathogenes Milieu* gefunden haben, spielen über mehrere Stunden und ziehen, allmählich progredierend, das Regressionsniveau höher. Deutungen erfolgen in den Aktionen „auf Kinderweise", in Kindersprache, der Fähigkeit (*capacité*) des Kindes entsprechend, *Sinn* zu erfassen – und der Sinn der Kinder ist ein anderer als der der Erwachsenen. Dies alles, wohlgemerkt, gilt für die „*dyadische*" oder „*triadische*", d.h. mit einem Therapeutenpaar erfolgende Behandlung des Adoleszenten oder Erwachsenen in der Regression, die der bzw. die Analytiker mit eigenem Regredieren begleiten muß, um kindgemäß auf der richtigen Ebene deuten zu können. In der Regel sind psychoanalytische Deutungen *Erklärungen*, wie *Ricoeur* (1965) gezeigt hat, und solche verfangen nicht in der Zeit des präoperativen Denkens nach *Piaget* (1937; *Inhelder* 1968) – und dessen Forschungen, wie die von *Wallon* (1941), müssen auch für die Kinderanalyse und die regressionsorientierte

Erwachsenenanalyse rezipiert werden, dringend! Das Regressionsniveau zählt auch für den regredierten Jugendlichen oder Erwachsenen, mit dem wir etwa in Kindersprache kommunizieren, mit dem
wir malen (*Widlöcher* 1966), Bewegungs- und Geschicklichkeitsspie-
le spielen. „Nicht selten bringen uns die Patienten, oft mitten in der
Assoziation, kleine selbstgemachte Geschichten, oder gar Gedichte,
Reime, manchmal verlangen sie nach einem Zeichenstift, um uns ir-
gendein meist sehr naives Bild zum Geschenk zu machen. Natürlich
lasse ich sie gewähren und diese kleinen Gaben zum Ausgangspunkt
weiterer Phantasiebildungen nehmen, die ich nachher der Analyse
unterziehe" (*Ferenczi* 1931/1964, III, 499). *Ferenczi* steht hier noch zu
sehr unter dem Deutungspostulat *Freuds* und ist in Gefahr, das
Syndrom des „gelehrten Säuglings", das er selbst entdeckt hatte
(1923/1964, III, 218f, vgl. auch ibid. 522), zu reproduzieren. Schon
*Iljine* (1942) hatte die Technik seines Meisters verändert, indem er
derartiges Material *in actu* „deutungsfrei" bzw. frei von verbalen
Deutungen bearbeitete und die Patienten bzw. Analysanden alleinig
aufforderte, *ihre* Reaktion zu zeigen, „freie Aktionen" anstelle „freier
Assoziationen" zu bringen (idem 1942, 71), ihre Überlegungen mitzuteilen, soweit sie dies wünschten. Er deutete oft nur durch Mimik,
Gestik, Laute. Erst nach Abklingen der regressiven Phase wurde,
falls erforderlich, solches Material erneut durchgearbeitet. Wir sind
dazu übergegangen, die Patienten nicht nur „gewähren zu lassen"
(kein Kind fühlte sich hier ernst genommen, das haben uns die
Kinderanalysen gelehrt; verletzt würden sie sich ob einer solchen
Haltung fühlen). In unserem integrativen Vorgehen haben wir mit
ihnen gemalt – entwicklungsgemäß (*Debienne* 1968; *Widlöcher* 1965;
*Wallon* 1958) –, mit ihnen gespielt, getanzt, gesungen, gekocht,
gereimt und auf diese Weise Wege der Deutung gefunden, die
*szenisch*, bildlich, mimisch, gestisch etc. ein „Hindeuten" und „Zeigen"
als ein Erfahren von Realitäten „auf Kinderweise" waren.

Die Sprache der Bilder ist eindeutig und zugleich voller Verwei-
sungen. Sie ist szenisch, verlangt ein „szenisches Erfassen" (*appréhension scénique*), das Kindern besonders eignet und breiter (aber auch
damit unschärfer, weil näher am Aktionalen und Ikonischen) ist als
ein „szenisches Verstehen" (*compréhension scénique*), das entwicklungsgemäß später kommt und oft zum rein verbal-rationalen Verstehen verkümmert, was für die Persönlichkeit einen Verlust bedeu-

tet und in der Therapie den Zugang zum *Kinderland* verschließt. Im Malen mit Kindern und regredierten Jugendlichen und Erwachsenen in der Therapie wird „auf dem Papier eine Art Äquivalent [der Wirklichkeit sc.] hervorgebracht, und zwar derart, daß prinzipiell alle Elemente der Szene präsentiert werden, frei von Zweideutigkeiten und ohne wechselseitige Übergriffe", so *Merleau-Pontys* (1969) Ausführungen im Schlußartikel von „La prose du monde" über den „Ausdruck und die Kinderzeichnung". Die Sprache der Kinder ist *Handlungssprache*. Sie muß man „sprechen", ihre narrative Qualität gilt es zu verstehen. Dann kommen wir in der Regressionstherapie weiter. „Das Kind kann in seinen graphischen Erzählungen auf einem einzigen Bild die aufeinander folgenden Szenen einer Geschichte zusammenbringen... auch wenn diese Art von Erzählung dem Blick des ‚vernünftigen' Erwachsenen ... vielleicht lückenhaft und unklar erscheint" (ibid. vgl. auch *Merleau-Ponty* 1950). Große Strecken der regredierenden und progredierenden Analysen – und diese sind ja *Szenengeschichten* – haben narrative Qualität, verlaufen auf diesem bildhaften Niveau, haben diese szenische Realität und werden deshalb oft nicht von den Eltern oder von der Umwelt bzw. bei erwachsenen Patienten oft nicht einmal von deren Therapeuten verstanden.

Die „Sprachverwirrung zwischen den Erwachsenen und dem Kind" – so *Ferenczis* zentrale Arbeit von 1932 – müssen deshalb weiter gefaßt werden als der Meister dies selbst gesehen hatte (seine eigenen kinderanalytischen Erfahrungen waren minimal: „Ich selbst hatte mit Kindern analytisch sehr wenig zu tun" 1932/1964, III, 492). Schon die Erwachsenensprache kann intrusiv, verletzend, verwirrend sein, zum Beispiel bei inkompetenten Eltern, die nicht auf die Sprachebene des Kindes regredieren können und dieses dadurch ständig überfordern, sich ihm nicht richtig vermitteln und eventuell „maligne Progressionen" provozieren. Verletzt, bedroht, beschämt werden, und dann noch Gebote, Verbote, Erklärungen zu bekommen, die nicht verstanden werden können, verschärft die traumatische Erfahrung. Kompetente Mütter und Väter *erklären* ihrem verletzten Kind, das, was ihm an Schlimmem, Unerklärlichem widerfahren ist – sein Horizont ist ja noch begrenzt – auf *Kinderweise* oder besser: sie machen es ihm *erfaßbar*, leibnah mit Bildersprache, in Umschreibungen, Zeichen, je nach dem Alter und der Fähigkeit, *Sinn* zu erfassen. Auch der regredierte Jugendliche und Erwachsene, dessen Rede aus der Erwachsenensprache fällt, der sich mit seinem Leibe vermittelt, in Gebärdensprache fällt – auch das psychosomatische Symptom (*Marty* et al. 1963) oder die psychotischen Grimassen (*Duche* et al. 1969) und „*tics convulsifs*" (*Lebovici* 1962) können unter dieser Optik betrachtet werden –, muß zunächst die Antworten auf *der* Kommunikationsebene erhalten, auf der er sich bewegt. *Ferenczi* mußte bei seinen Patienten feststellen: „Ist meine Frage nicht einfach genug, nicht wirklich der Fassungskraft eines *Kindes* angepaßt, so ist das Zwiegespräch bald abgebrochen" (*Ferenczi* 1931/1964, III, 495). Es imponiert, daß in der Regressionssprache erwachsener Patienten die *consecutio temporum* verschwindet, der differenzierte Gebrauch von Verben etc. Das Zeitgefühl des Erwachsenen wird in den regressiven Sog einbezogen. Stundendauer und -ende werden nicht mehr richtig abgeschätzt. In einer solchen Phase werden Stunden auch vergessen, häufen sich vielleicht Verspätungen. Deshalb sind hier Widerstandsdeutungen falsch und fügen dem Patienten nur Blessuren zu, wie wir erfahren mußten. Und in der Tat, *Piaget* (1946) lehrt uns, daß Kinder noch keine Gegenwarts-Vergangenheits-Zukunfts-Struktur vor dem operativen Denken erfassen. Hier wurde und wird in Kinderanalysen und regressionsorientierten Erwachsenenanalysen gesündigt. Die auf einem solchen „erwachsenen" Zeitverständnis gründenden Deutungen müssen am Patienten vorbeigehen, eröffnen ihm kein Verständnis, verwirren ihn oder katapultieren ihn zur Unzeit aus der Regression – er muß schon wieder „vernünftig", ein „gelehrter Säugling" sein. In den Regressionstherapien verwenden wir gezielt Kinderzeit („das dauert nicht mehr lange", „du mußt noch fünfmal schlafen" etc.). Wir haben eine Menge klinischer Anhaltspunkte dafür, daß Patienten durch den überstülpenden Zwang zur Erwachsenenzeit (durch den Spiele unterbrochen, Still- bzw. Essens- und Toilettenzeiten andressiert, Nichteinhalten von Zeiten bestraft wurden) schwer geschädigt worden sind. Wir werden diesem Phänomen noch weiter nachgehen. Zunächst einmal ein Fallbeispiel zur Illustration einiger unserer Ausführungen:

*Fallbeispiel:*
*Serge*, 16 Jahre, ein Bruder 14 Jahre; nach Angaben der Mutter schon mit zwölf Monaten „sauber", schwierige „Trotzphase", in den ersten

beiden Lebensjahren oft krank (Darminfekte, Verdauungsstörungen).

*Familienanamnese:* Großvater mütterlicherseits Alkoholiker, Bruder des Vaters Alkoholiker.

*Milieu:* Mutter (47 Jahre) dominant, kontrollierend, Rektorin einer Schule; Vater (42 Jahre) zurückhaltend, schwach, an die Mutter angepaßt, Lehrer in der nämlichen Schule. Das Verhältnis zwischen den Eheleuten wirkt angespannt und distanziert, obgleich sie ihre Ehe als „recht gut" bezeichnen.

*Konstitution:* leptosom

*Prämorbid:* ein stiller, freundlicher Junge mit guten schulischen Leistungen.

*Psychopathologie:* Mit dem Beginn des fünfzehnten Lebensjahres begann Serge nach eigenen Aussagen und nach dem Bericht seiner Eltern verschiedene Zwangshandlungen und -rituale auszubilden. Sein Frühstückstisch mußte in bestimmter Weise gedeckt sein, sonst konnte er nicht essen. Das war das erste, was der Mutter aufgefallen war. Die Wäsche im Schrank mußte exakt auf Kante gestapelt sein, seine Schuhe mußten absolut parallel auf dem Bord bzw. vor dem Bett stehen. Die Symptomatik verschärfte sich trotz erzieherischer Maßnahmen von Seiten beider Eltern. („Wir versuchten es ihm abzugewöhnen... mit Liebe und mit Strenge!") Insbesondere das Packen der Schultasche und ihre Überprüfung am nächsten Morgen vor der Schule wuchs sich zu einem Ritual aus, das mehr als eine Stunde in Anspruch nahm. Als dann die schulischen Leistungen nachließen und die Zwangssymptomatik in der Schule so manifest wurde, daß sich die Lehrer zu einer Benachrichtigung der Eltern veranlaßt sahen (die Mutter: „Stellen Sie sich vor, und das bei meiner Stellung!"), entschloß man sich, therapeutische Hilfe in Anspruch zu nehmen. Uns wurde der Fall durch einen befreundeten Psychiater zugewiesen. Dem Erstgespräch ging ein langes Telefonat mit der Mutter voraus. Im ersten Kontakt zeigte sich der Patient, Serge, sehr zurückhaltend und verschlossen, wobei auffiel, daß er seine Mutter nie anschaute, obwohl sie ausladend überwiegend negatives, ja zuweilen bloßstellendes anamnestisches Material ausbreitete: Der Junge sei schon immer zu still gewesen. Sein Bruder sei da viel lebhafter. Man habe auch viel mehr Last mit ihm gehabt, bis eben nun die Marotten von Serge überhand genommen hätten. Die Brüder seien so verschieden. – Es wird eine deutliche Präferenz beider Eltern für Claude, den zweiten Sohn, deutlich. In den ersten beiden Lebensjahren sei Serge oft kränklich gewesen, ein „schwieriges und zartes Kind", aber die gesundheitlichen Probleme hätten sich seit der Geburt des Bruders gegeben. Die Exploration des Patienten ohne die Eltern verläuft mühsam. Die Zwangssymptomatik wird als Rettungsversuch für ein äußerst schwaches Ich erkennbar, das unterdrückt, kontrolliert und eingeengt wurde und über nur geringe emotionale Breite und Schwingungsfähigkeit verfügt. Serge indes *spürt* nicht, was ihm fehlt. Er ist durch seine Zwangssymptomatik keineswegs beunruhigt, fühlt sich mit seinen Ritualen durchaus nicht unwohl und wird nur durch den „sekundären Leidensdruck", verursacht durch die Reaktionen der Umwelt, tangiert.

*Psychotherapie*: Die Analyse wird im „triadischen Modell" (Therapeut, Therapeutin, Patient) durchgeführt, da uns die problematische Beziehung der Eltern für die Genese der Erkrankung nicht unerheblich erscheint und wir doch, trotz der deutlichen Absage der Eltern, hoffen, im Verlaufe der Behandlung familientherapeutische Sitzungen mit dem Psychodrama durchführen zu können. Die Anfangsphase der Behandlung erweist sich als schwierig. Der Junge kommt fremdmotiviert und entsprechend lustlos. Er zeigt keinen Affekt, verbalisiert elegant aber widerwillig. Die hohe Abwehr und die Massivität der Zwangssymptomatik lassen uns vorsichtig vorgehen, zumal wir auch Zwangsgedanken feststellen, deren diagnostische Gewichtung für uns noch offen ist. Wir ziehen einen präpsychotischen Zustand (*Mâle* 1969) mit in Betracht. Serge hat die Vorstellung – so stellt sich in der elften Sitzung heraus – er *müsse* Katzen umbringen, und besonders die der Nachbarin, einer Freundin seiner Mutter. Die Katze störe ihn, aber er dürfe ihr ja nichts antun, sonst würde er die Nachbarsfrau betrüben. – „Und die Mutter?" Auf diese Frage der Therapeutin reagiert Serge in Mimik und Gestik für einen Moment äußerst verschreckt, um unmittelbar danach mitzuteilen, daß er „irgendwann" die Katze doch umbringen müsse. Diese Äußerung steht sehr unvermittelt nach der Schreckreaktion, so daß wir unserem *Dissonanzgefühl* folgen und weiter explorieren: „Und wie willst du die Katze umbringen?" – Hier plötzlich wird Serge lebendig und wir bekommen *Resonanz*. Er fühlt sich offenbar durch die in einem freundlichen, ja neugierigen Ton gehaltene Frage des Therapeuten gestützt und beginnt verschiedene Möglichkeiten zu erwägen, ja auszumalen, wobei er ein wenig „wegtritt", als er phantasiert, wie er ihr den Bauch aufschlitzen wolle, denn sie bekäme zu viele Junge, jedes Jahr bestimmt zweimal. Die würden dann „totgemacht" (Sprachregression!) und deshalb solle man doch besser die Katze totmachen. „Das ist so ungerecht, wenn man die Kleinen dafür leiden läßt!" Serge regrediert bei seiner Phantasie deutlich (etwa auf das Altersniveau eines Sechsjährigen), wirkt dabei aber weniger starr und unlebendig im Vergleich zu seinem sonstigen Habitus.

Im weiteren Verlauf der Analyse werden zuweilen verdeckt feindselige Äußerungen zur Therapeutin hin gemacht. Offen kann Serge nichts äußern. Er verhält sich wie der Mutter gegenüber, von der er zwar massiv bestimmt und kontrolliert wird, was er aber nicht so zu empfinden scheint. Er „darf es nicht *spüren*", so ist unser Eindruck. Auffällig ist indes, daß nach Situationen, in denen die kontrollierenden Übergriffe der Mutter besonders kraß waren (Kontrolle seiner schmutzigen Wäsche), die Zwangsgedanken in bezug auf die Katze sich intensivieren und seine Rituale sich ausdehnen. Einerseits finden wir eine *autoaggressive, autoplastische* Reaktion, er ordnet seinen Schrank noch akribischer, andererseits zeigt sich dabei ein *aggressives, alloplastisches* Element (*Ferenczi* 1932/1964, III, 520 vgl. idem 1962), denn dieses Verhalten bedrängt seine Eltern, besonders seine Mutter, und schließlich verschafft er sich durch seine Phantasien des Katzenmordes eine Entlastung von Aggressionen, die – das ist inzwischen klar erkennbar – der Mutter gelten. Die Mutter soll umgebracht und gestraft werden, weil sie ihn, ihren Jungen, quält und seelisch „totmacht". Serge berichtet jetzt die Katzenphantasie in den Stunden neben dem Therapeuten sitzend und zur Therapeutin gewandt mit einer aggressiven Genüßlichkeit. Muß er zuhause die erlebte Ohnmacht noch durch eine Flucht in die „Allmacht der Gedanken" kompensieren, da er von seinem schwachen ‚kastrierten' Vater keine Unterstützung gegen die Mutter erhält, so kann er in der Therapie beginnen, einen Ausdruck zu wagen, Mimik und in Ansätzen auch Gestik zu zeigen, wobei die Therapeuten durch ihr Verhalten zueinander zeigen, daß keine *Spaltung* aufkommt (indem die Therapeutin z. B. unterstützende Äußerungen des Therapeuten für Serge bekräftigt und der Therapeut ihr eindeutig zugewandt bleibt). In der Therapie zeigt sich, was *Ferenczi* in seinem „Beitrag zur Tic-Diskussion" (1921/1964, III, 169) feststellt: „Zwangsneurose regrediert auf die ,Allmacht der Gedanken', Hysterie auf die ,Allmacht der Gebärden', der Tic auf die Stufe der reflektorischen Abwehr." Und er zog aus dieser Erkenntnis über die „*Ich-Regressionen*" behandlungsmethodische Konsequenzen, die sich auch für uns in der Analyse mit Serge bestätigten: „Bei der Zwangsneurose trachtet der Patient, seiner Gewohnheit nach, die ganze Analyse auf das intellektuelle Gebiet zu verschieben und die Assoziation als Mittel zum Grübelzwang zu mißbrauchen. Es wird sich wohl keine Zwangsbehandlung beendigen lassen, bevor es uns nicht gelingt, gewöhnlich auch mit Hilfe aktiver Vorschriften, den Kampf auf das Gebiet der Emotionen zu verlegen, d.h. den Zwangsneurotiker vorübergehend hysterisch zu machen" (so in „Zur Psychoanalyse der Sexualgewohnheiten" 1925/1964, III, 279f). Serge indes wehrt sich gegen alles Emotionale, gegen jede Form der Dramatisierung. Er lehnt unsere Vorschläge, seine Berichte, Phantasien, Gedankenspiele psychodramatisch zu inszenieren, ab und bleibt im Verbalen und in seinen Vorstellungen. Die regressiven Öffnungen, die zuweilen erfolgen, haben in den nachfolgenden Stunden immer eine vermehrte rationalisierende Abwehr als Konsequenz. Die Analyse beginnt zu stagnieren; besonders, als wegen abfallender schulischer Leistungen der Druck von Seiten der Lehrer und der Eltern wächst, versteinert Serge zunehmend. Er kann nichts mehr *spüren* und nichts mehr *fühlen*, eine Differenzierung, auf die wir in unserer praktischen Arbeit großen Wert legen und die wir auch unseren Patienten zu vermitteln suchen. Sie müssen zwischen *Empfindung/Gespür* und *Gefühl* unterscheiden lernen. Mit wachsendem Druck – und das ist nicht untypisch – erfolgt eine Verschärfung der Symptomatik in den körperlichen Bereich hinein: der Patient bildet einen Tic aus (*Lebovici* 1962). Die inneren Spannungen haben sich so gesteigert, daß die *Ich-Regression* unter Überspringen der hysterischen Stufe in die Körperebene geht. Serge hat ein Zucken der Mundwinkel, das sich zuweilen zu einem heftigen Grimassieren verstärkt, wobei seine Mimik wie „angewidert" wirkt und er die Zunge etwas vorschiebt. (Später kommt uns die Assoziation: wie ein Säugling, der den Schnuller eines Fläschchens ausspuckt, das ihm nicht zusagt.) Nun wächst der Leidensdruck und die Kooperationswilligkeit des Patienten wie auch des Elternhauses. Wir können die Mutter zu einigen Sitzungen zusammen mit ihrem Mann – die Anwesenheit des Jungen lehnt sie kategorisch ab – bewegen und die Eltern davon überzeugen, daß weiterer kontrollierender Druck die Spannung nur anwachsen lassen würde, die sich dann reflektorisch im Tic äußern müsse. Beim Thema Leistungsbezogenheit und Kontrolle erhalten wir vom Vater des Patienten unerwartete Unterstützung. Offenbar wagt er sich, unter dem Schutz der therapeutischen Situation ein schon lange schwelendes Unbehagen an den Erziehungspraktiken seiner Frau zu äußern, und diese erscheint betroffen. Es stellt sich heraus, daß die Alkoholiker in der Familie beide Eltern zu strengsten Erziehungsmaßstäben motiviert hatten, besonders aber die Mutter, die – bestürzt ob dieser Einsicht – zugänglich für weitere Explorationen wird. So erfahren wir, daß sie aufgrund ihrer durchgehenden beruflichen Verpflichtungen („Ich habe mir kaum den Mutterschaftsurlaub gönnen können.") einen „sehr präzisen Fütterungsplan (*regime*)" praktiziert habe und auch schon mit acht Monaten mit dem Sauberkeitstraining begonnen habe. („Der Kinderarzt hat mir dazu geraten und mich unterstützt".) Die Elterngespräche bewirken für Serge einiges an Entlastung. In der Therapie und zum Üben zuhause „verordnen" wir nun Entspannungsübungen mit sanfter Atem-, Spür- und Bewegungsarbeit (*Ehrenfried* 1958), die wir mit Übungen aus dem Improvisationstraining des „Therapeutischen Theaters" (*Iljine* 1942) auflockern und zugleich im Expressiven intensivieren. Wir geben Serge die „Erlaubnis" Grimassen zu schneiden, und mehr noch, den ganzen Leib pantomimisch einzusetzen, so daß der Spannungsausdruck nicht auf den Mund, das Gesicht fokussiert und beschränkt bleibt. Wir locken Serge mit der Pantomime, zeigen ihm einen Bildband mit *Marcel Marceau* (1966). Die Therapiestunden werden zu Pantomimeklassen, wobei uns unsere eigene Erfahrung mit dieser Methode durch Klassen bei *Barrault* zugute kommt. Wir sprechen in den Stunden nicht, schminken uns Masken auf, und unter dem „Schutz der Maske" setzt die Regression massiv ein. Die Pantomime gewinnt eine starke szenische Qualität. In ihr bricht Kinderleid auf. Serge biegt und krümmt sich, wälzt sich über den Boden. In einer anderen Stunde streckt er die Hände abwehrend aus, wieder und wieder und es erscheint die Mimik der Tic-Grimasse – ein kleines Kind, ein Säugling, der sich verzweifelt und vergeblich wehrt. Die Regression hat offensichtlich ein prävalentes Milieu der Pathogenese erreicht. Wir reagieren nur mit beruhigenden und begütigenden Lauten, Gesten, Berührungen, unter denen der Junge sich allmählich beruhigt. Nach einigen weiteren Sitzungen auf dieser frühen präverbalen Ebene zeichnet sich ein *Neubeginn* (*Balint* 1968), eine Wende in eine benigne Progression ab. Wir finden zu gelösten Spielen auf der Körperebene, wobei besonders ein Ball als Kontaktmittel, als *„transitional object"* (*Winnicott* 1953) zwischen Serge und der Therapeutin dient, mit der ihm – im Unterschied zum Therapeuten – die Berührung noch schwer fällt. Manchmal scheint auch noch Angst aufzukommen. Hier nun interveniert der Therapeut „auf Kinderweise", indem er Serges Hand nimmt und mit ihr „ei macht", d.h. die Therapeutin streichelt. Gelegentlich erfolgen, angeregt durch uns und auch auf Wunsch von Serge, Nachbesprechungen, die dem analytischen Durcharbeiten dienen, wobei wir darauf achten, daß keine forcierte Progression eintritt. Es genügt uns (und dem Patienten), daß er erkennt: es handelt sich hier um sehr *frühe* Erlebnisse, und... ich bin viel gezwungen worden. Diese Erkenntnis führt zu einem neuen Schritt in der Progression, denn es kommt ein Haßgefühl auf und „verdrängter Haß ist ein stärkeres Fixierungs- und Klebemittel" als Zärtlichkeit (*Ferenczi* 1929/1964, III, 487). Serge ergeht sich über Stunden und Stunden in Haßpantomimen unter Einsatz seines gesamten Körpers und seiner Stimme, mit der er zischende, fauchende und quäkende Laute hervorbringt. In den „Interludien", Phasen der Beruhigung, sprechen wir seine Empfindungen an, fragen ihn, was er *spüre* in seinem Körper, wie es für das gestalttherapeutische Vorgehen (*Perls* 1969) charakteristisch ist. Die Perzeptionen, insbesondere die *Propriozepte*, werden so ins Bewußtsein gehoben: Spannungszustände, beschleunigter Atem, Herzschlag, Wärmeempfindungen der Haut, all das *Erspürte*, was sich zu einem *Gefühl* verdichten kann. Die Wahrnehmungsarbeit des *Spürens* führt in der Therapie, die hier den Prozeß der Ontogenese nachbildet, zur *Ausdifferenzierung von Gefühlen*, wobei die Therapeuten die verschiedenen Stimmungen, Atmosphären, Gefühlstönungen verbalisieren müssen, genauso wie eine kompetente Mutter aus Mimik und Gestik ihres Säuglings oder Kleinkindes seine *Regungen* abliest und mit den entsprechenden *Gefühlen* benennt. So lernt ein Kind erspürte, wahrgenommene Körperregungen zu *Gefühlen zu synthetisieren*, denn differenzierte Gefühle sind nicht angeboren, sondern sie werden in der direkten Kommunikation, in der Zwischenleiblichkeit (*intercorporalité*) erlernt. So haben wir auch Serge für seine Empfindungen in der körperlichen Expression eine „Sprache geliehen", haben ihm geholfen, seine Gefühle „auf den Begriff zu bringen", indem wir sie – wo er selbst es nicht vermochte – für ihn benannten. Diese *emotionale Differenzierungsarbeit* stellte auf diesem neuen prävalenten Plateau der Pathogenese, das wir als ödipales Milieu identifizieren konnten, eine zentrale therapeutische Aufgabe dar. Haß, Wut, Verletztheit, Niedergeschlagenheit, Verzweiflung – ein ganzes Spektrum von Gefühlen bot sich in der leiblichen Expression in Pantomime und Bewegungsausdruck dar und harrte der Benennung.

Das Objekt des Hasses und all der widerstreitenden Gefühle blieb zunächst ausgespart, wurde aber dann „larviert" (im Sinne des Wortes *larva*, Maske) deutlich, als Serge vorschlug, die Therapeutin solle sich eine Hexenmaske schminken. Wir haben diesen Vorschlag „umgeleitet", weil er uns zu riskant schien – wir wollten eine direkte aggressive Konfrontation mit überschießender Reaktion im Psychodrama oder einem Bewegungsspiel vermeiden – und haben Serge angeboten, er solle die Hexenmaske malen und eine Bildgeschichte dazu. Der Patient malt eine Serie farblich sehr expressiver Masken, die formal die Bildqualität eines Fünf- bis Sechsjährigen haben. Dazu zeichnet er einen kleinen Jungen, der bedroht und verhext wird – eine Bildgeschichte mit einer lebendigen narrativen Qualität. Die „schönste" Maske – was die Häßlichkeit anbelangt – nennt er „Mutter-Maske", weil sie die Mutter von allen anderen Maskenkindern sei. Das *Bedeutungsimplikat*, d.h. den Verweis auf die eigene Mutter, kann er offenbar nicht sehen. Die Deutung: „Mütter können manchmal auch große Hexen sein!" erhält keine *Konsonanz*, also Zustimmung, ja nicht einmal eine *Resonanz*, eine Reaktion. Serge malt unberührt weiter. Bei einer weiteren, auf assoziatives Material abzielenden Frage, woran ihn das alles erinnere, wendet er sich ärgerlich ab. Er wolle nicht gestört werden. Der Therapeut malt daraufhin einen kleinen Jungen mit einem Papi, den er zu den Hexenbildern legt. Er nimmt die ikonische Sprache von Serge auf und versucht, auf dieser Ebene zu deuten. Serge reagiert, indem er in die Mutter-Maske Augenlöcher schneidet, sie sich aufklebt und eine Maskenpantomime beginnt. Mit beschwörenden Gesten bezieht er uns in eine Bewegungsimprovisation ein, eine Art Ritual, das – wie alle vorigen Aktionen – sprachlos bleibt. Nach dem Spiel erklärt er uns: „Das war eine Beschwörung gegen alle bösen Mütter!" Die *Resonanz* auf die *ikonische Deutung* kam protrahiert ... im Spiel.

Die Analyse mit ihren bewegungstherapeutischen, dramatisch-pantomimischen und bildnerischen Mitteln kommt voran. Serge beginnt zuhause sich mit seiner Mutter auseinanderzusetzen. Er grenzt sich ab und kann zuweilen sogar die Unterstützung seines Vaters gewinnen. Die Entspannungs- und Atemübungen, die er als „Hausaufgaben" macht, ohne sie zu zwanghaften Ritualen zu stilisieren (wir haben ihm pantomimische Improvisationseinlagen „verschrieben"), schlagen an. Das integrierte therapeutische Vorgehen, das in der Art kinderanalytischer Arbeit die Analyse mit expressiven, kreativen Mitteln und darüber hinaus mit übenden Körpermethoden verbindet, entfaltet ein *synergetisches Moment*, das wirkt: Der Tic verschwindet und die Zwangssymptomatik flacht ab. Wichtiger aber noch ist, daß sich die Übertragungsqualität zu den Therapeuten verändert, besonders zur Therapeutin. Serge wird anschmiegsam und zugänglich, was im Hinblick auf die Handhabung der Gegenübertragung nach der zuvorigen, durchgängig ablehnenden Haltung, einige Probleme aufwarf, nämlich auf die neue Qualität anhänglich-zärtlicher Zuwendung nicht zu übermäßig zu reagieren und – auf Seiten des Therapeuten – sich auf die Provokation von Eifersuchtsreaktionen, die Serge zu inszenieren versuchte, nicht einzulassen. So geht die Analyse gut voran, und Serge kann in der Erinnerungsarbeit weiterkommen. Nach einem Bewegungsspiel, in dem er sich wünscht, daß *beide* Therapeuten ihn wiegen, berichtet er weinend, wie hart die Mutter früher immer zu ihm war und auch zu seinem Vater, den sie heute immer noch unterdrücke. Aber früher sei das alles noch viel schlimmer gewesen. Es wird die Identifikation mit dem Vater und die Ambivalenz seiner Schwäche gegenüber deutlich. Er erlebt das Therapeutenpaar als Kontrast, wünscht sich, seine Eltern seien jemals so gut miteinander gewesen. Wir lassen Serge diese Atmosphäre des Aufgehobenseins bei guten Eltern genießen, gemäß *Ferenczi*s Maßgabe, man müsse solche Patienten *„förmlich adoptieren und erstmalig der Segnungen einer normalen Kinderstube teilhaftig werden lassen"* (idem 1929/1964, III, 489). Die Analyse hat sich jetzt auf das prävalente Milieu zwischen dem dritten und fünften Lebensjahr eingependelt. Es kommt eine Menge Material aus dieser Zeit, das *erinnert* und *durchgespielt* werden kann. So können wir ihn in dieser Phase nachnähren, kann die *réparentage* geschehen, kann der Patient *gute Gefühle von uns, zu uns und zwischen uns erfahren, spüren und internalisieren.* Er konnte sich in einem *Dreieck* erleben, das nicht bedrohlich war, in dem er vielmehr durch eine *benigne Triangulation* eine Bestätigung seines „So-Seins" erhielt. Die positive Progression schreitet – mit regressiven Phasen oszillierend – fort. Eine Schlüsselfunktion hat dabei eine Arbeit mit der Familienskulptur. Pantomimisch stellt der Patient seine ganze Familie dar. Er benutzt seinen Körper gleichsam als Material, um charakteristische Haltungen seiner Angehörigen abzubilden. So kann er sich mit seinem Bruder auseinandersetzen, seinen Vater in seiner Zwergenhaftigkeit gegenüber der Riesin darstellen, die seine Mutter verkörpert. Er stellt auch uns in Rollen und „modelliert" uns zu Positionen, die er in seiner Familienskulptur braucht. Aus den Skulpturen, die auch bestimmte Situationen und Altersstufen abbilden, entwickelt sich ein Bewegungsspiel, in dem der Patient die Rolle des Dreijährigen Serge spielt und in einem Rollentausch (*Moreno* 1946; *Anzieu* 1956) den Part der Mutter übernahm, die den Kleinen bei einem zärtlichen Versuch der Annäherung mit eiskalter Härte zurückstieß. Der Therapeut – durch den Rollentausch im Part des Kindes – ließ seine Betroffenheit zu und gab seinem Schmerz Ausdruck, worauf Serge „aus der Rolle" fiel und ihm Trost gab. Im Nachgespräch teilt er uns mit, daß er jetzt erst die Situationen damals zu begreifen beginne (szenisches Erfassen/*appréhension scénique*) und sehen könne, was da alles an Schlimmem war, daß ihm jetzt allmählich „klar" würde, was da mit ihm gemacht worden sei und was auch zwischen den Eltern gelaufen sei (szenisches Verstehen/*compréhension scénique* aus gewachsener Exzentrizität). Er bricht in Tränen aus, weil er dies jetzt alles *spüren und fühlen* kann und beginnt zu *trauern:* über das, was ihm zugefügt worden war, darüber, daß er diese Eltern hatte, darüber, daß seine Mutter „nicht richtig lieb sein konnte", sie ihn, den Vater, sich selbst so viel zwingen mußte. Serge leistet *Trauerarbeit* in aufeinanderfolgenden Sitzungen auf dem Niveau des Siebenjährigen, des Zwölfjährigen, schließlich des Siebzehnjährigen, Trauer, die das *Ich* des Drei- und auch des Fünfjährigen noch nicht zu leisten vermochte, denn die Arbeit des Trauerns setzt ein schon gut entwickeltes Ich voraus und kleinen Kindern sind allenfalls Vorformen der Trauer möglich. Deshalb kann keine Analyse gelingen, in der nicht „*nachträgliche Trauerarbeit*" für die frühen Verletzungen geleistet wird. Serge hatte auf diese zunächst mit Rückzug und Spontaneitätsverlust, mit Versteinerung, reagiert. Später war das Kind dann in Gedankenwelten geflüchtet und, als der Kontroll- und Normierungsdruck nicht nachließ, durch Identifikation mit der bedrängenden Mutter in autoplastische Übernahme des Zwangsmusters, das sich allmählich bis zur Ausbildung der Symptome verschärfte.

Nicht nur die Trauerarbeit auf verschiedenen progredierenden Altersniveaus, auch das zunehmend reifer und differenzierter werdende Beziehungsverhalten von Serge zu uns und im Außenfeld zu seinen Eltern (durch gelingende, nicht verletzende Abgrenzungen), zeigte das allmähliche Gelingen der „*analyse progressive*".

Zu erwähnen bleibt noch die Katze der Nachbarin: Serge klagte darüber, daß er bei ihrem Anblick immer wieder in zwanghafte Grübeleien verfiele über Mittel, Wege und Formen, diesem verhaßten Geschöpf den Garaus zu machen. Das Tier schien auf ihn wie ein Signal zu wirken, das die Zwangsgedanken und -atmosphären abrief. Wir haben deshalb einmal ein kleines Kätzchen mit in die Praxis gebracht – wir verwenden des öfteren lebendige Tiere in der Therapie; mit ausgezeichneten Erfolgen als Übergangsobjekte – und haben Serge gesagt, im Nebenraum befände sich das Tierchen, und wenn er wolle, könne er es sich ansehen. Dieser Vorschlag wurde zögernd aufgenommen, dann jedoch entwickelte sich ein lustiges Spiel mit dem Kätzchen. Wir stellten dabei immer wieder die Unabhängigkeit des Tieres heraus, das Faktum – wie im Spiel gut zu sehen war –, daß Katzen sich nicht zwingen lassen. Über drei Sitzungen wurde mit dem Tierchen gespielt. Gefragt, warum diese Katze bei ihm keine Tötungswünsche hervorrufe, betont Serge, sie sei so ganz anders als die anderen Katzen, sie sei ja noch klein und habe außerdem blaue Augen, nicht so kalte grüne „wie die Katze zuhause". (Er sagte nicht: „Die Katze der Nachbarin", und für uns, die wir die Mutter des Jungen, den Blick ihrer graugrünen Augen kannten, war das *Implikat* seiner Formulierung klar.) Wir sahen uns gleichzeitig an und hörten dann das Lachen von Serge: „Ich weiß, was ihr jetzt denkt. Meine Mutter ist auch ein Katzenbiest, ein richtiges Katzenbiest!" Wir lachen gemeinsam und es ist uns dabei bewußt, daß wir noch weiter an der Mutterbeziehung arbeiten müssen, wenn irgend möglich, in Sitzungen mit Mutter und Sohn, um hier neue Formen der Beziehung anzustoßen. Leider ist dies nicht gelungen. Der Widerstand der Mutter war zu groß.

Mit Besserung der Symptomatik und der schulischen Situation bestanden die Eltern darauf, daß wir von zwei auf eine Behandlungsstunde pro Woche zurückgingen, um Serge wenig später nach vierzehnmonatiger Gesamtbehandlungszeit von der Therapie abzumelden. Wir konnten dies mit Serge gut vorbereiten und hatten den Eindruck, ihn in seiner Persönlichkeit insgesamt so gestärkt zu haben, daß er in seiner Familie und seinem schulischen Kontext gut weiter zurechtkommen konnte.

[*Der Versuch, ein Jahr später einen telefonischen Katamnesetermin zu vereinbaren, wurde von der Mutter freundlich-bestimmt abgelehnt. Sie gab uns aber die Auskunft, daß die Zwangssymptomatik nicht wieder aufgetaucht sei und der Junge in der Schule gut zurechtkäme.*]


## „Aktive" und „elastische" Technik

Bis hierher haben wir unser Augenmerk auf Patienten in malignen Regressionen oder in gewöhnlichen Übertragungsregressionen, die mehr oder weniger spontan eingetreten sind, gerichtet und anhand des Fallbeispiels gezeigt, wie die Regression in „benigne Progression" umgewandelt werden kann. Interessanter aber noch erscheinen uns Patienten, deren Abwehrniveau und deren Widerstände so massiv sind, daß eine benigne Regression, die *Nachnähren* und *Heilung alter Wunden* erst ermöglichen würde, nicht erfolgt. Hier bedarf es sorgfältig indizierter Interventionen, um eine regressive Bewegung aktiv zu induzieren. *Ferenczi*s „elastischer", experimentierender Umgang mit der analytischen Technik (idem 1927-28), *Groddeck*s (1921) unkonventionelle Behandlungsmethoden, *Reich*s (1949) methodische Entwicklungen, aber auch Versuche wie die von *Alexander* und *French* (1959) – der erstere war *Ferenczi*-Schüler – und natürlich *Winnicott* (1965, 1969) haben hier Wege gewiesen, die wir unter den Oberbegriff „*aktive Technik*" stellen möchten. *Ferenczi*, der diesen Namen prägte, berief sich mit guten Gründen auf *Freud*: „Das Vorbild dieser ‚aktiven Technik' verdanken wir *Freud* selbst" (1919/1964, III, 127), nämlich seiner Behandlungsmethodik bei Angsthysterien oder drängender Interventionen in der Analyse des „Rattenmannes" (*Freud* 1909, GW VII, 394) usw. „Seit der Kenntnis der Übertragung und der ‚aktiven Technik' können wir sagen, daß der Psychoanalyse außer der Beobachtung und der logischen Folgerung (Deutung) auch das Mittel des Experiments zu Gebote steht" (*Ferenczi* 1919/1964, III, 127). Zunächst beschränkte sich die „aktive" Praxis *Ferenczi*s (1921) nur auf verbale Interventionen, Terminsetzung etc., die allerdings auch den Leib einbezogen, etwa durch das Untersagen von kaschierten Onanie-Bewegungen auf der Couch (idem 1919/1964, III, 120). Dann aber setzt er szenisches Spiel ein, wie im Fall einer kroatischen Sängerin, die vor Lampenfieber nicht mehr auftreten konnte. „Ich zögerte nicht, vor ihr auch das *Hersingen* eines Liedes zu fordern" und „aufgemuntert durch mein Zureden" kommt es zu einem erstaunlichen Ergebnis, die Hemmungen fallen: „Nach zahllosen, mutlos unterbrochenen Versuchen produzierte sie sich als perfekte Chansonette, mit der Koketterie im Mimenspiel und in den Bewegungen..." (1921/1964, II 69f.). Später dann: „Sie dirigierte vor mir (indem sie auch die Stimmen des Orchesters nachmachte) einen längeren Satz aus einer Symphonie" (ibid.). Eine andere Patientin „*drängte*" er, „auf gewisse Anzeichen hin dazu, ihre poetischen Einfälle zu Papier zu bringen" (ibid. 71). Schon in dieser Arbeit über den weiteren Ausbau der „aktiven Technik" (1921) verweist er auf die Indikation bei „*Kinderneurosen*", um einige Seiten weiter festzustellen: „Die Neurotiker haben aber, besonders in der Analyse, alle etwas Kindliches an sich..." (ibid.). Natürlich hat die Aktivität Probleme, die *Ferenczi* 1926 in seinem Artikel über „Kontraindikationen der aktiven psychoanalytischen Technik" (1964, II, 99-115) behandelt und weshalb er das „Prinzip der Gewährung" und die Technik der „Relaxation" als Korrektiv bzw. Ergänzung entwickelt (1929/1964, III, 476f.); aber auch diese implizieren Aktivitäten (ibid. 477). Er baut seine aktiven Interventionen immer weiter aus, bis hin zu den „Kinderanalysen mit Erwachsenen" (1931), die den Beginn einer *ausgereiften Technik* repräsentieren, den Beginn, weil *Ferenczi*s vorzeitiger Tod im Mai 1933 eine Weiterentwicklung verhinderte. So bleiben wir bei dem Oberbegriff „aktive und elastische Technik", die wir im Sinne einer „systematischen Heuristik" ausbauen und praktizieren.

In der Folge wurde kaum mit dieser speziellen Technik der „Kinderanalysen mit Erwachsenen" gezielt weitergearbeitet, wenn man von den Bemühungen *Iljines* absieht, die wir in einem integrativen Ansatz fortzuführen trachten, besonders, was das Einbeziehen kreativer Medien angelangt: dramatisches Spiel, Gesang, Poesie, Puppen etc. – hier bietet *Winnicott* (Analysand von *Ferenczis* Schülerin *Melanie Klein*) unverzichtbare und für die Erwachsenentherapie noch kaum umgesetzte Erkenntnisse...

[*...es folgen Ausführungen zur Praxis der „aktiven" Regressionsinduktion und ein Fallbeispiel aus der Behandlung einer 33-jährigen psychotischen Patientin unter Einbeziehung der Lebenspanoramatechnik und verschiedener Intermediär-Objekte, die zum Heilungsprozeß wesentlich beitrugen.*]

## Wege der Heilung

Der Ausgangspunkt der progredierenden Analyse ist *Ferenczis* grundlegende Erkenntnis – mit der er sich von den ätiologischen Vorstellungen *Freuds* deutlich abgrenzt –, daß seelische Erkrankungen aus *realen biographischen Traumatisierungen* herrühren, Schädigungen im Sozialisationsvorgang würde man mit Blick auf *Erikson* (1959) sagen, dessen zentrale Einsichten für die Behandlungspraxis der Psychoanalyse noch zu wenig Konsequenzen zeigen. „Den ersten Anstoß zur Schaffung abnormer Entwicklungsrichtungen gaben immer traumatische, schockartig wirkende *reale Erschütterungen und Konflikte mit der Umwelt*, die der Formierung neurosogener psychischer Mächte, so zum Beispiel auch des Gewissens, immer vorausgehen. Dementsprechend kann man, wenigstens theoretisch, keine Analyse als beendigt betrachten, wo es nicht gelang, bis zum traumatischen Erinnerungsmaterial vorzudringen" (*Ferenczi* 1929/1964, III, 483). Wir konnten folgende Differenzierungen der Pathogenese herausarbeiten: Stellt *Ferenczi* im zitierten Text auf *reale Konflikte* und *Traumatisierungen* (Erschütterungen) ab, so hebt er in anderen Arbeiten *reale Störungen* (z.B. Sprachverwirrungen 1932) oder *Defizite* hervor, die durch Versagungen und Entbehrungen gesetzt wurden (z.B. in seiner bedeutsamen Arbeit über „Das unwill-kommene Kind und sein Todestrieb", 1929, Patienten, die als *„un-willkommene Gäste der Familie* zur Welt" kamen, 1964, III, 448). Nach unserem Grundprinzip *„von den Phänomenen zu den Strukturen"*, müssen derartige pathogene Konstellationen in einem integrativen Ansatz der Therapie systematisiert, diagnostisch aufgesucht und aufgefunden werden, um dann vom *prävalenten Milieu der Schädi-gung ausgehend, progredierend eine „neue Sozialisation" in der und durch die Behandlung einzuleiten, eine neue – dieses Mal gute – Geschichte zu erzählen (Therapie als „narrative Praxis"), ein neues – dieses Mal gelunge-nes – Drama zu spielen (Behandlung als „dramatische Therapie").* Genau das ist die Intention von *Iljine*s (1942) „Therapeutischem Theater" als *aktionaler Psychoanalyse* oder von *Anzieu*s (1956) und *Lebovici*s (et al. 1958) *analytischem Psychodrama.* „Der Patient wird gleichsam in die Lage jenes Dramendichters versetzt, der unter dem Druck der öffent-lichen Meinung [hier des partizipierenden Analytikers, m.E.] ge-zwungen ist, seine geplante Tragödie in ein Drama mit ‚*happy end'* umzugestalten" (*Ferenczi* 1929/1964, III, 489). Die heilende Öffent-lichkeit und Präsenz des Analytikers konstelliert vom „Neubeginn" (*Balint* 1968) an neue Atmosphären und Szenen, die erfaßt, verstan-den und verinnerlicht werden können und damit der Persönlichkeit ein neues Fundament und eine neue Ausstattung ‚fürs Leben' mitge-ben, ja noch mehr, der *Neubeginn,* die Neuanfänge setzen einen Impuls in die Zukunft. Die Progression wird als solche *qualitativ* erfahren, als eine Offenheit zur Zukunft hin, die nicht als eine be-drohliche Dunkelheit vor dem Patienten liegt (dem größeren Kind, Jugendlichen, Erwachsenen, Alten) sondern als ein Raum, in den man sich schöpferisch hineinentwickeln kann: Der Mensch ist ja, wie *Sartre* mit aller Schärfe herausgearbeitet hat – und das ist zumindest eine Sicht des gesunden, des freien selbstbestimmten Menschen –, „zuerst das, was sich in eine Zukunft hin entwirft und was sich bewußt ist, sich in der Zukunft zu planen. Der Mensch ist zuerst ein Entwurf, der sich subjektiv lebt ....." (*Sartre* 1946, 10), sofern er nicht, das müssen wir hinzufügen, an dieser Freiheit zu kreativer Selbst-entfaltung gehindert wird. Der zukunftsgerichtete Impuls der pro-gredierenden Analyse reicht über den aktualen Lebenszeitpunkt hinaus, weist in die Zukunft und gewinnt damit etwas von der *Ad-ler*schen Teleologie. Dabei ist Zukunft nicht quantitativ sondern qualitativ aufzufassen, als Entfaltungs- und Hoffnungsraum (*Marcel* 1945). Ein *Neubeginn* muß immer in seiner zukunftsstiftenden Qualität gesehen werden – hier ergänzen wir *Balint* durch eine existentialistische Perspektive – und nicht als Moment mit Kausalcharakter. Er leitet zwar eine „gute Kontinuität" (*Koffka* 1935) ein, aber diese muß in ihrer Gesamttendenz gesehen und gewichtet werden. Sucht die *regredierende Analyse* nach Kausalitäten, so werden diese in der *progredierenden Analyse*, die schöpferischen, entwerfenden, formgebenden Charakter gewinnt, überwunden und auf eine „klare, reiche Persönlichkeit" hin orientiert, oder, wie *Perls* (1969) mit Bezug auf die Gestaltpsychologie formuliert, auf eine „*meaningful Gestalt*" bzw. eine „gute Gestalt" hin. *Progredierende Analyse* ist nicht nur rekonstruktiv, reparativ und restaurativ... sie ist *generativ*, konstruktiv, gestaltbildend im Wachstums- und Reifungsprozeß: „Maturing is the transcendence from environmental support to selfsupport" (ibid. 28). „So if you find out how you prevent yourself from growing, from using your potential, you have a way of increasing this" (ibid. 29). Progredierende Analyse sieht sich durchaus solchen, eine medizinalistische Betrachtungsweise überschreitenden Überlegungen verbunden. *Ferenczi* (1908 vgl. auch 1933/1964, III, 535) hatte schon in dieser Richtung gearbeitet, ja, die gesellschaftlichen Dimensionen einer solchen Sicht aufgezeigt.

Mit dem Neubeginn wollen wir neues, organisches, ungestörtes Wachstum fördern, unter optimalen Bedingungen, damit der Mensch seine *Lebensgestalt* finden und schaffen kann, seine für ihn stimmige Form, seine „gute Gestalt als Person" findet. Wir sind auf die „Zeitgestalt" (vgl. *Weizsäcker* 1946) seiner Biographie gerichtet, die nicht nur Vergangenheit ist und Gegenwart, sondern immer auch Zukunftsentwurf, so daß wir in einer *Lebenslaufperspektive* immer das „ganze Leben" *retrospektiv, aktualaspektiv* und *prospektiv* in den Blick nehmen müssen, sowohl was die *permanente Möglichkeit der Pathogonese* anbelangt, die sich nicht auf Kindheit und Jugend begrenzt, als auch was seine Potentiale anbetrifft. Wir richten uns aber auch auf die „Zeitgestalt" des therapeutischen Prozesses selbst und auf die sich in ihm vollziehenden Konfigurationen („Beziehungsgestalten") von Übertragung, Gegenübertragung, von Begegnung und Beziehung zwischen dem Ich und dem Du (*Buber* 1928), dem Selbst und dem Anderen (*Mead* 1934).

Insofern könnte man bei dem, was wir tun, auch von einer „Gestaltanalyse" sprechen, die Traumen als Wachstumshindernisse beseitigen will, Wachstums*störungen* („*growth disorders*", *Perls* 1969, 28) beheben, Wachstums*defizite* durch „*environmental support*" (ibid.) kompensieren will. Es geht dabei um die *Förderung* von Wachstums-Prozessen durch ein „*facilitating environment*" (*Winnicott* 1965) und Maßnahmen in der therapeutischen Beziehung (aber auch in therapeutischen Gemeinschaften), die wir als „*Nachnähren*" bezeichnet haben (*Petzold* 1969c).

Die Differenzierungen der *Schädigungen*, wie wir sie anhand der verstreuten Hinweise im Werk *Ferenczi*s (1964) und aufgrund unserer klinischen Beobachtungen vorgenommen haben, verlangen, das dürfte schon deutlich geworden sein, nach unterschiedlichen „Wegen der Heilung", Strategien der Behandlung mit „heuristischem Wert" (idem 1964, III, 483) und pragmatischer Ausrichtung, durch die die Aufgaben, die sich uns stellen, die *Ziele*, die wir anvisieren, erreicht werden können, denn die *Ziele* bestimmen die *Wege*, und das heißt die Wahl der Methoden, maßgeblich. Die behandlungstechnischen Schriften *Ferenczi*s mögen uns hier wiederum als Ausgangspunkt dienen:

Der durch *Defizite* Depravierte braucht das „*Prinzip der Gewährung*", „Nachgiebigkeit", nicht „Versagung" (ibid. 476), vielmehr „Verzärtelung", ein „zärtliches Verhältnis" usw. (ibid. 503f.). Der durch Mißbrauch als verletzender *Traumatisierung* Geschädigte braucht „die Atmosphäre des Vertrauens und vollkommener Freiheit" (ibid. 481), „taktvoll beruhigende Worte", „ermutigenden Händedruck", „freundliches Streicheln des Kopfes", „Verständnis", „Zärtlichkeit" und „volle Aufrichtigkeit" (ibid. 505). Die von *Konflikten* Zerrissenen brauchen „Relaxation", kathartische Affektentladungen, d.h. „Neokatharsis" (ibid. 489), „Bescheidenheit des Analytikers" (ibid. 389), keine „Gebote oder Verbote", „höchstens Ratschläge" (ibid. 392). Der durch *Störungen*, etwa Uneindeutigkeiten und Zwiespältigkeiten Verwirrte braucht Eindeutigkeit (ibid. 521), „wirkliche Sympathie", „mütterliche Freundlichkeit", keine „Mitleidsphrasen" und manipulative „Täuschungen" (ibid. 517). Es wird also differentielles Vorgehen, werden unterschiedliche „*Wege der Heilung*" ersichtlich, die es zu befolgen und auszuarbeiten gilt. Alle diese Patienten – gleich welcher *Schädigung* – brauchen „psychologischen Takt", „Einfühlungsvermögen" (ibid. 383), „Güte" (ibid. 384), auch das „offene Bekennen eines Irrtums" statt „Unfehlbarkeit" (ibid. 390) durch „schulmeisterisches oder autoritäres Auftreten des Arztes" (ibid. 389). Die wirklich schwergeschädigten Neurotiker *„müßte man förmlich adoptieren und erstmals der Segnung einer normalen Kinderstube teilhaftig werden lassen"* (ibid. 1929/1964, III, 489). Wir sprechen deshalb bei derartigen Intensivbehandlungen von *„therapeutischen Wahlverwandschaften"* (*Petzold* 1965), gilt es doch in der Regel nicht nur *ein* Prototrauma, *einen* Kernkonflikt, *ein* Grunddefizit und *eine* Basisstörung aufzufinden, sondern *eine Vielzahl schädigender Ein-wirkungen* im Verlauf eines unglücklichen Lebensweges mit seinen oft verschlungenen Pfaden [*viations*], d.h. im lebenslangen Sozialisationsprozeß (*Mead* 1934). Bei aller Bedeutung früher Traumatisierungen muß unter der Lebenslaufperspektive aber nicht nur die *innere* „psychische Realität" der Vergangenheit und ihrer Reproduktion in der Gegenwart – etwa im Symptom – gesehen werden, sondern auch die *aktuale Lebenslage* des Patienten, seine *äußeren* Probleme, z. B. materielle Not, die aktive Hilfe erforderlich macht. Der Psychotherapeut muß hier zum Soziotherapeuten werden, diese Realität des Patienten zu sehen bereit sein, aktiv Hilfe leisten – auch das gehört zur Wahlverwandtschaft. Nur auf einem solchen Grund, dem Ernstnehmen der konkreten Lebenswirklichkeit des Patienten durch den Therapeuten – ich spreche deshalb vom *„zweiten Realitätsprinzip"*, denn nicht nur für den Patienten gilt die Orientierung auf die Wirklichkeit, auch der Therapeut muß bereit sein, sich mit der Realität des ihm Anbefohlenen zu konfrontieren und sich für ihn zu engagieren –, nur dann also wird Regressionsarbeit legitimierbar und erfolgversprechend. Weil es „erste Anstöße" für abnorme Entwicklungen und *desolate Lebenslagen* gibt und gab (wir setzten *Ferenczi*s Ausdruck in den Plural und werten ihn nicht als *causa prima*), also von einer *multikausalen Genese* ausgegangen werden muß, betreiben wir „Archäologie" und suchen wir, von den Bedingungen der Gegenwart ausgehend und sie einbeziehend, in einer Art Pfadanalyse [*l'analyse des viations*] vermittels der Regressionsarbeit ein momentan offenbar *virulentes* biographisches Milieu auf – wir nennen es *prävalent* –, um von hier aus einen *„Neuanfang"* (*Balint* 1968) mit dem Patienten zu beginnen. Durch diesen kann der durch emotionale Entbehrungen Geschädigte die liebevolle Beziehung der Mutter, den wohlwollenden Blick des Vaters erfahren, annehmen und verinnerlichen – und er muß die Präsenz *beider* Eltern erfahren –, in der Gruppe durch das Therapeutenpaar, in der Einzeltherapie durch eine zumindest intermittierend anwesende Therapeutin (Therapeut), oder durch einen gezielten Wechsel zu einem anderen Therapeuten / Therapeutin für einen zweiten Behandlungsteil, oder durch seine Möglichkeit, auf den Analytiker (der seine männliche oder weibliche Seite natürlich zur Verfügung haben muß) Vater- *und* Mutterübertragungen zu entwickeln, sich also in diese Konstellationen *wechselseitiger Bezogenheit* zu begeben. Wir sind also auf die Kooperation des Patienten angewiesen und auf das Spiel der *Dynamik* von Übertragung und Gegenübertragung, von Widerstands- und Abwehrgeschehen. Durch diese wird zwischen Patient und Therapeut und den Personen des relevanten Umfeldes (die durch das therapeutische Geschehen zumindest mittelbar betroffen werden und auf dieses zurückwirken) der therapeutische Prozeß im Fortschreiten von Ereignis zu Ereignis, von Fokus zu Fokus, im Zusammenspiel variierender Verläufe [*viations*] als eine komplexe, feine *Textur* gewirkt. Er erhält eine spezifische Charakteristik und Qualität, in der die disfigurierenden Traumen wie auch die *Gestalt des „Neubeginns"* auftauchen. *Balint*s Theorie des „*Neuanfangs*" (1968) ist klar im theoretischen Gedankengut und vor allem in der Praxis *Ferenczi*s vorgezeichnet, wie sie auch von einigen anderen seiner Schüler (*I. Hermann, V. Iljine, S. Lorand, I. Hollós*) ausgeübt wurde und wird. *Balint*s Verdienst liegt indes in der Systematisierung der Ideen seines Meisters. Für unsere Praxis war und ist *ein* (nicht *der*) „Neuanfang", ein kardinales Moment in der Regressionsarbeit. Er ist der Umschlagspunkt in die *benigne Progression*, die Wende von der *regredierenden Analyse* in die *progredierende Analyse*, in welcher sich durch ein beginnendes „Anklammern" (*Hermann* 1959) des „Analysekindes", das sich den „Therapeutenvater/-mutter" sucht, die *mutuelle Adoption* anbahnt, die *wechselseitige Annahme* der „therapeutischen Wahlverwandtschaft" (*Petzold* 1965). In dieser kann der Prozeß der Beelterung bzw. Neubeelterung erst beginnen. Müssen wir also in ein prävalentes Milieu der Pathogenese zurückgehen, so muß die regressive Bewegung von *beiden* – Analytiker und Analysand (wenn auch mit unterschiedlicher Intensität) – vollzogen werden, und *beide* müssen einen *Neuanfang* wagen, von dem aus sie die progredierende Analyse betreiben. Müssen Erkenntnisse gewonnen werden, so müssen *beide*, Behandelnder und Behandelter (und manchmal kommt es in der Wechselbeziehung [*mutualité*] zu Unschärfen, wer was ist – beängstigend, aber wahr) Erkenntnisschritte machen, nach Mitteln und Wegen suchen, weiterzukommen... miteinander, am gemeinsam gewirkten Gewebe. Diese Dialektik *ist* Therapie, ist Be-Handlung, Handlung, Lebensprozeß. So setzt das analytische Geschehen im Progredieren das in Gang, worum es in der menschlichen Existenz geht und was durch die Widrigkeiten des Lebens im Schicksal des Patienten (und des Therapeuten) ver- oder behindert wurde und weiterhin wird: *sich selbst im Lebensganzen verstehen zu lernen und damit gemeinsam (einen) Sinn zu finden und zu leben.*

In diesem Prozeß werden nicht *eine* Verletzung, sondern deren viele im Nach- und Neuvollzug des biographischen Weges geheilt oder gelindert werden können, wird nicht nur *ein* Mangel, sondern so manche Entbehrung, die ein Mensch vom Säuglingsalter bis zu seinem Heranwachsen und – blicken wir auf unsere therapeutischen Erfahrungen mit alten Menschen (idem 1965) – bis ins hohe Alter erleidet, mehr oder minder erfolgreich durch *Nachnährung* gemildert oder durch „korrektive emotionale Erfahrungen" (*Alexander, French* 1959) substituiert werden. Deshalb suchen wir durch explorative Techniken, wie das beschriebene „Lebenspanorama", die „psychodramatische Rekonstruktion" von Kindheitsszenen, die „pantomimische Skulpturierung" von Familienatmosphären und -situationen, die „imaginative Retrospektion" (etwa die Phantasie über die und Visualisierung der Schwangerschaftszeit der Mutter *in der Rolle* der Mutter) unter Einsatz von *Moreno*techniken wie Doppeln und Rollentausch (*Moreno* 1965), ohne in Aktionismus zu verfallen (*Pontalis* 1954), einige *prävalent* traumatische Schichten auf. In ihnen arbeiten wir für einige Zeit, bis die Übertragungsqualität der Analyse die „psychologische Atmosphäre" (*Ferenczi* 1929/1964, III, 265) von Elternschaft und von Kindschaft (*Hermann* 1959) gewonnen hat, die den „Neuanfang" kennzeichnet. Dann halten wir in der regredierenden Bewegung inne und gehen von dem erreichten Regressionsplateau in der Analyse Szene um Szene für eine Zeitlang voran, heben das Regressionsniveau. Diese Arbeit stärkt das *Ich* des Patienten und seine ganze Persönlichkeit in einem Maße, daß in der progredierenden Bewegung auch noch Rückgriffe auf früheres, beim ersten Neuanfang noch nicht zugängliches Material geschehen können, auf archaischere Atmosphären und Szenen, von denen dann erneut vorangeschritten wird, und „die auf schon durchmessene Strecken ein neues Licht werfen können" (*Iljine* 1942, 8). Altes erhält im Licht des Neuen einen anderen Sinn. Neues wird nicht mehr alleinig im Lichte des Alten interpretiert. Es wird *Exzentrizität* und *Mehrperspektivität* [*multiperspectivité*] gewonnen in diesem therapeutischen Geschehen, das sich als eine intersubjektive hermeneutische Suchbewegung erweist: zwischen Therapeut und Patienten (in der *Rollenebene*), zwischen Vater/Mutter und Kind (in der *Übertragungsebene*), zwischen Mensch und Mitmensch (in der *Beziehungsebene*). Aufgrund dieser komplexen interaktionalen Struktur brauchen und praktizieren wir eine „*mehrperspektivische Hermeneutik*", die uns *von den Phänomenen zu den Strukturen* führt, weil der therapeutische Prozeß von uns verlangt, das Meine und das Andere, Bewußtes und Unbewußtes, das Offenbare und das Verborgene (*Janet, Merleau-Ponty*) gemeinsam zu durchdringen, zu den Höhen, über die Ebenen und in die Abgründe zu blicken. Nur so kann sich die progredierende Analyse [*l'analyse progressive*] entwickeln, die der Patient als den *Prozeß seines Lebens selbst* erkennt, erfaßt und versteht, d.h. daß er sich seines „Lebens in Beziehungen", und das bedeutet seines Lebenszusammenhanges, in immer intensiverer Weise „*inne wird*".

[.... Es *folgt ein Bericht aus der Analyse einer 80jährigen depressiven Frau unter Einbeziehung von psychodramatischen und bewegungstherapeutischen Mitteln und wiederum eines Tiers, eines Wellensittichs, als Übergangs- und Intermediärobjekt.*]

# Integrative Bewegungstherapie und Bewegungsagogik als Behandlungsverfahren für psychiatrische Patienten

## (1974/1977)*

Für den theoretischen Ansatz der Integrativen Bewegungstherapie ist die Betonung der existentiellen Einheit von Leib und Person von entscheidender Bedeutung. Der Leib als Grundlage aller Lebensprozesse – auch der kognitiven und emotionalen – wird zum Ausgangspunkt therapeutischen Handelns.

Die theoretische Begründung für diese Position wird aber nicht allein in einem existentialistisch-phänomenologischen Ansatz gesucht, sondern es wird ein entwicklungspsychologisches und sozialisationstheoretisches Erklärungsmodell zugrunde gelegt. Bei diesem wird davon ausgegangen, daß sich die menschliche Persönlichkeit in einem komplexen Prozeß sensumotorischer, emotionaler und kognitiver Sozialisation entwickelt. Grundlage dieses Prozesses ist der wahrnehmungs-, speicher- und reaktionsfähige Organismus des Kindes, der schon pränatal und dann nach der Geburt, in der Mutter-Kind-Dyade zunächst seinen Körper erlebt und im Verlauf der Entwicklung in immer differenzierteren Wahrnehmungs- und Handlungsmöglichkeiten den *Leib* als wahrgenommenen und wahrnehmenden ausbildet, ein Leib-Selbst. Das Ich bildet sich nach *Freud* zunächst als „Körper-Ich" (*Freud* 1923; *Schilder* 1924; 1935; *Federn* 1966) dadurch, daß sich der Leib des Kindes in Abgrenzung zum Leib der Mutter erlebt (vgl. *Jacobson* 1958). Alle Lernerfahrungen, die durch Sozialisationsakte gemacht werden, werden über den Körper „leibhaftig" aufgenommen und von ihm *cerebral* verarbeitet und gespeichert. So kann man mit *Gabriel Marcel* annehmen, „daß ein Körper eine Geschichte ist, genauer gesagt der Abschluß, die Fixierung einer Geschichte. Das Lebensschicksal der Patienten ist die Ge-

---

\* Unter Mitarbeit von *Angelika Berger* nach einem Vortrag im Alexius-Krankenhaus Neuss, Okt. 1974 (*Petzold, Berger* 1977).

schichte ihres Leibes. Jeder von ihnen *ist* sein Körper, über den er nicht hinauskommt... Je mehr ich mein Leib *bin*, desto mehr an Wirklichkeit wird mir verfügbar, existieren die Dinge doch nur, sofern sie mit meinem Körper in Kontakt stehen, von ihm wahrgenommen werden. Hier aber, so scheint mir, liegt das Wesen der seelischen Erkrankung, daß die existentielle Einheit von Selbst und Körper gestört oder verloren gegangen ist. Für den Patienten wird die Welt, die Wirklichkeit unverfügbar, er verliert das Bewußtsein seiner selbst als Existierender, er vermag keinen Kontakt – oder nur einen gestörten – nach außen, zu anderen zu finden" (*Marcel* 1968).

Den Leib wieder wahrnehmungs-, kontakt- und handlungsfähig zu machen, stellt sich als eines der ersten Ziele der Integrativen Bewegungstherapie dar. Nur wenn dies gegeben ist, wird spezifisch psychotherapeutische Arbeit überhaupt erst möglich. Gerade in der Behandlung psychiatrischer Patienten wird immer wieder deutlich, daß eine gestörte Beziehung zur Leiblichkeit mit der seelischen Erkrankung einhergeht, ja man kann sagen, daß für die Mehrzahl seelischer Erkrankungen, seien sie nun neurotischer oder psychotischer Natur, Störungen im Leiberleben, Einschränkungen der Wahrnehmungs- und Reaktionsfähigkeit sowie Störungen in den Körperfunktionen kennzeichnend sind.

In der therapeutischen Arbeit verbindet das integrative Vorgehen den spezifisch psychotherapeutischen Ansatz mit dem pädagogisch-psychagogischen und dem soziotherapeutischen. Die Praxis – gerade in der Behandlung psychiatrischer Patienten – hat gezeigt, daß eine Trennung dieser Ansätze nicht möglich ist, sondern daß in jeder therapeutischen Arbeit auch pädagogische und soziotherapeutische Elemente zum Tragen kommen, ja zum Tragen kommen müssen, wenn nicht die Wirklichkeit des Patienten verkürzt und damit die Effektivität der Behandlung eingeschränkt werden soll. Es ist überdies auch aus theoretischer Sicht keine prinzipielle, sondern allenfalls eine graduelle Unterscheidung zwischen psychotherapeutischem, soziotherapeutischem und pädagogischem Vorgehen möglich. Bei allen drei Ansätzen handelt sich um einen komplexen Lernvorgang, in dem die verschiedenen Paradigmen des Lernens (*Gagné* 1969) zur Wirkung kommen. Weiterhin ist die Matrix, in der sich diese Lernprozesse vollziehen, bei den drei Ansätzen dieselbe: die zwischenmenschliche Beziehung, die Dynamik von Übertragung und Gegenübertragung zwischen Therapeut und Klient/Patient bzw. Lehrer und Schüler. Das Attribut „integrativ" eignet sich deshalb für unser Verfahren nicht nur, weil es verbales und nonverbales, direktives und nondirektives, verhaltensorientiertes und biographisch-aufdeckendes Vorgehen verbindet, sondern auch, weil es eine Integration von Psychotherapie, Soziotherapie und Pädagogik darstellt. Die Unterscheidung in Integrative Bewegungstherapie und Integrative Bewegungserziehung (*Petzold, Berger* 1974; *Petzold* 1977n) ist daher keine grundsätzliche, sondern eine pragmatische, die sich an der Zielgruppe einerseits (Patienten – Schüler) und an dem Grad der Tiefung (vgl. *Petzold* 1974n, 333 und 1977a, 256 f.) im therapeutisch-pädagogischen Prozeß orientiert. Gerade in der leibbezogenen Arbeit der Bewegungsverfahren kommen oft auch in ursprünglich „pädagogisch" intendierten Situationen Konstellationen auf, die von ihrem biographischen Kontext her, von der emotionalen Besetzung und Tiefung als psychotherapeutisch angesprochen werden müssen. Es ist daher unbedingt erforderlich, daß derjenige, der mit Integrativer Bewegungstherapie und Integrativer Bewegungspädagogik arbeitet, eine solide psychotherapeutische Ausbildung hat, die neben den theoretischen Kenntnissen eine ausreichende Selbsterfahrung im Verfahren selbst bietet (*Briner* 1977) und möglichst eine eigene Gestaltanalyse (*Vööbus* 1975), eventuell reichianische Analyse – beide sind besonders geeignet, weil sie leiborientiert sind – oder Psychoanalyse umfaßt.

Wir können für die Integrative Bewegungstherapie, -Soziotherapie und -Bewegungspädagogik als Teilverfahren der *Integrativen Therapie* wie bei dieser folgende Zielsetzungen, Ansätze und Modalitäten unterscheiden:

| *Modalität* | *Ansatz* |
|---|---|
| 1. übungszentriertes Verfahren (ü) | – psychagogisch-pädagogisch(P) |
| 2. erlebniszentriertes Verfahren (e) | – pädagogisch, agogisch, heilpädagogisch (P) |
| 3. konfliktzentriertes Verfahren (k) | – psychotherapeutisch (T), soziotherapeutisch (S) |

| *Zielsetzung* | |
|---|---|
| *I. Reparativ* | a) Behebung und/oder Minderung von Defiziten ü/P,S,T |

b) Behebung und/oder Minderung von chro- nifizierten Störungen       k + ü/T
c) Behebung und/oder Minderung von aku- ten Störungen (Krisen, Konflikten)   k/P, S

*II. Konservierend*      Erhaltung und Stabilisierung von vorhande- nen, intakten Fähigkeiten und Fertigkeiten
                     ü/P, S, T

*III. Evolutiv*            a) Entwicklung spezifischer Potentiale
                     ü, e/P, S, T
           b) Entwicklung der Gesamtpersönlichkeit
                     e/P, T

Die drei Zieldimensionen werden methodisch durch die drei Mo- dalitäten und Ansätze des Vorgehens erreicht, die in der Behandlung parallel zum Einsatz kommen und zwar je nach Indikation mit unterschiedlicher Gewichtung. Wir haben die einzelnen Modalitäten und Ansätze den Zielsetzungen zugeordnet und müssen dabei beto- nen, daß es sich um eine heuristische Unterscheidung handelt, die keine starre Festlegung bedeuten soll, da die Grenzen der jeweiligen Zielsetzungen, Ansätze und Modalitäten fließend sind und auch sein müssen.

## 1. Die übungszentriert-funktionale Modalität

Sie ist im Sinne einer funktionalen Therapie zu verstehen. Durch strukturierte Übungsangebote sollen vorhandene Defizite im Ver- halten des Patienten kompensiert, nachsozialisiert oder neu entwik- kelt werden. Es handelt sich um ein komplexes Verhaltenstraining, das sich die Erkenntnisse der Lerntheorien und und Verhaltensthe- rapie zunutze macht, ohne sich von den eingegrenzten Möglichkei- ten der Reiz-Reaktionstheorie beschränken zu lassen und einem komplexen, erfahrungsorientierten Lernbegriff (*Perls* 1969b; *Goodman* 1975; *Petzold, Brown* 1977) einerseits und einer differenzie- renden Taxonomie der Lernformen (*Gagné* 1969) verpflichtet ist. Die Integrative Bewegungstherapie hat hier ein reiches Repertoire von

496

Übungsverfahren entwickelt: Entspannungs-, Sensibilitäts-, Expressivitäts-, Orientierungs-, Flexibilitätstraining usw. (*Petzold* 1974k).

Durch das übungszentrierte Vorgehen werden neue Verhaltensmöglichkeiten systematisch erschlossen. Das Wahrnehmungs-, Erlebnis- und Verhaltensspektrum der Patienten wird erweitert. Dabei wird nach dem Prinzip „vom Einfachen zum Komplexen" verfahren. Insbesondere, wenn die Fähigkeiten der Patienten im Hinblick auf Rollenflexibilität, Kontakt, Emotionalität, Verbalisation sehr eingeschränkt sind, hat übungszentriertes Vorgehen einen hohen therapeutischen Wert und bildet oftmals erst die Grundlage für konfliktzentriert-psychotherapeutisches Procedere. Übungszentrierte Arbeit verläuft relativ strukturiert, wenn auch spielerische Elemente und freie Improvisation nicht ausgeschlossen sind. Hier werden die Grenzen zum erlebniszentrierten Arbeiten fließend. Weiterhin ist es möglich, daß durch die Mobilisierung im übungszentrierten Vorgehen konfliktbesetztes Material aufkommt, das unmittelbar Anknüpfungspunkte und Einstiegsmöglichkeiten für konfliktzentriertes Vorgehen bietet. Derartige Möglichkeiten sollten indes nur wahrgenommen und aufgegriffen werden, wenn die Belastungsfähigkeit des Patienten und der Gruppe es erlauben. Erstes Ziel der übungszentrierten Arbeit bleibt der Aufbau von Verhalten durch Übungen und Übung.

## 2. Die erlebniszentriert-agogische Modalität

Das erlebniszentrierte Arbeiten in der Integrativen Bewegungstherapie zielt darauf ab, dem Patienten/Klienten neue bzw. alternative Erlebnismöglichkeiten zu erschließen. Hierzu werden die vielfältigen Möglichkeiten der Bewegungsimprovisation, des freien Bewegungsgestaltens als Einzelarbeit oder Gruppenaktivität eingesetzt. Je nach Zielsetzung wird dabei Musik verwandt. Der stimulierende Effekt ausgewählter Musikstücke hat für die erlebniszentrierte Arbeit große Bedeutung. Mit Musik ist es möglich, bestimmte Stimmungen zu evozieren oder zumindest zu fördern. Auch die Improvisation auf einfachen Instrumenten, zu der sich ein Teil der Gruppe bewegt, um nach einiger Zeit die Rolle der Spieler zu übernehmen, wobei diese dann ihrerseits in die Bewegung gehen, hat sich als ausgesprochen aktivierend erwiesen. Bewegungsgestalten und rhythmische Tanzimprovisation fördern die kreativen Fähigkeiten und die Spontaneität der Patienten. Sie schaffen eine gelockerte, freudige Atmosphäre, wie man sie sonst in „totalen Institutionen" selten findet oder herstellen kann. Die gemeinsame Bewegungsarbeit, insbesondere der Improvisationstanz bewirkt oftmals ein intensives Kohärenzerleben in der Gruppe und spontanen emotionalen Kontakt zwischen einzelnen Patienten. Es können durch das erlebniszentrierte Vorgehen auf diese Weise *peak experiences (Maslow* 1964) vermittelt werden und es werden Dimensionen von *Intersubjektivität* in der Bewegung möglich (*Marcel* 1965; *Besems* 1977; *Troisfontaines* 1968), die für Gesundung und Entfaltung der Persönlichkeit zentrale Bedeutung haben. Insbesondere die Beziehung zu den Therapeuten klärt sich, wird ungezwungener und freier von Übertragungsanteilen, die die Kommunikation beeinträchtigen. Das erlebniszentrierte Vorgehen übersteigt den spezifisch therapeutischen Ansatz und muß auch als agogisches Verfahren zur Förderung der Persönlichkeitsentwicklung, des „*personal growth*" gesehen werden.

## 3. Die konfliktorientiert-aufdeckende Modalität

Konfliktorientierte Therapie ist nur möglich, wenn ein gewisses Potential an Wahrnehmungsfähigkeit, Sensibilität, Beziehungsfähigkeit und Reflexionsvermögen vorhanden ist. Gerade bei Langzeitpatienten aber sind diese Fähigkeiten oftmals sehr eingeschränkt oder verloren gegangen. Ein allmählicher Wiederaufbau durch übungszentriertes Vorgehen muß als Vorbereitung auf konfliktorientierte Arbeit eingesetzt werden. Die Integrative Bewegungstherapie nimmt an, daß der Mensch auf der Grundlage einer bestimmten, genetisch vorgegebenen Ausstattung durch Prozesse sozialen Lernens zu dem geworden ist, was er ist. Er hat Geschichte. Diese biographische Dimension, die sich als Gesamtheit aller negativen, defizitären und positiven Erfahrungen darstellt, die ein Mensch im Verlaufe seines Lebens gemacht hat, manifestiert sich nicht nur auf der Ebene von Erinnerungen, Gedanken und Phantasien, sondern findet konkreten Ausdruck im Verhalten eines Menschen. Die Körperhaltung, die Tonusregulation, der Bewegungsablauf psychisch schwer erkrankter Menschen sind deutlich erkennbar verändert. Wenn man das Axiom der psychosomatischen Einheit ernst nimmt, ist eine andere Sichtweise gar nicht möglich. Körperliche Erkrankungen haben immer Rückwirkungen auf den körperlichen Bereich, auf den *Leib*. Es handelt sich jeweils um Erkrankungen des ganzen Menschen, des Leib-Subjekts. In der konfliktorientierten Modalität der Integrativen Bewegungstherapie als einem „aktiven" psychoanalytischen Ansatz (*Ferenczi* 1929/1964, III, 468 f.; II/69 f.) versuchen wir, ausgehend vom offen beobachteten Verhalten, wie es sich in bestimmten Haltungen des Körpers, in Bewegungsabläufen, Spannungs-, Verspannungs-, und Erschlaffungszuständen des Körpers zeigt, therapeutische Ansatzpunkte zu finden (idem III, 119 ff.). Von gleicher Bedeutung sind die Verhaltungsweisen in der sozialen Interaktion, wie sie in der Beziehung zum Therapeuten oder zu den Mitgliedern der Therapiegruppe zum Ausdruck kommen. In jeder der genannten Verhaltensdimensionen zeigt sich ein Stück Sozialisation, Lerngeschichte, ein Stück Lebensschicksal des Patienten. Für den therapeutischen Prozeß ist es von großer Wichtigkeit, daß der Patient sein gegenwärtiges Verhalten auf den verschiedenen Ebenen erlebt, daß er es in seinem lebensgeschichtlichen Zusammenhang verstehen lernt und dadurch integrieren kann. Erst durch diesen Prozeß erfolgt eine nachhaltige Entwicklung der Gesamtpersönlichkeit und können die im übungszentrierten Vorgehen erworbenen Fähigkeiten (Kompetenzen) und Fertigkeiten (Performanzen) voll zum Tragen kommen.

Beim übungszentrierten Vorgehen besteht leicht die Gefahr, daß Verhaltensweisen „ankonditioniert" werden, ohne daß sie vom Patienten organisch in seine Persönlichkeit integriert werden. Aus diesem Grunde ist eine Kombination von konfliktzentriertem, übungszentriertem und erlebniszentriertem Vorgehen unbedingt erforderlich.

## 4. Ziele der therapeutischen und agogischen Arbeit

Als Ziele der therapeutischen und der agogischen Arbeit haben wir global die Behebung oder Minderung von „Schädigungen", d. h.

Traumatisierungen, Konflikten, Störungen und Defiziten, die Stabilisierung der Persönlichkeit und die Entfaltung der persönlichen Potentiale genannt. In der Integrativen Bewegungstherapie und -pädagogik geht es also nicht nur um die *Behandlung* pathologischer Zustände, sondern in gleicher Weise um die Bewahrung und *Stabilisierung* gesunden Verhaltens und die *Förderung* bzw. *Entwicklung* neuer Verhaltensmöglichkeiten. Das tiefenpsychologische Konzept der Therapie wird durch das agogische Konzept einer Förderung von Potentialen bzw. des Wachstums (growth), wie es die humanistische Psychologie vertritt (*Bühler* 1974; *Maslow* 1974; *Perls* 1976) ergänzt. Für die therapeutische Praxis ist ein solcher Ansatz, der nicht nur die Schäden, Defizite und Störungen, sondern auch die noch vorhandenen, gesunden Bereiche sieht, ja darüber hinaus auch noch die Entwicklungsmöglichkeiten im Auge behält, von entscheidender Bedeutung. Er geht davon aus, daß der Mensch nicht nur von seinen traumatischen und defizitären Erfahrungen, sondern auch von seinen positiven Erlebnissen geprägt ist, daß Therapie nicht nur Behandlung des kranken, sondern Stärkung und Entwicklung des gesunden Verhaltens bedeutet. Die drei genannten Leitlinien des therapeutischen und agogischen Vorgehens: *Restitution, Stabilisierung* und *Entwicklung* sind auf die Realisierung von drei Global- oder Richtzielen ausgerichtet: 1. Förderung der personalen Kompetenz und Performanz; 2. Förderung der sozialen Kompetenz und Performanz; 3. Förderung alltagspraktischer Kompetenz und Performanz. Unter *Kompetenz* wird „die Gesamtheit der *Fähigkeiten* verstanden, die zur Erreichung eines bestimmten Zieles notwendig sind", unter *Performanz* alle hierzu erforderlichen *Fertigkeiten*. Personale Kompetenz und Performanz umfassen alle Fähigkeiten und Fertigkeiten, die der Mensch zur persönlichen Lebensbewältigung benötigt: Selbstwahrnehmung, Selbstregulation, Selbstverwirklichung, d.h. er muß in der Lage sein, seine Bedürfnisse wahrzunehmen, zu steuern und in angemessener Weise zu befriedigen. Unter sozialer Kompetenz und Performanz werden alle Fähigkeiten und Fertigkeiten verstanden, die ein Mensch im sozialen Zusammenleben braucht: Fremdwahrnehmung, soziales Differenzierungs- und Orientierungsvermögen, Kooperationsfähigkeit usw. Unter alltagspraktischer Kompetenz und Performanz werden alle praktischen und theoretischen Kenntnisse und Fertigkeiten zusammengefaßt, die zur Bewältigung von sachbezogenen Aufgaben im beruflichen und familiären Leben erforderlich sind. Es wird deshalb mit Bezug auf den Beruf auch von „professioneller Kompetenz" gesprochen.

Derartige Globalziele und Leitprinzipien können natürlich durch Grobzielkataloge ergänzt werden. So wollen Integrative Bewegungstherapie und -agogik kreatives und spontanes Handeln fördern. Sensibilität, Expressivität, Flexibilität, räumliches, zeitliches und soziales Orientierungsvermögen werden genauso angestrebt wie Förderung der Verbalisationsfähigkeit, der Introspektion, des Konflikt- und Problemlösungsverhaltens, der Kontakt- und Beziehungsfähigkeit; denn für die therapeutische und die agogische Arbeit gewinnen derartige Lernzielkataloge erst im konkreten Praxisbezug Relevanz. Therapie- bzw. Lernziele müssen immer anhand der konkreten Lebenssituation eines Patienten erarbeitet werden. Dabei kann man folgendes Schema verwenden:

1. Welche Schädigungen (Traumen, Defizite, Störungen, Konflikte) sind vorhanden?
2. Welche heilen Bereiche sind vorhanden?
3. Welche Möglichkeiten sind noch nicht erschlossen?
   a) auf Grund der Selbsteinschätzung des Patienten,
   b) auf Grund der Einschätzung durch den Therapeuten,
   c) auf Grund der Einschätzung durch die Gruppe, (sofern man diese in den Prozeß der Verhaltensbeobachtung und -kontrolle einbezieht).


## 5. Das Verhaltensrepertoire psychiatrischer Patienten

Im folgenden seien Erfahrungen mit Langzeitpatienten mitgeteilt, die wir im Verlauf der vergangenen fünf Jahre in der psychiatrischen Klinik und in einem Übergangsheim / Rehabilitationsprogramm für psychiatrische Patienten sammeln konnten. Wir konnten weiterhin Erfahrungen von Kollegen auswerten, die mit psychiatrischen Langzeitpatienten bewegungstherapeutisch arbeiten und von uns ausgebildet und supervidiert wurden.

In der bewegungstherapeutischen Arbeit mit Langzeitpatienten ist es eines der ersten Anliegen, einen Eindruck vom aktualen Verhaltensrepertoire (*overt und covert behavior*) zu gewinnen, wie es sich im Verhalten auf der Station, in den Freizeitaktivitäten und der Gruppenarbeit beobachten läßt. Besonders in der Anfangsphase der Arbeit nimmt die Verhaltensbeobachtung einen breiten Raum ein. Sie bietet die Grundlage für die therapeutischen Strategien, die einzuschlagen sind. Dabei ist die Aufmerksamkeit nicht nur auf die Defizite zu richten, sondern es gilt, Verhaltensweisen herauszufinden, die „intakt" sind, die eine gewisse Konstanz und Prägnanz besitzen und sich bei Patienten in einer gewissen Häufigkeit zeigen. Wir konnten die Beobachtung machen, daß bei Patienten auf chronischen Stationen durchweg die Beziehung zum eigenen Leibe schwerwiegend gestört ist. Dies zeigt sich vor allem in einer starken Vernachlässigung der Körperpflege, einem sehr geringen Bewegungsdrang, der durch sedierende Medikation noch weiter herabgesetzt wird, einer eingeschränkten Mobilität bis hin zur Steifheit, einer Reduzierung der Sensibilität im taktilen, akustischen, optischen usw. Bereich. Weiterhin sind erhebliche Defizite im verbalen und non-verbalen Kommunikationsverhalten zu beobachten. So ist es den meisten Patienten nicht möglich, den Therapeuten oder andere Gruppenmitglieder anzusehen, auf andere Menschen direkt zuzugehen, sprachlich prägnant zu artikulieren. Die Bewegungsverläufe beim einfachen Gehen und leichten Lauf sind eckig, vielfach unkoordiniert, fahrig und arhythmisch. Die Körperhaltung ist bei vielen Patienten schlaff, bei einigen sehr verspannt. Charakteristisch ist auch die geringe körperliche Belastungsfähigkeit und ein allgemeiner Mangel an Vitalität und Spannkraft. Ein großer Teil der hier beschriebenen Defizite ist eindeutig auf die stimulierungsarme Umgebung der Klinik, die mangelnden Möglichkeiten der Bewegung und die Monotonie des Klinikalltags zurückzuführen. Es finden sich charakteristische Hospitalismuseffekte als Folge von sensorischer und perzeptueller Deprivation und homogener Stimulierung (vgl. hierzu die von *Weinstein* 1968 zusammengestellte Literatur). Die Deprivations- und Stimulierungsforschung hat gezeigt, daß bei Reizentzug und/oder homogener Stimulierung schwerwiegende physische und psychische Veränderungen auftreten. Dabei kann man davon ausgehen, daß Funktionen, die nicht gebraucht werden, verkümmern. Die aus der Altersforschung bekannte „Disuse-Hypothese" (vgl. *Petzold, Bubolz* 1976, S. 116f.) ist auch in vollem Umfang auf langzeitig hospitalisierte psychiatrische Patienten anwendbar. Ein wesentliches Ziel der bewegungstherapeutischen Arbeit muß deshalb sein, der „multiplen Deprivation" entgegenzuwirken und „multiple Stimulierung" anzubieten. Neben den geschilderten Defiziten kann man nur wenige Verhaltensweisen entdecken, die als „intakt" anzusehen sind. Oft finden sich nur Reste kommunikativen Verhaltens zu anderen Patienten und zum Pflegepersonal, gezielte Verhaltensstrategien bei der Beschaffung von Zigaretten, Getränken und Nahrungsmitteln, weiterhin beim Ansteuern kleiner Privilegien, was Ausgang, Zuwendung von den Pflegern, den Ärzten und Psychologen anbetrifft. Im großen und ganzen ist das Gesamtverhalten gedämpft, auf Minimalfunktionen reduziert und von einer generalisierten Apathie gekennzeichnet.

Diese nicht gerade ermutigende Bestandsaufnahme bietet die Grundlage für das therapeutische Procedere.

## 6. Therapeutisches Vorgehen

Aufgrund der starken Behinderung der Patienten, die wir im Voranstehenden kurz geschildert haben und zu denen noch die spezifische Symptomatik wie z. B. autistische Zurückgezogenheit, Unruhezustände, Halluzinationen, Konzentrationsmangel erschwerend hinzukommen, müssen die Gruppen so zusammengestellt werden, daß die unruhigen Patienten nicht überwiegen, aber auch die zurückgezogenen Patienten für das Klima der Gruppe nicht zu bestimmend werden. In jeder Gruppe müssen einige Patienten vorhanden sein, die in einem etwas besseren Zustand sind und der bewegungstherapeutischen Arbeit ohne allzu große Schwierigkeiten folgen können. Sie sollen für die anderen Gruppenmitglieder als Imitationsmodelle dienen. Die optimale Gruppengröße beträgt zwischen sechs und acht Patienten.

In unserer Arbeit war aufgrund der Situation der einzelnen Stationen die Altersstreuung relativ breit angesetzt. Wir hatten z. T. in den Gruppen Patienten zwischen 22 und 65 Jahren. Diese großen Altersunterschiede erwiesen sich allerdings nicht als Nachteil. Eine altershomogene Population würde zusätzlich einen „sozialen Monotonieeffekt" bewirken. Unter diesen Gesichtspunkten haben wir es auch als einen ausgesprochenen Mangel betrachtet, wenn wir keine weiblichen Gruppenmitglieder hatten.

Die Dauer der Gruppensitzungen war von der geringen Belastungsfähigkeit der Patienten bestimmt. In der Regel wurde eine Stunde gearbeitet; zuweilen erwies sich schon diese Zeitspanne als zu lang, und wir mußten je nach Verlauf der Sitzung früher abschließen. Besonders gegen Ende der Stunde konnten die konzentrationsschwachen Patienten oftmals nicht mehr folgen und störten die anderen Gruppenmitglieder. Es ist daher notwendig, sich an dem oft wechselhaften Zustand der Patienten, wie er sich in der Dynamik der Gruppe zeigt, zu orientieren. Von den Möglichkeiten der Patienten war auch die Wahl der Übungen und der therapeutischen Interventionen bestimmt. In manchen Gruppen, in denen der Anteil an zurückgezogenen oder konzentrationsschwachen Patienten überwog, mußte mit einfachsten Bewegungs- und Koordinationsübungen begonnen werden. Die Erfahrungen aus der bewegungstherapeutischen Arbeit mit Langzeitpatienten haben gezeigt, daß man sehr kleine therapeutische Ziele stecken muß (*Krietsch-Mederer* 1976; *Fine* et al. 1974). Defekte, die aus dem Zusammenwirken von Krankheitsfolgen, Dauermedikation und Reizentzug als Hospitalisierungseffekte im Verlauf vieler Jahre entstanden sind, können auch nur in langwieriger Kleinarbeit abgeschwächt oder teilweise kompensiert werden. Diese Erfahrung ist für den Bewegungstherapeuten, der vorwiegend mit neurotisch erkrankten Patienten gearbeitet hat, oder für den bewegungspädagogisch ausgerichteten Gruppenleiter, der gewohnt ist, mit gesunden Menschen zu arbeiten, schwer zu ertragen. Er muß lernen, kleinste Fortschritte als Erfolge anzusehen. Diese Tatsache stellte am Anfang für uns das größte Problem im Umgang mit diesen Patienten dar.

# 7. Therapeutische Beziehung

Ein Grundprinzip der Integrativen Bewegungstherapie lautet: „Der Therapeut ist das wichtigste Instrument der Therapie". Die persönliche Beziehung, die mit den Patienten aufgebaut wird, stellt die Grundlage der therapeutischen Arbeit dar. Sie wird gleichzeitig zum Modell für die Qualität die Beziehung in der Gruppe. Das wichtigste

Ziel in der Anfangsphase der Gruppenarbeit ist, eine Atmosphäre des Vertrauens, der Wärme und des Akzeptierens zu schaffen. Eine freundliche und geduldige Grundhaltung, *Klarheit* in den verbalen und non-verbalen Interventionen, Eindeutigkeit der „Spielregeln" sind hierfür unbedingte Voraussetzung. Vor allen Dingen darf auf den Patienten kein Zwang ausgeübt werden. Die Teilnahme an den Gruppen ist freiwillig. Die Patienten wurden vom Stationspersonal motiviert und an die Gruppenzeiten erinnert. Auf einigen Stationen wurde die Teilnahme durch Gespräche des Pflegepersonals mit den Patienten gefördert. Aber es gab auch Stationen, wo wenig Verständnis für die Gruppenarbeit vorhanden war. Die Patienten, die in einer besonders schlechten Verfassung waren, wurden auf der Station abgeholt und später vom Gymnastikraum wieder auf die Station gebracht. Die therapeutische Beziehung war damit nicht nur auf die eigentliche Gruppenarbeit begrenzt, sondern wurde durch Besuche und Kontaktgespräche auf den einzelnen Stationen vertieft. Die Zuwendung des Therapeuten muß als einer der wichtigsten motivationalen Faktoren angesehen werden, durch die die Apathie des Langzeitpatienten durchbrochen werden kann. Ist erst einmal ein Einstieg in die praktische Bewegungsarbeit gefunden, so wird diese schon aufgrund der Tatsache, daß sie eine Abwechslung in der Eintönigkeit des Klinikalltags darstellt, von den Patienten positiv eingestuft.

Die Regulierung von Nähe und Distanz in der therapeutischen Beziehung stellt sich als das schwierigste Problem dar. Da die oftmals infantilen, durch die Struktur der Klinik und durch ihre Krankheit regredierten Patienten kaum eine Bezugsperson haben, erhält die Beziehung zum Therapeuten einen hohen Stellenwert. In die Übertragung gingen vielfach auch sexuelle Wünsche an die Therapeuten ein, die zum Teil in naiver, zum Teil aggressiv-obszöner Weise geäußert wurden.

Eine klare emotionale Beziehung herzustellen, ist besonders bei den sehr zurückgezogenen psychotischen Patienten schwierig und stellt sich als ein langwieriger Prozeß dar, in dem geringfügige Signale wie z. B. ein Blick, eine Geste, eine Berührung schon als wichtige Botschaften aufgefaßt werden müssen. Das Zustandekommen und der Aufbau eindeutiger Übertragungen können schon als ein erheblicher Therapieerfolg gewertet werden. Das Übertragungsgeschehen wurde besonders intensiviert, wenn ein Kotherapeut in der Gruppe mitarbeitete und auf diese Weise die Elternfiguren symbolisch repräsentiert waren.

## 8. Behandlungsmethodik und Technik

Die Behandlungsmethodik bei Langzeitpatienten ist vorwiegend übungszentriert, wenngleich die erlebniszentrierte und die konfliktorientierte Dimension im Auge behalten werden muß und, wo möglich, vorsichtig zum Einsatz kommen sollte. Im Hinblick auf die festgestellten Defizite haben wir versucht, durch ein systematisch aufgebautes Trainingsprogramm das Erlebens- und Verhaltensrepertoire der Patienten zu erweitern. Ausgangspunkt ist dabei ein einfaches Bewegungstraining, das zum Ziel hat, die Patienten an den Gymnastikraum, die veränderte Umgebung und an das „Medium Bewegung" zu gewöhnen. Gehen und Laufen im Raum, Berühren der Wände und Gegenstände, Übungen auf dem Boden stehen am Anfang. Oftmals kann zur Unterstützung eine anregende, allerdings nicht aufdringliche, rhythmische Musik verwendet werden. Mit der Bewegung im Raum verbunden ist ein Training der Orientierungsfähigkeit. Der Raum wird von den Patienten in seinen Dimensionen erfahren. Der Kontakt mit dem physikalischen Umfeld, dem jeweiligen Raum, stellt eine Grundform von Wahrnehmung dar, die für die psychiatrischen Patienten durchaus nicht selbstverständlich ist. Wahrnehmung von Gegenständen gestaltet sich jedoch für sie einfacher als die Wahrnehmung von Personen, in der immer „die Gefahr" tatsächlicher Kontaktaufnahme liegt. Das Problem des Kontaktes der Gruppenmitglieder untereinander ist in den meisten Gruppen mit chronischen Patienten eine der größten Schwierigkeiten. Kontakt- und Partnerübungen wurden vielfach abgewehrt, indem ihre Durchführung gänzlich verweigert oder durch Clownerien und Mangel an Ernstwertung „entschärft" wurden. Hier ist es oft erforderlich, durch Bestimmtheit in der Intervention klare Grenzen zu setzen.
Das allgemeine „isodynamische" Bewegungstraining (vgl. S. 532) zielt auf Lockerung der Patienten, den Aufbau von Elastizität und Spannkraft ab. Es werden zu diesem Zweck isometrische und isotonische Übungen eingebaut und Bewegungsfolgen konzipiert, die

einen flüssigen Bewegungsablauf fördern (*Smith, Figetakis* 1970). Im Sinne dieser Zielsetzungen sind auch die Ballspiele geeignet, die wir zuweilen an den Schluß der Stunde stellen.

## 8.1 Bewegungsspiele

Spiele, insbesondere Fußball, Handball, Volleyball und Völkerballspiel können in ihrem Wert für bewegungstherapeutische Arbeit gar nicht hoch genug veranschlagt werden. Sie mobilisieren nicht nur die Körperlichkeit, indem sie gezielte und koordinierte Bewegungen fördern, Atmung und Herz-Kreislauftätigkeit anregen, die Muskulatur beanspruchen, sondern sie mobilisieren auch den affektiven und sozialen Bereich. Im Wurf des Balles können aggressive Komponenten Ausdruck finden. Ein gelungenes Tor löst Freude auf der einen und Enttäuschung auf der anderen Seite aus, eine verpatzte Situation Ärger und eine erfolgreiche Genugtuung. Für den apathischen, chronisch erkrankten Patienten sind derartige Gefühlsäußerungen von großer Bedeutung. Die *Freude am Spiel* bringt eine Dimension in den freudlosen Klinikalltag, deren heilende Wirkung gar nicht genug betont werden kann: Lachen und Spaß. Der Begründer des Psychodramas und der modernen Gruppenpsychotherapie *J.L. Moreno* hat verfügt, daß auf seinem Grabstein folgende Inschrift stehen solle: „Hier ruht der Mann, der das Lachen wieder in die Psychiatrie eingeführt hat" (*Leutz* 1974). In den psychiatrischen Einrichtungen wird zu wenig gelacht. Oft findet man ein bedrückendes Klima, das der Entwicklung gesunder Verhaltensweisen wenig Raum gibt. Spiele bieten Möglichkeiten, derartige Verhaltensalternativen freizusetzen; sie fördern darüber hinaus Kommunikation und soziale Interaktion. Der Ball muß abgegeben werden; das erfordert, die Aufmerksamkeit auf den anderen zu richten und mit ihm Kontakt aufzunehmen. Anfänglich ist wenig von „Zusammenspiel" zu beobachten. Das Spiel ist oft unkoordiniert und chaotisch. Einige sehr zurückgezogene Patienten bleiben am Rand oder auf der Spielfläche stehen, bzw. nehmen nur sporadisch teil. Es kommt allerdings auch zu spontanen Reaktionen bei katatonen Patienten, wenn sie „angespielt" werden, indem man ihnen den Ball zuwirft. Hier kann der Bewegungstherapeut auf Verhaltensrudimente zurückgreifen:

Jeder Junge, jedes Mädchen hat Ballspiele betrieben, und die Bewegungs- und Handlungsabläufe sind ihnen irgendwie vertraut, d.h. sie sind im Verhaltensinventar gespeichert und können in der Spielsituation aktiviert werden. Gruppen, mit denen wir regelmäßig Ballspiele durchgeführt haben, gewannen an Kohäsion und zeigten ein besseres soziales Klima. Außerdem nahm die physische Kondition der Patienten zu.

## 8.2 Atemschulung

Im Bewegungstraining und in den Ballspielen wird die Atmung angeregt. Darüber hinaus ist aber eine gezielte atemtherapeutische Arbeit notwendig. Fast alle Patienten haben ein gestörtes Atemmuster. Die Atmung ist flach und beschränkt sich vorwiegend auf den Brustraum. Eine gesunde Zwerchfellatmung findet man bei psychisch Kranken selten. Nach dem Verständnis der Integrativen Bewegungstherapie, das sich in dieser Hinsicht auf Überlegungen von *Elsa Gindler* (1932), *Nikolai Ouspiensky* (1964), *Ilse Middendorf* (1977), *Wilhelm Reich* (1972) und *Alexander Lowen* (1976) gründet, ist eine eingeschränkte Atmung mit einer Reduzierung der emotionalen Erlebnis- und Ausdrucksmöglichkeit verbunden. Bei allen Emotionen ist die Atmung ganz wesentlich beteiligt: Man hält vor Furcht den Atem an, schnaubt vor Wut, prustet vor Lachen, stöhnt vor Lust, seufzt vor Traurigkeit. Die Mobilisierung der Atmung führt oftmals dazu, daß spontan tiefe Gefühle aufkommen. Die Patienten beginnen zu weinen, zu lachen, Zorn zu zeigen. Die Atemarbeit ist nicht forcierend und intendiert keine bewußte Atemkontrolle. Vielmehr werden Körperhaltungen und Bewegungsabläufe vorgegeben, die eine natürliche Tiefatmung möglich machen, ohne daß der Patient steuernd in den Atemrhythmus eingreift. Aus diesem Grunde verwenden wir in der ersten Zeit die Begriffe „Atem" oder „Atemschulung" überhaupt nicht.

## 8.3 Sensibilisierungstraining

Die Störung der Sensibilität hat ihre Ursache in erster Linie in der Abspaltung der Leibwahrnehmung. Die Identität zwischen Körper und Person, d. h. das Leib-Subjekt, ist tiefgreifend gestört. Der Patient *hat* seinen Körper, erfährt sich nicht als *Leib*, der er *ist* (*Dürckheim* 1974), und aufgrund dieser Haltung tendiert er dazu, seinen Körper „abzulegen", seine Körperwahrnehmungen und Körperreaktionen zu verleugnen. Für diese Patienten kann das Wort von *Iljine* (1965) gelten: „*Habe ich meinen Körper verloren, so habe ich mich selbst verloren. Finde ich meinen Körper, so finde ich mich selbst. Bewege ich mich, so lebe ich und bewege die Welt. Ohne diesen Leib bin ich nicht, und als mein Leib bin ich. Nur in der Bewegung erfahre ich mich als mein Leib, erfährt sich mein Leib, erfahre ich mich. Mein Leib ist die Koinzidenz von Sein und Erkenntnis, von Subjekt und Objekt. Er ist der Ausgangspunkt und das Ende meiner Existenz.*"

Die Störung der Selbstwahrnehmung zieht immer auch eine Störung der Fremdwahrnehmung nach sich. Aus diesem Grunde ist ein Schwerpunkt unserer Arbeit in der Förderung der „Awareness", der Bewußtwerdung der Selbstwahrnehmung zu sehen. Wenn Identität im Verlaufe der Entwicklung auf der Grundlage des „Leib-Selbsts" und des „Körper-Ich-Erlebens" gewonnen wird, so kann man davon ausgehen, daß bei einem Verlust an Identität, wie er für psychiatrische Patienten kennzeichnend ist, auch mit dem Aufbau des Leib-Selbsts über das Körper-Ich, d. h. alle Funktionen des bewußten Wahrnehmens und Handelns begonnen werden muß (*Ammon* 1975; *Petzold* 1975). Wir beginnen meistens mit sehr einfachen Übungen. Die Patienten werden z. B. aufgefordert, sich auf dem Boden zu rollen. Auf diese Weise nehmen sie, ohne daß besonders darauf hingewiesen wird, ihren Körper wahr. Der harte Boden bringt sie mit ihrem Körper in Kontakt. Weiterhin lassen wir den Körper mit den Händen abklopfen und einzelne Körperteile, besonders die Hände, die Füße und das Gesicht abtasten. So kann die Klient ein neues Gefühl für seinen Körper entwickeln, der sich damit vom „*corps objectif*", vom Dingkörper, zum *erlebten Leib* transformiert. Die empirischen Untersuchungen von *Maurer-Groeli* (1975; 1976) bei akuten und von *Goertze* et al. (1965) und *May* et al. (1963) bei chronisch schizophrenen Patienten mit einer körperzentrierten Therapie haben gezeigt, daß die mit diesem Verfahren behandelten Patientengruppen gegenüber Vergleichsgruppen deutliche Besserungen aufweisen (vgl. auch *Auriol* 1972). Auch wir konnten die Feststellung machen, daß durch Sensibilisierungsübungen Patienten aktiver und aufnahmebereiter wurden und sich ihre Beziehung zu ihrem Körper verbesserte, die *Identität von Leib und Person* wuchs. Dies kam zum Beispiel dadurch zum Ausdruck, daß sie ohne vermehrte pädagogische Maßnahmen die Körperpflege intensivierten, häufiger zum Duschen gingen, sogar von sich aus die Wäsche wechselten. Es ist ja in der Psychiatrie ein altbekanntes Phänomen, daß sich im Zustand des Patienten eine Besserung abzeichnet, wenn er sich der Körperpflege wieder stärker zuwendet. Ein intensives Sportprogramm, in dem besonders das Schwimmen eine wichtige Rolle spielt, und eine gute physikalische Therapie können derartige Entwicklungen fördern (*Sivadon, Gantheret* 1973). Das Sensibilisierungstraining bleibt aber nicht auf die Wahrnehmung des Körpers beschränkt, sondern wird auf die Wahrnehmung des Umfeldes ausgedehnt. Die Patienten werden dazu ermuntert, Erfahrungen mit Materialien zu machen, den Boden, die Wände, Gegenstände zu betasten und bewußt wahrzunehmen. Es ist wichtig, daß Übungen eine spielerischen Charakter haben und von den Patienten gerne ausgeführt werden. Übungen zur Wahrnehmung anderer Patienten durch Partnerkonstellationen und Körperkontakt sind anfänglich kaum möglich, am ehesten noch, wenn sie in Spiele eingebaut werden. In praktisch jeder Therapiestunde werden eine Reihe von Übungen des Sensibilisierungstrainings eingesetzt, weil durch sie die Grundlage zu weiteren Verhaltensmöglichkeiten, insbesondere der Expressivität gelegt werden.

## 8.4 Expressivitätstraining

Wahrgenommenes muß Ausdruck finden. Die Ausdrucksfähigkeit der Patienten ist weitgehend eingeschränkt. Ihre Mimik und Gestik ist monoton und ohne Aussage, sofern sie nicht von Nervosität, unkontrollierten Reaktionen (z. B. Grimassieren) bestimmt wird, wie es für manche Krankheitsbilder charakteristisch ist. In jedem Falle ist das Einüben von Ausdrucksverhalten eine wichtige therapeutische Maßnahme. Wir beginnen damit, daß wir die Patienten auf vorhandenes Ausdrucksverhalten aufmerksam machen, wie es sich auf der Station oder in der Gruppenarbeit besonders beim Spiel zeigt: z. B. „Du kannst ja ganz schön zornig sein!" – „Mensch, kannst du lachen!" usw. Durch derartige Zuwendungen wird, im Sinne eines positiven Reinforcements, Verhalten verstärkt, so daß es gehäuft auftreten kann. Eine weitere Möglichkeit ist das Spielen von Emotionen. Wir spielen „lustig sein, zornig sein, gelangweilt sein, müde sein". Nach *Scott* (1959) muß sich ein Verhalten erst zeigen, ehe es verstärkt werden kann. Wenn ich also durch Übungen des Ausdruckstrainings expressives Verhalten hervorrufen kann, habe ich auch die Möglichkeit, es positiv zu verstärken.

## 8.5 Orientierungstraining

Die meisten Patienten haben die Schwierigkeit, sich zeitlich und räumlich zu orientieren. Dies ist nicht nur Kennzeichen für psychotische Erkrankungen, sondern auch eine Folge des Monotonieeffektes der Klinik. Zeitliche und räumliche Orientierung bilden eine Voraussetzung für soziale Orientierung. Durch ein komplexes Training soll die Orientierungsfähigkeit des Patienten wieder entwickelt werden. Wir gehen gemeinsam durch das Klinikgebäude und das Klinikgelände und nehmen die Räumlichkeiten bewußt wahr. Wir zählen die Schritte und erfahren auf diese Weise die Länge der Gänge. Wir durchqueren die Gymnastikhalle in alle Richtungen und bekommen so ein Gefühl für ihre Dimensionen. Durch rhythmische Übungen wird die Zeitstruktur erlebbar. Eine kleine Zeiteinheit durch rhythmische Bewegung zu strukturieren, bildet die Grundlage für Zeiterleben und die Fähigkeit, Zeit im größeren Rahmen einzuteilen. Im Verlauf dieser Übungen wird versucht, auch das soziale Umfeld bewußter wahrzunehmen. Hier ergeben sich in der Praxis die meisten Schwierigkeiten und man muß wiederum mit kleinen Schritten anfangen. Durch Suchspiele soll das räumliche und zeitliche Orientierungstraining eine heitere Note bekommen und wird die Motivation der Patienten für derartige Übungen erhöht.

Die hier kurz beschriebenen Trainingsmöglichkeiten stellen eine Auswahl dar. In der Praxis muß der Bewegungstherapeut über ein sehr großes Repertoire an Übungen und Spielen verfügen, um immer wieder neue Angebote machen zu können, weil die Konzentrationsfähigkeit und das Interesse der Patienten sehr schnell abnimmt und neue Anregungen und Angebote verlangt.

## 9. Verhaltenstherapeutische Aspekte

In den beschriebenen Übungen mit schwerstgestörten Patienten geht es darum, daß neue Fähigkeiten und Fertigkeiten gelernt oder alte reaktiviert werden. Hier wird die Beachtung verhaltenstherapeutischer Prinzipien allerdings auf dem Hintergrund einer intersubjektiven Haltung und eines psychodynamischen Verständnisses sinnvoll. Gewünschtes Verhalten, das vom Patienten in der Gruppe gezeigt wird, wird vom Therapeuten positiv durch verbalen Zuspruch oder sogar durch Lob vor der Gruppe verstärkt. Derartige „soziale Verstärker" haben sich als besonders wirksam erwiesen, wenn eine gute emotionale Beziehung bzw. Übertragung der Gruppenmitglieder zum Therapeuten vorhanden war. Es wird aber nicht nur mit der Verstärkung operanten, d.h. vom Körper selbst geäußerten Verhaltens, gearbeitet, sondern auch mit der Verstärkung respondenter Verhaltensweisen, die durch die Übungen ausgelöst werden. Auf diese Weise ist es möglich, bestimmte Verhaltensbereiche systematisch im Sinn des „shaping" aufzubauen (*Kanfer, Phillips* 1975). Es ist weiterhin notwendig, mit dem Extinktionsmodell zu arbeiten. Unerwünschte störende Verhaltensweisen, deren Psychodynamik nicht erfaßt und bearbeitet werden kann, werden, solange sie die Gruppenarbeit nicht schwerwiegend stören, nicht beachtet. Der Therapeut hält auch die Gruppenmitglieder an, auf derartige Verhaltensweisen nicht einzugehen. Patienten, die versuchen, die Aufmerksamkeit immer durch Clownerien oder Störversuche auf sich zu ziehen, werden auf diese Weise für ihr Verhalten nicht mehr positiv verstärkt. Die Folge ist, daß einige Patienten vorübergehend derartige Manöver vermehrt zeigen, um den gewohnten Effekt doch noch zu erreichen. Hier ist es notwendig, eine konsequente Haltung einzunehmen. Ein weiteres verhaltenstherapeutisches Modell ist für unsere Arbeit von entscheidender Bedeutung: das *Imitationslernen* (*Bandura* 1969). Dadurch, daß der Therapeut Bewegungsabläufe und Ausdrucksverhalten vormacht und zeigt, so daß es von den Patienten beobachtet werden kann, ist die Möglichkeit zum imitativen Lernen gegeben. Da der Therapeut aufgrund der Übertragung einen hohen sozioemotionalen Stellenwert für die Patienten hat, ist er ein besonders geeignetes Imitationsmodell. Der Nachahmungseffekt läßt sich, ohne daß besonders auf ihn hingearbeitet wird, nach einiger Zeit an Kleinigkeiten beobachten. Es empfiehlt sich aber, die Möglichkeiten des Imitationslernens bewußt einzusetzen, indem man der Gruppe Übungen vormacht und die Aufmerksamkeit der Klienten anspricht: „Schaut einmal her, das muß so gemacht werden!" (Es folgt dann die Übung.) Auch Patienten können als Imitationsmodelle fungieren. Wenn eine Übung besonders gut ausgeführt wird, so wird der Patient aufgefordert, sie noch einmal vor der Gruppe durchzuführen. Er wird damit für sein Verhalten nicht nur positiv verstärkt, sondern ist für die Gruppe ein Imitationsmodell und dient den übrigen Mitgliedern als Anreiz, ihn nachzuahmen. Es werden auf diese Weise auch vikarielle Lernprozesse fruchtbar gemacht.

Die Möglichkeiten, die eine Einbeziehung ausgewählter verhaltenstherapeutischer Prinzipien für eine ansonsten psychodynamisch fundierte Bewegungstherapie mit chronifizierten Patienten bietet, sind beträchtlich. Das übungszentrierte Vorgehen kann in einer Effektivität durch sie wesentlich gesteigert werden. Eine ausschließliche Zentrierung auf diesen Ansatz aber greift zu kurz.


## 10. Gruppengespräch

Um die Gruppe zu einem „Feld sozialen Lernens" zu machen, ist es erforderlich, daß die Dichte der Interaktionen und der verbale Austausch gefördert werden. Die Möglichkeiten hierzu sind bei sehr zurückgezogenen Patienten eingeschränkt. Man fängt deshalb vorwiegend auf der non-verbalen Ebene an, um dann zu einfachen Kommunikationen über die Übungen zu kommen: „Wie waren denn die Übungen heute?", „Hat dir die Übung Spaß gemacht?", „War das schwierig?" usw. Auf diese Weise werden persönliche Stellungnahmen in der Bewegungsarbeit angeregt. Es kommt zu kurzen Äußerungen der einzelnen Patienten und zum Austausch der Gruppenmitglieder untereinander. Dies tritt zunächst sporadisch auf und bleibt auf kurze Äußerungen beschränkt. Es fällt vielen Patienten sehr schwer, über sich selbst und insbesondere über ihre Gefühle zu sprechen. Im Verlauf der bewegungstherapeutischen Gruppenarbeit aber nehmen die verbalen Phasen stetig zu. Auf diese Weise wird die sprachliche Ausdrucksfähigkeit gefördert, die Kommunikation aufgebaut und die Grundlage für vorsichtiges, konfliktorientiertes Arbeiten gelegt. Wenn ein Patient z. B. etwas über sich erzählt, so wird solchen Äußerungen große Beachtung geschenkt. Insbesondere Hinweise auf Zusammenhänge vor der Hospitalisierung oder Verbindungen zum Außenfeld (Angehörige) werden aufgegriffen. Auf diese Weise können Bezüge zwischen Verhalten in Bewegungsspielen und biographischen Zusammenhängen hergestellt werden. Ist die Vertrauensbasis in der Therapeut/Patientbeziehung gut, so kann auch von seiten des Therapeuten ein behutsamer Vorstoß unternommen werden, die Lebensgeschichte des Patienten anzusprechen. Die Anamnese, aber mehr noch das Verhalten in der Bewegungstherapie, geben dem Therapeuten ohnehin zahlreiche wichtige Aufschlüsse über das Zusammenwirken von lebensgeschichtlichen Ereignissen für die Genese des Krankheitsbildes. Wird ein biographisches Thema deutlich und vom Patienten in die Gruppe getragen, so kann es durch Bewegungsimprovisationen gestaltet werden. Pantomimisch oder in einer Form von Bewegungs-Psychodrama (*Fine, Dally, Fine* 1974) werden Geschwisterkonstellationen oder Situationen mit den Eltern durchgespielt. Wenn in einer solchen Form gearbeitet werden kann, beginnen sich intensivere, im eigentlichen Sinne psychotherapeutische Prozesse zu entwickeln. Hier ist es wichtig, den Patienten in seiner Belastbarkeit nicht zu überfordern und auch die Belastungsfähigkeit der Gruppe und einzelner Gruppenmitglieder richtig einzuschätzen. Andernfalls kommt es zu Rückschlägen, die nur in mühsamer Kleinarbeit wieder aufgenommen werden können.

## 11. Fallbeispiel

Um einen plastischeren Eindruck von unserer Arbeit zu vermitteln, sei ein kurzes Fallbeispiel angeführt: *Hans B.*, 42 Jahre, ist seit sieben Jahren auf einer Langzeitstation für chronisch schizophrene Patienten. Vor seiner Hospitalisierung war er als Heizungsmonteur tätig gewesen. Unverheiratet lebte er im Hause seiner Eltern, in dem auch noch sein älterer Bruder mit seiner Frau wohnte. Die übrigen Geschwister lebten verheiratet in der Nachbarschaft. Sie waren zum größten Teil als erfolgreiche selbständige Handwerker tätig. Der Patient hatte bei fünf Geschwistern die dritte Geschwisterposition inne. In seiner Jugend und Kindheit war er häufig krank und hatte erhebliche Schulschwierigkeiten. Bis zu seinem neunten Lebensjahr war er Bettnässer. In seinem beruflichen Leben hatte er wenig Erfolg. Er brach seine Lehre ab und wurde dann in einer Heizungsfirma als Monteur angelernt. Zahlreiche Stellenwechsel kennzeichneten seine berufliche Laufbahn. Von den Geschwistern und den Eltern wurde er abfällig behandelt. Schließlich arbeitete er im Schlosserbetrieb seines älteren Bruders. Durch ständiges Fehlen und Unzuverlässigkeit in der Arbeit erhielt er durch seinen eigenen Bruder die Kündigung. Nach einem halben Jahr der Arbeitslosigkeit setzte eine psychotische Erkrankung paranoider Prägung mit massiven Halluzinationen ein.

Im Verlauf der stationären Behandlung stellte sich keine Besserung ein. Der Patient regredierte zunehmend und wurde immer zurückgezogener. Nach und nach bildeten sich Defekte aus. Als Hans B. in die Bewegungsgruppe kam, war er in einem schlechten physischen Allgemeinzustand, sehr verwahrlost und kaum ansprechbar. Anderen Gruppenmitgliedern gegenüber zeigte er sich verschlossen, zuweilen aggressiv. In den ersten Sitzungen beteiligte er sich am Gruppengeschehen überhaupt nicht. Er stand am Rande und schien in sich versunken. Nach einiger Zeit begann er bei den Ballspielen am Schluß der Stunde zuweilen mitzuspielen. Hier fiel auf, daß er den Ball manchmal mit großer Wucht gegen die Wand schleuderte. Diese Verhaltensweise wurde verstärkt. „Das war ein guter Wurf! Versuchen Sie das noch mal! Feste gegen die Wand!" Die Intervention wurde vom Patienten nicht aufgegriffen, sondern er ging abweisend an den Rand des Spielfeldes zurück. In den folgenden Stunden aber wiederholte er häufiger seinen „Schmetterwurf" gegen die Wand. Die Therapeutin bot ihm nach einer solchen Stunde an, doch noch etwas mit dem Ball an der Wand zu üben. Dieses Angebot wurde aufgenommen und B. entwickelte eine große Heftigkeit. Dieses „Nachspiel" fand etwa sechs Mal statt. Die Therapeutin fragte jedesmal, ob es „Spaß gemacht habe" und bekam ein einsilbiges „Ja" zur Antwort. In der sechsten Stunde sagt B. auf die Frage: „Isch möschte dene alle paar vor de Köpp' ballern" (Ballermann = Revolver). T. darauf: „Ja, dann machen Sie das nur!" und versuchte nicht weiter zu explorieren, um eine Abwehrreaktion und ein erneutes Verschließen zu verhindern. In den folgenden Stunden wurde B. in der Gruppenarbeit aktiver. Er begann mit anderen Gruppenmitgliedern zu sprechen und lachte zuweilen. Eines Tages kam von ihm der Vorschlag, doch einmal ein Fußballspiel mit einer anderen Stationsgruppe zu veranstalten. Diese Äußerung war völlig überraschend und entsprach in keiner Weise seinen üblichen Verhaltensmustern und Vorstellungen. Die Anregung wurde von den übrigen Gruppenmitgliedern nicht aufgegriffen. B. wurde ärgerlich: „Mein Gott, seid ihr lahmarschig!" In den folgenden Sitzungen war B. wieder stärker zurückgezogen, wenn auch weniger verschlossen. Er blieb ansprechbar. In den Gesprächsphasen der Arbeit begann er, vermehrt von sich zu berichten. Er erzählte, daß seine Schwester ihn jetzt oft besuchen komme. Sie sei die Einzige, die er von seiner Familie leiden könne.

Die positive Entwicklung in der Bewegungstherapie wurde durch eine Einzeltherapie aufgegriffen, die dem Patienten angeboten und auch von ihm angenommen wurde. Im Verlauf dieser Therapie konnten nach und nach die Familienbeziehungen angesprochen werden. Es ergab sich eine positive Wechselwirkung zwischen Einzel- und Gruppenarbeit. In den Einzelsitzungen verbalisierte der Patient des öfteren Atembeklemmung, wenn er von seiner Familie sprach. Es wurden aus diesem Grunde entlastende Atemübungen eingeschaltet, die eines Tages zu einem intensiven Gefühlsausbruch führten. B. begann über seine Situation verzweifelt zu weinen. In der Gruppe suchte er in dieser Phase starken Anschluß an die Therapeutin und an einen relativ gut organisierten Mitpatienten. Er wurde von der chronischen Station auf eine mit weniger abgebauten Patienten und einem besseren sozialen Klima verlegt. Seine Teilnahme an einem anspruchsvolleren Programm der Arbeitstherapie konnte ermöglicht werden.


## 12. Erfolge, Schwierigkeiten und Grenzen

Die übungszentrierte und konfliktorientierte Bewegungstherapie in der Arbeit mit langzeitig hospitalisierten psychiatrischen Patienten bietet zahlreiche Möglichkeiten, vorhandene Defizite zu kompensieren oder abzuschwächen und neues Verhalten aufzubauen. Die Erfolge lassen sich besonders im Hinblick auf die Beziehung des Patienten zum eigenen Leib und sein soziales Verhalten in der Gruppe und auf der Station erkennen. Dabei ist wesentlich, daß diese Erfolge auch selbst vom Patienten erlebt und wahrgenommen werden und damit einen selbstverstärkenden Charakter gewinnen. Der Patient aus dem geschilderten Fallbeispiel konnte den aggressiven Ballwurf als lustvoll erleben. In der spielerischen und permissiven Atmosphäre der Therapiegruppe konnte er es sich leisten, einen aggressiven Impuls zu zeigen, der als verschlüsselter Tötungsimpuls gegen seine Eltern und Geschwister gedeutet werden kann. Er möchte ihnen vor die Köpfe *ballern* (= schießen). Auch Übungen, die entspannend wirken oder die die Spannkraft erhöhen, werden von den Patienten in ihrer Wirksamkeit erfahren und bestärken das Vertrauen in die Effektivität der Therapie. In der Regel sind die Erfolge nicht spektakulär, wenn man sie mit Ergebnissen aus der Therapie von Neurotikern etwa in der freien Praxis vergleicht. Im Hinblick auf die erheblichen Defizite aber müssen kleine Verhaltensänderungen schon hoch bewertet werden. Die Reaktion der Patienten auf den bewegungstherapeutischen Ansatz ist unterschiedlich. In der Regel wird das nonverbale Verfahren, das keine Anforderungen an die Verbalisationsfähigkeit stellt, gut aufgenommen. Insbesondere die Stimulierung durch Musik bewirkt regelhaft eine gewisse Mobilisierung. Es gibt aber auch Patienten, die auf die Bewegungsarbeit und insbesondere auf die Körperübungen des Sensibilisierungstrainings angstvoll und mit Abwehr reagieren, zum Teil so stark, daß sie sich weigern, weiterhin an der Gruppe teilzunehmen. Derartige Fälle sind die Ausnahme. Im Verlauf der Arbeit kommt es allerdings immer wieder einmal vor, daß Rückschläge dadurch eintreten, daß Erfahrungen als zu intensiv erlebt werden. Meistens handelt es sich dabei um das Miterleben von Verhaltensweisen anderer Klienten. So sind spontane, heftige Aggressionsäußerungen zwar für den Patienten, der sie durchlebt, förderlich, sie können aber in der Gruppe Angst auslösen und verschreckend wirken. Solche Ereignisse müssen durchgearbeitet werden, indem sie angesprochen werden. In der Regel sind Patienten nach einem Emotionsausbruch gelöst und entspannt, und die Gruppe wird auf diesen Entspannungszustand hingewiesen, so daß sie an ihm vikariell teilnehmen kann. Die Grenzen der bewegungstherapeutischen Arbeit in der Gruppe werden dann deutlich, wenn intensive konfliktorientierte Prozesse in Gang kommen, die der Belastungsmöglichkeit der übrigen Patienten nicht entsprechen. Hier ist eine flankierende Einzeltherapie angezeigt. In der Kombination von Einzel- und Gruppentherapie können derartige Prozesse für die Behandlung des Patienten fruchtbar gemacht werden. Die größten Schwierigkeiten für bewegungstherapeutisches Arbeiten ergeben sich aus der Struktur der Institution. Das, was in der Gruppe mobilisiert und angeregt wird, kann in der Regel auf den überfüllten und dabei personell unterbesetzten Stationen nicht aufgegriffen werden. Die Stimulierung, die die Gruppe bietet, wird durch die Monotonie des Tagesablaufes, die stimulierungsarme Umgebung, die tristen Räumlichkeiten und die eingeschränkten sozialen Kontakte wieder reduziert. Die Förderung offenen, selbstbehauptenden Verhaltens wird durch den repressiven Stil überforderter Pfleger häufig zunichte gemacht. Die hohe medikamentöse Sedierung schränkt die Entwicklung der Sensibilität und Expressivität erheblich ein und bremst die Antriebskraft, die in der Bewegungsarbeit kurzfristig mobilisiert wird und die zur Änderung von Verhaltensweisen unbedingt erforderlich ist.

Die Integrative Bewegungstherapie steht hier in dem Dilemma, in dem sich alle psychotherapeutischen Ansätze in den „totalen Institutionen" (*Goffman*) befinden. Wenn man sieht, was in den Gruppenstunden möglich ist, und dann beobachtet, wie wenig von diesen Möglichkeiten im Stationsalltag umgesetzt werden kann, so wird man überdeutlich mit der Erkenntnis konfrontiert, daß effektive Therapie mit psychiatrischen Patienten nicht nur in therapeutischen Sitzungen geschieht, sondern durch das gesamte Setting geschehen muß.

# Bewegung ist Leben – körperliche Gesundheit, Wohlbefinden und Lebensfreude im Alter durch Integrative Bewegungstherapie, Tanztherapie und Isodynamik

## (1979*, 1985e)

> „Der Körper, den wir im Schmerz und vor allem im Alter, das dererlei Be-
> schwerden uns mit jedem Tag häufiger zufügt, erst so recht entdecken, da er
> sich, leidend wie er ist, nicht mehr überschreitet und auflöst in Welt und Raum
> – der Körper ist so gut wahres Ich wie die Zeit es ist, die der Alternde in sich
> geschichtet hat."  *Jean Améry*

Es gibt keinen Bereich im Hinblick auf das Alter, der stärker durch
negative Mythen geprägt ist als der der Leiblichkeit. Die Leiblichkeit
des alten Menschen wird in der Reihe der Attribute *alt, krank,
schwach, gebrechlich* deutlich. Das Alter wird als ein Zeitabschnitt
physischer Desintegration reduzierter leiblicher Bedürfnisse und
Möglichkeiten gesehen. Das Alter braucht Ruhe, muß Anstrengun-
gen vermeiden. Körperliche Zärtlichkeit und Sexualität (*Schumann*
1979; *Schneider* 1980) haben sich „zurückgebildet". Krankheiten tauchen auf und ziehen andere nach sich: *Multimorbidität*. Über die
physische und psychische Entwicklung in Kindheit und Adoleszenz
wissen wir sehr viel. Über die physischen und psychischen Entwick-
lungsschritte der dritten und vierten Lebensphase wissen wir relativ
wenig. Das, was Wissenschaft und Forschung erarbeitet haben, ist
weitgehend unbekannt. Alt sein ist ein *Stigma* (*Atchley* 1972, 148; *Hoh-
meier/Pohl* 1978). Der alte Mensch ist als physisch behindert und eingeschränkt stigmatisiert, und er hat durch die Internalisierung derartiger Negativklischees zu seiner Leiblichkeit selbst ein negatives
Verhältnis entwickelt. Diese *Selbststigmatisierung* führt wie eine
„selbsterfüllende Prophezeiung" dazu, daß physische Leistungsfähigkeit und Vitalität in weitaus größerem Umfang abnehmen, als
dies eigentlich notwendig wäre. Der alternde Leib wird krank und
gebrechlich, weil ihn ein „innerer Feind" schwächt, ein negatives

---

\* unter Verwendung von Materialien aus *Petzold, Berger* (1978b).

Selbstkonzept über den alternden Leib (*Heimann-Knoch* et al. 1985, 64 ff). Das lateinische Wort *aetus* und der englische und französische Folgebegriff *age* meinten ursprünglich einfach einen Zeitabschnitt ohne weitere Wertung. Das „Alter" wird heute, als die Schlußphase des Lebens mit klaren Wertungen versehen, insbesondere im Hinblick auf die Leiblichkeit. Der Leib wird „geschont", nicht zu seinem besten. Seine Beweglichkeit und Belastung wird eingeschränkt, und „ein zunehmend eingeschränkter Lebensstil führt zu einem zunehmend eingeschränkten Muskelsystem, das dem, was dieser Mensch mit 28 tat, nicht angepaßt ist. Der Leib ist ein Opfer nicht des ‚Alterns', sondern eines eingeschränkten Lebens geworden" (*Hanna* 1982, 19). Dies trifft zumindest für die urbanen Kulturen der westlichen Industrienationen zu. „Der Mensch wird alt, wenn er aufhört zu springen" (*Iljine*), und er ist „so alt wie seine Gefäße" (*Cazalis*). Das Alter der Gefäße und die physische Aktivität jedoch gehören unlösbar zusammen. Da das gesamte Wohlbefinden und die physische und psychische, kognitive und soziale Leistungsfähigkeit eines Menschen von der Gesundheit und Leistungsfähigkeit seines Körpers abhängen, ist es von größter Wichtigkeit, die Vitalität des Körpers zu erhalten, negative Mythen über den „alten Leib" zu entlarven, Informationen über körperliche Aktivitäten im Alter zu verbreiten und damit schädigende Selbstattributionen abzubauen, damit der *„Feind von innen"* in seinen destruktiven Aktivitäten eingeschränkt wird.

## 1.  Körperliche Aktivität im Alter als Grundlage von Gesundheit und Wohlbefinden

Auf einer Bergwanderung vor einigen Jahren begegnete ich einem älteren Mann. Wir kamen ins Gespräch und gingen eine Weile miteinander, und es stellte sich heraus, daß er 82 Jahre alt war. Nach etwa einer halben Stunde Wegs meinte er dann, er „müsse jetzt weiter", und legte auf der Steigung „noch einen Schritt zu", so daß ich Mühe hatte mitzuhalten. Dieser Mann war sein Leben lang in den Bergen gewandert. Körperliche Belastung und körperliche Aktivität gehörten zu seinem „Lebensstil". Er fühlte sich leicht und drahtig und außerordentlich leistungsfähig (*Aaken* 1974). Viele ältere Menschen aber erleben ihre Körper als schwerer und breiter, als sie tatsächlich sind, wie Untersuchungen zeigen (*Kreitler/Kreitler* 1970). In den westlichen Industrienationen betreibt nur ein verschwindend kleiner Prozentsatz älterer Erwachsener Sport oder geht physischen Aktivitäten nach, die einen körperlichen Trainingseffekt bewirken (*Erickson* 1978; *Shephard* 1969; *Sidney/Shephard* 1976). Dabei sind Selbsteinschätzungen und Aussagen wie „Ich bin körperlich noch recht aktiv" mit Skepsis zu bewerten, da sie sich oft nur auf ein regelmäßiges gemütliches Spazierengehen beziehen, das kaum einen Trainingseffekt bewirkt. Die Vernachlässigung physischer Aktivität ist besonders bei älteren Frauen und bei Altenheimbewohnern gravierend (*Adams* 1973). In einer von uns durchgeführten Umfrage bei 253 Bewohnern von Altenwohnheimen gingen nur 2(!) einer regelmäßigen körperlichen Aktivität nach, der ein Trainingseffekt zugesprochen werden konnte, obgleich mehr als 80 % der befragten Personen ohne weitere Einschränkungen in der Lage gewesen wären, an einem körperlichen Fitneßtraining teilzunehmen. 72 % hielten ihre physische Aktivität für ausreichend; nur 15 % sahen sie für unzureichend an. 85 % hielten die Teilnahme an einem regelmäßigen Sportprogramm mit drei Terminen wöchentlich für zu „belastend". Nur 20 % konnten sich vorstellen, bei einem entsprechenden Angebot regelmäßig an leichten sportlichen Aktivitäten teilzunehmen. Auf die Frage „Wie stufen Sie körperliche Anstrengung durch Sport in Ihrem Alter ein?" antworteten 12 % mit positiv, 65 % mit negativ und 23 % konnten keine Einschätzung geben.

Auf die Frage „Wie wäre die Wirkung eines schnellen Laufes für Ihr Herz?" antworteten 85 % der Befragten mit „riskant"; 4 % mit „unbedenklich"; 11 % konnten keine Aussage machen. Dagegen haben sich Selbsteinschätzungen der eigenen Rüstigkeit als sehr zuverlässig und teilweise ärztlichen Einschätzungen gegenüber als überlegen erwiesen (*Kempe/Closs* 1979; *Wieltschnig* 1982).

Es zeigen derartige Befragungen alter Menschen eine gravierende Unkenntnis über die Bedeutung physischer Aktivität im Alter (*Halhuber* 1971; *Eckert* 1975; 1978). Hinzu kommt eine Negativbewertung, die physische Betätigung als für das Alter „unangemessen" einstuft. Auf die Frage „Halten Sie ‚Joggen' oder ‚Dauerlauf' für eine angemessene Form körperlicher Ertüchtigung bei Menschen über 70?" antworteten 95 % der Befragten mit „nein". Es stehen diese Einschätzungen im krassen Kontrast zu den Ergebnissen der sportmedizinischen Forschung bei alten Menschen (*Liesen/Hollmann* 1976; *Prokop/ Bachl* 1985; *Meusel* 1982).

Wenn man älter wird, wird regelmäßige körperliche Aktivität ein wichtiger Faktor in der Erhaltung von Vitalität und Gesundheit (*Trogsch/Strauzenberg* 1979; 1974; 1975; *Neumann* 1978). Die *Duke*-Studie, die 268 Personen über 60 Jahre im Rahmen einer Längsschnittuntersuchung erfaßt hat, hat gezeigt, daß körperliche Aktivität und Krankheit in einem klaren Zusammenhang stehen. Die Personen mit wenig körperlicher Aktivität hatten deutlich mehr Krankenhausaufenthalte, Operationen und eine höhere Sterberate als solche mit einer großen Bewegungsaktivität (vgl. auch *Bickert* 1929; *Dolednak* 1972). Die Personen mit einer geringen körperlichen Betätigung hatten zweieinhalbmal soviel krankheitsbedingte Bettlägerigkeit von zwei und mehr Wochen Bettruhe pro Jahr als die körperlich Aktiven. Im Hinblick auf die Selbsteinschätzung zur Verschlechterung der Gesundheit war die Einschätzung der körperlich Aktiven halb so groß wie die der Inaktiven (*Palmore* 1968; 1974). Die Bedeutung eines kardiovaskulären Trainings für die Geroprophylaxe ist in zahlreichen Untersuchungen nachgewiesen worden (*Arthur* 1975; *White* 1970; *de Vries* 1970; 1974; 1977; *Liesen/Hollmann* 1976; *Prokop/Bachl* 1985; *Ivanov* 1976; *Brunner/Jockl* 1970). *Barry* et al. (1966) berichtet über die physiologischen Auswirkungen eines einmonatigen Trainingsprogramms bei Männern und Frauen von über 70 Jahren. Eine signifikante Abnahme des systolischen Blutdrucks nach den Übungen und der Blut-Laktat-Konzentration wurde erreicht. In zahlreichen Untersuchungen wird die entlastende Funktion bzw. der Trainingseffekt durch kardiopulmonäres Training bei alten Menschen berichtet (*Adams/de Vries* 1973; *Powell/Pohndorf* 1971; *Hodgson/Buskirk* 1977). In einem Überblick über die sowjetische Literatur kommt *Gore* (1972) zu dem Schluß, daß mit guten Gründen das Konzept vertreten wird, „daß das Potential des Organismus soweit als möglich realisiert werden sollte. Die Resultate des Trainings scheinen zu zeigen, daß selbst im fortgeschrittenen Alter die potentielle Fähigkeit des Körpers zu besserem Funktionieren und Adaption erhalten bleibt, vorausgesetzt, er wird angemessen gefordert und trainiert zu reagieren" (*Gore* 1977, 83).

Auch andere wichtige physiologische Wirkungen (*Kasch/Wallace* 1976) körperlicher Aktivität verdienen Erwähnung. *Erickson* (1978) hat das Verhältnis zwischen Einschränkung der Gelenkbeweglichkeit und Inaktivität untersucht. Seine Untersuchung zeigt, daß „das Collagen-Netzwerk im Bindegewebe sich verkürzt, wenn es nicht regelmäßig gestreckt wird, was zu einem bemerkenswerten Verlust an Bewegung führt". Und in der Tat ist auch „der Mensch so alt wie seine Gelenke" (*Cotta* 1979), die deshalb geübt werden müssen (*King, Herzig* 1973). *Smith* und *Reddan* (1976) konnten in einem sporttherapeutischen Programm bei weiblichen Bewohnern eines Altenheimes zeigen, daß körperliche Aktivität den Abbau an Knochensubstanz (Osteoporose) verminderte, ja sogar das Knochenwachstum anregte.

Der Mineralgehalt in den Knochen der Teilnehmer am Übungsprogramm stieg an und erhöhte sich um 6,7 % gegenüber der Kontrollgruppe. *Strauzenberg* (1977) hat festgestellt, daß die Dehnfähigkeit des Brustkorbes bei Sportlern über 60 Jahre gegenüber Nichtsportlern um 60 % besser war. Atmung, die Durchblutung der Lunge und damit die Versorgung des Gesamtorganismus mit Sauerstoff wird damit nachhaltig beeinflußt. Körperliches Ausdauertraining mit alten Menschen hat vielfältige psychologische und soziale Wirkungen. *Sidney* und *Shephard* (1976) berichten über abnehmende Werte auf der Manifest-Anxiety-Scale und Erleichterung bei Spannungszuständen. In einer eigenen Untersuchung bei depressiven Alterspatienten in einem Laufprogramm fanden wir gegenüber einer Kontrollgruppe eine signifikante Abnahme depressiver Verstimmtheit und eine Zunahme sozialer Aktivität, wie sie sich in ähnlichen Untersuchungen bei jüngeren depressiven Patienten fanden (*Boscher* 1985). *Elsayed/Ismail/Young* (1980) konnten in einer Untersuchung bei älteren Teilnehmern an einem Trainingsprogramm die Verbesserung kognitiver Leistungsfähigkeit nachweisen. Ihre Untersuchung legt nahe, daß die Wirkung von Übungen auf intellektuelle Funktionen auf physiologische, neuronale, hormonelle bzw. biochemische Veränderungen zurückzuführen seien. „Insoweit die Abnahme kognitiver Funktionen im Alter ein Ergebnis physiologischer und biochemischer Veränderungen ist, ist es nicht unvernünftig, Verbesserungen bei kognitiven Funktionen zu erwarten, wenn sich als Folge von Übung physiologische und biochemische Verbesserungen einstellen" (ibid. 1980, 386). Ähnliche Ergebnisse finden sich in den Untersuchungen von *Powell* (1971), *Clement* (1966) und *Stamford* et al. (1974). *Spirduso* (1975) kommt aufgrund einer Untersuchung zu der

Schlußfolgerung: „„...der beste Schutz gegen senilen Abbau des Gehirns und cerebraler Aktivitäten ist eine Übung, die anders als geistige Aktivität Stoffwechsel, Atmung, Blutzirkulation, Verdauung und Drüsensekretion stimuliert." Man kann deshalb *Hollmann* (1965, 105) voll zustimmen, wenn er schreibt, daß „körperliches Training nach dem vierzigsten Lebensjahr die einzige bekannte Möglichkeit ist, die natürlichen Alterungsvorgänge zu bremsen". Körperliche und geistige Aktivität ist als eine der sichersten Grundlagen für die Prognose einer höheren Lebenserwartung anzusehen (*Lehr* 1979, 101).

Physische Aktivität bei alten Menschen bringt nicht nur eine Verbesserung physiologischer Funktionen mit sich, sondern hat auch psychologische und psychosoziale Effekte (*Meusel* 1982; *Nikolai* et al. 1982). Diese sind einerseits auf die Wirkungen des Trainings selbst zurückzuführen, z.B. auf bessere cerebrale Durchblutung; zum anderen aber auch darauf, daß Ausdauertraining oder sportliche Aktivitäten meistens in sozialen Gruppen erfolgen, so daß eine Situation multipler Stimulierung bereitgestellt wird (*Berndt* 1977), die der Deprivation im somato-motorischen, psychosozialen, perzeptuellen und kognitiven Bereich entgegenwirkt (*Lehr* 1974). *Bassey* (1978) kommt bei einer Literaturübersicht zu dem Schluß: Training „ist ein nützlicher Weg, um eine Verbesserung der physischen Kondition zu initiieren; es bringt aber keine dauerhaften Vorteile, wenn es nicht eine Veränderung zu einem aktiveren Lebensstil auslöst, der ein angemessenes Ausmaß an spontaner Übung beinhaltet" (*Bassey* 1978, 75). Ein aktiver Lebensstil, der, wie die „Bonner gerontologische Längsschnittuntersuchung" gezeigt hat, eine wesentliche Voraussetzung für ein gesundes und zufriedenes Alter ist (*Thomae* 1983, 140 ff), wird durch Trainingsprogramme und sportliche Aktivitäten wesentlich gefördert (*Kapustin* 1978; 1980). Die psychologischen Begleiteffekte, ja die geradezu „psychotherapeutische" Wirkung von Ausdauer-Trainingsprogrammen, insbesondere durch Jogging, sind für gesunde Menschen der mittleren Lebensphase sowie für Patientenpopulationen durch zahlreiche Untersuchungen nachgewiesen worden (*Weber* 1985; *Sacks/Sacks* 1981; *Sacks/Buffone* 1984).

All diese Ergebnisse legen nahe, daß Programme, die die körperliche Aktivität des alten Menschen fördern, eine hohe geroprophylaktische Wirkung haben (*Janssen* 1955; *Lang* 1975, 76). Ihnen kommt zur Erhaltung oder Restitution seiner physischen und psychischen Gesundheit, seiner psychosozialen Aktivität und seines allgemeinen Wohlbefindens eine hervorragende Bedeutung zu (*Brüggmann* 1974; 1976; *Diem* 1973; *Eitner* et al. 1975). Sie lassen auch den Schluß zu, daß ein großer Teil älterer Untersuchungen über den Abbau kognitiver und psychomotorischer Fähigkeiten im Alter (*Birren* 1969; 1970) und die Verlangsamung der „performance speed"eher ein Resultat mangelnden Trainings als einen Effekt des Alters gemessen haben, wie z.b. die Untersuchungen von *Barry* et al. (1966), *Powell/Pohndorf* (1971), *Botwinick/Thomson* (1971) zeigen. In diesem Sinne nimmt *Labourive-Vief* (1978) an, daß der Abbau psychosozialer und kognitiver Funktionen beim älteren Menschen wesentlich bei einschränkenden Lebensstilen und Umweltbedingungen liegt. Ohne die Bedeutung biologischer Faktoren zu vernachlässigen, vertritt der Autor, daß Bedingungen des Lebensstiles, wie z.B. vorhandene oder fehlende körperliche Betätigung, Abbauerscheinungen eher bedingen als das Alter *per se*.

Trainingsprogramme sollten indes nicht erst im Alter einsetzen (*Dumazedier* 1973). Bei einem Überblick über die vorhandene Literatur zu Trainingsprogrammen für ältere und alte Menschen (vgl. *Meusel* 1982; *Prokop/Bachl* 1985) stellt man allerdings fest, daß ein einseitiger Akzent auf dem Erreichen physischer Fitneß liegt (*Beuker* et al. 1974; *Schneiter* 1973; *Trogsch* 1975) und daß psychosozialen Faktoren zuwenig Beachtung geschenkt wird (*Berndt* 1977). Mit dem Blick auf die deprivative Gesamtsituation des alten Menschen müssen Programme mit einem relativ komplexen Charakter konzipiert werden (*Aahper* 1976; 1978), die nicht nur ein kardio-pulmonäres Training bereitstellen, sondern auch Möglichkeiten des sozialen Austausches und der psychologischen Entlastung bieten. Sport-, Bewegungs-, Schwimm- und Gymnastikprogramme für ältere Menschen (*Fensterle* 1975; *Baur/Betsch* 1976; *Becker* et al. 1977; *Rijsdorp* 1980; *Gabler* 1977; *Neumann* 1978; *Boschma* 1975; *Meusel* 1980; *Claremont* et al. 1980) implizieren zwar derartige Elemente, in der Konzipierung allerdings werden sie nicht ausreichend berücksichtigt. Auch bei der Evaluation von Trainingsprogrammen wird physiologischen Parametern größere Bedeutung zugemessen als psychologischen und psychosozialen, so daß hier für die Forschung noch ein offenes Feld liegt.

Schließlich wird der Spezifizierung auf bestimmte Zielgruppen und Erkrankungen – Arbeit mit hospitalisierten Heimbewohnern, Dementen, depressiv Erkrankten, Hochdruck-Patienten usw. – in Zukunft noch größere Aufmerksamkeit zugewandt werden müssen (*Drös* 1981; *Overduin-Swets* 1977; *Kouwenhoven* 1977; *Clark* 1975; *Hochrein* 1958; *Prokop/Bachl* 1985).

Der Vorteil komplexer Programme gegenüber eindimensionalen Trainingskonzepten, die allein auf körperliche Ertüchtigung gerichtet sind, liegt in besseren Möglichkeiten zur Überwindung motivationaler Schwellen, breiterer Wirkweise und größeren Chancen für Dauereffekte (*Liesen/Hollmann* 1976; *Gutmann/Herbert/Brown* 1977; *Petzold/Berger* 1979).

Ich arbeite seit Mitte der 60er Jahre bewegungstherapeutisch mit älteren und alten Menschen (*Petzold* 1965), und zwar mit dem von mir entwickelten Ansatz der „Integrativen Bewegungstherapie" (*Petzold* 1970c; 1974k). Es ist dies ein relativ komplexer Ansatz der Bewegungstherapie und Bewegungserziehung, der den Menschen ganzheitlich in seiner somatischen, psychologischen und sozialen Dimension zu erreichen sucht (*Kirchmann* 1979; *Ullmann* 1985; *Petzold* 1985a). Physisches Training und psychologische Förderung, Entwicklung der interaktiven Kompetenz und Performanz und der sozialen Kooperationsfähigkeit, Schärfen der persönlichen Bewußtheit für die eigenen Wünsche und Bedürfnisse und Entfaltung von Kreativität und Spontaneität sind die Zielsetzungen dieses Ansatzes.

Wir haben an anderer Stelle die bewegungstherapeutische Arbeit mit alten Menschen ausführlich dargestellt und wollen uns einigen spezifischen Aspekten dieser Arbeit zuwenden. Es sei deshalb auf die vorausgegangene Veröffentlichung verwiesen (*Petzold/Berger* 1979).

## 2. Motivationsarbeit zu körperlicher Aktivität und Bewegung

Alte Menschen zu bewegungstherapeutischer oder sportlicher Aktivität zu motivieren, erweist sich als relativ schwierig. Wir finden in der Regel Personen, die über Jahre, ja Jahrzehnte, einen „inaktiven

Lebensstil" angenommen haben, was physische Aktivität anbelangt. Dieser wird durch spezifische „believe systems" abgestützt, z. B. daß man sich „im Alter schonen müsse", daß man „kürzer treten müsse", sich nicht „anstrengen dürfe". Es besteht also eine *intrinsische Demotivation* im Hinblick auf physische Aktivitäten, zum Teil für Aktivität schlechthin. Diese motivationale Lage wird in besonderer Weise durch den „ärztlichen Rat" der behandelnden Allgemeinpraktiker gestützt, obgleich Sport- und Gerontomedizin hier andere Positionen vertreten (*Kuhlmann* 1969; 1970; *Lang* 1974; 1976; *Prokop/Bachl* 1985; *Lenhard* 1978; *Schmidt* 1972; *Steinmann* 1977) und schon die hyppokratische Medizin darum wußte, daß Funktionen, die nicht gebraucht werden, sich zurückbilden. Zwar betont der Volksmund das Faktum „wer rastet, der rostet", dennoch besteht im Hinblick auf physische Aktivität mit zunehmendem Alter ein *Vorsichtsverhalten*. Der untrainierte Körper erlebt sich als unsicher und gefährdet. Die Schonhaltungen aber führen zu einem weiteren Abbau psychomotorischer Kompetenzen und Performanz, und so entsteht ein „*circulus vitiosus*" des Verlustes an körperlicher Beweglichkeit und Spannkraft, der durch extrinsische Motivation kaum zu durchbrechen ist. Mag auch die Autoritätsfigur des Arztes eine Möglichkeit sein, alte Menschen zur Aufnahme physischer Aktivitäten zu bringen, wie *Erickson* (1978) vorschlägt, so reicht dies doch in keiner Weise aus, eine dauerhafte, ja *lebenslange* körperliche Aktivität bei Personen zu motivieren, die diese nur als mühevoll, riskant und lästig erleben und ihre positive Wirkung bezweifeln.

„Unabhängig von ihrer Auswertung stimmen Forscher darin überein, daß ältere Menschen verstärkte Aktivität brauchen. Die Notwendigkeit, die sitzende Lebensweise unserer erwachsenen Bevölkerung zu überwinden, ist seit Jahren anerkannt. Körperliche Inaktivität ist klar mit Übergewicht, frühzeitigen Kranzgefäßerkrankungen, unnötigen orthopädischen Problemen, Angst und emotionaler Spannung in Verbindung gebracht worden. Heute stehen die Verantwortlichen in Gesundheitswesen und Erziehung vor der Aufgabe, geeignete Übungsprogramme für ältere Menschen zur Verfügung zu stellen" (*Lendvoy* 1980, 25).

Der motivationalen Arbeit in der Anfangsphase eines Programms kommt deshalb besondere Bedeutung zu. Sie beginnt mit einer Analyse des Lebenskontextes des alten Menschen, bei der festgestellt werden kann, welche Bedürfnisse nach Aktivität überhaupt bestehen und wahrgenommen werden können. Nach Untersuchungen von *Hoppa, Roberts* (1974), *Petzold, Beeks* (1989) ist es wesentlich, bei der „perceived sufficiency or insufficiency of activity" des einzelnen anzusetzen; und hier nehmen Einsamkeit, Unwohlsein, Angst, Depression, Langeweile als motivationale Faktoren sicher einen gewichtigen Platz ein. *Davis* (1968, 1148) stellt fest: „Ältere Menschen haben offenbar eine Abneigung gegen eine nur verbale Ausdrucksmöglichkeit und ein Bedürfnis nach Abwechslung ... Am meisten beklagen sie sich über Eintönigkeit und Langeweile. Deshalb hat ein Programm, das eine Auswahl an verschiedenen Arten von Arbeit, Erholung und sozialen Situationen anbietet, eine bessere Chance, die Aufmerksamkeit wachzuhalten und die Investition an Zeit sinnvoll erscheinen zu lassen." Obwohl sich häufig eine derartige motivationale Lage findet und derartige Bedürfnisse wahrgenommen und verbalisiert werden, kommt immer wieder auch ein resignatives Moment zum Tragen. Bedürfnis, Einsicht und Entschluß zur Veränderung und *tatsächliche Umsetzung* liegen oft weit auseinander. Eine habitualisierte Bequemlichkeit, die Angst vor nachfolgenden Schmerzen oder einem Unfallrisiko und eine vernachlässigende, abspaltende Haltung der eigenen Leiblichkeit gegenüber sind gewichtige Gegner, die man anzugehen hat. In der Motivationsarbeit fokussieren wir auf vier Aspekte:

1) Information und Aufklärung über die Wirkung physischer Aktivität im Alter bzw. über die nachteiligen Effekte fehlender Aktivität;
2) Information und Aufklärung über die gesellschaftlich bedingten Negativhaltungen gegenüber der eigenen Leiblichkeit, gegenüber dem „alten Körper";
3) Basisübungen zum Aufbau eines positiven Bezugs zur eigenen Leiblichkeit;
4) Basisübungen zum Erleben eines positiven Trainingseffektes.

Erst nach einer solchen Vorbereitung wird der Einstieg in ein Trainingsprogramm begonnen, das niemals nur auf den Aufbau physischer Fitneß gerichtet ist, sondern auch die Möglichkeit für Spiel, Spaß, Kreativität und sozialen Kontakt einbezieht. Diese Aspekte des Programms werden in der Motivationsarbeit auch besonders hervorgehoben.

Die allgemeine Motivationsarbeit beginnt zumeist in Gesprächsgruppen zu Fragen der persönlichen Gesundheit und des allgemeinen Wohlbefindens. Hier werden den alten Menschen die Ergebnisse wissenschaftlicher Untersuchungen in einfacher und klarer Weise vorgestellt. Immer wieder wird man sich mit Verwunderung und ungläubigem Erstaunen auseinanderzusetzen haben, aber der Verweis auf den rüstigen Bergwanderer und den alten Bauern, der noch einfache Feld- und Gartenarbeit verrichtet, sind überzeugende Gegenbeispiele. Gegen diese wiederum werden „medizinische Argumente", die eigenen Gebrechen und Beschwerden, die man schon seit Jahren habe und die körperliche Aktivität unmöglich machen, ins Feld geführt und oftmals der „ärztliche Rat", Vorsicht und Schonung walten zu lassen. Und hier gilt es deutlich zu machen, daß gerade eine sinnvolle, individuell abgestimmte körperliche Aktivität, die systematisch aufgebaut und regelmäßig betrieben wird, die geklagten Beschwerden beeinflussen, wesentlich bessern, ja zuweilen zum Verschwinden bringen kann. Es wird hier in sehr plastischer Weise den Gruppenteilnehmern zum Teil über Visualisierung erklärt, wie sich im Verlauf ihres Lebens das „Muster der Inaktivität" aufgebaut hat. Es wird das Konzept des *„Feindes von innen"* (*Petzold* 1965; 1985a; S. 14) vorgestellt und die Wirkung negativer Selbstkonzepte verdeutlicht. Wir sprechen in der Gruppe auch über die Traurigkeit und den Ärger, die sich im Bezug auf den Körper entwickelt haben, der im Alter so viele Einschränkungen, Mühen und Schmerzen bereitet; denn die verdrängte Aggression gegen den Leib, der „alt und häßlich" geworden ist, „lahm und schwach", ist ein wichtiger Faktor, der dazu führt, daß der Körper „stiefmütterlich", ja destruktiv behandelt wird. Er wird vielfach wie eine Maschine gesehen, die verschlissen ist und die man mit immer neuen Medikamenten und Präparaten „schmieren" muß, damit sie es immer noch tut. Die *Maschinenkonzeption* des Körpers, wie sie sich in der Medizin vielfach findet, führt zu dem falschen Glauben, daß verschlissene Teile nicht mehr repariert oder ersetzt werden können. Ein solches Konzept entspricht aber nicht den sportphysiologischen und sportmedizinischen Erkenntnissen. Tatsache ist vielmehr, daß durch sinnvolle physische Aktivität und spezifisches Training und richtige Ernährung (*Böhlau* 1972; *Howell/Loeb* 1969) vielfach involutive Prozesse angehalten und zum Teil reversibel werden. Wir lassen in den

Gruppen in diesem Zusammenhang jeden Teilnehmer eine *Körperlandkarte* (body chart) malen. Auf einer großen Umrißzeichnung des menschlichen Körpers – am besten des eigenen Leibes – werden mit Wachsmalstiften die Bereiche eingezeichnet, die eingeschränkt sind, die Schmerzen bereiten, die leicht ermüden, aber auch die, die noch gut funktionieren, die sich gut anfühlen, angenehm sind. Wir sprechen darüber, wann die Einbußen an Beweglichkeit, wann die Veränderung der Haut, wann die Schmerzen zuerst auftraten. Wir sprechen darüber, wann im Leben der Abbau physischer Aktivität begonnen hat. Wir denken darüber nach, in welchen Abschnitten des Lebens man seinen Körper als positiv, lustvoll und schön empfunden hat und wann mit Ärger, Traurigkeit, Beklommenheit und Bedrückung die ersten Zeichen von „Abbau und Verfall" wahrgenommen wurden. Wir rekonstruieren zuweilen eine *Körperlandkarte* des „jungen Körpers". Auf diese Weise wird für den Therapeuten der „*Traumleib*" (vgl. dieses Buch S. 35f) des Klienten erfaßbar und es wird eine Bewußtheit für die Veränderung des Körperbildes geschaffen.

Die Veränderung des Körperbildes ist eine extreme narzißtische Kränkung. Es besteht daher die Tendenz, diese Veränderung soweit wie möglich zu verdrängen, durch Abwehrmechanismen vom Bewußtsein fernzuhalten. Die *Abspaltung* und *Verdinglichung* des Leibes sind hier die häufigsten und wirksamstem Mechanismen der Abwehr (*Speidel* 1985). So wird der Leib zum „Fremd-Körper".

Der schwierige Weg zu dieser Erkenntnis verläuft am besten in eineme Selbsterfahrungsprozeß in der Gruppe, der vielfältige biographische Ereignisse thematisiert, schmerzliche wie freudige. In diesem Prozeß kann die Motivation gesetzt werden, sich den Leib wieder anzueignen. Das „*reowning*" (*Petzold* 1985a, 543 und 488) aber ist die beste Voraussetzung, sich in Aktivitäten zur „Pflege des Leibes" dauerhaft zu engagieren. Die bewußte Auseinandersetzung mit der Negativgeschichte der eigenen Leiblichkeit birgt eine gewisse Gefahr, daß Resignation und Hoffnungslosigkeit vertieft werden. Aus diesem Grund werden in eine derartige Motivationsarbeit auch kleine Übungen einbezogen, die ein positives Erleben der Leiblichkeit fördern. Wir beginnen meistens mit ganz einfachen Praktiken, die eine hohe „kognitive Konsonanz" haben. Förderung der Durchblutung durch Reiben der Hände, Arme und Beine; Verminderung von Verspannungen durch Recken, Strecken und Dehnen (*Böcklen-Büchle* 1974; *Laan* 1977) oder durch Gähnen und einfache Atemübungen (*Brooks* 1979; *Middendorf* 1984). Wir zielen auf Schmerzminderung und Erleichterung durch sanfte Selbstmassage verspannter Körperregionen. Wir versuchen, den Bezug zur eigenen Haut, den eigenen Händen, dem eigenen Gesicht wiederherzustellen: Hände, die mich im Leben erhalten haben, Füße, die mich durchs Leben getragen haben, mein Gesicht, in das das Leben meine Geschichte geschrieben hat. Die *Versöhnungsarbeit* mit dem eigenen Leibe ist immer auch eine Versöhnungsarbeit mit der eigenen Geschichte, mag sie nun bewußt im Sinne des „Durcharbeitens" geschehen oder vorbewußt durch symbolische Aktivitäten oder Handlungen (*Petzold* 1985a, 325).

Die Basisübungen aus der *Sensory Awareness* und der Atemtherapie (*Glaser* 1970; *Kimpfler* 1984; *Derbolowsky* 1978; *Brooks* 1979) sind dadurch gekennzeichnet, daß sie nicht nur einen „körperlichen" Effekt haben, sondern daß sie sich positiv auf die emotionale Gesamtbefindlichkeit auswirken. Es wurden diese Übungen auf der Grundlage eines ganzheitlichen Konzepts vom Menschen entwickelt, der keinen Körper *hat*, sondern der der jeweilige Leib *ist* (*Marcel* 1985; *Dürckheim* 1974; *Petzold* 1970c; 1985i, k, r). Sie gehen von einer ganzheitlichen anthropologischen Position aus, die auch Grundlage geriatrischen und gerontotherapeutischen Handels sein muß (*Prick* 1971; *Stork-Groneveld/Meerloo* 1974). Wenn der alte Mensch erkennt, daß er mit seinem Leib unlösbar verbunden ist, wenn der *Bruch zwischen Person und Leib* überwunden werden kann, wenn er existentiell erfährt, daß *Leben Bewegung und Bewegung Leben ist*, dann haben wir eine Chance, ihn für dauerhafte Körper- und Bewegungsaktivität zu engagieren. „Der ältere Mensch muß erkennen, daß ein Übungsprogramm eine lebenslange Angelegenheit ist und nicht eine Aktivität von zwei bis sechs Monaten Dauer, deren Auswirkungen dann für immer vorhalten" (*Lendvoy* 1982, 25). Eine solche Erkenntnis wird aber nicht allein durch die wohltuenden Erfahrungen mit dem körperlichen Training erreicht, sondern erfordert das Ablegen eines inaktiven Lebensstils und das Übernehmen eines aktiven Lebensstils, sowohl was körperliche Aktivität anbelangt als auch was die gesamte Lebensführung betrifft. Körperliche Aktivität als Lernprozeß begreifbar zu machen (*Gordijn* 1975), sie als Möglichkeit der

Selbstverwirklichung, der Kommunikation und der Partizipation am Leben (*de Carlo* 1974; 1977) erfahrbar werden zu lassen, ist das Leitziel unserer Arbeit mit Integrativer Bewegungstherapie und Integrativer Bewegungserziehung, das Zielen wie „körperlicher Fitneß" oder „Entspannungsfähigkeit" übergeordnet ist. Vitalitäts- und Fitneßtraining sind deshalb nur *ein* Element unserer Bewegungsarbeit, wenngleich ein durchaus bedeutsames.

## 3. Isodynamik in der Arbeit mit alten Menschen

*Isodynamik* ist ein übungszentriert-funktionales Trainingsprogramm im Rahmen der Integrativen Bewegungstherapie bzw. Integrativen Bewegungserziehung. Es besteht in einem spezifischen Relaxationstraining, der „relaxativen Organgymnastik" (*Berger* 1972), und einem Konditions- bzw. Vitalitätstraining (*Petzold/Berger* 1979). Das Übungsprogramm kann in Einzelarbeit oder in Gruppen, unter Anleitung und als selbständige Übungsform durchgeführt werden. Dabei werden Erkenntnisse aus dem *isometrischen Training*, dem kardio-pulmonären Ausdauertraining, aus psycho-physischen Entspannungsverfahren (*Stokvis/Wiesenhütter* 1979; *Bernstein/Borkovec* 1975), aus Atemtherapie, Kranken- und Heilgymnastik sowie Trainingsmethoden aus den martialen Künsten (*Ting* 1980; 1981; *Marchiani/Fong* 1974) in abgestimmter Form eingesetzt.

Das Isodynamische Training hat folgende didaktische Konzeption:

*1) Einfachheit der Übungen*
Diese Forderung ist besonders für das eingeschränkte Bewegungspotential des alten Menschen, seine mangelnde Praxis und seine negativen Vorurteile gegenüber Bewegungsaktivität von zentraler Bedeutung.

*2) Geringer Zeitaufwand*
Durch die schnelle Ermüdbarkeit des alten Menschen und für die „Einbürgerung einer neuen Gewohnheit" sind Übungsfolgen nötig, die nicht soviel Zeit beanspruchen. Täglich 15-20 Minuten, dazu zwei- bis dreimal wöchentlich 45-60 Minuten sind Zeitspannen, die sich bewährt haben.

*3) Kurzfristige Resultate*
Um die Motivation zu erhöhen und zu erhalten, müssen sich sehr bald Erfolgserlebnisse einstellen. Die Übungen müssen deshalb entsprechend ausgewählt werden.

*4) Komplexe Wirkung*

Im isodynamischen Training wird auf komplexe Wirkungsweise Wert gelegt. Durch Körpertraining soll die physische Kraft, Elastizität, Koordination, Schnelligkeit und Ausdauer aufgebaut werden, soll eine körperliche und seelische Entspannung als Gegengewicht zu Streß und Verspannung erreicht werden; es soll eine Steigerung des physischen Wohlbefindens, eine Verbesserung des gesundheitlichen Allgemeinzustandes eintreten; es soll Kommunikationsverhalten gefördert werden.

Wir beginnen in der isodynamischen Arbeit mit einem *Vitalisierungstraining*, das eine allgemeine Verbesserung der Kondition anstrebt und folgende sieben Faktoren einbezieht:

1) Atemregulation

2) Tonusregulation (Entspannung, Anspannung)

3) Koordination (Geschicklichkeit, Gewandtheit)

4) Flexibilität (Beweglichkeit der kleinen und großen Gelenke)

5) Kraft (dynamisch und statisch, Aufbau der Muskulatur)

6) Schnelligkeit (Reaktionsfähigkeit)

7) Ausdauer (Anregung des gesamten Herz-Kreislauf-Systems).

Dabei sollen Wirkungen für das Herz-Kreislauf-Gefäß-System, den Stütz- und Bewegungsapparat, das Atemgeschehen, die Stoffwechselprozesse und das zentrale und vegetative Nervensystem erreicht werden. Eine weitere Zielsetzung ist das Training der Sinnesleistungen (*Kimpfler* 1984), um sie zu erhalten oder zu verbessern (Sicht, Gehör, Gleichgewicht usw.).

Wo immer möglich, wird ein Laufprogramm in der Gruppe aufgebaut. Das Laufen in der Integrativen Bewegungstherapie (*Rüegsegger* 1985) bzw. im isodynamischen Training in seiner Form des „Spontanlaufens" richtet sich in seinem Aufbau an sportmedizinischen Erkenntnissen aus, hier spezifisch an Forschungsergebnissen zur Arbeit mit alten Menschen (*Prokop/Bach* 1985; *Meusel* 1982; *Strauzenberg* 1977). Hier gilt: „Selbst beim alten Menschen ist ein Kreislauf-Atem-Training unwahrscheinlich, wenn der Puls 120/min nicht für einige Minuten überschreitet" (*Sidney/Shephard* 1976, 30). Trainingskonzepte, wie sie z. B. von der *Royal Canadian Air-Force* (1965), von *Strauzenberg* (1977), *Wöllzenmüller/Grünewald* (1977), *Hollmann* und *Liesen* (1973; vgl. *Liesen* et al. 1975; *Hollmann* 1965; *Hollmann/Rast* 1977; *Liesen/Hollmann* 1976; *Hollmann/Bouchard* 1970) entwickelt wurden, werden aber ergänzt.

Gemeinsamer Sport ist eine gezielte Gruppenaktivität. Dem sozialen Faktor kommt eine hohe motivationale und therapeutische Bedeutung zu. Im „*Spontanlaufen*" (S. 121f) findet über Laufsequenzen und -erlebnisse ein Austausch in Partner- und Gruppengesprächen statt. Ein weiteres spezifisches Moment unserer Arbeit ist die Vorbereitung des Laufens durch eine gezielte Dehn- und Atemtechnik. Schließlich ist eines der wichtigsten Charakteristika die *Verbindung von physischem und mentalem Training*, von körperlicher Aktivität und Imagination. Es kennzeichnet dies insgesamt das Vorgehen in der *Isodynamik* und macht die Besonderheit dieses Ansatzes aus. So werden in der Eingangsphase des Laufens folgende Vorstellungen vorgegeben: „Ich laufe mit Rückenwind" oder „Ich treibe auf dem Fluß" oder „Der Strom trägt mich vorwärts". Schon in der Eingangsphase des Spontanlaufens werden Vorstellungen wie „Ich werde immer leichter" oder „Ich lasse mich treiben" rhythmisierend wiederholt, um Ermüdungserscheinungen vorzubeugen. Macht sich Ermüdung bemerkbar, so können Sätze wie „Ich lasse mich ziehen", „Ich hänge mich an" Entlastung bieten oder die Vorstellung zu reiten oder zu fahren. Der Wechsel zwischen Phasen des Trabens (*Blödern/Schmidt* 1977), des raschen Gehens, des langsamen Gehens (*Adams/de Vries* 1973) zwischen gleichmäßigem und ungleichmäßigem Lauf unter Einbeziehung von Sprüngen, Grimassen, Gestik ist ein weiteres wichtiges Moment. Die Handhabung dieses Wechsels und die Beigabe der entsprechenden Begleitphantasien muß auf die Bedürfnisse der einzelnen Teilnehmer, aber auch der Gesamtgruppe abgestellt werden. Eine derartige „Verschreibung" von Übungen (*Wilmore* 1974) hat einen sehr ermutigenden Effekt. Es werden damit nicht nur die individuellen Erfordernisse und Bedürfnisse in besonderer Weise berücksichtigt, sondern auch die Motivationen gefördert. „Es bedarf eines klugen Urteilsvermögens, um ohne übertriebene Überredung eine effektive Konditionierung zu erreichen. Die Verschreibung der Übungen muß häufig individuell überprüft werden von einem Leiter, der nicht nur enthusiastisch ist, sondern auch ein Gespür hat für die Begrenzungen älterer Menschen" (*Sidney/Shephard* 1976, 251).

Die Phantasie- und Vorstellungsübungen beim Laufen haben einen autohypnotischen Effekt. Sie wirken wie die „formelhaften Vorsatzbildungen" im autogenen Training (*Thomas* 1967; *Schultz* 1959; *Frank* 1980). Sie können darüber hinaus in eine „meditative Form des Laufens" (*Rohé* 1978) führen, das mit Passagen meditativen Schreitens abwechselt und von den alten Menschen gut aufgenommen wird, da sie auf meditative Bewegungsformen besonders gut ansprechen (*Petzold/Berger* 1979, 417).

Isodynamische Laufgruppen mit alten Menschen werden immer eingebettet in ein Gesamtkonzept angeboten und durchgeführt. Sie haben den Vorteil, daß sich auch außerhalb von Veranstaltungen mit einem Betreuer oder Leiter die Gruppenteilnehmer zum Laufen treffen, sei es in der Gesamtgruppe, in Paaren oder Kleingruppen. Dadurch wird die kommunikative Wirkung fortgeschrieben und ausgedehnt und das soziale Netzwerk, das oftmals sehr defizitär ist, regeneriert (vgl. *Petzold* 1985a, S. 135).

Die Übungen des isodynamischen Trainings werden nach einer Bestandsaufnahme des allgemeinen gesundheitlichen Zustandes, der körperlichen Fähigkeiten und Fertigkeiten für die Teilnehmer individuell und spezifisch ausgearbeitet. Dehnübungen und Stretching bilden dabei immer die Grundlage für Übungssequenzen, die Kraft und Ausdauer aufbauen sollen. Auch bei den Dehnübungen sind die begleitenden mentalen Prozesse integrierter Bestandteil der Praxis. Die Arme „wachsen" beim Dehnen über ihre Länge hinaus, der Körper wächst beim Recken und Strecken im Stand bis an die Decke. Beim Liegen erreichen Fuß- und Fingerspitzen die Wände des Raumes, so weit streckt sich der Körper aus. Beim Rumpfbeugen wird die Vorstellung mitgegeben, man wiege und biege sich wie ein Baum im Wind. Bei Übungen zur Kräftigung des Standvermögens wird die Vorstellung einer Tempelsäule beigegeben oder einer Eiche, die ihre Wurzeln tief in den Boden sendet.

Es ist diese Kombination von Imagination und physischen Aktivitäten für den alten Menschen offenbar besonders ansprechend. So wird immer wieder berichtet, daß durch das Einbeziehen der Vorstellung die Übungen „leichter gehen". Gegenspannungen und Schmerzen werden vermieden. Vor allen Dingen werden die Teilnehmer angeregt, mit ausgewählten Übungen für sich selbst weiterzuarbeiten, und nur das gewährleistet einen andauernden positiven Trainingseffekt. „The elderly participant must recognize that an exercise program is a lifelong pursuite"(*Lendvoy* 1982,25). Die Imaginationsübungen und die damit verbundene zentrierte *awareness* für die Leiblichkeit und für Bewegungsabläufe fördern das Erleben eines prägnanten Körperbildes. Der Körper wird wieder als positiv, angenehm, ja lustvoll erfahren (*Kapustin* 1978, 46; *Kuhlmann* 1969, 32). Die gesteigerte Leistungsfähigkeit, Ausdauer und vor allen Dingen Bewegungsfähigkeit, die durch isodynamisches Training erreicht wird, bietet eine Verbesserung der gesamten Lebenssituation, weil auch andere Alltagsaktivitäten: Treppensteigen, Tragen von Einkaufstaschen, Bücken, Heben, Anziehen, Schuhbinden usw., leichter vonstatten gehen. Eine Verbesserung der allgemeinen Stimmungslage, eine spürbare psychologische Wirkung also, geht mit fortschreitender Übung einher (*Blumenthal* 1977, 115; *Neumann* 1978, 69; *Hochrein/Schleicher* 1968, 122; *Beck* 1967, 223).

Neben der initialen Motivationsarbeit ist eigentlich die wesentlichste Klippe, die Teilnahmer am Programm in den ersten Wochen „bei der Stange zu halten", zu binden und zu stützen, so daß das Training nicht abgebrochen wird. Wenn nämlich erst ein positiver Trainingseffekt einsetzt und sich eine Gruppenkohäsion gebildet hat (sofern in Gruppen gearbeitet wird), bleibt die Teilnahme weitgehend konstant. Die Verbindung des isodynamischen Trainings mit „psychologischer Gruppenarbeit", z. B. durch Bewegungs- und Tanztherapie, ist der Hauptfaktor für eine kontinuierliche Arbeit zum Aufbau von Kondition und Beweglichkeit.

## 4. Bewegungstherapeutische Arbeit mit alten Menschen

Der Bewegungsbegriff in der Integrativen Bewegungstherapie ist weit gefaßt. Wir verstehen darunter nicht nur körperliche Aktivität, „Lokomotion", Transport des Körpers von einem Ort zu einem anderen, sondern auch Gedankenbewegung (movement of thought), Gefühlsbewegung (E-motion), innere Bewegtheit. Wir sehen in der Bewegung nicht nur Leistung, Kraft, Ausdauer, Geschicklichkeit, sondern auch Flüssigkeit und Anmut. All diese Qualitäten gilt es dem alten Menschen zu erschließen, damit er „Freude an der Bewegung" gewinnt, Bewegung als Lebensprinzip erkennt. Die Bewegungsarbeit darf nicht mit den alten, innerlich abgelehnten Mustern der Mühe und Belastung assoziiert werden. Sie darf nicht zu einer „innerlichen Abwehrspannung" führen, Ängsten vor Überforderung oder Verletzung. Wir beginnen deshalb meistens mit Entspannungsübungen im Liegen oder Sitzen und einfachen Bewegungsformen im Raum. Die Aneignung eines Raumes in der Bewegung, z.B. der Gymnastikhalle, stellt für viele alte Menschen, die auf nur sehr „beengtem" Lebensraum leben, schon eine gewisse Barriere dar. Der alte Mensch ist zumeist in seinem Raum eingeschränkt. Er muß erst wieder Mut gewinnen, sich Raum aneignen zu dürfen, er muß *sich Raum nehmen*. Großräumige Bewegungen sind für ihn keine Selbstverständlichkeit mehr. Hier bieten uns „intermediäre Objekte" (*Rojas-Bermúdez* 1983) Hilfen. Flatternde Seidentücher, mit denen ich meinen persönlichen Raum erweitern kann, ohne zu riskieren, jemanden zu verletzen, sind nützliche Medien (*Petzold* 1977c; 1983c); oder ein gemeinsames „Erobern des Raumes" in der Gruppe durch Kette und Kreis, das Spiel mit offenen und geschlossenen Formen: wir bilden ein Dreieck, einen Kreis, einen Keil, einen Halbkreis – eine spielerische Art, sich mit Bewegung im Raum vertraut zu machen. Wir verwenden in dieser initialen Phase der Arbeit in der Regel keine Musik. Musik hat eine sehr anregende, stimulierende Qualität (S. 407ff) und ist in der Arbeit mit alten Menschen und in der Bewegungstherapie überhaupt ein nützliches Element (*Petzold* et al. 1983a; *Kirchmann* 1983). Andererseits schränkt sie das Entwickeln eigener Impulse ein. Der alte Mensch soll zunächst die Bewegung „aus sich heraus" erfahren. Deshalb verwenden wir Musik zumeist in einem späteren Stadium des Programms. Bewegungstherapeutische Übungen sollen Spaß machen. Sie müssen beim vorhandenen Bewegungspotential des alten Menschen ansetzen und dieses allmählich ausdehnen und erweitern (*Bringmann* 1978; *Brüggmann* 1976). Die ersten Bewegungsübungen haben deshalb für den Gruppenleiter diagnostischen Charakter. Die Übungen müssen so gehalten sein, daß sie von jedem Gruppenmitglied ausgeführt werden können. Sie sollten individualisierte Schwierigkeitsgrade zulassen. Von Anfang an ist bei der Gruppenarbeit darauf Wert zu legen, daß Übungen nur so weit und so häufig ausgeführt werden, wie sie als angenehm erlebt werden. Erst allmählich erfolgt dann eine Erweiterung im Sinne eines Überschreitens von Grenzen. Der spielerische Charakter der Bewegungsarbeit, etwa durch die Arbeit mit Bällen und Reifen, mit Luftballons und chinesischen Papierlampions, mit Stäben und Tüchern, fördert die soziale Aktivität, die Kontakte in der Gruppe. In unseren Bewegungsgruppen mit alten Menschen wird sehr viel gelacht. Auf Phasen der Übung in der Gruppe oder als Partnerarbeit folgen Phasen des Gesprächs, in denen das gemeinsame Tun und die körperlichen Empfindungen besprochen werden. Die alten Menschen lernen auf diese Weise, über sich und ihre Leiblichkeit zu sprechen, sich einander mitzuteilen. Sie gewinnen in der *Benennung* von körperlichen Erfahrungen und Empfindungen einen neuen Zugang zu ihrer Leiblichkeit. Ihr Körperbild, ihr Körper-selbst-Erleben, d.h. Leiberleben wird deutlicher und plastischer. „Verbesserungen des Körperbildes ermutigen dazu, mit dem Übungsprogramm fortzufahren" (*Sidney/Shephard* 1976, 251). Ein besonderer Schwerpunkt ist das Sensibilitäts- bzw. Awarenesstraining (*Stevens* 1955; *Brooks* 1979), durch das die Kapazität der Sinne erhalten und erweitert wird (*Kimpfler* 1984; *Dedet* 1977; *Vittoz* 1972).

Die Bewegungsübungen sind immer auch Ausdruck persönlicher Befindlichkeit, nicht nur „Training". Sie haben häufig eine kommunikative Funktion, sie sind Mitteilungen. Sie sind weiterhin ein Mittel, die Wahrnehmung der Leiblichkeit zu schulen und zu schärfen. Der Teilnehmer lernt, „auf seinen Körper zu hören". Es ist dies eine Fähigkeit, die in unseren Zivilisationen weitgehend verlorengegangen ist. Und das ist eine Ursache für den größten Teil der „Zivilisationskrankheiten". Die körperliche Selbstregulation wird durch Überforderung und Streß, durch Betäubung und Vernachlässigung übergangen. Es gilt, die „Weisheit des Leibes" (*Perls* 1980; *Lessac* 1981) den Gruppenteilnehmern wieder zugänglich zu machen. Sie müssen spüren lernen, was ihnen gut tut und was ihnen abträglich ist, wo sie ihre Grenzen erweitern und wo sie sie in unguter Weise überschreiten. Übungen müssen natürlich individualisiert gegeben werden, um Überforderung zu meiden. Aber selbst bei sorgfältiger Anleitung durch den Bewegungstherapeuten kann es immer wieder zu Überlastungen kommen durch das Aufkommen alter Überforderungsmuster oder konkurrenter Verhaltensweisen – letztere findet man bei alten Männern besonders häufig. Eine Schärfung der „awareness" für die Signale des Körpers ist deshalb die beste Prävention im Hinblick auf Zwischenfälle durch Bewegungs- und Körperertüchtigungsprogramme. Wir legen auf dieses Lernziel deshalb auch besonderen Wert.

Die Bewegungsarbeit muß für die Teilnehmer einen unmittelbaren Effekt aufweisen, da derartige Erfahrungen einen selbstverstärkenden Charakter haben. Die Übungen müssen einfach und leicht durchführbar angeboten werden (*Petzold* 1974k), damit keine Mißerfolgserlebnisse eintreten. Sie sollten ein positives Körpergefühl vermitteln, das Erleben: ich bin mit meinem Körper in der Lage, mich leicht, entspannt und flüssig oder gar anmutig zu bewegen. Es wird auf diese Weise ein positives Körperbild aufgebaut, und das ist die Voraussetzung für ein integriertes Selbsterleben des Leib-Subjektes, für ein prägnantes Gefühl von Identität und Selbstwert (*Petzold* 1985d).

Der Wiederaufbau und die Kräftigung eines positiven Körperbildes führt über die schrittweise Aneignung der verschiedenen Körperbereiche. Wir beginnen in der Regel mit den Händen. Diese sind zumeist noch beweglich und ausdrucksfähig und mit einer dichten Präsenz des Körper-Ich besetzt. Bewegungs- und Ausdrucksübungen mit Händen und Armen erfordern einen sehr geringen Aufwand an Kraft und Geschicklichkeit. Die Lockerung von Händen und Armen hat eine entspannende Wirkung auf den Gesamtkörper. Schulter und Nackenbereich sind die zweite Region, die durch die Bewegungsübungen angegangen werden. Es können diese Übungen auch im Sitzen oder im Liegen durchgeführt werden, so daß sie sich auch für Patienten, die in ihrer Bewegungsfähigkeit stark eingeschränkt sind, eignen. Die Auseinandersetzung mit dem eigenen Gesicht durch Berührung oder Arbeit am Spiegel bedarf längerer Zeit und sorgsamer Begleitung, weil mit ihr eine Auseinandersetzung mit der Lebensgeschichte einhergeht. Das Leben hat seine Runen deutlich in das Gesicht gegraben. Das alte Gesicht als Ausdruck eines gelebten Lebens mit seinen schmerzlichen und positiven Seiten annehmen zu können, bedarf der Begleitung, des Gesprächs in der Gruppe und der stützenden oder deutenden Intervention des Gruppenleiters. Der Verlust an Jugend und Schönheit führt oftmals in die Trauer, über die eine Wertschätzung von Ausdruckstiefe und -kraft gewonnen werden kann. In Awareness- und Motilitätsübungen werden nach und nach alle Bereiche des Körpers bewußtgemacht, und hier setzen auch Übungssequenzen ein, die auf einen Trainingseffekt abzielen. Wird nämlich durch Dehn-, Streck- und Lockerungsübungen der Schultergürtel beweglicher, entspannter, beschwerdefreier, so kann diese Region besser in das Körper-Raum-Bild reintegriert werden.

Die Arbeit am Körperbild führt in die Auseinandersetzung um persönliche Attraktivität und Häßlichkeit (*Baardman* 1989). Das Festhalten an Selbstbildern der Jugend, am Körperschema, wie es aus Jugendzeiten in der Erinnerung des Körpergedächtnisses festgehalten ist, verhindert eine positive Aneignung von Leiblichkeit im Alter. Es wird Trauerarbeit (*Petzold* 1985a, 277) notwendig, um sich von derartigen Erinnerungsbildern in einer Weise zu verabschieden, daß Raum für die Akzeptanz der jetzigen leiblichen Befindlichkeit geschaffen wird. Zuweilen wird es sogar nötig, für weitere Einbußen an körperlicher Vitalität und an Bewegungsvermögen in *„antizipatorische Trauer"* einzutreten. Dieses gesamte Geschehen kann wiederum in der Bewegungsarbeit Ausdruck finden. Wir ermutigen zu *Ausdrucksbewegungen* mit den Händen, in der Mimik, in der Gestik, in der gesamten Haltung, im Bewegungsablauf.

## 4.1 Gruppenzusammenstellung und Programmkonzipierung*

Die Zusammenstellung der Gruppen hängt von den Zielsetzungen des Programms ab. Sind diese vorwiegend therapeutisch, so liegt die Gruppengröße bei acht Teilnehmern. Ist das Programm stärker bewegungspädagogisch ausgerichtet, so kann die Gruppengröße bis zu sechzehn Teilnehmern betragen. Großgruppen, wie man sie zuweilen in Gymnastik- und Yogakursen für alte Menschen findet, die von verschiedenen Einrichtungen der Erwachsenen- und Altenbildung angeboten werden, sind nach unseren Erfahrungen für eine *gezielte* und wirkungsvolle Bewegungs- und Körperbildung ungeeignet. In einer Gruppe von mehr als sechzehn Teilnehmern ist eine individuelle Betreuung und insbesondere eine spezifische Korrektur von Atmung, Haltung und Bewegung bei den einzelnen Übungen nicht mehr möglich. Die zwischenmenschliche Kommunikation, die gerade für den alternden Menschen, dessen soziales Atom (*Moreno* 1947) sich verkleinert, dessen soziales Netzwerk atrophiert, so wichtig ist, bleibt in Großgruppen vielfach auf einer oberflächlichen

---

* Die Abschnitte 4.1-4.1.6 wurden aus *Petzold/Berger* (1978b) übernommen.

Ebene und wird nicht zu tragfähigen Beziehungen ausgebaut, die das soziale Netzwerk stabilisieren und restituieren. Weiterhin wird in einer Großgruppe die Chance, daß eine kohäsive Gruppe entsteht, vergeben.

Beim Erstellen gerohygienischer Programme sollte daran gedacht werden, daß sich die Reduktion nicht nur im Bereich des Körpers zeigt, sondern daß sich körperliche und soziale Reduktionen wechselseitig bedingen. Es sollten daher Möglichkeiten zur Erhaltung und Restituierung sozialer Kompetenz und Performanz, wo immer sie sich bieten, genutzt werden. Eine Gruppe von sechzehn Teilnehmern bildet nach unseren Erfahrungen die äußerste Grenze für die Kontaktmöglichkeiten des alten Menschen.

Für die Zusammenstellung der Gruppe gilt: „Heterogenität ohne Extrempositionen" (*Petzold/Berger* 1978). Nur in bezug auf physische Leistungsfähigkeit ist Homogenität anzustreben. Starke Behinderungen bei einzelnen Teilnehmern führen zur Beeinträchtigung der gesamten Gruppe. Es ist daher besser, Behinderte in eigenen Gruppen zusammenzufassen, um mit ihnen spezifisch arbeiten zu können, wobei zwischenzeitlich immer Gruppen mit jungen oder validen alten Menschen zusammen veranstaltet werden sollten, um soziale Ausgrenzung zu vermeiden (vgl. S. 422).

Die zeitliche Dauer der Arbeit variiert mit der Belastungsfähigkeit der Teilnehmer. Es hat sich als günstig herausgestellt, mindestens zweimal wöchentlich eine Arbeitseinheit von sechzig Minuten anzusetzen. Bei rüstigen Teilnehmern können sogar Sitzungen von anderthalb Stunden durchgeführt werden. Von dieser Zeit entfällt ein relativ kleiner Teil auf das eigentliche physische Konditionstraining. Der weitaus größere Teil wird mit Spielen, Bewegungsimprovisationen zur Musik und mit Gruppengesprächen verbracht.

Das Geschlechterverhältnis der Teilnehmer sollte möglichst ausgeglichen sein. In gemischten Gruppen ist sowohl der Effekt des sozialen Trainings nachhaltiger, als auch die Leistungsmotivation im Hinblick auf die Bewegungsarbeit. Ein Teil des auf Fitneß gerichteten Vitalisierungstrainings muß allerdings mit unterschiedlichen Aufgaben und Leistungsanforderungen durchgeführt werden, da die Frauen gegenüber den Männern in der Regel leistungsmäßig abfallen. Bei Siechen und Hochbetagten heben sich diese Unterschiede weitgehend auf.

Jede Bewegungsarbeit mit alten Menschen, die ein Vitalisierungstraining einschließt, erfordert, um Risiken zu vermeiden und eine
optimale Wirkung für die Teilnehmer zu erzielen, eine enge Zusammenarbeit mit einem Sportmediziner, Internisten oder Allgemeinpraktiker, der sich in kardiologische, sportmedizinische und gero-
medizinische Fragestellungen eingearbeitet hat. Ist dies nicht gegeben, und das trifft für die meisten Programme in der Altenbildung
zu, so kann ein Vitalisierungstraining mehr Schaden als Nutzen
anrichten.

Überbelastung von Herz und Kreislauf, die ungenügende Berücksichtigung degenerativer Veränderungen können schwerwiegende
Folgen nach sich ziehen. Selbst bei im wesentlichen auf Lockerung,
Flexibilität, Gelenkigkeit gerichteten Gymnastikkursen ist den Teilnehmern in der ersten Stunde zu raten, bis zur nächsten Zusammen-
kunft ihren Arzt aufzusuchen, ihn über das Programm zu informie-
ren und sich von ihm die Unbedenklichkeit der Teilnahme bestätigen
zu lassen.

Für die Durchführung derartiger Programme hat sich der späte
Nachmittag als besonders geeignet erwiesen. Die Kurse können als
„Körper- und Bewegungstraining für alte Menschen" ausgeschrie-
ben werden oder, wenn ein starker therapeutischer Akzent gesetzt
wird, als „Atem- und Bewegungstherapie für alte Menschen". Der Be-
gleittext sollte darauf hinweisen, daß neben der Förderung der Beweglichkeit, neben einem kreislaufstärkenden Fitneßtraining Spiele
und geselliges Beisammensein zum Programm gehören. Die Motivation zur Teilnahme wird durch derartige Ankündigungen wesentlich gefördert.

In der bewegungstherapeutischen und -agogischen Arbeit haben
wir Trainingsbereiche herausgestellt, die indikationsspezifische
Schwerpunkte bilden können oder integriert zum Einsatz kommen.
Sie seien kurz dargestellt:

### 4.1.1 Atemarbeit

Die Grundlage jeder Bewegungsarbeit ist die Atmung. Bewegung
und Atmung müssen „miteinander gehen". Die Bewegung muß die
Atmung anregen, die Atmung die Bewegung stützen. Eine optimale Atmung ist trotz des individuellen Rhythmus, der jedem Men-

schen eigen ist, von folgenden Qualitäten gekennzeichnet: Gleichmäßigkeit, Tiefe, Fülle, Kraft.

Die Herz-Kreislauf-Funktion steht mit der Atmung in einem unlösbaren Zusammenhang. Beides beeinflußt sich wechselseitig, sofern keine pathologischen Veränderungen vorliegen. Eine kräftige, füllige Atmung, die die gesamte Thorax- und Zwerchfellmuskulatur einbezieht, gewährleistet eine optimale Sauerstoffzufuhr und ist deshalb für den Energiehaushalt des Körpers ein großer Gewinn. Eine solche Atmung allein wirkt schon auf das Herz-Kreislauf-System, weil die Atemwelle seine Funktionen stützt (*Derbolowsky* 1978).

Unter Atemfülle wird ein Atemgeschehen verstanden, das den Brustraum, Rücken und die Schultern einbezieht und über den Bauch bis in den Beckengrund wirkt.

Die meisten Menschen atmen sehr flach und sind einseitig auf Brust- oder Bauchatmung fixiert, die Tiefe der Atmung ist unzureichend, der Gasaustausch damit vermindert. Es gibt kaum eine Funktion, die einen so nachhaltigen Einfluß auf das psychische und physische Befinden des Menschen ausübt, wie der Atem. Bei Beschleunigung und Verlangsamung des Atems laufen im Organismus nachhaltige und spürbare physische Veränderungen ab, die sich bis in den emotionalen Bereich auswirken. Eine ruhige und gleichmäßige Atmung bei innerer Spannung und Nervosität bewirkt Beruhigung. Eine hechelnde Atmung, bei der zuviel $CO_2$ abgeatmet wird, bewirkt Hyperventilationserscheinungen, die von Angst und Beklemmungsgefühlen begleitet werden können. Umgekehrt ist bei jedem intensiven emotionalen Geschehen wie Lachen, Weinen, Zorn usw., die Atmung beteiligt. Ateminterventionen bieten daher die Chance, für die Teilnehmer unmittelbare Effekte zu bewirken.

Atemarbeit wird am Anfang am besten im Sitzen oder im Liegen auf Matten durchgeführt. Dies ist erforderlich, weil alte Menschen in der Regel nicht gut stehen können, weil Atemarbeit anstrengend ist und die stehende Position den Kreislauf zusätzlich belastet, so daß für den Ungeübten die Atemarbeit Schwindelgefühle herbeiführen kann.

Es gibt die verschiedensten Möglichkeiten, ein Atemprogramm zu beginnen. Die Teilnehmer setzen sich im Kreis auf Stühle, und zwar nur auf die vordere Stuhlkante, die Beine in Schulterbreite, die Füße flach auf die Erde gestellt. Der rechte Arm wird angewinkelt, so daß die Hand den linken Hüftknochen berührt und sich der Ellbogen in der Höhe des rechten Hüftknochens befindet. Der linke Arm wird ebenfalls angewinkelt und in gleicher Weise in den Rücken gelegt. Auf diese Weise wird es dem Teilnehmer möglich, seine Atemwelle rundum zu spüren. Er wird dann aufgefordert, einfach einmal seinem Atem zu folgen. Nach einiger Zeit wird die Intervention gegeben, durch den Mund zu atmen, wobei die Zunge gegen den Gaumen gestellt wird. Diese Technik bewirkt eine Vertiefung der Atmung, ähnlich wie beim Gähnen, was von den Teilnehmern spontan bemerkt wird. Als weitere Übung kann angeschlossen werden: mit einem leisen Zischlaut so lange und so viel wie möglich auszuatmen und in dem Moment, wo gar kein Atem mehr vorhanden scheint, noch einen kräftigen Hauchlaut auszustoßen. Die Übung kann auch mit einem Summton, der in einem Schrei (*Petzold* 1985h) ausläuft, durchgeführt werden. Aus dieser starken Ausatmung erfolgt eine reflektorisch vertiefte Einatmung, die über einige Zeit vorhält, ehe der Teilnehmer in sein übliches Atemmuster zurückfällt. Auf Dauer aber läßt sich das Atemmuster durch diese und andere Übungen nachhaltig verändern.

Die pneopädische und pneotherapeutische Technik an dieser Stelle detailliert darzustellen, würde den Rahmen dieser Arbeit sprengen. Es könnte überdies der „handwerkliche" Aspekt der Atemarbeit nur unzureichend vermittelt werden. (Näheres bei *Glaser* 1970; *Schmitt* 1965; *Middendorf* 1978, 1985; *Derbolowsky* 1978.)

### 4.1.2 Relaxatives Organtraining

Diesen Ansatz haben wir schon im Isodynamischen Training inkorporiert. Die Atemarbeit wird mit einem Relaxationstraining verbunden (*Berger* 1971). Mit der Ausatmung werden die Arme und der Oberkörper gedehnt und gestreckt. Die Hände werden abgespreizt, und mit dem letzten Stoß des Ausatmens wird die Spannung gelöst. Der Effekt dieser Übung gleicht dem der progressiven Relaxation (*Jacobson* 1938; *Borovec/Bernstein* 1976; *Stokvis, Wiesenhütter* 1979, 213).

In der Arbeit auf der Matte am Boden wird systematisch jede Muskelgruppe angespannt, und zwar in der Regel durch Ausstrecken der jeweiligen Gliedmaßen (des Armes, des Beines, des Rumpfes, des

Nackens). Die Streckspannung soll etwa drei Sekunden dauern und dann mit dem Ausatmen losgelassen werden. Hier wird nun eine Besonderheit des relaxativen Organtrainings eingesetzt, durch die die Effekte der progressiven Relaxation mit Übungsfaktoren des Autogenen Trainings (*Schultz* 1959) verbunden werden. Der Klient soll sich bei Streckspannung vorstellen, sein Arm (Bein, Rumpf etc.) werde länger, wachse, dehne sich aus bis an das Ende des Raumes. Aktive Dehnung und Vorstellung wirken zusammen und führen zu einer optimalen Entspannung. Nach ein- bis dreiwöchigem Üben (drei- bis fünfmal die Woche) stellt sich ein Generalisierungseffekt ein, so daß eine optimale Entspannung allein dadurch erreicht werden kann, daß der Klient sich einmal mit seinem ganzen Körper streckt und dabei die Vorstellung einschaltet, er dehne sich nach allen Seiten aus.

Gegenüber dem Autogenen Training hat die Verwendung muskulärer Anspannung den Vorteil, daß es praktisch keine Refraktäre gibt, sondern alle Klienten diese Methode schnell und sicher erlernen können.

Gegenüber der progressiven Relaxation bietet die Einbeziehung des Vorstellungsvermögens den Vorteil, daß all die Möglichkeiten, die die formelhafte Vorsatzbildung bietet (*Thomas* 1967), einbezogen werden können. Weiterhin wird durch die Koordination der Anspannung mit dem Atemgeschehen eine nachhaltigere Entspannung erreicht. Nur nebenbei sei vermerkt, daß das systematische kurzzeitige Anspannen der verschiedenen Muskelgruppen ein isometrisches Training darstellt, das einen stimulierenden Effekt auf die gesamte Muskulatur hat (*Hettinger* 1969).

Von den alten Menschen wird die Atemarbeit besonders gut aufgenommen. Sie spüren ihre Wirkung, ohne durch sie physisch überfordert zu werden. Relaxations- und Atemübungen können auch bei Siechen, Schwerbehinderten und Hochbetagten eingesetzt werden. Sie stellen ideale Trainingsmöglichkeiten für Bettlägerige dar.

Aus dem komplexen Repertoire der Atem- und Relaxationstechniken können in der beschriebenen Weise Kombinationen erstellt werden.

Das Relaxative Organtraining hat eine Vielzahl von Körperpositionen und einfachen Bewegungsfolgen entwickelt, durch die alle Körperpartien durchgearbeitet werden können und eine Rückwirkung auf Lunge, Herz, Kreislauf und Darmperistaltik möglich wird (*Petzold, Berger* 1974).

### 4.1.3 Zentrierungstraining

Die eigentliche Bewegungsarbeit beginnt mit der Zentrierung. Die Teilnehmer suchen sich einen Stand im Raum und versuchen, ihren Mittelpunkt zu finden. Körperzentrum und das Zentrum des Atemgeschehens fallen idealiter zusammen (*Dürckheim* 1969). Eine kleine Hilfe wird gegeben, wenn die Teilnehmer ihre Hände unter dem Bauchnabel leicht in den Leib drücken, und sie gegen diesen Druck „nach außen" atmen. Der Gruppenleiter geht zu jedem Teilnehmer und beobachtet die Atemführung. Er setzt, wo notwendig, Korrektive durch direkte Körperinterventionen, die atemlockernd sind, z. B. durch leichten Druck in die Flanken, atemanregende Massagestriche durch das Bindegewebe zwischen den Schulterblättern, entlang der Wirbelsäule u. ä.

Hat jeder Teilnehmer seinen Mittelpunkt mehr oder weniger gut gefunden, so erfolgt die Aufforderung, „aus dem Mittelpunkt heraus" im Raume zu gehen. Das gelöste und doch zentrierte Gehen im Raum stellte eine Grundübung dar, die gelernt werden muß, damit auch hier ein Generalisierungseffekt möglich wird. Teilnehmer, die über längere Zeit im Programm mitarbeiten, kommen „wie von selbst" in die Zentrierung.

### 4.1.4 Leistungstraining

Ist ein Mindestmaß an Zentrierung erreicht, so beginnt die Einführung in die Grundpositionen („Pferdestände" des *Kung Fu*). Diese Grundpositionen, den Kata des Karate vergleichbar, verstärken die Zentrierung und bilden den Ausgangspunkt einfacher Bewegungsmuster, die so modifiziert wurden, daß sie auf kleinem Raum ausgeführt werden können und die das eigentliche Leistungstraining darstellen.

*Position 1*: der Klient steht, die Beine leicht angewinkelt und schulterbreit, mit in Hüfthöhe gewinkelten Armen. Die Arme werden mit langem Ausatmen langsam und kraftvoll nach vorne gebracht und mit dem darauffolgenden Einatmen wieder angezogen.

*Position 2*: Das linke Bein wird nach hinten genommen, wobei der linke Fuß im rechten Winkel zum rechten Fuß zu stehen kommt. Die

Position ähnelt dem Ausfallschritt beim Fechten. Wiederum werden die Arme in der Ausatmung nach vorne gebracht.

*Position 3*: Von Position 2 wird mit der Ausatmung ein Ausfallschritt nach links gemacht, von dort Einnehmen der Position 1. Es folgt die gesamte Übungsfolge nach rechts und schließlich von Position 1 ein Ausfallschritt nach vorne, so daß in der Positionsfolge sich eine Kreisbewegung ergibt. Diese wird zunächst langsam geübt. Sie stellt einige Anforderungen an die Koordination und fördert mit zunehmender Schnelligkeit Geschicklichkeit und Gewandtheit. Die Armstöße werden kräftiger ausgeführt, und zwar verbunden mit einem kraftvollen Ausstoßen des Atems. Schulter-, Brust- und Rückenmuskulatur werden dabei voll eingesetzt. Die Bauchmuskulatur ist durch die Atmung, die Beinmuskulatur durch die Bewegung und den tiefen Grätschstand einbezogen.

Werden die Grundpositionen beherrscht, so kommen komplexere Bewegungsfolgen hinzu. Beinstöße und Armstöße, die kraftvoll ausgeführt werden müssen, werden nach und nach eingefügt. Die Bewegungsfolgen haben einen tänzerischen Charakter. Mit zunehmender Sicherheit werden sie leicht und anmutig ausgeführt. Bei einer Steigerung der Schnelligkeit wird eine optimale Kreislaufbelastung erreicht. Das Bewegungsgeschehen kommt ohne weiteres an die Intensität eines Lauftrainings heran. Ermüdet der Klient, so führt er die Übungsteile langsamer aus, verweilt etwas länger in den Grundpositionen, setzt aber die Atemarbeit und den Bewegungsfluß fort, nach dem Prinzip des *wu wei*, der mühelosen Mühe. Die Armbewegungen sind nicht mehr stoßend und kraftvoll, sondern ausreichend, sanft, gebend und annehmend, empfangend.

Nach einiger Zeit werden die Übungen auch als Partnerarbeit durchgeführt. Hier wird nicht nur die Koordination geschult, sondern auch das Einfühlungsvermögen in den anderen, das Sich-Einstellen auf die Bewegungsfolgen des anderen. Die Partnerarbeit nimmt sehr oft den Charakter des spielerischen Kampfes oder des fließenden, feierlichen Schreittanzes an. Die einzelnen Positionen führen zu einer Dehnung und Lockerung des gesamten Körpers. Werden genügend Übungsfolgen beherrscht, so wird das initiale Relaxationstraining immer weniger wichtig, weil im Wechsel vom aggressiv-kämpferischen, kraftvoll und auf Ausdauer und Schnelligkeit gehenden Bewegungsmodus zum sanften, fließenden, entspannten, tänzerischen Bewegungsmodus alle erforderlichen Impulse für eine funktionale, angemessene Atmung und für ein ausgewogenes Verhältnis von Spannung und Entspannung geboten werden.

Der langsame Beginn und die fortschreitende Intensivierung und zunehmende Schnelligkeit führen zu einer allmählichen Mehrbeanspruchung von Muskulatur, Bändern, Sehnen und Gelenken, und zwar in einer Weise, daß Überforderungen vermieden werden.

### 4.1.5 Kreativitätstraining

In der nonverbalen Partner- und Gruppenarbeit, sowie in den Gesprächsphasen, wird schon ein intensiver sozialer Bezug aufgebaut. Eingestreute Ballspiele, tänzerische Bewegungsimprovisationen zur Musik, fördern gleichermaßen einen intensiveren Kontakt. Besonders die kreative Bewegungsimprovisation zur Musik ist bei den Teilnehmern beliebt. Hier werden die festen Übungsfolgen und Positionen verlassen. Sie tauchen nur noch gelegentlich als Elemente der Improvisation auf. Beibehalten wird die Bewegung aus dem Zentrum mit dem Atem und der Wechsel von kraftvollen und sanften Sequenzen, die gleichbedeutend mit Belastungs- und Ruhephasen sind.

Die alten Menschen gewinnen Freude an der Bewegung. Sie entdecken ihren Leib, entdecken, daß sie sich in der Bewegung ausdrücken können, ohne zu ermüden, daß sie mit anderen auf eine neue Art in Kontakt zu treten vermögen. Die initialen Hemmungen, die häufig im Partnerkontakt auftreten, werden zu einem Teil durch die intensive funktionale Arbeit abgebaut. Schwierigkeiten werden in den Gesprächsphasen thematisiert, und so wird die Unbefangenheit möglich, die für jedes kreative Gestalten Grundlage ist. In der Integrativen Bewegungstherapie wurden zur Förderung der Kreativität eigene Übungen und Spiele entwickelt, durch die Phantasie stimuliert und neue Erfahrungen möglich werden (*Petzold* 1974k). Gerade in der Arbeit mit alten Menschen ist das aktivierende, erlebniszentrierte Vorgehen, durch das positive Erfahrungen und Alternativen für die Lebensgestaltung aufgewiesen werden, eine wichtige Aufgabe (*Petzold, Stöckler* 1988).

Es werden Vorstellungsübungen in die Bewegungsarbeit einbezogen:

Die Teilnehmer sollen sich z. B. vorstellen, sie seien ein Samenkorn einer Blume, eines Baumes oder Strauches, das in der Erde eingeschlossen ist, keimt, erste Blätter treibt, sich nach und nach entfaltet, wächst und Knospen und Blüten hervorbringt. Die Gruppenmitglieder kauern sich auf den Boden, und jeder beginnt für sich langsam mit „seinem Wachstumsprozeß", gestaltet das Wachsen der Pflanze, die ihm vorschwebt. Einer hat eine gerade aufschießende Gladiole gewählt, ein anderer die vielblütige und vielblättrige Aster, ein dritter ein Veilchen, das am Boden blüht, ein weiterer eine Birke oder eine Pappel, deren Blätter im Wind zittern.

Die Übung kann modifiziert werden, indem man vorgibt, daß jeder sich vorstellen solle, ein Baum zu sein, der den Ablauf eines Jahres erlebt. Hier werden die Möglichkeiten der Wahl verschiedener Bäume mit Vorstellungen über den Verlauf der Jahreszeiten verbunden. Eine Teilnehmerin gestaltet die schlanke Birke, die sich im Frühlingswind sanft wiegt, im Sommer die Blätter schlaff hängen läßt und im Herbst durch die Stürme hin und her gezaust und leergefegt wird. Ein anderer Teilnehmer wählt die knorrige Eiche, ein dritter eine Weide. Einige Teilnehmer haben sich zu einer Gruppe engstehender, hochstämmiger Tannen zusammengestellt. Windgeräusche können durch Zischlaute und den Einsatz der Stimme simuliert werden.

Bei dieser oder ähnlichen Übungen ergeben sich auch Improvisationen mit der ganzen Gruppe. Die Geräusche werden von allen Teilnehmern zusammen gemacht. Die Zweige, durch die Hände dargestellt, stoßen aneinander, ein kleiner Schößling wächst nahe am Stamm eines mächtigen großen Baumes und findet bei ihm Schutz usw.

Die Imaginationsübungen werden in der Regel mit geschlossenen Augen durchgeführt, wodurch die visuelle Vorstellungskraft angeregt wird.

In den nachfolgenden Gesprächsphasen berichtet jeder über das, was er gesehen hat. Dadurch lernt sich die Gruppe besser kennen. Es kommen Gespräche über Landschaften in Gang, die man visualisiert hat, in denen man aufgewachsen ist oder über einige Zeit gelebt hat. Zur Selbsterfahrung des Leibes in der Bewegung gesellt sich die gemeinsame Erfahrung in der Gruppe (*Petzold, Berger* 1978). Die Verbindung von Bewegung, Imagination und Musik bietet für die kreative Gruppenarbeit weitere Möglichkeiten. Wir arbeiten mit Musikstücken von Tonträgern oder bewegen uns nach Musik, die die Teilnehmer mit einfachen Instrumenten wie Tambourin, Schlaghölzern oder – wo vorhanden – mit dem Orff-Instrumentarium improvisieren. Werden Musikstücke von Band oder Schallplatte verwandt, so wird mit den Teilnehmern über die Stücke diskutiert. Es kann auch angeregt werden, daß die Klienten Schallplatten und Tonbandkassetten, die sie für die Bewegungsimprovisation gerne verwenden möchten, von zu Hause mitbringen.

Arbeit mit Musik gehört zu den Teilen des Programms, die sich besonderer Beliebtheit erfreuen (*Kirchmann* 1979; *Petzold* 1979g). Sie rangiert noch vor den Mannschaftsspielen, die aufgrund ihrer Struktur – zwei Parteien stehen im spielerischen Wettbewerb – gleichfalls großen Anklang finden. Die Musik vermag die verschiedensten Gestimmtheiten zu vermitteln, die im Unterschied zum passiven Musikhören in der Bewegung, im Tanz (*Hill* 1976; *Briner* 1977) ihren Ausdruck finden können. Wenn eine genügend große Auswahl an Musikstücken vorhanden ist, kommt in der Entscheidung der Gruppe für das eine oder andere Stück auch die emotionale Situation der Gruppe zum Ausdruck, die in der Gesprächsphase thematisiert und reflektiert werden kann.

Je intensiver die Arbeit in diese Richtung vorangetrieben wird, desto stärker gewinnt sie den Charakter einer Selbsterfahrungs- oder Therapiegruppe, in der die Arbeit an Problemen und Beziehungen einen größeren Raum einnimmt.

Gruppendynamische Spannungssituationen, z. B. wenn unterschiedliche Wünsche und Präferenzen aufeinandertreffen, werden nicht, wie in den leiterzentrierten Gruppen herkömmlicher Sport- und Gymnastikveranstaltungen, ausgeblendet oder autoritär entschieden. Vielmehr werden derartige Kontroversen aufgegriffen und bearbeitet, denn sie sind notwendig, wenn man nicht Gefahr laufen will, eine „Harmoniegruppe" herauszustilisieren, in der Konflikte verdeckt werden und in der die Dimension der Direktheit verlorengeht. Differenzen können im Gruppengespräch oder auch in der Bewegungsimprovisation ausgetragen werden. Die Anregung, die Meinungsverschiedenheiten einmal pantomimisch auszudrükken und in der Bewegung auszuspielen, wird in der Regel von den Teilnehmern, die schon länger in der Bewegungsgruppe arbeiten, gut aufgenommen und führt zur Klärung der Situation. Wichtig dabei ist, daß der Gruppenleiter derartige Situationen aufzunehmen weiß und sie durch entsprechende Interventionen strukturiert (*Petzold, Berger* 1978).

### 4.1.6 Sozialtraining

Ein derartiges Vorgehen, das die Beziehungsebene und die Gruppendynamik voll einbezieht, erfordert und fördert *social skills*, die darüber hinaus durch Interaktionsspiele und Kommunikationsübungen in einem spezifischen Sozialtraining entwickelt werden können.

Die Vielzahl der nonverbalen Bewegungsübungen aus der Gestalt- und Encounter-Tradition (*Vopel* 1976; *Otto* 1970; *Stevens* 1975) stellen ein reichhaltiges Repertoire zur Verfügung, auf das der Bewegungstherapeut zurückgreifen kann.

In der Integrativen Bewegungstherapie selbst wurden gleichfalls zahlreiche Übungen für ein Interaktions- und Kommunikationstraining entwickelt (*Petzold* 1974k/1977, 384 ff.). In der Regel wird mit einfachen Bewegungsübungen begonnen. Sie erleichtern in der Initialphase die Arbeit und den Kontakt und führen zu einem besseren Kennenlernen (*Garnet* 1977). Ferner ermöglichen sie die persönliche Begegnung zwischen den Teilnehmern. Bei den Bewegungsübungen gehen z. B. zwei Gruppenmitglieder aufeinander zu, ohne miteinander zu sprechen. Darauf gehen sie nebeneinander her, wobei der eine versucht, sich in den Gang und in den Bewegungsrhythmus des anderen einzufinden. Nach einiger Zeit werden die Rollen getauscht. Danach wird über die Erfahrung gesprochen. Bei einer anderen Übung spielt die Gruppe mit einem imaginären Ball. Es werden zwei Mannschaften gebildet, die miteinander kooperieren müssen. Zwischendurch wird immer wieder eine Gesprächsphase eingeschaltet, wo die beiden Untergruppen jeweils für sich ihre Kooperationen besprechen und reflektieren können, und wie sie in der nächsten Spielsequenz noch besser und effektiver zusammenarbeiten können.

Ein wichtiger Bestandteil der Arbeit ist das Gespräch über Kommunikation und Kontakt im Alter. In derartigen Gesprächen wird den Teilnehmern deutlich, in welcher persönlichen Situation die einzelnen Gruppenmitglieder stehen. Es wird zumeist auch ausdrücklich der Wunsch nach Kontakt verbalisiert. Dieser ist ein zentraler motivationaler Faktor für die Teilnahme an den Veranstaltungen, der genau so wichtig ist, wie der Wunsch nach einem körperlichen Gesundheitsprogramm.

Der Teil der Gruppenarbeit, der als Sozialtraining charakterisiert wird, hat die wichtige Funktion, die Teilnehmer dazu anzuregen, auch außerhalb der Sitzungen miteinander Kontakt aufzunehmen und z. B. Spazier- oder Laufgruppen zu bilden. Viele alte Leute, insbesondere Frauen, sind ängstlich, allein ausgedehntere Spaziergänge zu machen. Gemeinsam im Park zu laufen, erscheint ihnen weniger riskant als alleine auf die Trimmstrecke zu gehen. Aus derartigen, mit dem Programm verbundenen Kontakten entwickeln sich weitere Beziehungen im Alltag.

Da Arbeit mit alten Menschen nur sinnvoll ist, wenn sie den gesamten Lebenskontext im Auge hat (*Garnet* 1977) und versucht, auf diesen einzuwirken (*Petzold/Bubolz* 1976), darf Integrative Bewegungstherapie mit dieser Zielgruppe nicht auf die Bewegungsarbeit begrenzt bleiben. So wesentlich z. B. ein Herz-Kreislauf-Training für das gesundheitliche Wohlbefinden des alten Menschen ist, so eingeschränkt wird es, wenn es den Gesamtkontext nicht berücksichtigt (*Petzold* 1977g).

## 4.2 Arbeitsmodalitäten

Die Trainingsformen des IBT dürfen nicht nur unter dem Übungsaspekt gesehen werden. Sie sind in einen dynamischen Kontext eingebettet. In ihnen kommen in der Arbeit mit alten Menschen die drei Arbeitsmodalitäten der Integrativen Bewegungstherapie zum Einsatz: Die *übungszentriert-funktionale* Modalität hat eher sport- und physiotherapeutischen Charakter. Die *erlebniszentriert-agogische* Modalität hat eine geragogische Orientierung. Sie kann Selbsterfahrung im Dienste der Persönlichkeitsentwicklung beinhalten. Die *konfliktzentriert-aufdeckende* Modalität ist psychotherapeutisch ausgerichtet und erfordert von seiten des Gruppenleiters eine fundierte therapeutische Kompetenz.

## 4.2.1 Übungszentriert-funktionale Arbeit

Dieses Vorgehen führt durch gezieltes Training zu „richtiger" Entspannung, zu geplanter Ertüchtigung, zur Steigerung von Kraft, Ausdauer, Beweglichkeit und Geschicklichkeit usw. Isodynamisches Training nimmt hier eine besondere Stellung ein. Außerdem haben wir spezifische Trainingsbereiche erarbeitet, wie z. B. Vitalisierungstraining, Orientierungs-, Flexibilitäts-, Sensibilitäts-, Expressivitätstraining (vgl. *Petzold/Berger* 1979), durch die die übungszentriert-funktionale Modalität des Vorgehens ein breites Spektrum der Anwendung erhält.

*Beispiel:*
Entspannung, Zentrierung, Grounding und Balance sind wichtige Konzepte in der übungszentrierten Arbeit. Sie beziehen jeweils die Atmung mit ein. Wir beginnen oftmals die Gruppenstunden mit einer kurzen Sequenz des Reckens und Dehnens, um Entspannung und Lockerung zu bewirken, die die Grundlage für nachfolgende erlebniszentrierte Bewegungsarbeit wird.

„Wir beginnen heute mit einem leichten Ausschütteln der Hände. Sehen Sie, wie ich meine Hände in den Gelenken ausschüttle. Ja, das machen Sie gut, Frau Sonntag. So, und jetzt den ganzen Arm einbeziehen, erst den rechten, dann den linken. Nicht zu heftig. Ganz locker, noch ein bißchen, und dann geben Sie sich Zeit zum Nachatmen. Und jetzt dehnen und strecken wir die Arme. Gut ausrecken und durchdehnen. Das ist gut, Herr Müller. Noch ein bißchen mehr in die Höhe reichen ... Und wieder Zeit geben zum Nachatmen ... Gehen Sie jetzt durch den Raum, bis sie einen Platz finden, der Ihnen zusagt ... Wir werden jetzt wieder ein wenig an der Zentrierung arbeiten, dem Erspüren unserer Körpermitte, in der wir ruhen und von der unsere Bewegung ausgeht. Die Füße schulterbreit hinstellen und sich vorstellen, Sie schicken von Ihren Füßen Wurzeln in die Erde, so daß Sie einen guten festen Stand haben ... Jetzt fangen Sie ganz leicht an, in den Schultern zu schwingen. Ganz locker." Der Gruppenleiter geht von einem zum anderen, gibt behutsam Hilfen und Korrekturen. Aus der Grounding-Übung entwickelt sich zwischen dem Stand der Füße und der schwingenden Bewegtheit der Schultern ein Gefühl für die Körpermitte.

„Wenn Sie ein Gefühl für Ihr Zentrum, ihre Körpermitte, gefunden haben, legen Sie bitte Ihre Hände auf diese Stelle Ihres Leibes. Wer das Gefühl noch nicht hat, schwingt leicht und rhythmisch weiter." Der Bewegungstherapeut geht weiter zu Teilnehmern, die Schwierigkeiten haben, die „Mitte" wahrzunehmen, und gibt Hilfen. „Geben Sie sich ruhig ein wenig Zeit, Ihre Mitte wahrzunehmen, und beginnen Sie allmählich, die Wurzeln aus dem Grund zurückzuziehen. Behalten Sie das Gefühl der Sicherheit, der Standfestigkeit. Und jetzt bewegen Sie sich wieder langsam in den Raum hinein. Mit dem Gefühl der Mitte in Kontakt bleiben!" Die Bewegungen der Teilnehmer sind ruhig, zentriert und sicher. Es ist diese Sicherheit erforderlich, um raumausgreifender arbeiten zu können oder z. B. Balanceübungen einzuführen. „So, jetzt geht jeder einmal auf einem Parkettstreifen entlang. Versuchen Sie, die Linie einzuhalten. Wenn Sie unsicher werden, spüren Sie einfach zu Ihrem Zentrum hin oder bleiben Sie stehen und gewinnen neuen Stand und neue Sicherheit ... So, wer möchte, kann jetzt die Bewegung auf der Linie etwas beschleunigen. Nur soweit Sie sich sicher fühlen. So ist es gut, Frau Sonntag ... Und halten Sie an, und geben Sie sich etwas Zeit zum Nachatmen ... Versuchen Sie jetzt, einige Schritte rückwärts auf der Linie zu gehen. Ganz leicht. Nehmen Sie Ihre Arme zum Ausgleich zu Hilfe."

Nach derartigen Sequenzen setzen wir uns auf den Boden oder auf Stühle, die in einer Ecke des Gymnastikraumes stehen, und sprechen ausführlich über Schwierigkeiten, Ängste, Beschwerden und positive Erfahrungen der Entspannung und des Bewegungserlebens. Danach wird eine weitere Bewegungssequenz eingestimmt, die stärker *erlebniszentriert* verlaufen kann.

### 4.2.2 Erlebniszentriert-agogische Arbeit

Dieses Vorgehen dient zum Vermitteln neuer, alternativer oder erweiterter Erlebnis- und Erfahrungsmöglichkeiten. Bewegungsimprovisation, Bewegungsspiele und Intermediär-Objekte werden eingesetzt, um Erfahrungsspielräume zu erweitern, Ausdrucksfähigkeit, Spontaneität und Kreativität aufzubauen. Der alte Mensch erhält die Möglichkeit, den alten Leib als „neuen Leib" zu erfahren, über Behinderungen und Einschränkungen hinaus eine neue Weise des leiblichen In-der-Welt-Seins zu finden.

*Beispiel:*
Die erlebniszentriert-agogische Arbeitsweise verbindet Phantasie und Imagination mit körperlichem Aufbau und Bewegungsgeschehen. „Wir sind von den Eingangsübungen ja alle noch recht locker, haben einen guten Stand, ein gutes Gefühl für unsere Mitte ... Wir gehen jetzt wieder in den Raum und wollen nun versuchen, den Körper noch weiter in das Bewegungsgeschehen einzuziehen und uns noch mehr Raum hier auf der Fläche zu nehmen. Breiten Sie doch einmal die Arme aus und beginnen Sie, den Raum zu durchqueren ... Schön langsam ... Ein bißchen auf die anderen achten ... Es ist genügend Platz, man muß sich nicht in die Quere kommen. Sie machen das sehr schön, Frau Eberwein. Eine gleitende Bewegung." ... „Was stellen Sie sich dabei vor?" – „Eine Möwe, die so im Wind segelt und gleitet." – „Vielleicht können alle einmal sich vorstellen, wie eine Möwe im Wind zu segeln ... Wem es zuviel wird und wem die Arme zu müde werden, der kann ein bißchen verharren und dann wieder neu beginnen!"
    Es entwickeln sich bei fast allen Teilnehmern ruhige, gleitende, recht elegante Bewegungen. Der ganze Raum wird ausgefüllt, von einem Ende zum anderen durchmessen in Linien, Kurven, Schleifen, Achten, Kreisen. Die Teilnehmer beginnen, mit den Formen zu improvisieren, ruhen zwischenzeitlich aus, um wieder erneut in die

Bewegung einzutreten. Zuweilen bilden sich Paare, die parallel „segeln" oder miteinander Formen improvisieren. So entstehen Kontakte. „So, allmählich ausklingen lassen und sich in kleinen Gruppen oder zu zweit hinsetzen und über das Erlebte sprechen!"

Das Gespräch in Kleingruppen löst die Leiterzentriertheit etwas auf und fördert die Kommunikation zwischen den Teilnehmern. Außerdem erhält jeder mehr Freiheit und Raum, über seine Erfahrungen zu sprechen. Meistens kommen wir aber dann doch noch kurz in der Gesamtgruppe zusammen, bevor wir eine neue Bewegungssequenz einleiten, um zu sehen, ob Schwierigkeiten aufgetaucht sind, oder um Ratschläge und Hilfen zu geben. Es kann sich hier auch ein Übergang zu *konfliktzentrierter* Arbeit ergeben.

### 4.2.3 Konfliktzentriert-aufdeckende Arbeit

Dieses Vorgehen führt zur Auseinandersetzung mit der „Geschichte des Leibes", mit Ereignissen und Situationen, die „in den Leib hinein" verdrängt wurden. *Traumatisierungen, Defizite, Störungen oder Konflikte (Petzold 1977a; 1985i; dieses Buch S. 357)*, die dem Leib im Verlauf der Lebensgeschichte widerfahren sind, in ihn eingegraben wurden, müssen in Prozessen des Durcharbeitens angenommen und in Akten der Versöhnung zu einer „Heilung alter Wunden" führen.

*Beispiel:*
Das Bewegungsgeschehen bringt die Teilnehmer immer wieder auch mit Einschränkungen und Grenzen in Kontakt, die schmerzlich erlebt werden, oder führt an Ereignisse aus ihrer Biographie, die im „Leibgedächtnis" gespeichert sind, gute wie schlechte Atmosphären, Szenen oder Stücke. Die erlebniszentrierte Arbeit hat unter anderem die explizite Zielsetzung, gute Vergangenheitserfahrungen zu stimulieren und sie in ihrer positiven Qualität für die Gegenwart fruchtbar zu machen.
„Ja, wer hat noch etwas aus dem Bewegungsspiel mit den gleitenden Möwen zu berichten?" *Frau F.:* „Das war für mich eine sehr schöne Übung. Ich habe mich ganz leicht gefühlt, so richtig von der Luft umspielt. Ich schau' den Vögeln und den Möwen auch gerne zu." – *Herr S.:* „Ich konnte mir das zuerst gar nicht vorstellen, aber nachher ging es ganz gut. Nur die Arme sind mir immer so schnell müde geworden. Das war nachher aber weg. Ich bin nur immer mit dem Herrn W. zusammengestoßen." – *Herr W.:* „Sie passen aber auch gar nicht auf." – *Frau S.:* „Mir ist es bei der Übung gar nicht gut gegangen. Sie wissen ja, ich kann meinen rechten Arm gar nicht heben. Die Arthrose in der Schulter macht mir so Schmerzen. Ich habe mich richtig flügellahm gefühlt (beginnt zu weinen), wie wenn man mir die Flügel gestutzt hätte. Dabei habe ich mir so viel Mühle gegeben." – *T.:* „Sie haben sich sehr angestrengt, Frau S." – *Frau S.:* „Es

ist auch alles sehr anstrengend. Selbst hier, wo man sich doch entspannen soll!" – T.: „Frau S., ich kann Ihnen ein wenig helfen, diese Übung ohne große Anstrengung zu machen. Gehen Sie doch noch einmal mit mir auf die Fläche." (Die Teilnehmer sind damit vertraut, daß bestimmte Übungen und Bewegungssequenzen noch einmal einzeln mit dem Gruppenleiter im Sinne einer Hilfestellung auf der Fläche wiederholt werden können. Nachdem die anfängliche Scheu vor dieser Vorgehensweise verloren ist, wird dies in der Regel ohne Probleme aufgenommen.) Wir gehen zusammen auf die Fläche. „So, jetzt lassen Sie den schmerzenden Arm einmal unten und nehmen mit ihm nur ganz leicht meine Hand und den anderen Arm nehmen wir als Flügel. So, und jetzt segeln wir ganz leicht und locker *zusammen* ... So, und schön ausruhen. Wir brauchen ja keine langen Strecken zu machen. Und noch einmal, und stellen Sie sich vor, ein warmer leichter Wind unterstützt Sie dabei. Lassen Sie sich ruhig führen, Sie brauchen nur ganz wenig selbst zu tun." Die Teilnehmerin beginnt wieder zu weinen. T.: „Was ist, Frau S.?" – „Ich hab' im Leben so wenig Unterstützung bekommen. Das hat es alles so mühevoll gemacht. Und Sie sind jetzt so freundlich zu mir. Ich kann das gar nicht annehmen." – T.: „Und jetzt wenden Sie Mühe auf, um die Freundlichkeit nicht annehmen zu müssen. Segeln wir doch einmal über die Mühen der Vergangenheit hinweg und lassen sie tief unter uns. Wenn Sie herunterschauen, sind die Mühen ganz klein. Versuchen Sie es einmal." – Wir bewegen uns wieder durch den Raum. Das „Segeln" wird leichter und flüssiger, und Frau S. beginnt unwillkürlich, ihren rechten schmerzenden Arm anzuheben. T.: „So, und wieder etwas ausruhen ... Was haben Sie tief unten gesehen?" – *Frau S.*: „Ach, die viele, viele Arbeit, die ich tun mußte. Sie wissen ja, ich war im Hotelgewerbe. Sonn- und Feiertag bis spät in die Nacht immer das schwere Tragen. Nur in der Schweiz die paar Jahre, da war's mal schöner. Da war ich am Empfang. Aber das ist jetzt ja alles lange vorbei." – T.: „Ich schlage Ihnen vor, daß wir jetzt abschließend noch einmal einen Segelflug über Ihren Arbeitsplatz in der Schweiz machen. Wo war das?" – *Frau S.*: „Im Wallis." – T.: „Na gut, dann segeln wir einmal über die Berge und Täler des Wallis und lassen uns vom Bergwind durch die Lüfte tragen. (Zur Gruppe gewandt:) Wir können ja jetzt noch alle einmal auf die Fläche gehen und leicht über die Berge fliegen und segeln."

In dieser Kombination von konfliktzentrierter und erlebniszentrierter Arbeit konnte die aktuelle Einschränkung der schmerzenden Schulter angenommen werden, so daß der Teilnehmerin es möglich wurde, die Übung ohne Mühe durchzuführen. Die aufkommenden Erinnerungen an Mühe und Belastung aus der Lebensgeschichte konnten in einer kathartischen Abreaktion gemildert werden. Indem diese Ereignisse „überflogen" wurden, war eine „innere Distanzierung" möglich: Diese Dinge sind vorbei, sie sollten mich in meinem Lebensgefühl heute nicht mehr hindern, und ich sollte mir keine Mühe mehr machen, Gutes anzunehmen – so die Deutung. Das Aufnehmen der positiven Arbeitserfahrung in der Schweiz hatte nicht zum Ziel, die Mühen des Arbeitslebens von Frau S. zu übertönen, sondern es sollte hervorgehoben werden, daß es auch andere, positive Erfahrungen gab. Dies wurde im „sharing" der Gesamtgruppe noch einmal deutlich, wo andere Teilnehmer von ähnlichen Mühen des Arbeitslebens berichteten, aber auch die Notwendigkeit feststellten, die positiven Vergangenheitserfahrungen nicht zu vergessen. *Herr F.:* „Ich finde, besonders wenn man ein so mühevolles Arbeitsleben hatte wie Sie, dann wiegen doch die schönen Erinnerungen doppelt. Für mich ist das jedenfalls so. Ich meine, ich hab' hier gelernt, das so zu sehen, und das tut mir gut."

Konfliktzentriertes Arbeiten erfordert immer ein ausführliches Sharing der Gruppenteilnehmer, damit die Identifikationen verbalisiert werden können, Entlastungsmöglichkeiten geboten werden und der Protagonist emotionalen Support erhält.

## 5. Tanztherapie mit alten Menschen

Die Arbeit mit Ausdrucksbewegungen führt von der Bewegungstherapie in die Tanztherapie (*Briner* 1978; *Willke* 1985). In der Integrativen Bewegungstherapie wird die Tanztherapie als eine Sonderform der Bewegungsarbeit verstanden (*Petzold* 1974k). Ansonsten gilt sie als eigenständiger Ansatz nonverbaler Therapie (*Klein* 1983; *Schoop* 1974), der sogar zu einer „Integrativen Tanztherapie" entwickelt wurde (*Briner* 1978; *Willke, Hölter, Petzold* 1989). Tanztherapie hat in der Arbeit mit alten Menschen verschiedentlich Verwendung gefunden (*Samuel* 1968, 1973; *Fersh* 1980; *Garnet* 1977). Es sind tanztherapeutische Aktivitäten genausowenig mit den verschiedenen Formen des „Seniorentanzes" gleichzusetzen wie bewegungstherapeutische Maßnahmen mit „Seniorensport". Auch für die Tanztherapie kommen die Modalitäten *übungszentriert-funktional, erlebniszentriert-agogisch* und *konfliktzentriert-aufdeckend* zum Tragen. Die übungszentrierte Modalität soll dazu beitragen, Geschicklichkeit und Koordinationsfähigkeit wiederaufzubauen oder zu erhalten, z. B. durch rhythmische Übungen (*Frohne* 1981). In der erlebniszentrierten Modalität werden durch Ausdrucksbewegungen, Ausdruckstanz in der Einzelarbeit oder in der Gruppe Möglichkeiten erschlossen, Gefühle, Stimmungen, Gedanken und Phantasien in tänzerischem Bewegungsausdruck zu gestalten. Verzweiflung, Hoffnung, Heiterkeit können in tänzerischer Form zum Ausdruck gebracht werden. Es ist möglich, Abschnitte des eigenen Lebensweges zu tanzen, Konflikte in der Gruppe tänzerisch auszutragen, Ängsten und Sehnsüchten eine tänzerische Sprache zu geben. Die persönliche Kreativität und Gestaltungskraft der alten Menschen ist im Medium des Tanzes oft erstaunlich reich und vielfältig, selbst bei Leuten, die ein Leben lang wenig oder gar nicht getanzt haben oder nur die klassischen Gesellschaftstänze praktizierten. Es müssen in der Regel alte Tanzklischees durchbrochen werden, um für die tänzerische Improvisation Raum zu schaffen. Dies geschieht unter anderem, indem die tanztherapeutische Arbeit ohne Musik beginnt und sich aus Stimmungen und Ausdrucksbewegungen entwickelt. Dabei finden sich typisch drei Stufen: *Skulptur, Bewegung, Tanz.*

Die Arbeit mit *Körperskulpturen* nimmt in der Integrativen Bewegungstherapie einen wichtigen Platz ein (vgl. S. 466, 588 f.). Gruppenteilnehmer werden aufgefordert, ihrer augenblicklichen Stimmung, Befindlichkeit, ihren Gedanken, Phantasien und Wünschen eine Form zu geben, indem sie ihren Körper zu einer Plastik, zu einer Skulptur machen. In ihrer Haltung, unter Einbeziehung von Mimik und Gestik, geben sie ihrer Gemütslage Ausdruck. Sie benutzen ihren Leib als das lebendige formbare Material der Expression. Die Skulptur wird – eventuell vor der Spiegelwand – verändert, umgeformt, korrigiert, bis sie der Darsteller als stimmig erlebt. Die pantomimischen Fähigkeiten alter Menschen sind in ihrer Vielfältigkeit und Ausdruckskraft oft beeindruckend, was von den Gruppen und von den Darstellern selbst häufig mit Erstaunen vermerkt wird.

Die *Bewegung* als zweite Stufe der Arbeit ergibt sich aus der Skulptur, etwa durch die Instruktion: „Versuchen Sie, Ihre Körperplastik in Bewegung umzusetzen. Spüren Sie, welche Bewegungsimpulse in Ausdruck und Haltung der Skulptur liegen, und geben Sie diesen Impulsen nach." So kommt die Plastik „in Bewegung", wird lebendig, verflüssigt. Die Bewegungsabläufe haben ihre eigene Ausdruckskraft und -qualität. Die Neigung des Kopfes, das Heben der Braue, der hinweisende Arm, die Drehung des Körpers als Zuwendung oder Abwendung erschließen gegenüber der Skulptur eine neue Dimension. Sich auf jemanden zubewegen, sich hinwegbewegen, geschmeidig, steif, hastig, verhalten, macht den Körper und die Körperbewegung zum Medium der Kommunikation. Dem bloßen Ausdruck der Körperskulptur wird die Qualität der Handlung zugesellt.

Der *Tanz* als die dritte Stufe – und dies ist nicht im Sinne der Steigerung etwa gegenüber der Skulptur oder der Bewegung zu verstehen –, der Tanz also führt über die Bewegung hinaus in eine Dynamik des Ausdrucks. Die Bewegtheit wird intensiviert, die Form der Expression wird flüssiger. Haß verkörpern in der Körperskulptur, Haß zeigen im Bewegungsablauf einer Haßgebärde, oder Haß tanzen erschließt unterschiedliche Dimensionen, Differenzierungen und Möglichkeiten dieses Gefühls. Der Tanz stellt an die motilen Fähigkeiten des Körpers die größten Anforderungen. Er gründet auf einer Sicherheit in der Bewegung, er erfordert eine gewisse Beherrschung des Körpers, sofern er mit dem gesamten Körper ausgeführt wird und nicht auf einen „Tanz der Hände" beschränkt wird, wie es z. B. bei Rollstuhl-Patienten geschieht. Die Symbolsprache des Tanzes greift weiter hinaus in den Raum als die Symbolsprache der Körperskulptur. Sie ist mobiler und rascher als die Symbolsprache der Bewegung – was nicht gleichgesetzt werden darf mit vielfältiger oder ausdrucksstärker. Die Möglichkeiten des Tanzes als Medium des Ausdrucks sind für körperlich infirme alte Menschen weniger zugänglich als die der Skulptur oder der Bewegung. Dennoch sollte man, wo immer möglich, versuchen, alle drei Wege zu beschreiten. Der Tanz führt in der Regel zu einer stärkeren Beanspruchung des Körpers als Skulptur und Bewegung. Er hat damit oft auch einen größeren Trainingseffekt, ohne im eigenen Sinne strukturiertes Training, wie z. B. die Isodynamik, zu sein.

Tanztherapie wird in der Arbeit mit alten Menschen als freier Improvisationstanz eingesetzt, aber auch in Form ritualisierter Tanzformen. Der kreative Selbst-Ausdruck wird in der freien Tanzform meistens als sehr befriedigend erlebt. In ritualisierten Tanzformen werden Gefühle der Sicherheit, Geborgenheit und Kraft vermittelt. In beiden Wegen können körperliche Erfahrungen gemacht werden, die über das Erleben physischer Geschmeidigkeit oder Stärke hinausgehen und eine ästhetische Qualität gewinnen. Die „Schönheit des Ausdrucks in der Bewegung" wird erfahrbar, sie wird genußvoll und beglückend erlebt. Es entsteht eine intrinsische Motivation, die Möglichkeiten des Ausdruckes noch weiter zu explorieren und auszuschöpfen, für sich selbst, in der Partnerarbeit oder in der Gruppenimprovisation. Wie in der bewegungstherapeutischen Arbeit wechseln Aktions- mit Gesprächsphasen. Die Teilnehmer berichten über ihre Erfahrungen, teilen sich mit, verleihen der Sprache der Gesten und der Bewegung Worte, soweit Benennung, Erklärung und Umschreibung möglich und erforderlich sind.

Im freien wie im ritualisierten Tanz werden neben Ausdrucksmöglichkeiten für Probleme aus der Lebensgeschichte oder dem aktualen Lebenskontext auch Dimensionen zugänglich, die man als *meditatives Bewegungserleben* kennzeichnen kann. Es sind derartige Erfahrungen gerade für alte Menschen, die sich mit den Fragen um Leben und Sterben, um Religion und Transzendenz häufig in besonderer Weise auseinandersetzen, Hilfen zur Vertiefung. Die Meditation in Bewegung und Tanz, zum Teil angeregt durch meditative Bewegungsformen etwa aus den fernöstlichen Systemen der Bewegungsmeditation Tai Chi, Kung Fu, Aikido usw. (*Gia-Fu-Feng* 1970; *Ting* 1980; 1981; *Kwon* 1976; *Habersetzer* 1976), wird in der Regel von alten Menschen gut aufgenommen und auch außerhalb der Gruppenstunden praktiziert. Es wird durch die Bewegungsmeditation nicht nur eine Möglichkeit gegeben, sich in einer neuen Weise Sinnfragen zuzuwenden (*Petzold* 1983d, e), sondern es kann eine Ruhe und Gelassenheit gewonnen werden, ein ganzheitliches Erleben des „Daseins im Leibe und in der Bewegung", das in seiner unmittelbaren körperlichen Konkretheit versichernd und tröstlich wirkt.

*Beispiel*:
Helene, eine 82jährige, fast blinde Altenheim-Bewohnerin mit sehr eingeschränkter Gehfähigkeit, nimmt an der Bewegungs- und Tanzgruppe teil. Sie führt die Übungen meistens im Sitzen auf ihrem Stuhl aus. Zuweilen wagt sie einige vorsichtige Schritte in den Raum, wenn der Gruppenleiter sie bei der Hand nimmt oder zumindest nahe bei ihr stehen bleibt. Ihre Unsicherheit schränkt ihre Teilnahme stark ein. „Meine Beine wollen nicht mehr so wie ich, und dann wird mir auch immer so schnell schwindlig." Helene findet im Verlauf der Bewegungs- und Tanztherapie an den Möglichkeiten des Körperausdrucks zunehmend Freude. Sie beginnt, sich ihren Raum in der Gymnastikhalle zu erobern, ihren Radius auszudehnen. Im Laufe einiger Wochen hat ihre Sicherheit in der Bewegung erheblich zugenommen. Und dann kommt der Moment, in dem sie anfängt, sich der Bewegungsimprovisation mit geschlossenen Augen zu überlassen. Die Unsicherheit war so weit überwunden, daß sie „ihrem Körper die Führung überlassen konnte", und dies ist eine wichtige Grundlage für die Improvisation im Tanz. In einer Sitzung beginnt sie, in der Improvisationsarbeit sich zu wiegen, leicht zu drehen, ihr Gesicht löst sich, und es laufen Tränen über ihre Wangen. Im Nachgespräch berichtet sie, daß sie sich seit langen Jahren zum ersten Mal „uneingeschränkt glücklich" gefühlt habe. „Ich war in meinem Körper zu Hause, wie in einem Ozean, so getragen, daß ich nicht versinken konnte. Ich habe gespürt, was Unendlichkeit ist, und hatte keine Angst dabei. Das Tanzen ist eine wunderbare Möglichkeit, sich ganz ruhig im Herzen zu fühlen und das Alter als einen Teil der Ewigkeit zu erleben."

In der tanztherapeutischen Arbeit finden sich neben derartigen „Erfahrungen der Überschreitung" (*Petzold* 1983e) auch besondere Möglichkeiten zur Kontaktaufnahme mit anderen Gruppenmitgliedern und zur kreativen Gestaltung von Kontakt. Hier können die Verwendung von Musik- und Rhythmusinstrumenten (*Frohne* 1989) sowie Tanzformen aus dem Bereich der Folklore förderlich sein, um Ängste und Hemmschwellen zu überwinden. Die einengende Steifheit, die aus der Reproduktion erlernter Tanzformen resultiert, kann auf diese Weise durchbrochen werden.

Die Verwendung von Musik im Rahmen tanztherapeutischer Arbeit bedarf einer sorgfältigen Auswahl. Musik soll die Eigenimpulse der Teilnehmer nicht unterdrücken oder zu stark determinieren, sondern soll die Gestaltungsfreude anregen. Sie sollte daher Rhythmus und Gestimmtheit nicht zu sehr festlegen. Erst wenn eine Gruppe ein gewisses Bewegungspotential und eine tänzerische Ausdrucksfreiheit erreicht hat, kann mit ihr gemeinsam auch an die Auswahl spezifischer und thematisch oder stimmungsmäßig festlegender Musikstücke gegangen werden. Es wird dann auch die Erarbeitung neuer tänzerischer Formen als tanztherapeutische Vorgehensweise sinnvoll. Tanzformen haben nämlich evozierende Qualitäten, die die Seelenlage von Menschen stark beeinflussen können. Der Wechsel von klassischen Formen und freien Improvisationen erweist sich oftmals als recht fruchtbar. Die festliche, getragene Stimmung, die die *Sarabande* hervorruft, ein Tanz, der von alten Menschen gerne aufgenommen wird, kann durch eine freie Bewegungsimprovisation kontrastiert werden. Eine *Tarantella* evoziert Kraft, sprühende Vitalität, Lebensfreude. Auf sie folgen häufig nachklingende, ausschwingende, ruhige Bewegungsimprovisationen ohne Musik. Bei der Verwendung von Tanzformen ist es wichtig, Perfektionsansprüche zu vermeiden. Es kommt darauf an, daß die *Bewegungsqualität* erfaßt und vollzogen werden kann. Die Erarbeitung der Tanzformen hat eine übungszentriert-funktionale Seite. Hier wird nämlich Geschicklichkeit und Koordinationsvermögen geschult. Das Gelingen der Formen führt zu motivierenden Erfolgserlebnissen. Ein Vorteil dieser Arbeit besteht auch darin, daß über die tanztherapeutische Sitzung hinaus die alten Menschen sich zur Tanzgruppe treffen, um „zu üben". Es wird auf diese Weise ein zusätzlicher Trainingseffekt erreicht, der soziale Kontakte fördert und

Freude an der Bewegung vermittelt. Der Übergang zum „Senioren-tanz" (*Bundesverband Seniorentanz* 1980; *Tutt*) ist dann fließend. Tanz-therapie und Seniorentanz sind zwei unterschiedliche Möglichkei-ten der tänzerischen Bewegungsarbeit mit alten Menschen, die ihren spezifischen Sinn und Nutzen haben und mit entsprechenden Ziel-vorstellungen eingesetzt werden können.

Die *Bewegung* löst den Menschen, macht ihn geschmeidig, bieg-sam, fördert die innere Bewegtheit. Körperliche *Übung*, wie das isodynamische Training, kräftigt den alten Menschen, gibt ihm Si-cherheit, Standvermögen, Vitalität und Spannkraft. Der *Tanz* erfreut das Herz des Menschen, verleiht ihm Leichtigkeit und eine Heiter-keit des Gemüts, die den Beschwernissen und Dunkelheiten des Alters entgegenwirken können. Übung, Bewegung und Tanz sind deshalb Elemente in der Arbeit mit alten Menschen, die in ihrer Bedeutung für die Erhaltung und Entfaltung von Gesundheit, Wohl-befinden und Lebensfreude im Alter (*Brown* 1982) gar nicht hoch genug eingeschätzt werden können und deshalb integrierter Be-standteil jeder Altenarbeit sein müßten.

# Methodische Ansätze der Integrativen Bewegungstherapie im Bereich der Supervision*

## (1987)

## 1. Konzeptueller Hintergrund

Der Begriff der *Supervision* läßt sich auf vielfältige Weise inhaltlich bestimmen. Ausführungen zu methodischen, technischen oder medialen Aspekten der Supervisionsarbeit müssen deshalb an ein konsistentes Modell der Supervision rückgebunden sein, ansonsten besteht die Gefahr eines richtungslosen Eklektizismus. Besonders die Arbeit mit „kreativen Medien" – ein Begriff, der 1965 von *Hilarion Petzold* geprägt und in die Literatur eingeführt wurde und der eine breite Resonanz gefunden hat (*Petzold* 1965, 1973c, 1977c; *Jason-Michl* 1981; *Bubolz* 1979) – verführt zur Polypragmasie, der Beliebigkeit in der Verwendung von Medien, und gerade um Beliebigkeit kann es nicht gehen. Wird im Rahmen supervisorischer Arbeit auf erlebnisaktivierende Methoden (*Petzold* 1965, 1988f) und Medien zurückgegriffen, so sollten die theoretischen Hintergründe der Methoden klar sein und die Möglichkeiten der intermedialen und intramedialen Kombination fundiert genutzt werden können. Die folgenden Ausführungen stehen auf dem theoretischen und methodischen Hintergrund der „Integrativen Therapie" (*Petzold* 1970c, 1980g) und des in ihrem Rahmen entwickelten Modells „Integrativer Supervision" – auch „Gestaltsupervision" genannt. Dieser Bezugsrahmen kann an dieser Stelle nicht näher ausgeführt werden. Es muß deshalb auf die einschlägige Literatur verwiesen werden (*Petzold* 1978c; *Petzold/ Schneewind* 1986, *Hille* 1984; *Schreyögg* 1986, 1988; *Petzold, Lemke* 1979). Als Orientierung aber sei die für unseren Ansatz maßgebliche Definition von Supervision den weiteren Ausführungen vorangestellt:

---

* Unter Mitarbeit von *Ilse Orth*, (*Petzold, Orth* 1988a).

563

*»Supervision ist ein interaktionaler Prozeß, in dem die Beziehungen zwischen personalen und sozialen Systemen (z. B. Personen und Institutionen) bewußt, transparent und damit veränderbar gemacht werden mit dem Ziel, die personale, soziale und fachliche Kompetenz und Performanz der supervisierten Personen durch die Rückkoppelung und Integration von Theorie und Praxis zu erhöhen und weiterhin eine Steigerung der Effizienz bei der supervisierten Institution im Sinne ihrer Aufgabenstellung zu erreichen. Diese Aufgaben selbst müssen reflektiert und gegebenenfalls den Erfordernissen der „relevanten Umwelt" entsprechend verändert werden.«*

*»Supervision erfolgt in dem gemeinsamen Bemühen von Supervisor und Supervisanden, gegebene Sachelemente, vorhandene Überlegungen und Emotionen in ihrer Struktur, ihrer Ganzheit, ihrem Zusammenwirken zu erleben, zu erkennen und zu handhaben, wobei der Supervisor aufgrund seiner personalen, sozialen und fachlichen Kompetenz als Feedback-Instanz, Katalysator, Berater in personaler Auseinandersetzung fungiert, ganz wie es Kontext und Situation erforderlich machen.«* Dieser Prozeß wird als „Ko-respondenz" bezeichnet (Petzold 1977e).

Ein Kernmoment dieser Definition ist das Konzept der „Ko-respondenz", des wechselseitigen Antwortens, der „personalen Auseinandersetzung" im interaktionalen Prozeß auf einer Ebene intersubjektiver Wertschätzung. Ein weiteres Moment ist die Förderung von Awareness und Consciousness durch „Erleben und Erkennen".

Beides, Kommunikations- und Bewußtsheitsprozesse (interpersonal-awareness and self-awareness) und selbst die Begriffe der „Subjektivität" und „Intersubjektivität" sind an das Konzept der Leiblichkeit gebunden: und hier kommt die Perspektive der Integrativen Bewegungstherapie ins Spiel, die den Leib als totales Sinnes- und Handlungsorgan, als perzeptiven, memorativen und expressiven Leib versteht (vgl. dieses Buch S. 196f). Das Leibsubjekt nimmt wahr, speichert und drückt sich aus. Mit dieser Sichtweise wird eine Grundposition für die supervisorische Arbeit bereitgestellt.

Es ist insgesamt verwunderlich, warum der Bedeutung der Leiblichkeit für den Prozeß der Supervision in der einschlägigen Fachliteratur so wenig Beachtung geschenkt wird. Statt dessen wird das Moment des Problemlösens, des kognitiven Verstehens in den Veröffentlichungen zur Supervision in den Vordergrund gestellt. So kann nicht gesehen werden, daß gerade in der supervisorischen Praxis dem scharfen Wahrnehmen mit „allen Sinnen" des Leibes

(*Brooks* 1979), daß dem „eigenleiblichen Spüren", um Reaktionen auf Außeneinflüsse bei sich wahrzunehmen, daß der Beobachtung der leiblichen Regungen und der nonverbalen Äußerungen des Gegenübers eminente Bedeutung zukommt. Supervision ist ein komplexer hermeneutischer Prozeß, der „von den Phänomenen zu den Strukturen" vordringt (*Petzold* 1969c; 1982e). Dies geschieht über die „hermeneutische Spirale der Integrativen Therapie", die vom *Wahrnehmen* zum *Erfassen*, vom *Erfassen* zum *Verstehen* und zum *Erklären* führt (*Petzold* 1988a, b; vgl. Abb. S. 323). Wenn ein Fremder diesen Vortragsraum zufällig betritt, nimmt er die gesamte Szene zunächst *wahr* und *erfaßt* zumeist unmittelbar dann schon: „Hier findet ein Vortrag statt." Und erst dann beginnt er zu *verstehen*, worum es geht und kann gegebenenfalls einem neu Hinzukommenden *erklären*, was hier stattfindet. In der supervisorischen Arbeit werden die beiden ersten Stufen des hermeneutischen Prozesses: Wahrnehmen und Erfassen zumeist nicht bewußt vollzogen. Verstehen und Erklären werden von ihrer Basis abgekoppelt. Das hermeneutische Unterfangen von Supervisionen, zwischenmenschliche Situationen bzw. Si-

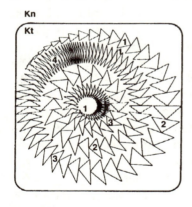

Kn = Kontext
Kt = Kontinuum
Δ = mehrperspektivisches Plateau
1 Wahrnehmen
2 Erfassen
3 Verstehen
4 Erklären

*Legende:* In Kontext und Kontinuum stehen die Erkenntnisprozesse des Leibsubjektes. Sie beginnen mit dem *Wahrnehmen* (1), das subliminal einsetzend, immer dichter wird, an Prägnanz gewinnt und die Gedächtnisspeicher aktiviert, wodurch aufgrund identifizierender Erkennensleistungen ein *Erfassen* (2) möglich wird. In ihm verbinden sich *aktuale* und abgespeicherte, *vorgängige* Wahrnehmung zu der breiten, umfassenden Qualität, die die „mit einem Blick erfassende" und mit allen Sinnen präsente Awareness kennzeichnet (große, auseinandergezogene Dreiecke). Das Erfassen fokussiert sich. Unter Abblendung seiner Fülle strukturiert sich im Bewußtsein (consciousness) sprachlich gefaßtes *Verstehen* (3), das sich zum begrifflich präzisen *Erklären* (4) unter weiterem Informationsverlust verdichtet (Engung der Dreiecke), um sich wieder erneutem *Wahrnehmen* (1) und *Erfassen* (2) usw. zu öffnen (Weitung).

*Abb. 1:* Die „heraklitische Spirale" des Erkenntnisgewinns in der Integrativen Therapie (*Petzold, Sieper* 1988b)

tuationen zwischen Mensch und Institution zu klären und eine „komplexe Awareness" (*Petzold* 1978c) zu schaffen, bleibt in einem wichtigen Sektor unbewußt oder vorbewußt.

Auf dem hier umrissenen konzeptuellen Hintergrund wird der Beitrag der Integrativen Bewegungstherapie für die Supervisionsarbeit interessant. Sie kann – gegebenenfalls in Kombination mit anderen kreativen Medien – im Bereich der Diagnostik bzw. Situationsanalyse und weiterhin im Bereich der Intervention neue Perspektiven eröffnen.


## 2. Bewegungstherapeutische Aspekte zur Situationsanalyse in der Supervision

Für die in der Integrativen Bewegungstherapie ausgebildeten Therapeuten (*Petzold* 1983i) ist es ein Basiskonzept, den Körper eines Menschen als Leib-Subjekt und damit als Ausdruck einer individuellen Biographie aufzufassen, ihn zugleich aber auch als Social Body, als Ausdruck der in einer spezifischen kulturellen Situation vollzogenen Sozialisation zu sehen. „In den Körper ist alles eingeschrieben. Die individuelle und die kollektive Lebensgeschichte" (*Iljine* 1942). „Dein Leib ist deine Geschichte" (*Marcel* 1974). Dies findet also Ausdruck in Mimik, Gestik, Haltung, Bewegung, in den Mustern der präverbalen (vor der Sprache liegenden), periverbalen (die Sprache begleitenden) und transverbalen (die Sprache übersteigenden) Kommunikationen. Diese Muster des Nonverbalen also, gilt es wahrzunehmen, zu erfassen, zu verstehen und zu erklären.

Der Supervisor in der Gruppen- und Teamsituation wird deshalb sein Augenmerk auf die leiblichen Haltungen in der Gruppe, die Position der einzelnen Teilnehmer, auf die Anordnung im Raum richten, auf Nähen und Distanzen, auf offene und verschlossene Gesichter, auf Hinwendungen und Abwendungen. Die „Atmosphäre" einer Gruppe oder eines Teams, das „sozioemotionale Mikroklima" (*Petzold* 1969c) wird von der Gesamtheit nonverbaler Äußerungen und Arrangements bestimmt. Und hier erhält der Supervisor die ersten Informationen über die Situation, die er zu analysieren und

einzuschätzen hat und zu deren Veränderung er gegebenenfalls beitragen soll. Er muß deshalb die „Sprache des Körpers" zu lesen verstehen (*Argyle* 1979; *Ekman* 1988), und nicht nur das: er muß als Teil
seiner supervisorischen Arbeit die Gruppe selbst auf die verschiedenen nonverbalen Phänomene aufmerksam machen, um ihr zu helfen,
sich besser verstehen zu lernen. Dazu genügt es nicht, allein die
Fremdwahrnehmung, den Blick für Körperausdruck und -haltung
zu schärfen, sondern es gilt auch das eigenleibliche Spüren zu
fördern, indem man wahrnehmen lernt: wie reagiere ich auf Signale,
die von einer Person, einer Gruppe oder einem Setting ausgehen und
auf mich einwirken? Verspanne ich mich, fühle ich mich entspannt,
bin ich „offen" oder „zu"? Stehe ich unter dem Prinzip der „Engung"
oder dem der „Weitung"? Wenn die Mitglieder eines Teams oder
einer Supervisionsgruppe oder auch ein Therapeut in einer Einzel-
supervision erfahren und entdecken, daß die Mehrzahl menschlicher
Gefühle und der damit verbundenen leiblichen Regungen unter den
Aspekten „Engung" und „Weitung" geordnet werden können (vgl.
*Schmitz* 1965, 1967, 1989), ist damit schon ein ganz entscheidender
Lernschritt getan.

In der fallbezogenen Supervision lassen wir zuweilen Haltungen
und Bewegungen von Patienten nachspielen. Wir fordern den Supervisanden auf, die Körperhaltung oder Position seines Patienten zu
„imitieren". Oft wird dabei deutlich, wie wenig der Supervisand
diese Dimensionen wahrgenommen hat oder wie wenig es ihm
gelingt, sie zu repräsentieren. Und dann wird die Supervision im
Sinne ihres Auftrages, die personale, soziale und professionelle
Kompetenz und Performanz der Supervisanden zu verbessern,
darum bemüht sein müssen, dazu beizutragen, daß er sich diese Dimensionen anzueignen vermag. Im Bereich klinischer Supervision
kann dies bis zur Vermittlung spezifischer körperdiagnostischer
Kenntnisse gehen, die für das Verständnis und die Beurteilung der
Körpersprache etwa von Depressiven oder Psychosomatikern notwendig sind (*Küchler* 1982).

Der Umgang mit diagnostischen Instrumenten aus dem Bereich
der Bewegungstherapie führt immer auch unmittelbar in den Bereich
der Interventionen, z. B. wenn eine Beobachtung im nonverbalen
Verhalten verdeutlicht werden soll. Aus diesem Grunde ist es sinnvoll, einen Blick auf die Interventionsmethodik zu werfen.

# 3. Bewegungstherapeutische Methoden in der Intervention

Interventionen in der Supervision haben immer die Zielsetzung der Veränderung von Situationen – z. B. dadurch, daß eine Perspektive, eine Einstellung verändert wird. Wenn etwa ein Teilnehmer der Supervisionsgruppe einen Fall präsentiert und dabei in seiner gesamten Körperhaltung verschlossen und angespannt ist, so wird ein guter Supervisor dies sicherlich wahrnehmen und ansprechen. Er wird versuchen, die Hintergründe dieser Reaktion herauszufinden. Ist er bewegungstherapeutisch geschult, so wird er etwa die Technik des „Spiegels" verwenden, indem er pantomimisch das beobachtete Verhalten vorführt und dabei Tendenzen durch die Technik der Akzentuierung oder Übertreibung markiert.

Der Supervisor wird vielleicht den Patienten, mit dem sich der Supervisand/Therapeut identifiziert (und dabei übernimmt er dessen Körperhaltung) oder auf den der Therapeut reagiert, weil er sich von diesem Patienten bedroht fühlt oder der in ihm eine eigene alte Übertragungsszene auslöst ..., der Supervisor wird also diesen Patienten „skulpturieren" lassen: in einem Rollentausch stellt der Supvervisand seinen Patienten leiblich konkret dar. So kann er vom Supervisor bzw. von der gesamten Supervisionsgruppe gesehen werden. Und oft wird dann be-greifbar und verständlich, welche Dynamik im Spiel ist. Im Wechsel von Spiegelungen und Widerspiegelungen können durch die intensivierte Erfahrung dessen, was im eigenen Leib vor sich geht, bis zur bewußten Identifikation mit dem leiblichen Ausdruck des anderen Einsichts- und Erkenntnisprozesse in besonderer Weise gefördert werden. Die von *Petzold* (1969c, 1970c, 1985f) entwickelten Techniken der „Skulpturierung" und des „Modelling" erweisen sich hier als nützliche Instrumente.

## 3.1 Skulpturierung und Modellierung

Skulpturiert und modelliert werden können Personen: Gruppenmitglieder, Patienten, Vorgesetzte, Angehörige, um ihr nonverbales Aussagepotential erfahrbar zu machen. Es ist damit nicht nur die Art und Weise der nonverbalen Kommunikation gemeint, sondern die

Art und Weise, wie ein Mensch „leiblich anwesend" ist: Ist er ein „Bulle", überrollend, massiv? Ist er durchscheinend, schmächtig, ein „Spargel", ein „Hemd"? Ist er lockend, verführerisch, aufreizend usw.

Die Skulptur vermittelt derartige Qualitäten mit großer Plastizität. Skulpturiert werden können aber auch Gedanken, Phantasien, Affekte, Atmosphären, Stimmungen, Anmutungen, deren Verbalisierung nicht oder nur unzureichend gelingt und wo es notwendig wird, über das verbal Beschreibbare hinaus auch noch eine nonverbale, leiblich-konkrete Qualität zu vermitteln.

So kann ein Teilnehmer der Supervisionsgruppe seinen Ärger über einen Klienten, über ein anderes Gruppenmitglied, über einen Vorgesetzten usw. mimisch-pantomimisch durch eine Körperskulptur ausdrücken. Oder er kann einer Anmutung von Leichtigkeit Ausdruck geben, indem er z. B. eine „Skulptur verflüssigt", denn in der Integrativen Bewegungstherapie sehen wir die Skulptur als eine „eingefrorene Bewegung", die sich wieder ausfalten kann, mobilisieren läßt zu einem Bewegungsablauf, ja zu einem Tanz: Skulptur – Bewegung – Tanz, so die Sequenz. In der Supervision können natürlich allenfalls Aspekte eines solchen bewegungstherapeutischen Vorgehens zum Einsatz kommen: Von einigem Interesse ist noch das Skulpturieren von Situationen: Gruppenkonstellationen, Teamkonstellationen, Familiensituationen, wie wir sie seit Mitte der 60er Jahre betreiben (*Petzold* 1969c; dieses Buch S. 466, 480). Eine ähnliche Technik ist als „Familienskulptur" aus der Familientherapie und aus der Gestalttherapie bekannt (*Frings-Keyes* 1974; *Heinl* 1986). In unserem Ansatz in der Bewegungstherapie können Tonplastiken angefertigt werden oder aber es werden die Körper der Gruppenmitglieder selbst das Material, aus denen die Familien- oder Gruppenskulpturen entstehen. In der Regel führt dies zu sehr intensivem Geschehen. Es ist „hautnah". Ereignisse und Situationen, die einem „unter die Haut gegangen sind", „in die Knochen gefahren sind", das, was „ins Mark getroffen hat" oder „durch Mark und Bein ging" oder „an die Nieren", alles, was „eingefleischt" wurde, „in Fleisch und Blut übergegangen ist", kommt in der Supervisionssituation mit großer Unmittelbarkeit zum Vorschein, weil der Supervisand das „verkörpern" kann, was er „schon immer" verkörpert, mit seinem Leibe symbolisiert (*Heinl* 1985) hat. Er spielt die Phantasmen seines

Unbewußten aus, die in der Skulptur „sinnfällig" und „sichtbar" werden. Übertragungsreaktionen als leiblich konkrete Haltungen einem unsichtbaren Dritten gegenüber, Wider-stände, Abwehrvorgänge werden so als Verkörperungen zugänglich (*Frank* 1981). Auf die gruppenbezogene Dynamik oder Familiendynamik gewendet, ergeben sich ähnliche Offenlegungen, wenn z. B. eine Gruppenskulptur gestellt wird und dabei „offen"-sichtlich wird, daß sich die gesamte Gruppe von einem Mitglied abwendet.

Und faszinierend wird es dann, wenn dies von keinem der Teilnehmer entdeckt wird, weil es ihnen nicht möglich ist, „das Offensichtliche zu sehen" (*Perls* 1969). Die einmal aufgestellte Skulptur aber wird durch die Interpretation des Supvervisors „unübersehbar". Natürlich ermöglichen die Skulpturen auch die *Verkörperung* von Gegenübertragungsreaktionen, jene empathischen Resonanzen auf das Material, was der Patient dem Therapeut entgegenbringt (*Petzold* 1980g) gleichsam mit der Anfrage, daß er Abwesendes verkörpere: z. B. eine liebevolle Mutter, die gefehlt hat. Oder sein Ansuchen geht dahin, daß der Therapeut alternative Verkörperungen bereitstellen möge – z. B. einen „guten Vater", wo einst ein grausamer und überstrenger sein deformierendes Erziehungswerk vollbracht hat. Die Übertragungsfragen der Patienten, die – wenn sie vom Therapeuten bewußt wahrgenommen werden und als Gegenübertragungen geprüft und in Interventionen – und das sind leiblich konkrete Haltungen und Handlungen des Therapeuten – umgesetzt werden, werden auf diese Weise der supervisorischen Kontrolle in besserer Weise zugänglich. Insofern kann die Methode der Skulpturierung als ursprünglich spezifisch bewegungstherapeutischer Ansatz durchaus auch von überwiegend verbal ausgerichteten Supervisionsformen übernommen werden.

Wichtig im Prozeß der Skulpturierung wird das „Modelling", in dem der Protagonist Gruppenmitglieder dazu benutzt, Szenen zu skulpturieren und Atmosphären herzustellen, die für seine Problematik relevant sind. Sehr beliebt und auch im Kontext der Supervision äußerst aufschlußreich ist die Modellierung des eigenen sozialen Netzwerks (*Keupp, Röhrle* 1987), des „sozialen Atoms" (*Moreno* 1936, 1947). Der Klient stellt die Gruppenmitglieder in einem kreisförmigen Zonenprofil auf. Dieses Profil hat eine Kern-, Mittel- und Randzone (*Petzold* 1968a; 1979c; 1982b), denen die einzelnen Personen zugeordnet werden. So wird vielleicht der Bruder, zu dem (immer noch) eine sehr verdrängte Rivalität besteht, in der Randzone plaziert, und zwar so, daß er dem Protagonisten ostentativ den Rücken zukehrt. In der Kernzone etwa wird die eigene Partnerin nah und zugewandt aufgestellt. Bei genauem Hinsehen zeigt sich aber, daß der Protagonist die Plastik so modelliert (indem er etwa ihre Arme „umarmend" anhebt), daß eine umklammernde, einengende Qualität der Beziehung für die Betrachter der so modellierten Skulptur erkennbar wird (dem Protagonisten selbst kann dies durchaus verborgen bleiben). Die Modellierungen von Personen im „sozialen Atom" zeigen Zuwendungen und Abneigungen, Anziehungen und Zurückstoßungen, Nähen und Distanzen. Sie machen deutlich, was auf den Leib des Protagonisten eingewirkt hat, ihm „auf den Leib geschrieben" wurde. Der Supervisor bzw. Therapeut vermag über das Modelling selbst „nonverbal" deutend in das Geschehen einzugreifen, indem er ein gestelltes Arrangement übertreibend akzentuiert, indem er auffordert, es einmal im genauen Gegenteil zu skulpturieren, so daß im „Kontrasteffekt" zuvor verdeckte Konstellationen deutlich werden. Er kann fehlende Personen einbringen und so das soziale Atom oder die Familienskulptur ergänzen und damit zugleich auch vorhandene Defizite deutlich machen.

Die Skulpturierung und Modellierung des sozialen Atoms eines Patienten durch einen Supervisanden im Rahmen einer Supervisionsgruppe ist in vieler Hinsicht aufschlußreich: Ist es ihm überhaupt möglich, eine solche Skulptur herzustellen, d. h. kennt er das soziale Atom seines Patienten in ausreichender Weise, so daß er relevante Konstellationen repräsentieren kann? Falls nein, wird er sich diese Informationen von seinem Patienten holen müssen, denn ohne sie kann eine Therapie kaum greifen, weil keine Kenntnis über die therapeutisch wirklich relevanten Materialien besteht. Kann aber das soziale Atom des Patienten skulpturiert werden, so vermag sich der Supervisand zu den von ihm aufgebauten Konstellationen zu verhalten, indem er selbst zur Körperplastik wird, d. h. mimisch und gestisch zum Ausdruck bringt, wie ihn das modellierte Arrangement berührt – hier werden eigene Übertragungen und Gegenübertragungen plastisch. Noch weiter verdeutlichend kann die Parallelstellung ähnlicher Skulpturen aus dem eigenen sozialen Atom wirken. Und auch hier hat der Supervisor/Therapeut die Möglichkeit der Intervention, indem er die Skulptur „ummodelt", um zu klären, zu konfrontieren, zu stützen ... nonverbale Deutungen. Im Rahmen von Supervisions- und Balintgruppen, die mit diesen Methoden vertraut sind, bringen die Gruppenteilnehmer Modellierungen als spontane Beiträge im Sinne freier Assoziationen als „freie Aktionen" ein, indem sie in die Szene treten, mit Mimik, Gestik, Haltungen, Akzente setzen, so daß das Prinzip der *„joined competence"*, das für die Supervisionsarbeit im integrativen Ansatz kennzeichnend ist (*Petzold, Lemke* 1979), auch in die Dimension des Aktionalen ausgedehnt wird.

## 3.2 *Exemplarisches Lernen durch Erlebnisaktivierung und Mobilisierung*

Auf der Ebene der Intervention haben die nonverbalen Methoden der Integrativen Bewegungstherapie für die Supervision noch in anderer Hinsicht Beiträge zu leisten. Eines der wesentlichen Anliegen des integrativen Ansatzes ist das Lernen durch Erfahrungen von „vitaler Evidenz", d. h. eine Verbindung von leiblichem Erleben, emotionaler Erfahrung und rationaler Einsicht (*Petzold* 1970c, 1977a). Ein solches ganzheitliches „exemplarisches Lernen" (*Petzold, Brown* 1977; *Petzold, Reinhold* 1983), das die aktuelle mit der vorgängigen Erfahrung verbindet und damit Zukunftsperspektiven und Neuorientierung eröffnet, also die „ganze Zeit" einbezieht, ist eng mit dem Konzept der „Erlebnisaktivierung" (*Petzold* 1965, 1981g, 1988f) verbunden. Was auch immer die Beiträge neuerer Supervisionsansätze im Hinblick auf die Erweiterung des Erlebnisspektrums waren – z. B. von kognitivem und emotionalem sowie sozialem Lernen etwa durch die Einbeziehung von „confluent education" oder TZI-Elementen (*Schreyögg* 1986, 1988), der Bereich der Leiblichkeit wurde vernachlässigt und damit letztlich die Basis der „Erlebnisaktivierung". Supervisionsgruppen haben aufgrund ihrer Aufgabenstellung sehr leicht die Tendenz, in der kognitiven Analyse und im Verbalen zu verharren. Aber gerade die Spezifität der Supervision, in der es um die Probleme zwischenmenschlicher Beziehungen oder der Beziehungen von Menschen zu Institutionen geht, macht es notwendig, daß „Sachlernen und Affektlernen" (*Petzold, Sieper* 1973) verbunden werden und die digitale sowie die affektive Seite der Kommunikation (*Watzlawick* u. a. 1969) rückgebunden wird an ihre Grundlagen: den wahrnehmenden, erlebenden, resonanzfähigen, expressiven Leib. Es kann daher sehr nützlich sein, ja notwendig sein, eine verbale Fixiertheit in Supervisionsgruppen durch eine „Mobilisierung" aufzubrechen und die soziale Interaktion nicht nur über den sprachlichen Kanal ablaufen zu lassen. So ist es für uns in unserer Arbeit als Supervisoren keineswegs befremdend, in einer „festgefahrenen, verfahrenen" Teamsupervision eine Bewegungsübung zwischenzustreuen, die das Blockierte „in Bewegung bringt". Das Team wird sensibilisiert für das „Rien-ne-va-plus", und wo die Rede nichts mehr fruchtet, kann ein nonverbales Austragen von Argumenten über Mimik und Gestik, ein pantomimisches Miteinander- oder Gegeneinandergehen die Chance haben, daß wieder etwas in „Bewegung gerät", mobilisiert wird. Wenn zwei konfligierende Gruppen mit Drohgebärden aufeinander zugehen, macht das die tatsächlich vorhandene Intensität der Spannung wesentlich deutlicher als der kontroverse, aber dennoch durch die Begriffe gebändigte verbale Diskurs. Oft sind die Spannungen und Divergenzen viel größer, als es sich die Beteiligten unter dem Schutz der geschliffenen Rede zugestehen wollen. Momente der Feindseligkeiten, des Irrationalen werden durch die „Massivität der Geste" erst wirklich zugänglich und damit auch auf der Ebene bearbeitbar, die tatsächlich relevant ist, die nicht mehr „heruntergespielt" werden kann.

In gleicher Weise wie die bewegungstherapeutischen Methoden vorhandene Spannungen plastisch machen können, verfügen sie auch über ein Arsenal von Techniken, Entspannung zu induzieren. Manchmal mag es nämlich notwendig sein, erst einmal eine Atmosphäre der Entspannung herzustellen, bevor man wieder miteinander reden kann. Blockierte Gruppensituationen, wie sie z. B. in mehrtägigen Teamsupervisionen als Klausurveranstaltungen immer wieder auftauchen, können durch Entspannungsarbeit, z. B. Stretching, Moving, Isodynamik „entkrampft" werden (*Petzold* 1985f). Dabei geht es nicht um das Zudecken von Affekten, das Harmonisieren von Konflikten, sondern darum zu zeigen, daß Verhärtungen die Situation nicht weiterbringen und daß es noch andere Möglichkeiten gibt, sich in derartigen Konstellationen zu verhalten. Auch die Entspannung kann mobilisieren. Das Erleben von Alternativen kann Supervisionsgruppen oder supervidierte Teams zu einer neuen Offenheit führen, was sich insgesamt für die Arbeit und Zusammenarbeit fruchtbar auswirken kann.

## 4. Klinische und methodische Aspekte nonverbaler und medialer Intervention im Rahmen der Supervision

Erlebnisaktivierung und Mobilisierung durch Bewegungsarbeit und Arbeit mit kreativen Medien im Sinne einer „intermedialen Praxis" (*Petzold* 1975h, 1987c) fördern die Kreativität und das Problemlösungspotential. In der Supervision geht es ja sehr häufig darum, komplexe zwischenmenschliche Situationen zu erfassen und durch angemessene Interventionsstrategien zu verändern und die hierfür notwendige „Mehrperspektivität" (*Petzold* 1969; *Petzold, Schneewind* 1986; *Frühmann* 1986), die Fähigkeiten des divergenten und analogen Denkens (*Landau* 1979; *Ullmann* 1973; *Watzlawick* u. a. 1969) werden durch Bewegung, Pantomime, Methoden dramatischer Therapie, durch das Einbeziehen von Poesie, Farben, Ton und musikalische Improvisation in besonderer Weise gewährleistet. Die „Integrative Therapie", auf die hier Bezug genommen wird, hat von jeher die Möglichkeiten inter- und intramedialer Arbeit zu nutzen gewußt (*Petzold* 1987b, c). So kann eine Supervisionsgruppe eine komplizierte Teamkonstellation oder einen besonders diffizilen Fall, der vorgestellt wird, unter Einbeziehung „metaphorischer Assoziationen" angehen. Dabei sind Metaphern keineswegs nur als sprachliche Äußerung zu verstehen, sondern als Gesten, als Haltungen, als Bewegungs-, Körpermetaphorik. Eine Farbe kann als Metapher verwandt werden, eine Form, ein Klang. Damit wird es möglich, über das digitalsprachlich Benennbare oder sogar szenisch Konstellierbare hinausgehend in das Atmosphärische vorzustoßen. Der mehrperspektivische Blick wird ergänzt durch „Polyästhesie" und „Synästhesie" (*Petzold* 1987d; vgl. S. 196f). Gerade im Umgang mit Supervisionsmaterial von Patienten mit Frühschädigungen (Borderline-Patienten, Psychosomatosen, narzißtische Neurosen, Psychosen) wird dadurch die Chance erhöht, im Sinne der „hermeneutischen Spirale der Integrativen Therapie" (*Petzold* 1987c, 1988a, b) wahrzunehmen, zu erfassen, zu verstehen – und letztendlich zu erklären, worum es geht. Die Phänomene der „mehrschichtigen Widerspiegelung", die Supervisionsprozesse kennzeichnen, ja eigentlich erst ermöglichen, werden so zugänglich. Ein Problem z. B., das ein Patient aufgrund einer ungelösten Vaterbeziehung hat und das sich unerkannt in einer Übertragungskonfiguration mit dem Therapeuten reproduziert, spiegelt sich oft genug auch in die Supervisionsgruppe hinein, indem der Therapeut in seiner Präsentation des „Falles" das Problem in der Gruppe neu inszeniert, ohne es zu erkennen, ja, daß auch die Übertragung zum Supervisor hin und seine Art, auf das Material zu reagieren, reinszenierenden Charakter hat. Sind die Materialien, um die es geht, sehr stark im frühen Milieu, d. h. im präverbalen, ja sogar präszenischen Bereich situiert, so ist es leicht möglich, daß sie „ungreifbar" bleiben.

Eine „unbestimmte" und deshalb auch unbestimmbare „Atmosphäre" breitet sich in der Gruppe aus. Sie wird stimmungsgemäß *wahrgenommen*, aber nicht *erfaßt*, geschweige denn *verstanden*. Hier nun können freie Bewegungsimprovisationen, assoziatives Schreiben, Nonsense Poetry (*Pietropinto* 1985; *Petzold, Orth* 1985), spontanes Malen usw. als projektives Vorgehen gewählt werden, um das Nichtfaßbare be-greifbar zu machen, für Nicht-Benennbares Worte zu finden. Um derartige improvisatorische Sequenzen mit kreativen Medien zur Bearbeitung archaischen Materials in Supervisionsgruppen einzusetzen, bedarf es einer klinischen Fundierung von seiten des Gruppenleiters und einiger Erfahrung mit dieser Vorgehensweise von seiten der Gruppe. Ansonsten muß sie mit diesem Ansatz vertraut gemacht werden. Ist dies aber einmal der Fall, so kann der projektive Prozeß genutzt werden. Die Gruppe als Ganzes und jeder einzelne Teilnehmer werden zum „Resonanzkörper", in dem die unsichtbaren Themen, die durch die Fallberichte hereingebrachten Stimmungen wiederklingen.

*Beispiel:*

*In einer fortlaufenden Supervisionsgruppe ist in einer Sitzung eine Situation entstanden, die für die Teilnehmer und den Supervisor unüberschaubar geworden ist. Ständige Abbrüche im Thema der Gruppe haben zu einer nicht näher bestimmbaren Irritation geführt. Der Supervisor schlägt deshalb eine Bewegungspantomime vor, in der sich dann die Abbrüche völlig anders darstellen als im verbalen Diskurs. Es entstehen plötzlich zwei Lager in der Gruppe, zwischen denen sogar eine feindselige Haltung aufkommt. Es wird eine Spaltungsthematik deutlich, die verdeckt im voraufgegangenen verbalen Gruppengeschehen wirksam – wenngleich nicht offen erkennbar – geworden war. Der Supervisor macht auf diese Konstellation aufmerksam und das führt zu einer erneuten Polarisierung: ein Teil der Gruppe reagiert in der spontanen Pantomime annehmend, ein anderer ablehnend. Wieder zerfallen die erkennbar gewordenen Strukturen. Es läßt sich kein Sinnzusammenhang herstellen. Den Teilnehmern und dem Supervisor gelingt es nicht, „Worte zu finden" für das, was sich in Körperskulpturen und Bewegungsimprovisationen artikuliert. Indes... die Atmosphäre der Spannung und Zerrissenheit ist dichter geworden. Ein Wechsel des Mediums ist angezeigt und wird deshalb vom Supervisor vorgeschlagen. Und wieder kommt es zu einer Aufspaltung. Ein Teil der Gruppe beginnt, mit Wachsmalfarben zu zeichnen, ein anderer Texte zu schreiben. In beiden Medien artikuliert sich aber etwas Verbindendes: Es kommt eine Angst zum Ausdruck, Angst vor etwas Gewalttätigem, Grausamem. In einer erneuten spontanen Bewegungsimprovisation skulpturiert ein Gruppenmitglied eine entsetzte Abwehrhaltung und einen stummen Schrei, und damit steht das Supervisionsthema aus der voraufgegangenen Sitzung im Raum: der Fall eines Patienten, der sich in der Behandlung sehr zurückgezogen und schwer zugänglich zeigte und zu dem es dem Bezugstherapeuten nicht gelang, einen tragfähigen Kontakt herzustellen. Immer wieder kam es zu Abbrüchen und Unterbrechungen. Dabei war aus der Anamnese eine Heimkindkarriere bekannt, über die aber nicht gesprochen werden konnte. In der vorausgegangenen Sitzung war die Situation auch nur sehr kurz „abgehandelt" worden. Der Fall war „abgeschoben" worden (wie das Kind ins Heim), obgleich sein bedrohliches Potential durchaus spürbar gewesen war. Das „Unerledigte" (unfinished business, Perls) war wiedergekehrt, und die Skulptur des stummen Schreis war als „Wiederkehr des Verdrängten" (Freud) von dem Bezugstherapeuten spontan – d. h. unbewußt – ins Spiel gebracht worden. So konnte die Abwehr des Verdrängten thematisiert werden und damit auch die der Gruppe und die des Supervisors. Der Bezugstherapeut war ein Mann, der schon in früher Kindheit „zum Schweigen gebracht worden war" und der selbst große Mühe hatte, die richtigen Worte für die Dimension des „unaussprechlichen Leides" zu finden. Auch für die Gruppe und den Supervisor war das Thema der frühen Defizite beängstigend und bedrohlich gewesen, und so hatten sie es gemeinsam vermieden. Die körperliche Kon-*

*kretheit der Skulptur aber war unübersehbar geworden. Und sie artikulierte auch, was für den Patienten notwendig war: die Eindeutigkeit einer leiblich präsenten Beziehung, die nicht immer wieder durch Abbrüche bedroht und gefährdet wurde und in der er beginnen konnte, das zu fühlen, was verdrängt worden war, ja mehr noch, in der er für das, was ihm widerfahren war, einen ganzheitlichen und vielfältigen Ausdruck zu finden, Synekthesie und Polyekthesie (vgl. S. 196ff), den Ausdruck von Schmerz, Leid und Wut, ohne fürchten zu müssen, erneut durch Liebesentzug oder Mißhandlungen bestraft zu werden. Er mußte vielmehr mit seinen Äußerungen angenommen, aufgefangen, gehalten werden – und all dieses ist an die konkreten leiblichen Haltungen der Zuwendung und Akzeptanz auf seiten des Therapeuten gebunden.*

*Für den Supervisor wurden neben eigenen Vermeidungstendenzen überdies Übertragungen deutlich, die er schon seit langem von seiten des hier als Bezugstherapeuten bezeichneten Supervisanden erhalten hatte. Im Rahmen der Supervisionsgruppe waren diese Übertragungen und ihre Hintergründe nicht bearbeitbar, aber die Einsicht in die Zusammenhänge bot die Möglichkeit, Situationen, die immer wieder aufkamen und die zuvor die Kommunikation blockiert hatten, besser zu handhaben.*

Das aufgeführte Beispiel hat eine von vielen Möglichkeiten aufgezeigt, wie Methoden der Integrativen Bewegungstherapie in der Supervision eingesetzt werden können und wie die Kombination mit anderen kreativen Medien und die damit verbundene Erlebnisaktivierung Zugang zu therapeutisch ansonsten nur schwer zugänglichen Dimensionen bietet. Der Einsatz von Bewegungstherapie und kreativen Medien in der Supervision erscheint uns darüber hinaus unverzichtbar für Supervisionsaufgaben, in denen die mediale Arbeit selbst integraler Bestandteil ist, z. B. in der Supervision von Bewegungs- und Kreativitätstherapeuten (sowohl im Rahmen ihrer Einrichtung als auch in ihrer Ausbildung), in der Supervision medienbezogener Sozialarbeit und Sozialpädagogik (z. B. in der offenen Jugendarbeit) oder in der Kindertherapie, die ohne Medien nicht auskommt. Hier bezieht sich der Einsatz der Medien in der Supervision auf die methodischen und medialen Aspekte selbst – Fragen, die etwa folgendes betreffen: Wird die bewegungstherapeutische Arbeit bei diesem Patienten in der richtigen „Modalität" (übungszentriert, erlebniszentriert, konfliktzentriert) eingesetzt? Ist die Arbeit mit

Skulpturen angezeigt oder die Arbeit mit freier Bewegungsimprovisation? Derartige *intramediale* Perspektiven – im Medium Bewegung selbst wird zwischen unterschiedlichen Zugangsweisen differenziert – müssen ergänzt werden durch die Reflexion *intermedialer* Kombinationen: Ist es sinnvoll, die Bewegungsimprovisation durch das Malen von freien Bildern und das Schreiben von freien Gedichten weiterzuführen? Bedarf das in der Bewegung Ausgedrückte, bevor es benannt und in Worte gefaßt werden kann (etwa durch poesietherapeutische Methoden), nicht erst noch eines nichtsprachlichen Zwischenschrittes, etwa über die Tonarbeit oder Bild (*Petzold* 1987b, c, d)? Derartige Fragestellungen können in einer medienbezogenen Supervisionsgruppe „experimentierend" angegangen werden, so daß die Prinzipien der Erlebnisaktivierung, die die an der Supervisionsgruppe teilnehmenden Therapeuten, Sozialpädagogen oder Pädagogen in ihrer Arbeit selbst tagtäglich benutzen, auch zur Grundlage der Supervisionsarbeit werden.

Die Differenziertheit der verschiedenen bewegungstherapeutischen Vorgehensweisen, Stile und Techniken, der Reichtum der verschiedenen kreativen Methoden und Medien macht eine eigene Theorienbildung auf der praxeologischen Ebene dringend erforderlich. Hier besteht bei den Bewegungs-, Kunst- und Kreativitätstherapien bislang ein erhebliches Defizit (vgl. *Petzold* 1977c, 1983c, 1987 b, c, d, k). In Anbetracht dieser Tatsache kommt der medienzentrierten Supervision noch eine besondere Bedeutung zu: die Supervision hat nicht nur die Aufgabe, Probleme von Klienten klären zu helfen oder die Konstellation zwischen Therapeut und Klient zu betrachten oder die Eigenproblematik des Therapeuten aufzuzeigen. Sie ist nicht nur auf die Beziehungen des Klienten, des Therapeuten, der Angehörigen untereinander und auf den Bezug zur Institution gerichtet, also auf psychodynamische und soziodynamische Konstellationen, sondern sie hat auch die Aufgabe, methodische, technische und mediale Interventionen auf ihre Angemessenheit hin zu reflektieren. Dabei muß sie auf theoretische Modelle zurückgreifen. Öfter aber noch muß sie in Ermangelung solcher Modelle – z. B. über spezifische Zielgruppen, Settings, Methoden – selbst Theoreme entwickeln und Modelle schaffen. Supervision als systematische Reflexion von Praxiserfahrung generiert also praxeologische Theorie (*Petzold, Lemke* 1979; *Petzold, Heinl* 1981). Sollen die in derartigen Prozessen gewonnenen Konzepte wirklich konsistent und veränderungswirksam sein, kann eine derartige Supervisionsgruppe auf die Verwendung der Medien im supervisorischen Prozeß selbst nicht verzichten. Konzept- bzw. Theoriebildung gehen in der Supervision Hand in Hand mit der Analyse von Praxis und der Veränderung von Praxis, mit der Intervention durch Medien und der Evaluation medialer Handlungsstrategien. Hier spielt nun das Ko-respondenzmodell in seiner Form des tetradischen, also vierstufigen Theorie-Praxis-Zyklus eine zentrale Rolle.

Die kreativen Medien und bewegungstherapeutischen Ansätze können in allen Stufen des „tetradischen" Problemlösungs-Modells der Integrativen Supervision zum Tragen kommen. Sie vermögen in der Initialphase zur Situationsanalyse beizutragen, indem sie die nonverbale Dimension erschließen und projektives Material freisetzen. Die Differenzierung des verbalen Inhalts einer Aussage von seinem nonverbalen (vielleicht gegenläufigen) Ausdruck, das Einbringen explorativer Skulpturen vermag zur Komplexität der Information beizutragen und die Mehrperspektivität zu fördern. Modelling, strukturierte und/oder spontane Pantomime bzw. Bewegungsimprovisation kann in der Aktionsphase die Auseinandersetzung zwischen den Beteiligten fördern und klären durch die in der leiblichen Konkretheit der Expression liegende Verdeutlichung von Unbestimmtem, von noch nicht Greifbarem, von Atmosphären hin zu einer faßbaren Prägnanz. Auch in der Integrationsphase des Supervisionsprozesses spielt die bewegungstherapeutische Perspektive und Praxis durchaus eine Rolle.

Wenn ein Supervisand zu einem Problem eine neue Sichtweise gewinnt, erfordert dies zunächst auch eine neue Haltung, eine neue Art und Weise dem Patienten bzw. Klienten gegenüber leiblich anwesend zu sein, die sich als Ereignis „vitaler Evidenz" durch die Verbindung von emotionalem Erleben, leiblicher Erfahrung und rationaler Einsicht in der Integrationsphase aufbauen kann. (Für den Therapeuten in dem geschilderten Supervisionsbeispiel war dies eine *conditio sine qua non* für den erfolgreichen Fortgang der Therapie mit seinem Patienten.) Der Übergang zur Realität des Praxisfeldes, durch den alte Einstellungen, Haltungen, Konstellationen als Resultat des supervisorischen Prozesses überschritten werden, kennzeichnet die Neuorientierungsphase und auch hier kann die Integrative Bewe-

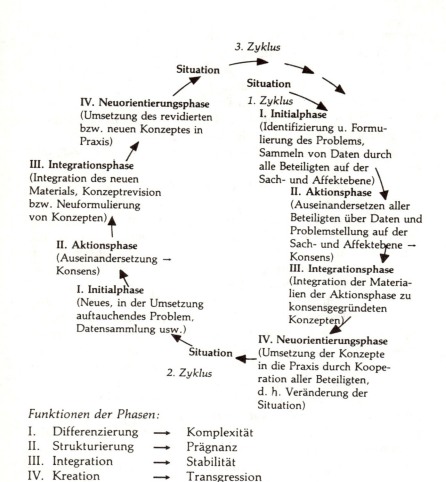

*3. Zyklus*

Situation

**IV. Neuorientierungsphase**
(Umsetzung des revidierten
bzw. neuen Konzeptes in
Praxis)

**III. Integrationsphase**
(Integration des neuen
Materials, Konzeptrevision
bzw. Neuformulierung
von Konzepten)

**II. Aktionsphase**
(Auseinandersetzung →
Konsens)

**I. Initialphase**
(Neues, in der Umsetzung
auftauchendes Problem,
Datensammlung usw.)

Situation

*2. Zyklus*

Situation
*1. Zyklus*
**I. Initialphase**
(Identifizierung u. Formu-
lierung des Problems,
Sammeln von Daten durch
alle Beteiligten auf der
Sach- und Affektebene)
**II. Aktionsphase**
(Auseinandersetzen aller
Beteiligten über Daten und
Problemstellung auf der
Sach- und Affektebene →
Konsens)
**III. Integrationsphase**
(Integration der Materia-
lien der Aktionsphase zu
konsensgegründeten
Konzepten)
**IV. Neuorientierungsphase**
(Umsetzung der Konzepte
in die Praxis durch Koope-
ration aller Beteiligten,
d. h. Veränderung der
Situation)

*Funktionen der Phasen:*

| | | |
|---|---|---|
| I. | Differenzierung → | Komplexität |
| II. | Strukturierung → | Prägnanz |
| III. | Integration → | Stabilität |
| IV. | Kreation → | Transgression |

*Abb. 2:* Das Ko-respondenzmodell als „tetradisches System".

gungstherapie zur praktischen Umsetzung von Erfahrungen und Erkenntnissen in spezifischer Weise beitragen. Durch Körperplastiken,
Modellierungen, Pantomime, Bewegungsimprovisationen wird auf
die neuen Situationen vorbereitet, werden neue „Verkörperungen"
erprobt und ermöglicht. Dies bezieht sich nicht allein auf die Adap-
tierung der körperlichen Haltungen eines Therapeuten an die Bedürfnisse eines Patienten im Sinne einer Verbreiterung des persönlichen Repertoires, es kann auch – z. B. in Teamsupervisionen – um

die Haltung einer ganzen Gruppe gehen, die sich verändern muß, damit das Klima verändert werden kann.

Zu „praktischer Intersubjektivität" zu finden, ist letztendlich an Formen „zwischenleiblicher Kommunikation" (*Marcel* 1985) gebunden. In welcher Form Intersubjektivität realisiert werden kann, welche Wege beschritten werden müssen, zu einem ungestörten, unverstörten, unentfremdeten Miteinander zu kommen (*Petzold* 1987d), dazu will Supervision beitragen. Sie wird bei diesem Unterfangen auf die theoretisch-konzeptuellen und methodisch-praktischen Beiträge der Integrativen Bewegungstherapie und anderer leibtherapeutischer Verfahren mit Gewinn zurückgreifen können.

# Zur Aus- und Weiterbildung von Psychotherapeuten für Integrative Leib- und Bewegungstherapie

## (1983i)*

Psychotherapeutisches Handeln „erfordert eine *tiefgreifende Durchforschung der eigenen Persönlichkeit* und eine außerordentlich scharfe Kontrolle der eigenen Geistes- und Gemütserregungen...“
S. Ferenczi (1928/1964, III, 423)

## 1. Leib- und Bewegungstherapie

Die Verfahren psychodynamisch orientierter Leib- und Bewegungstherapie sind noch relativ jung, zumindest was die differenzierte Ausarbeitung in Theorie und Lehre anbelangt, obgleich sie auf eine lange, bis in die zwanziger Jahre zurückgehende Praxistradition blicken können. Unter dem Oberbegriff Bewegungs- und Körper- bzw. Leibtherapie werden eine Reihe Verfahren und Methoden zusammengefaßt, die vom Grundaxiom ausgehen, daß der Mensch der jeweilige Leib *ist*. *Bewegung ist Leben*, und da die Grundlage aller Lebensprozesse und -äußerungen (auch der kognitiven und emotionalen) der *Leib* ist, wird er von den bewegungstherapeutischen Verfahren zum Ausgangspunkt des therapeutischen Handelns gemacht; dabei wird ein komplexer, integrativer Bewegungs- und Leibbegriff zugrunde gelegt (vgl. *Petzold* 1985m, 1988n, S. 31ff, 1989h/1993a, 1337ff), der den Leib als Zeit-Leib, als Raum-Körper, als Social-body, als Rollen-Leib, als Traum-Leib, als metaphorischen Leib auffaßt. Die Verfahren psycho-physischer Leib- und Bewegungstherapie vertreten demnach ein *integratives* Konzept. Sie sind Somatotherapie, Psychotherapie, Nootherapie und Soziotherapie zugleich und beziehen, wo erforderlich und möglich, ökologische Interventionen mit ein (vgl. Abb. 1 auf S. 188). Eine Fragmentierung des Menschen, eine

---

* Erstveröffentlichung in: *Gruppendynamik* 1 (1983) 63-84. Für den Nachdruck aktualisiert. In der überarbeiteten Fassung aus *Frühmann, Petzold* (1993).

Trennung des Menschen von seiner *relevanten* Umwelt wird damit genauso abgelehnt wie die Subjekt/Objekt-Spaltung, der Leib-Seele-Parallelismus, die Trennung von Innen und Außen. Es wird vielmehr ein ganzheitliches, systembezogenes Denken vertreten, das durch die „Verschränkung von Innen und Außen" (*Waldenfels* 1976), die Verbundenheit von Figur und Grund, die wechselseitige Bezogenheit von Mensch und Umwelt gekennzeichnet ist.

Verfahren, die derartig komplexe Zielsetzungen verfolgen, müssen in ihren Ansätzen *offen* sein. Der „heraklitische Fluß" der Veränderung (*Petzold, Sieper* 1988b) und die Polymorphie der Wirklichkeit erfordern in jedem Moment neue Wahrnehmung und Speicherung, neue Verarbeitung, neue Handlung, erfordern beständige Integration und Kreation, Anpassung und Veränderung. Die *Offenheit des Systems* ist für uns ein konstitutives Element, das dogmatischer Festschreibung entgegensteht. Methodenübergreifendes Denken, komplexes Wahrnehmen von Situationen und ihre kreative Strukturierung und Handhabung wird damit *conditio sine qua non*. Für einen Therapeuten, der ein solches Verfahren erlernen will, wird Offenheit gegenüber Neuem, eine komplexe Sicht des Lebens und ein Erschließen der eigenen kreativen Potentiale erforderlich. Eine Aus- oder Weiterbildung muß deshalb darauf gerichtet sein, diese *Kompetenzen* zu fördern und ihre Umsetzung in Handeln, ihre *Performanzen* zu entwickeln. Es werden im folgenden Konzepte dargestellt, die in der Aus- oder Weiterbildungspraxis der „Integrativen Leib- und Bewegungstherapie" in den vergangenen 20 Jahren am „Fritz Perls Institut für Integrative Therapie, Gestalttherapie und Kreativitätsförderung" entwickelt wurden.

## 2. Ziele und Inhalte der Aus- bzw. Weiterbildung

Ziele und Inhalte von Aus- und Weiterbildungen in den „angewandten Humanwissenschaften", z. B. Psychotherapie, Soziotherapie/Sozialarbeit, Pädagogik sind von den sie begründenden metatheoretischen Ansätzen geprägt: der jeweiligen Erkenntnistheorie, Wissenschaftstheorie, Kosmologie, Anthropologie, Gesellschaftstheorie, Ethik (vgl. idem 1992a, 497f, 500ff, 1993n). Auch wenn diese theoretischen Hintergrundsdimensionen nicht für jedes Verfahren explizit ausformuliert sind, so sind sie doch als *Implikate präsent*. In diesem Sinne ist

Leib- und Bewegungstherapie, ähnlich wie die schon genannten Ansätze, *„angewandte Anthropologie"* und in gleicher Weise *„angewandte Gesellschaftstheorie"* (idem 1994b, c). Das Maß an Reflexion auf den metatheoretischen Hintergrund bestimmt die Gewichtung von Lernzielen und -in-halten. Man kann Leibtherapie ohne direkten Einbezug gesellschaftspolitischer Dimensionen betreiben, aber man steht dabei in Gefahr, wohlmeinend und unbeabsichtigt zum Handlanger der *Macht* (*Foucault* 1978) zu werden, zum Promotor weiterer *Verdinglichung* (*Kamper, Wulf* 1982) und *multipler Entfremdung* (*Petzold* 1968a, 1987d). Es ist das Verdienst von *Wilhelm Reich*, die unlösbare Verbindung von Politik und Körper, von Herrschaft und Sexualität, von leiblicher Arbeit und ökonomischen Interessen erkannt und herausgestellt zu haben. Die „Neuen Körpertherapien" haben sein Erbe nicht aufgegriffen, sondern tendieren eher dazu, die „Politik des Körpers" zu negieren (*Petzold* 1981j). Aus dem Wissen um die Dimension des „social body", um die Gefahren der Verdinglichung, die Konditionen, die den Leib zum Schweigen gebracht haben (*Kamper, Rittner* 1976), sowie um die Verwertung des Leibes als „Ware" folgt, daß leib- und bewegungstherapeutische Verfahren diese Dimensionen einbeziehen müssen (*Petzold* 1982d, 1985c, h, m, 1986a), und zwar sowohl was die Ausbildung von Therapeuten als auch was die Praxis der Behandlung anbetrifft. Es geht dabei im wesentlichen um das Stellen dieser Fragen, da Lösungen jeweils neu für konkrete Menschen und Situationen gefunden werden müssen, durch Ko-respondenzprozesse, an denen alle Betroffenen beteiligt sind (*Petzold* 1978c, 1991e). Nur so kann einer weiteren Verdinglichung entgegengesteuert werden, die „Lösungen" für Menschen verfügt, anstatt sie mit ihnen dialogisch, ko-respondierend, im Miteinander zu erarbeiten.

Neben der *metatheoretischen* Grundlegung von Zielen und Inhalten werden diese von *realexplikativen Theorien* bestimmt. Persönlichkeitstheorie, Entwicklungstheorie, Theorien zur Pathologie und zur Gesundheit, zur Bewegung, über Gruppen usw. Schließlich werden Ziele und Inhalte von der *praxeologischen Theorie* bestimmt, etwa einer Interventionslehre, Theorie des psychotherapeutischen Prozesses, Theorien über Methoden, Techniken und Medien, über Anwendungsbereiche und Zielgruppen (vgl. idem 1975h, 1988n, 175ff, 1992a, 617ff, 1320f; *Herzog* 1982).

Weitere Grundlegung von Zielen und Inhalten ergibt sich aus den „Erfordernissen" der Praxis. Die Vielzahl von *Zielen* und *Inhalten* sind, auch wenn sie in den meisten psychotherapeutischen, soziotherapeutischen und bewegungstherapeutischen Aus- bzw. Weiterbildungen nur zum Teil explizit gemacht werden, in der praktischen Vermittlung präsent. Aufgrund der Komplexität der Bereiche und des Faktums, daß diese nicht fragmentiert vermittelt werden können (die Fragmentierung von *Zielen, Inhalten* und *Methoden* in der pädagogischen Curriculumsplanung ist deren neuralgischster Punkt), sind besondere Formen der Vermittlungsmethodik erforderlich. Eine *rigide* Lernzieltaxonomie im Sinne von Global-, Grob- und Feinzielen – wobei wir eine solche Differenzierung gerade für die Psychotherapie in der Behandlungsplanung als durchaus fruchtbar ansehen – wirft für ein „ganzheitliches Lernen" große Schwierigkeiten auf, insbesondere wenn man versucht, Lernziele wie „Intuition, Mitmenschlichkeit, Solidarität, Wärme, Offenheit usw." zu operationalisieren. Die Aus- und Weiterbildungscurricula für dynamisch-orientierte Bewegungstherapeuten (*Kirchmann* 1979) beschränken sich deshalb im wesentlichen auf die Herausarbeitung von Global- und Grobzielen (*Becker* 1981, 15) und eine mehr *kursorische* Aufstellung von Feinzielen und Zusammenstellung von Lerninhalten, die spezifische Ausbildungsschwerpunkte betreffen.

## 2.1 Kompetenz und Performanz

Die Vermittlung eines psychodynamisch orientierten Therapieverfahrens zielt auf die Entwicklung von *„Kompetenzen"*, die zum Handeln in der Praxis, zu *„Performanzen"* befähigen (*Petzold* et al. 1994b). Die aus der generativen Linguistik stammenden Kategorien „Kompetenz, Performanz" (*Chomsky* 1969) werden hier nicht in ihrem klassischen Sinne verwandt, in dem die Performanz als „defizienter Modus des In-Erscheinung-Tretens der Kompetenz" gekennzeichnet wird (ibid.). Die verschiedenen kompetenztheoretischen Überlegungen von *Wunderlich* (1972), *Habermas* (1971), *White* (1959), *Bandura* (1977, 1989), *Harter* (1988) u.a. (vgl. *Steen, Vermeer* 1987) greifen hier weiter, obwohl auch sie die mit der Dialektik Kompetenz/Performanz gegebenen Probleme nicht lösen (vgl. *Hörmann* 1978, 189 ff.). *Kompetenz* wird hier verstanden „als die Gesamtheit der *Fähigkeiten*, die erforderlich sind, um bestimmte Ziele zu erreichen"; dabei sind die Ziele einerseits von metatheoretischen und realexplikativen Theorieprämissen (s. o.) und zum anderen vom jeweilig anvisierten *Lebenszusammenhang* bestimmt. Unter *Performanz* verstehen wir „alle jene *Fertigkeiten*, durch die Kompetenzen in *sinnvolles*, praktisches Handelns umgesetzt werden können" (*Schweinsberg-Reichart* 1985). *Performanzen*, die nicht in Kompetenz gegründet sind, stehen in der Gefahr, Chaos zu schaffen (etwa durch die Verwendung einer psychotherapeutischen *Technik*, ohne daß eine kompetente Einschätzung der Situation, des Krankheitsbildes, der psychischen Belastbarkeit des Patienten vorliegt). *Kompetenzen* ohne angemessene Performanz stehen in ähnlicher Weise in Gefahr, in Unangemessenheiten zu führen. (Das theoretische Wissen um Neuroseformen und Krankheitsbilder ohne eine geschulte Intuition und Fähigkeit, dieses Wissen zu kommunizieren oder in Interventionen umzuformen, vermag in gleicher Weise einen Patienten zu überlasten oder gar zu schädigen.)

Im Hinblick auf psychotherapeutisches, soziotherapeutisches sowie leib- und bewegungstherapeutisches Tun sind *Kompetenz* und *Performanz* nicht zu trennen. Sie können einander nicht nachgeordnet werden, sondern sie stehen „in gleichem Rang" durch die unlösbare Bezogenheit von *Theorie* und *Praxis* im Sinne eines persönlichen Wissens und Vermögens. Im konsistenten Handeln eines Therapeuten geschieht eine *Synergie* von Kompetenz und Performanz.

Gerade im therapeutischen Sektor wird der aufgezeigte Doppelaspekt von *Kompetenz* und *Performanz* zur Grundlage jeder Behandlung und jeglichen Aus- und Weiterbildungskonzeptes werden müssen. *Theorie* im Sinne „rein akademischen" Wissens reicht nicht aus. *Praxis* als „rein pragmatisches" Training bleibt unzureichend. Die *Einheit von Theorie und Praxis* ist bei allen „angewandten Humanwissenschaften" als Formen „angewandter Anthropologie und Gesellschaftstheorie" unabdingbar, denn es handelt sich um „sinngeleitetes" Tun mit und zwischen Menschen (*Petzold* 1980g). Damit rücken kommunikatives, kooperatives, kokreatives Handeln, die „kommunikative Kompetenz" (*Habermas* 1971; 1981) und die „interaktionale Performanz" in den Blickpunkt: Das Handeln selbst, das Miteinandersprechen selbst, das Einanderverstehen selbst, werden Gegenstand des Lernens. Eine solche Auffassung muß unmittelbare methodische Konsequenzen für eine *Didaktik therapeutischen Handelns* haben. Sie muß über sachorientierte Ziele und Inhalte hinausgehen und entfremdete institutionelle Zusammenhänge transzendieren; es ist erforderlich, einen lebensbezogenen Stoff in einem lebensbezogenen Kontext lebendig, dialogisch, intersubjektiv zu vermitteln (*Besems* 1977). Für die universitäre und klinische Lehre therapeutischer Verfahren muß die Frage nach ihrem „*Sitz im Leben*" gestellt werden, nach dem Praxisbezug, nach der Arbeit mit Patienten und weiterhin die Frage der Selbsterfahrung, der Reflexion auf die Bedingungen des eigenen „So-geworden-Seins" sowie des Erspürens der eigenen Dimension von Leiblichkeit (vgl. *Petzold, Drefke* 1988). Es wird weiterhin die Frage nach der „kommunikativen Erfahrung" zu stellen sein, wie nämlich Wissen im gemeinsamen Erleben in Form interpersonaler Ereignisse gewonnen wird, wie in *Ko-respondenz*prozessen *Konsens* über Erfahrungen gewonnen wird, der sich in *Konzepten* niederschlägt, die wiederum handlungsleitend werden und zu *Kooperationen* führen (*Petzold* 1991e).

In gleicher Weise müssen außeruniversitäre Aus- und Weiterbildungen befragt werden, wobei sich hier noch Probleme der Anbindung vermittelter Inhalte an „Traditionen des Wissens" ergeben, damit nicht eine Trennung der Praxis von der Theorie erfolgt. Weiterhin ist das Problem der Verifikation des eigenen Tuns zu sehen, das sich der kritischen „empirischen" Überprüfungen zu unterziehen hat (*Grawe* et al. 1993), wobei Empirie hier nicht einseitig positivistisch verstanden wird, sondern auch Formen qualitativer und aktionaler Forschung einbezieht.

Auf diesem Hintergrund sind die Richt- bzw. Globalziele zu sehen, die im Curriculum für die Aus- bzw. Weiterbildung dynamischorientierter Leib- und Bewegungstherapeuten ausgearbeitet wurden, und die in den Weiterbildungsrichtlinien für die IBT (*Petzold* 1988n, S. 601ff) aufgeführt sind:

1. *Förderung der personalen Kompetenz und Performanz,*
2. *Förderung der sozialen Kompetenz und Performanz,*
3. *Förderung der professionellen Kompetenz und Performanz,*
4. *Förderung des sozialen Engagements.*

Eine nähere Ausarbeitung der einzelnen Kompetenz- und Performanzbereiche kann an dieser Stelle nicht geleistet werden (vgl. hierzu ibid. S. 602ff und *Kirchmann* 1979). Als spezifisch für die Aus- und Weiterbildung von Leib- und Bewegungstherapeuten ist die Bedeutung der *Leiblichkeit* für das erste Richtziel hervorzuheben, wobei Konzepte wie „Zwischenleiblichkeit" und „social body" mit im Blick bleiben müssen, um zu verdeutlichen, daß es nicht nur um solipsistische „body awareness" oder um Körperbeherrschung geht, sondern daß der Bezug zum zweiten Richtziel durch die Annahme des „Koexistenzaxioms" (Mensch ist man nur als Mitmensch) gegeben ist. Auch die soziale Kompetenz und Performanz ist an Leiblichkeit gebunden, an die Formen nonverbaler Kommunikation und die Fähigkeit, mit sozialen „Körperspielen" angemessen umzugehen. Das dritte Richtziel schließlich ist die Spezifizierung eines Bereiches, der in der Patientenarbeit als „Förderung alltagspraktischer Kompetenz und Performanz" bezeichnet wird: die Fähigkeit, seinen Alltag, sein berufliches und familiäres Leben zu meistern. Die „Profession" des Therapeuten wird im Rahmen von Aus- und Weiterbildungscurricula herausgehoben. Das vierte Richtziel verweist auf den Hintergrund des theoretischen und methodischen Konzeptes leibtherapeutischer Arbeit, auf die Notwendigkeit, sich für den „unterdrückten und zerstörten Leib" zu engagieren. Macht man sich deutlich, daß die ultimative Form der Machtausübung und Unterdrückung über den Leib geschieht, der geknechtet, gefoltert, zerstückelt wird (*Petzold* 1985m, 1986b), so muß man zu politischen Aktionen kommen, die Verdinglichung es Körpers denunzieren und attackieren. Verdinglichung durch die modernen Formen der „Leibeigenschaft", z.B. entfremdende Arbeit, als krankheitsauslösende Faktoren, aber auch die Selbstverdinglichung durch die Entfremdung vom Leibe sind Realitäten, die nicht nur auf der individuellen Ebene angegangen werden können. Die Sensibilisierung des Leibsubjekts für die *Identität von Leib und Person* läuft der *Macht*, den Interessen vieler Mächtiger zuwider; denn wenn erst die Einheit von Leib und Person erfahren wird und die Realität von leiblicher Koexistenz, wird es schwerer möglich, Leiber an Fließbändern zu verschleißen, in Großraumbüros auszutrocknen oder als Kanonenfutter zu verheizen. Aber nur Leibtherapeuten, die sich dieser Dimension bewußt sind und sie in ihrer Arbeit berücksichtigen, vermögen der Gefahr zu entgehen, anstelle konkreter, solidarischer Hilfe (idem 1988n), durch unangemessene Entlastungen den Betroffenen Pseudohilfen zu geben, die an der wirklichen Misere nichts ändern (idem 1981c, 1993d).

# 3. Zur Didaktik der Therapieausbildung

Es ist ein Charakteristikum psychodynamisch orientierter Psychotherapieverfahren, *daß die Methode durch die Methode gelehrt und erlernt wird*. Im Prozeß der Selbsterfahrung mit der und durch die Methode wird der Aus- bzw. Weiterbildungskandidat in die Integrative Bewegungstherapie eingeführt. *Das Verfahren wird Lernziel, -inhalt, -methode, Lernmedium zugleich.* In der Selbsterfahrung und durch sie werden alle wichtigen Anliegen des Verfahrens, seine anthropologischen und metatheoretischen Hintergründe, seine theoretischen Konzepte, seine Ethik, seine Methodologie, Techniken, seine *Praxeologie* also, vermittelt und ebenso seine Sicht verschiedener Praxisfelder. Die damit erforderliche Didaktik basiert auf dem Erfahren individueller Prozesse am „eigenen Leibe", in der Wahrnehmung anderer Leiblichkeit und in der Erfahrung von Zwischenleiblichkeit. Die eigene Biographie, die eigene Sozialisation, das „Material" der eigenen Gruppenarbeit wird zum Gegenstand des Lehrens und Lernens. Der Prozeß der Aneignung ist äußerst komplex, so wie die persönliche und soziale Lebenswirklichkeit viel- bzw. mehrperspektivisch ist. Eine Aufspaltung in Teilaspekte, ein Ausfiltern einzelner Dimensionen, ein Herauslösen eingegrenzter Variablen, ohne Zusammenführung des Differenzierten würde die Gesamtheit der Erscheinungen zerstören. Es müssen daher Möglichkeiten *„differentieller und ganzheitlicher Aneignung"* geschaffen werden.

In jeglicher therapeutischen Arbeit geht es darum, den *Sinn* von Atmosphären und Szenen „leibhaftig" zu erleben, zu erfassen und zu verstehen, wobei die Szenen der Innenwelt und die Szenen der Außenwelt nicht geschieden sind (*Waldenfels* 1976). Im Geflecht der Interaktionen artikulieren sich Gefühle, Lebensstile, Selbstkonzepte, Werte, wird Vergangenes als Memoriertes und Zukünftiges als Antizipiertes im Hier-und-Jetzt konkret: Szenen, die vielgestaltig sind. Die therapeutische Ausbildung führt über das Miterleben zur *Internalisierung von Atmosphären, Szenen und Szenensequenzen* bzw. *Narrativen* mit den dazugehörigen *Propriozepten*, die in das *Leib*gedächtnis eingegraben werden. Zu sehen, wie ein Therapeut mit einer hohen persönlichen, sozialen und professionellen Kompetenz und Performanz komplexe Lebenssituationen von Patienten und Patientengruppen strukturiert, führt zur Verinnerlichung von szenischen Abläufen, zu einem *„szenischen Erfassen und Verstehen"* (*Petzold* 1965, 1969c; *Lorenzer* 1970) von Ereignissen. „Sitzungen" werden in der Selbsterfahrung *ganzheitlich* gespeichert. Gesehenes, Gehörtes, Fremdwahrnehmungen, Selbstwahrnehmungen, die Reaktionen des eigenen Leibes auf das Geschehen in der Szene ringsum (d. s. Propriozepte) werden *„holographisch"* gespeichert, und je konsistenter die Interventionsstrategien des Therapeuten sind, je kohärenter sein Verhalten, seine Regulierung von Nähe und Distanz sich erweisen, desto prägnanter werden die verinnerlichten „Hologramme" (*Pribram* 1979). Wir gehen in der IBT von unterschiedlichen Ebenen und Formen des Lernens, einfachen (z. B. Signallernen) und komplexeren (z. B. Imitationslernen), aus (*Petzold* 1988n, 77f), die durch eine Taxonomie der Lernformen (*Gagné* 1969) geordnet werden können. Zusammengefaßt werden diese Formen im „holographischen Lernen", das synoptisch-synergetisch (1988n, S. 452f) die verschiedenen Möglichkeiten verbindet. So werden keine Details im Sinne analytischer Zergliederung gelernt, sondern es können Atmosphären, Stimmungen, Qualitäten, Szenen, Stücke, Narrationen *ganzheitlich* aufgenommen werden, deren „Flair" selbst noch am Detail haftet. Es ist ein Charakteristikum des Hologramms, daß sich selbst noch aus dem Detail die Atmosphäre des Ganzen evozieren läßt (*Ferretti* 1977; *Franson* 1972). Eine Geste, eine Regung der Mimik fängt das Flair der Gesamtsituation ein und je höher das Stimulierungsniveau ist, desto prägnanter wird das holographische Bild. Und so werden in späteren Situationen, in denen der Ausbildungskandidat selbst als Therapeut tätig wird, durch die *multiple Stimulierung* des Geschehens (*Petzold* 1988f, g) komplexe Muster aktiviert, wird *szenisches Erfassen und Verstehen* relevant, das differenzierte und angemessene Interventionen ermöglicht. Der Prozeß der Internalisierung von Atmosphären, Szenen und Szenensequenzen, von Hologrammen und Hologrammfolgen (*Petzold* 1982f) ist der eigentliche Lernprozeß in der „Lehrtherapie". Es können diese Vorgänge im Sinne der „social learning theory" (*Bandura* 1976) beschrieben werden mit Begriffen des imitativen und vikariellen Lernens; jedoch der holographische Prozeß der Aneignung ist noch komplexer. Er bezieht nicht nur Interaktionen ein, sondern die gesamte soziale Situation, den anwesenden ökologischen Raum und den „Binnenraum", d. h. das Leib-Gedächtnis, die vorgängige Erfahrung. Die Schulung und Ausbildung therapeutischer Empathie und Intuition wurzelt in Prozessen scharfen, differenzierten *Wahrnehmens*, Aufnahme und Diskrimination der „dermultiplen Stimulierung" und der Fähigkeit, die so gewonnenen „Daten" im *Erfassen* mit dem eigenen Erlebnishintergrund biographischer und therapeutischer Selbsterfahrung zu verbinden sowie die so entstandenen „inneren Atmosphären, Bilder, Szenen" zur Strukturierung, d.h. zum *Verstehen* und *Erklären* (*Petzold* 1988a) gegenwärtiger Szenarien zu verwenden. Die „erlebnisaktivierenden" Selbsterfahrungsprozesse, die das bewußte Erleben komplexer innerer und äußerer Situationen und ihrer Verschränkungen ermöglichen, machen dem Therapeuten in vermehrtem Maße seine „Archive" verfügbar. Er kennt seine alten Propriozepte, Atmosphären, Szenen und Szenengeschichten (Narrative, Scripts) – die guten wie die bedrohlichen – und kann sie für seine Interventionen nutzen und fruchtbar machen. Die Aneignung therapeutischer Skills geht einher mit der Aneignung der eigenen Leiblichkeit in all ihren Dimensionen, der eigenen Emotionalität, der eigenen Geschichte, kurz des eigenen Lebens. Die Aneignung der therapeutischen Skills von Prozeßwahrnehmung und Prozeßstrukturierung erfolgt durch die Internalisierung der Interventionen des Lehrtherapeuten, seiner Fähigkeit (*Kompetenz*), *Sinn* freizusetzen und seiner Fertigkeit (*Performanz*), Zusammenhänge zu strukturieren.

Die Imitation komplexer Handlungsmuster in der therapeutischen Selbsterfahrung ist aber nicht „theorielos", bloße intuitive Praxis. Genauso wie in der sozialisatorischen Aneignung von Alltagshandeln Theorien über die Welt und über die Menschen impliziert sind – wenn auch im Sinne von Common-sense-Theorien vorwissenschaftlichen Charakters –, so ist in einer konsistenten Interventionspraxis von den metatheoretischen bis zu den praxeologischen Konzepten das „ganze Wissen" des Therapeuten und seines Verfahrens impliziert. Die „professionelle Intuition" basiert nicht nur auf Alltagserfahrung, sie inkorporiert einen „body of knowledge" klinischer Traditionen, theoretischer Reflexionen, neurosetheoretischer, entwicklungspsychologischer, anthropologischer Konzepte. Der Lehrtherapeut übermittelt *in seinem Handeln* auch seine „theoretischen Erfahrungen". *Seine Intuition ist reflektiert*, theoriebegründet. Die kreativen Strukturierungen sozialer Situationen sind nicht nur Alltagsskills. Sie resultieren in ihrer Prägnanz aus dem Bemühen, das eigene Handeln zu verstehen und zu durchdringen, um die in diesem Prozeß erkennbar gewordenen Sinnzusammenhänge wiederum in die Praxis zu integrieren. Es entsteht auf diese Weise ein beständiger Zuwachs der Kapazität, Sinn zu erfassen und zu interpretieren: Sinnerfassungskapazität. Mit jeder Atmosphäre und Szene, die der Therapeut aus dem Leben eines Patienten aufnimmt und in den Archiven seines Leibes speichert, wächst der Horizont seiner Erfahrung, das Spektrum seiner Sichtweisen und die Möglichkeit, dieses Erfahrungswissen in Interventionen, in wirklichkeitsgestaltende Praxis umzusetzen. Die „Väter" humanistischer Psychotherapie, die Ärzte (von *ars* = Kunst) *Moreno* und *Perls*, haben gerne ihre Arbeit als „Kunst", eine Sitzung als „*a piece of art*" bezeichnet, und dieser Anspruch ist nicht unbillig. Verfolgt man etwa die Entwicklung von Komponisten wie *Händel* oder *Beethoven*, so sieht man, daß mit der immer vollkommeneren Aneignung des musikalischen Universums, mit einer immer souveräneren Beherrschung der Musiktheorie, der Kompositionstechnik, der Instrumentierung ihre Werke an Reichtum und Tiefe gewannen. Ihre kreative Intuition gründet in *Reflexion*, sie steht auf einem reichen Grund.

Das Miterleben „guter" Lehrtherapeuten vermittelt „ihre Synthesen" genauso wie Eltern, die integrierte Persönlichkeiten sind und ihren Kindern „Vorbilder" im guten Sinne des Wortes werden, ein Stück ihres Erfahrungsreichtums vermitteln können. Das aber entbindet nicht von der persönlichen Aneignung. Der persönlichen theoretischen Durchdringung des Erlebten kommt deshalb besondere Bedeutung zu; die Reflexion des Geschehens im Therapieprozeß führt zum Erkennen des darin eingeschlossenen Sinnes; die Betrachtung von Erfahrungen, Interaktionen, Prozessen unter dem Blickwinkel verschiedener theoretischer Zugänge ermöglicht ein „Erfassen" und „Verstehen", das durch seinen unmittelbaren Praxisbezug nicht „rationalisierend" oder abgehoben ist, sondern die Konturen der Wirklichkeit schärfer hervortreten läßt. In der Ausbildung von Therapeuten bildet deshalb das *„processing"*, das theoretisch-methodische Reflektieren von Ereignissen, von miterlebter Praxis einen didaktischen Kern. Es geschieht damit eine *„Synopse"*, eine Zusammenschau, die über die Summe der Teilaspekte hinaus ein neues Bild ergibt.

Unter Zugrundelegung eines solchen komplexen Modells der Aneignung von *Kompetenzen* und *Performanzen* über die Selbsterfahrung, die kommunikative Erfahrung, die Theorieerfahrung kommt der Therapeut selbst in den Blick als das „wichtigste Instrument" der Therapie. Seine Resonanzfähigkeit, sein Potential zur holographischen Wahrnehmung und zur integrativen Intervention, seine personale, soziale und professionelle Kompetenz und Performanz sind die ultimative Kategorie des therapeutischen Prozesses. *Ferenczi* hat den Therapeuten als „katalytisches Ferment" bezeichnet, und *Freud* (1909, GW 8, 54 f.) hat diese Formulierung lobend aufgegriffen. *Perls* (1969a) bezeichnete den Therapeuten als „catalyst und facilitator". All diese Attributionen suggerieren „naturgegebene Eigenschaften". Aber diese Suggestion täuscht. Resonanzfähigkeit muß erworben werden. Mitschwingen-/Mitfühlen-Können kann nicht nur als „Talent" betrachtet werden, sondern ist Frucht ernsthafter Arbeit an sich selbst mit anderen und erfordert methodischen Fleiß. Die Aneignung dieser „Kompositionstechnik" erfordert theoretische Arbeit und praktische Arbeit an sich selbst (*Ferenczi* 1928/1964, III, 413-422; *Kutter* 1981; *Katz* 1963; *Cohn* 1975; *Frühmann* 1993).

So kommt in der Therapieausbildung der Entwicklung der Persönlichkeit des Therapeuten die zentrale Bedeutung zu, der Persönlichkeit mit ihren intuitiven, mitmenschlichen, emotionalen, aber auch intellektuellen und theoretischen Fähigkeiten. Eine Therapeutenausbildung muß derartigen Erfordernissen Rechnung tragen.

## 4. Form, Modalitäten und Umfang der Aus- bzw. Weiterbildung

Die Aus- und Weiterbildung psychodynamisch orientierter Leib- und Bewegungstherapeuten ist eine *„formation"* für den Umgang mit Menschen in unterschiedlichen Lebenslagen und Altersstufen (*Pet-*

*zold* 1991h, 1993i; *Petzold, Ramin* 1987), die in ihrer Lebensführung, in ihrer Selbstregulation, in ihren Sozialbezügen beeinträchtigt und gestört sind, oder, sofern es sich um agogische oder prophylaktische Gruppen handelt, für Menschen, die mit anstehenden Problemen umzugehen suchen oder ihre persönlichen Potentiale entfalten möchten. Wenngleich dabei dem Aspekt von Leiblichkeit und Bewegung besondere Aufmerksamkeit geschenkt wird, bleibt der gesamte Kontext zwischenmenschlicher Wirklichkeit gegeben. Eine Ausbildung muß dem Rechnung tragen. So kann vieles, was hier für die Aus- und Weiterbildung von Leib- und Bewegungstherapeuten ausgesagt wird, auch allgemein für die Ausbildung dynamisch-orientierter Psycho-therapeuten und Soziotherapeuten gelten. Leib- und Bewegungsthe-rapie muß nicht unbedingt Psychotherapie im strikten Sinne des Wortes sein, doch sie schließt in starkem Maße psychotherapeutische und soziotherapeutische Dimensionen mit ein und kann bis zur Leib- und Bewegungspsychotherapie vertieft werden. Dies schlägt sich auch in den Aus- und Weiterbildungskonzepten nieder.

Es wird in dieser Arbeit Bezug genommen auf die Struktur und den methodischen Ansatz verschiedener Ausbildungscurricula, ins-besondere den Studiengang „spezielle Bewegungsagogik und Bewe-gungstherapie" sowie den Postdiplom-Studiengang „Integrative Be-wegungspsychotherapie" an der Freien Universität Amsterdam, Faculty of Human Movement Sciences (*Petzold, Drefke* 1988), sowie die von den Fachgesellschaften für Konzentrative und Integrative Bewegungsthe-rapie durchgeführten berufsbegleitenden Ausbildungen (*Kirchmann* 1979; *Stolze* 1984) und die von der Bundesanstalt für Arbeit geförder-ten Weiterbildungen für Bewegungs- und Tanztherapie*.

Auch die Ausbildung der „Deutsch-Österreichischen Gesellschaft für bioenergetische Analyse" weist eine Struktur auf, die dem hier dargestellten Konzept entspricht (*Frank* 1976). Die vergleichende Analyse der verschiedenen Curricula bildet die Grundlage der nach-stehenden Ausführungen.

Auf dem aufgezeigten Hintergrund und dem vertretenen Ansatz, „die Methode durch die Methode zu lehren und zu erlernen" über *holographische Aneignung*, haben Aus- und Weiterbildungsgänge in

---

\* Bundesanstalt für Arbeit, Verzeichnis der Einrichtungen der beruflichen Bildung (EBB), Nürnberg 1983.

psychodynamisch-orientierter Leib- und Bewegungstherapie zumeist folgende Schwerpunkte, die in einem curricularen Rahmen (vgl. Abb. 2) vermittelt werden.

## 4.1 Selbsterfahrung

Die Begründung für die Notwendigkeit von Selbsterfahrung wurde schon dargelegt. Sie dient zur Schärfung des intuitiven Vermögens; sie ermöglicht dadurch, daß man „das eigene Schicksal kennt", aufkommende eigene Betroffenheit besser zu handhaben. Sie vermag den Therapeuten, soweit irgend möglich, davor zu bewahren, von eigenen archaischen Gefühlen überflutet zu werden und die Prozesse der Patienten zu kontaminieren. Selbsterfahrung lehrt, die eigenen „wunden Stellen", den eigenen „Schatten" wahrzunehmen. Sie verhilft, Widerstände zu erkennen, sie aufzunehmen, zu konfrontieren oder zu akzeptieren (*Schmidbauer* 1977).

In der Selbsterfahrung wird das Geflecht von Übertragungen und Gegenübertragungen zugänglich und kann das für den Integrativen Ansatz leitende Postulat verwirklicht werden: „Wo Übertragung war, muß Beziehung werden" (*Petzold* 1980g, 1991b).

Selbsterfahrung als leibliche Erfahrung soll den Zugang zur eige-nen Leiblichkeit, die Entfremdung vom eigenen Leib, seine Verdinglichung erfahrbar machen und Prozesse der Aneignung des *„re-ownings"* sowie den Aufbau eines starken *Selbst*s, eines leistungsfähigen *Ich* und einer prägnanten *Identität* initiieren (*Petzold* 1984i, 1992a, 528ff). Der Leib- und Bewegungstherapeut muß selbst zu einer integrierten Leiblichkeit finden, zu einer leichten, flüssigen Bewegung, zu Sensibilität für die Bedürfnisse seines Leibes (*Brooks* 1979). Dabei unterstützt die Kombination einzeltherapeutischer Arbeit durch die tiefenpsychologisch orientierte Lehranalyse in der *aktiven* Tradition der „ungarischen Schule" *Ferenczi*s – wir nennen sie Gestaltanalyse (*Petzold* 1969c, 1988n, 487) – und die eigene Leibtherapie die Aneignung der eigenen Biographie. Die Selbsterfahrung in der Gruppe fördert die Rekonstruktion von Erfahrungen in der Primärgruppe, den eigenen Wachstumsprozeß im Milieu seines sozialen Netzwerkes (*Petzold, Berger* 1978; *Petzold, Schneewind* 1986a).

## 4.2 Theorie

Die Theorievermittlung erfolgt in eigenen Seminaren und begleitenden Kursprogrammen und umfaßt neben den metatheoretischen Grundlagen: allgemeine Kenntnisse der Anatomie, Physiologie, Entwicklungspsychologie, Persönlichkeitstheorie, Pathologie, vergleichende Psychotherapie, klinische Psychologie, Psychotherapieforschung sowie die spezifischen Ansätze der integrativen Leib- und Bewegungstherapie. Dabei kommt der Theorievermittlung die Aufgabe zu, disziplinübergreifende Horizonte zu eröffnen und Brückenschläge zur Pädagogik, Soziotherapie und klassischen Verfahren der Psychotherapie zu ermöglichen. Es soll überdies eine Reflexion auf die dem therapeutischen Handeln zugrundeliegenden Werte gewährleistet werden, die handlungsleitend sind.

## 4.3 Theorie-Praxis-Vermittlung

In Veranstaltungen dieser Art wird Theorie aus der Praxis erarbeitet bzw. wird die Praxis generativ für Theorie. In der Aufarbeitung von Selbsterfahrungssequenzen

| | 1. Jahr | 2. Jahr | 3. Jahr | 4. Jahr |
|---|---|---|---|---|
| | Grundstufe | Mittelstufe | | Oberstufe |
| | 360 Std. Selbsterfahrungs- und Ausbildungsgruppe | | | 60 Std. Supervision (2jährig) |
| | 40 Std. Hot Seat und Traum<br>32 Std. Psycho-Physische Atemtherapie<br>24 Std. Theorie I | 40 Std. Leibtherapie<br>40 Std. Methoden, Techniken und Medien der IBT<br>24 Std. Theorie II | 40 Std. Diagnostik I<br>40 Std. Krisenintervention<br>40 Std. Diagnostik II | 48-80 Std. Wahlpflichtfächer<br>40 Std. Supervision I Methodik<br>40 Std. Supervision II Kasuistik |
| | | Intensivseminare Leib- und Bewegungstherapie 80 Std.<br>Gestaltkibbuz 80 Std. | | kontrollierte Gruppenarbeit und Einzeltherapie |
| | fortlaufendes Theorieprogramm 240 Std.<br>funktionale Leibtherapie 50 Std. | | Anamnesen 20 Std.<br>Lehranalyse 250 Std. | Kontrollstunden 100 Std. |

40 Std. Zulassungsseminar
2 Interviews

*Abb. 2:* Strukturplan der Weiterbildung für Integrative Bewegungs- und Leibtherapie im psychotherapeutischen Zweig (*processing*) werden Techniken, Methoden, Interventionsstrategien transparent gemacht bis in ihre metatheoretische Grundlegung hinein. Das Erleben von Therapieszenen, ihre rationale Durchdringung führen zu „Evidenzerfahrungen", holographischen Synthesen, in denen die *Einheit von Theorie und Praxis* plastisch wird. Nicht zuletzt durch Supervisionsseminare und Kontrollanalysen kann ein derartiges exemplarisches Lernen im Theorie-Praxis-Verbund erreicht werden (*Petzold, Heinl* 1981).

## 4.4 Organisation und Ablauf der Aus- bzw. Weiterbildung

Es ist nicht jedermanns Sache, Therapeut zu werden – ganz gleich, ob es sich um Leib- und Bewegungs- oder Psychotherapie handelt. Die hier als Richtziele aufgezählten Kompetenzen und Performanzen sollen durch die Aus- bzw. Weiterbildung ja nicht von Grund auf neu erworben werden, sondern sie sollen entwickelt, ausgebaut, bereichert werden, deshalb muß ein Grundbestand vorausgesetzt werden. Der Zustrom zu den therapeutischen Berufen ist erheblich, und so sind die Interessenten auf ihren motivationalen Hintergrund zu befragen. Dabei werden häufig sehr starke eigentherapeutische Bedürfnisse deutlich, Impulse, die eigene Not dadurch zu meistern, daß man versucht, anderen zu helfen. Ein derartiges „Helfersyndrom" ist nicht immer die beste Voraussetzung für das Ergreifen eines therapeutischen Berufes, denn es schafft die Prädisposition für den „hilflosen Helfer" (*Schmidbauer* 1977) und für den „burn-out" (*Elsaesser* 1982; *Freudenberger* 1980; *Petzold* 1993g). Für die Weiter- und Ausbildung von Leib- und Bewegungstherapeuten wird deshalb, wie auch für andere dynamisch-orientierte Verfahren, eine Modalität der Auswahl im Hinblick auf die „persönliche Eignung" (personale und soziale Kompetenz und Performanz) durch Einzelinterviews und Auswahlseminare erforderlich.
Da die Mehrzahl der dynamisch-orientierten Bewegungstherapeuten sowohl in der Einzel- wie auch in der Gruppentherapie (mit ihren Varianten Kinder-, Familien-, Geronto- und Thanatotherapie) eingesetzt werden, fokussiert die Weiter- bzw. Ausbildung auf diesen beiden Modalitäten durch Teilnahme an einer fortlaufenden Selbsterfahrungs- und Ausbildungsgruppe und durch Absolvieren einer *Lehr-* und *Kontrollanalyse* (vgl. *Frühmann, Petzold* 1993). In ihnen sollen die komplexen Prozesse der Aneignung der eigenen Biographie und der Methoden erfolgen.

## 4.5 Umfang und Art der Weiterbildung

In der Mehrzahl der Veranstaltungen wird versucht, Selbsterfahrung (S), Theorie (T) und Methodik/Praxis (M) zu integrieren. In der nachfolgenden Gliederung sind die S-, T- und M-Anteile der einzelnen Weiterbildungsveranstaltungen nach ihrer Stundenverteilung approximativ gekennzeichnet.* Inhaltlich sind sie spezifiziert im Curriculum (*Petzold* 1988n, 601ff) mit den dazugehörigen Stoffrahmenplänen.

---

\* Eine Therapiestunde = 50 Minuten; eine Unterrichtsstunde = 45 Minuten; ein Blockseminartag (1 AE) = 8 Unterrichtsstunden.

a Fortlaufende Selbsterfahrungs- und Weiterbildungsgruppe (200 S + 70 T + 90 M)                    360 Std.
b Theorie-Praxis-Programm (einschließlich
  Wahlpflichtseminare) 85 S + 85 T + 90 M)                260 Std.
c Theorieprogramm (in fortlaufenden Vorlesungen,
  Arbeitsgruppen und Seminaren) (240 T)                   240 Std.
d Intensivseminare (100 S + 25 T + 25 M)                  150 Std.
e Lehranalyse (ca. 250 Std.)                              250 Std.
f Leibtherapie (50 S)                                      50 Std.
g Praxis- und Supervisionsprogramm
  (90 Std. fortlaufende Supervisionsgruppe,
  80 Std. Supervisions-Kompaktseminar,
  20 Std. kontrollierte Anamnesen)
  (60 S + 60 T + 70 M)                                    190 Std.
h Kontrollanalyse (100 S/M)

                              **insgesamt ca. 1600 Std.**

i kontrollierte Einzel- und Gruppenarbeit
  ca. 460 Std.
j klinisches Praktikum (fakultativ), da berufsbegleitende
  Ausbildung
k 2jährige fortlaufende Teilnahme an einer Weiterbildung in einem
  funktionalen Bewegungsverfahren


## 5. Therapieausbildung als Persönlichkeitsentwicklung durch „therapeutische Sozialisation"

Dynamisch orientierte Therapie ist niemals nur ein Bündel von Techniken, bloße Methode. Sie ist ein Zugang zur Gestaltung des Lebens. Auch dieser Zugang muß im Verlauf der Aus- oder Weiterbildung vermittelt und von jedem Ausgebildeten individuell verwirklicht werden. Damit wird die Ausbildung mehr als das Erlernen eines Verfahrens, sie wird ein *persönlicher Weg*, eine persönliche Suche (*Petzold* 1983e, 1988q). Sie führt immer zu nachhaltigen Veränderungen im persönlichen Leben. Das bedeutet, daß der Ausbildungskandidat mit seinen eigenen Entfremdungen, die im Verlauf seiner Sozialisation gesetzt wurden, in Kontakt kommt, daß er mit seiner

„Geschichte" konfrontiert wird und daß er seine eigene Integration bewußt anstrebt und verfolgt. Die Heilung von Entfremdung und Disfiguration, die der Therapeut beim Patienten bewirken will, setzt voraus, daß er sein eigenes Heilsein anstrebt, daß er sich in seinem *Kontext*, seinem sozialen und ökologischen Zusammenhang und in seinem *Kontinuum*, seiner Geschichte und seinem prospektiven Lebensentwurf verstehen lernt und verwirklicht. *Identität wird in Kontext und Kontinuum gewonnen*, wird nicht nur von der Gesellschaft zugeschrieben, sondern auch individuell *verkörpert*. Sie entwickelt sich *unbewußt* und wird *bewußt* vollzogen (Petzold, Mathias 1983). Je bewußter die eigene Identität gestaltet wird, desto größer sind die Freiheitsgrade gegenüber äußeren Determinierungen und Negativeinflüssen (idem 1993d).

*In jedem Augenblick meiner gegenwärtigen Existenz sind Vergangenheit und Zukunft voll präsent (Perls 1969a; Petzold 1981e, h, k, 1986g)*, deshalb wird eine *Psychologie der Lebensspanne*, eine *Lebenslaufperspektive* (idem 1969c, 1981f) unerläßlich, wenn man *sich selbst im Lebensganzen verstehen will* (idem 1981g), und das ist das Ziel jeder Selbsterfahrung, jeder Lehranalyse, jeder Psychotherapie, ja eines der wichtigsten Ziele des menschlichen Lebens schlechthin.

Die in der Vergangenheit gesetzten, fremdbestimmten Kontinuitäten, die mein „Skript" (*Berne* 1975; *Steiner* 1985), meinen Lebensstil (*Adler*), meine *Narrative* (*Petzold* 1970c) festlegen, werden in einem Prozeß *persönlicher Archäologie* verfügbar; sie können *angenommen, abgelehnt* oder *verändert* werden. Die Möglichkeit, sein „eigenes Drehbuch zu schreiben", die determinierende Kraft der fixierenden *Narrative* aus der Vergangenheit zu relativieren und zu lebendigen *Narrationen* zu verflüssigen (idem 1988d), wird zu einer zentralen Aufgabe integrativ-therapeutischer Arbeit. Sie ist mit einer Dechiffrierung der eigenen Sozialisation gleichbedeutend und mehr als das, es ist der Beginn einer neuen intensiven Erfahrung, die Rückwirkung auf die gesamte Lebensgestaltung hat (*Heinl, Petzold, Fallenstein* 1983).

Aus- bzw. Weiterbildung in Leib- und Bewegungstherapie – und das gilt für jedes dynamische Therapieverfahren – *ist der Beginn einer neuen Sozialisation.* Hier liegt die therapeutische Effizienz ganzheitlicher (Psycho-)therapie: der Patient/Klient/Ausbildungskandidat wird in ein neues Sozialisationsfeld gestellt, in dem korrektive und alternative Erfahrungen möglich werden. *Therapie als Sozialisation* und *Therapie-Ausbildung als Sozialisation* eröffnen ein sehr weites Verständnis für das, was in einer Behandlung und einem Selbsterfahrungsprozeß abläuft. Sozialisation wird hier verstanden als *„die Veränderung eines personalen Systems durch die Interaktion mit anderen personalen, sozialen und ökologischen Systemen entlang eines zeitlichen Kontinuums"* (vgl. *Petzold, Bubolz* 1976, 132).

Ein derartig weites Verständnis wird vom Ansatz der Leib- und Bewegungstherapien her erforderlich (*Becker* 1981). Sozialisation geschieht nicht nur auf der kognitiven

Ebene: auch emotionale, sensu-perzeptuelle und somato-motorische Prozesse werden sozialisiert, und zwar nicht nur durch die Einflüsse sozialer Gruppen, sondern auch des „Milieus", des ökologischen Feldes (*Bronfenbrenner* 1976, 1978). Es ist nicht unerheblich, ob wir auf einem Hinterhof oder in einem Park großgeworden sind. Wir werden von unserem gesamten „Lebensraum", unserer gesamten „Lebenswelt" (*Lewin* 1963; *Husserl* 1954) geprägt. Der sozialisierende Einfluß der Leib- und Bewegungstherapien in Ausbildung und Behandlung versucht in ähnlicher Komplexität zu wirken: als Einwirkung auf die Leiblichkeit, d. h. den Körper, die Emotionalität, die geistigen Strebungen und die sozialen und ökologischen Einbettungen.

Aus- und Weiterbildung in den Verfahren dynamisch orientierter Leib- und Bewegungstherapie bedeutet, daß man seinen persönlichen Weg bewußter geht, daß man auf eine persönliche Suche geht (*Petzold* 1988q), deren Ausgang nicht voraussagbar ist. Es ist ein bewußteres Voranschreiten im eigenen Lebensweg, ein bewußteres Gestalten der persönlichen Gegenwart und Zukunft. Der Therapeut geht den Weg, auf den er den Patienten bringen möchte: den Weg der Integration und Kreation. *Perls* (1969b) schreibt zum Abschluß seiner Autobiographie: *"There is no end to integration"*. Und ich möchte ergänzen: *"There is no end to creation"*.

Integration und Kreation *zusammen* begründen die Fülle des menschlichen Lebens. Therapie und Therapieausbildung müssen diesem Faktum Rechnung tragen. Sie dürfen niemals nur eine reparative Ausrichtung haben und auf die Behebung und Minderung von Störungen und Defiziten gerichtet sein, sondern sie müssen auch vorhandene, positive Substanz stabilisieren und erhalten und mehr noch, sie müssen vorhandene Möglichkeiten entfalten, neue Potentiale erschließen und eine kreative Therapeutenpersönlichkeit entwickeln.

Da sich die theoretischen, praxeologischen und methodisch-didaktischen Konzepte eines therapeutischen Verfahrens in bezug auf seine wissenschaftliche und klinische Substanz, in Inhalt und Form seiner Vermittlung niederschlagen sollten, wird es notwendig, konsistente Curricula auszuarbeiten, die den Erfordernissen neuzeitlicher berufsbezogener Bildung und Andragogik entsprechen (*Sieper, Petzold* 1993). Dieser Notwendigkeit wurde im Bereich der Psychotherapie bislang noch kaum Rechnung getragen. Für die Integrative Leib- und Bewegungstherapie wurde vom Autor 1972 ein solches Curriculum detailliert ausgearbeitet, 1974 revidiert und vom „Aus- und Weiterbildungsausschuß für Integrative Bewegungstherapie" am „Fritz Perls Institut" überarbeitet (idem 1988n, 601-638; *Kuhr, Berger-Job,* 1993) – ein Prozeß beständiger Entwicklung, der in lebendigen Formen spezifischer, berufsbezogener Erwachsenenbildung (*Petzold, Reinhold* 1983) – und Leib- bzw. Psychotherapieausbildung muß als solche betrachtet werden – nicht abreißen darf.

# Curriculum zur Aus- und Weiterbildung Integrative Bewegungs- und Leibtherapie (IBT)

## (1972, 1974, 1988)[1]

Das Curriculum zur Aus- und Weiterbildung von Therapeuten in der Methode der Integrativen Bewegungs- und Leibtherapie wird von der „Deutschen Gesellschaft für Integrative Bewegungs- und Leibtherapie e.V." (DGIB) und dem „Fritz Perls Institut für Integrative Therapie" (FPI) an der „Europäischen Akademie für psychosoziale Gesundheit", Beversee, staalich anerkannte Einrichtung der beruflichen Bildung, durchgeführt.

## I. Zielsetzung der Weiterbildung[2]

Die Weiterbildung hat zwei Schwerpunkte bzw. Zweige: a) einen bewegungspsychotherapeutischen und b) einen bewegungstherapeutisch-psychomotorischen.

a) Die Zielsetzung des bewegungs-psychotherapeutischen Ausbildungszweiges ist, Ärzte, Psychologen und Absolventen humanwissenschaftlicher Studiengänge[3] in der Methode der Integrativen Bewegungs- und Leibtherapie als einem ganzheitlichen, tiefenpsy-

---

1 Das Curriculum wurde inzwischen erneut veridiert, blieb in seiner Struktur aber unverändert, so daß wir die ursprüngliche Version erneut nachdrucken.

2 Da das Curriculum als berufsbegleitende Zusatzausbildung in mehreren europäischen Ländern durchgeführt wird, in denen zum Teil verschiedene Rechtsbestimmungen und Begrifflichkeiten vorliegen, gelten die Bezeichnungen „Ausbildung" oder „Weiterbildung" gemäß dem landesüblichen Gebrauch. Für die Bundesrepublik ist vom Begriff „Weiterbildung" auszugehen.Für den Postdiplomstudiengang „Bewegungspsychotherapie" an der Abteilung „Klinische Bewegungstherapie" der Freien Universität Amsterdam gilt dieses Curriculum gemäß den universitären Rahmenrichtlinien.

3 Bei Absolventen anderer humanwissenschaftlicher Studiengänge als Medizin und Psychologie muß für Ausbildungskandidaten aus der Bundesrepublik für die Zulassung zum psychotherapeutischen Zweig Arbeit im klinischen Bereich und die Erlaubnis zur Ausübung der Heilkunde nachgewiesen werden. Ansonsten gelten die Regelungen von Anmerkung 4. Für die Schweiz gelten die jeweiligen kantonalen Regelungen. Für die übrigen europäischen Länder gelten die landesrechtlichen Bestimmungen.

chologisch fundiertem und analytischem Ansatz der Psychotherapie sowohl in der Einzel- als auch in der Gruppenpsychotherapie zu qualifizieren, die Entwicklung ihrer Persönlichkeit zu fördern und ihnen ein theoretisches und praktisches Rüstzeug zu vermitteln. Dies soll sie befähigen, nach Abschluß der Weiterbildung verantwortungsvoll und eigenständig als *Bewegungs-Psychotherapeuten* zu arbeiten und damit zur besseren psychotherapeutischen, bewegungs- und leibtherapeutischen Versorgung der Bevölkerung beizutragen.

b) Die Zielsetzung des bewegungstherapeutisch-psychomotorischen Ausbildungszweiges ist, Angehörige psychosozialer, pflegerischer und pädagogischer Berufe in den übungszentriert-funktionalen und erlebniszentrierten Vorgehensweisen der Integrativen Bewegungs- und Leibtherapie als Einzel- und Gruppenbehandlung theoretisch und methodisch zu qualifizieren, so daß sie als *klinische Bewegungs-Therapeuten bzw. Therapeuten für Psychomotorik* mit Patienten und Klienten im klinischen, präventiven und heilpädagogischen Rahmen kompetent umgehen können. Besonderer Schwerpunkt ist die Mitarbeit in Teams und die Zusammenarbeit mit Ärzten und Psychotherapeuten.

## 1. Richtziele

Wir können vier Richtziele herausstellen:

### 1.1 Förderung der personalen Kompetenz und Performanz

*Personale Kompetenz* ist die Fähigkeit der Person zu „komplexer Bewußtheit", d. h. ihre Möglichkeit, sich selbst im Umfeld wahrzunehmen, ihre Bedürfnisse und Interessen verantwortlich und adäquat zu regulieren, ihre Potentiale zu erhalten und zu entfalten und damit Sinn für das persönliche und gemeinschaftliche Leben zu gewinnen. Die Basis aller Lebensprozesse, aller Wahrnehmung, ja der Persönlichkeit, ist der Leib. Deshalb kommt der Förderung der leiblichen Vermögen, des perzeptiven, memorativen und expressiven Leibes und seines Bewegungspotentials besondere Bedeutung zu.

*Personale Kompetenz* besteht in der Fähigkeit zur Selbstwahrnehmung, Selbstregulation und Selbstverwirklichung im Leibe, *personale Performanz* in der Umsetzung dieser Fähigkeiten in Alltagshandeln. Unter Leib wird in Abhebung zum Körper als Objekt das „sujet incarné", die Person in ihrer psycho-physischen Ganzheit, verstanden.

## 1.2 Förderung der sozialen Kompetenz und Performanz

*Soziale Kompetenz* setzt personale voraus und ist die Fähigkeit der Person, komplexe soziale Situationen adäquat wahrzunehmen und auf sie angemessen zu reagieren. *Soziale Kompetenz* und *Performanz* schließen weiterhin die Fähigkeit ein, soziale Situationen aufzubauen, mit anderen Menschen und Gruppen in Ko-respondenz zu treten, um auf diese Weise zu Konsens, Konzepten und Kooperation zu gelangen.

## 1.3 Förderung der professionellen Kompetenz und Performanz

Im Bereich der angewandten Humanwissenschaften kann *professionelle Kompetenz* und *Performanz* nicht losgelöst von der personalen und der sozialen betrachtet werden. Die Arbeit als Bewegungspsychotherapeut oder als klinischer Bewegungstherapeut setzt ein hohes Maß an personaler und sozialer *Kompetenz* und *Performanz* voraus. Spezifisch verstehen wir unter Professionalität die Beherrschung der theoretischen Konzepte und Fähigkeiten sowie der praktischen Fertigkeiten, die zu einer qualifizierten Ausübung der Profession erforderlich sind.

## 1.4 Förderung des sozialen Engagements

Psychotherapeutische Arbeit erfordert Engagement für die Integrität von Menschen, Gruppen und Lebensräumen, ohne diese wird sie ineffizient und fragwürdig. Ein kritisch-emanzipatorisches Bewußtsein und die Bereitschaft der Person zu „engagierter Verantwortung", zur Entscheidung, sich für die Belange anderer einzusetzen und im sozialen und politischen Bereich Initiativen zum Abbau der multiplen Entfremdung zu ergreifen, soll entwickelt und gefördert werden.

## 1.5 Inhalte

Im bewegungs-psychotherapeutischen Weiterbildungszweig wird auf folgende Inhalte zentriert:

1.5.1 Eingehende Kenntnisse allgemeinpsychologischer und tiefenpsychologischer Persönlichkeitstheorien sowie psychoanalytischer, neuromotorischer, kognitions- und emotionspsychologischer Entwicklungstheorien, weiterhin allgemeine und spezielle Krankheitslehre (Genese seelischer Störungen und Erkrankungen).

1.5.2 Eingehende Kenntnisse in und Erfahrungen mit tiefenpsychologisch fundierter Therapie und Integrativer Bewegungstherapie als analytischem, d.h. konfliktzentriert aufdeckendem Verfahren der Einzel- und Gruppentherapie sowie anderen davon abgeleiteten Ansätzen wie Fokaltherapie, Kurztherapie, Paar- und Familientherapie.

1.5.3 Eingehende Kenntnisse in den Erfahrungen mit zwei nicht tiefenpsychologischen Verfahren wie Autogenes Training/Entspannungstechniken und Psychodrama – beides wird im Rahmen der Ausbildung angeboten – oder Gesprächspsychotherapie, Tagtraumtechnik, Verhaltenstherapie, o.a.

1.5.4 Gründliche Kenntnisse der Anamneseerhebung und Exploration seelischer Erkrankungen, um diagnostische und therapeutische Maßnahmen planen und durchführen zu können und einen prognostischen Rahmen abzustecken.

1.5.5 Kenntnisse, um dem Patienten die Sinnzusammenhänge seiner unbewußten Strebungen und Konflikte erfahrbar werden zu lassen.


*1.6 Inhalte*

Im bewegungstherapeutisch-psychomotorischen Ausbildungszweig wird neben den Inhalten aus 1.5.1, 1.5.2, 1.5.5 auf folgendes zentriert:

1.6.1 Eingehende Kenntnisse bewegungstherapeutischer bzw. psychomotorischer Diagnostik.

1.6.2 Eingehende Kenntnisse erlebniszentrierter, heilpädagogischer und bewegungsagogischer Interventionsformen.

1.6.3 Gründliche Kenntnisse bewegungspsychotherapeutischer Arbeit als konfliktzentriert-aufdeckendem Ansatz, um die eigene bewegungstherapeutisch-psychomotorische Tätigkeit in Abgrenzung zur psychotherapeutischen Arbeit mit Bewegungsverfahren bestimmen zu können.

## 2. Charakteristik der Methode

Integrative Bewegungs- und Leibtherapie (IBT) ist eine ganzheitliche Methode, in der psychotherapeutische, bewegungsagogische und leibtherapeutische Maßnahmen verbunden werden. Sie kann als psychotherapeutische Methode *konfliktzentriert-aufdeckend* angewandt werden und als bewegungstherapeutisch-psychomotorischer Ansatz *übungszentriert-funktional* oder *erlebniszentriert* mit klinischer, heilpädagogischer, präventiver oder rehabilitativer Zielsetzung eingesetzt werden.

Der Mensch wird als ein Körper-Seele-Geist-Subjekt in einem sozialen und ökologischen Umfeld gesehen. Dieses Umfeld muß bei jeder therapeutischen Maßnahme berücksichtigt werden. Da seelische Erkrankungen und Störungen immer auch ein physisches Korrelat haben, greift eine nur verbal ausgerichtete Therapie zu kurz. Ein gleiches ist für die Behandlung funktionaler Störungen zu sagen, bei denen immer auch psychologische, soziale und ökologische Komponenten mit berücksichtigt werden müssen. In der Integrativen Bewegungs- und Leibtherapie werden atem-, bewegungs- und körpertherapeutische Maßnahmen mit Strategien der Aufarbeitung verbunden.

Die IBT ist eine *psychotherapeutische Methode*, die verbale und nonverbale Praktiken umfaßt. Sie ist in ihrem konfliktzentriert-aufdeckenden Vorgehen den tiefenpsychologischen, psychodynamisch orientierten Verfahren zuzurechnen.

Als *bewegungstherapeutisch-psychomotorische* Methode ist die IBT auf die Förderung der Persönlichkeitsentwicklung und auf Behandlung durch übende, stützende und erlebniszentrierte Maßnahmen gerichtet. Sie ist, wo sie sich auf die übungs- und erlebniszentrierte Modalität des Vorgehens beschränkt, den psychophysischen Verfahren der Behandlung bzw. heilpädagogischer Tätigkeit zuzurechnen.

## 3. Ziele der therapeutischen Arbeit

Integrative therapeutische Arbeit erstreckt sich auf folgende Bereiche:

- Prophylaxe, d.h. präventive Maßnahmen zur Verhinderung des Abbaus oder der Störung gesunden Potentials;
- Erhaltung, d.h. konservierende bzw. stabilisierende Maßnahmen zur Erhaltung vorhandenen Potentials;
- Restitution, d.h. reparative Maßnahmen zur Behebung oder Verbesserung von Störungen und Defiziten;
- Entwicklung, d.h. evolutive Maßnahmen zur Entfaltung und Förderung vorhandener Fähigkeiten und der Gesamtpersönlichkeit;
- Bewältigung (Coping), d.h. supportive Maßnahmen als Hilfe beim Umgang mit irreversiblen Störungen und Schädigungen;
- Repräsentation, d.h. politische Interventionen zur Vertretung und Sicherung von Ansprüchen im gesellschaftlichen Kontext und zur Förderung kritisch-emanzipatorischer Entwicklungen.

Derartig komplexe Zielsetzungen können nicht allein von „außen" vermittelt werden, sondern sie erfordern die aktive Mithilfe der Auszubildenden.

## 4. Berufsbild

Das Berufsbild ist den beiden Weiterbildungszweigen entsprechend wie folgt differenziert:

### 4.1 *Berufsbild des Bewegungs-Psychotherapeuten*

Das Berufsbild des „Bewegungs-Psychotherapeuten" bzw. des „Psychotherapeuten für Integrative Bewegungs- und Leibtherapie" kann wir folgt charakterisiert werden: Es handelt sich um eine Weiterbildung auf der Grundlage eines abgeschlossenen Medizin- bzw. Psychologie-Studiums oder – bei vorhandener Erlaubnis zur Ausübung der Heilkunde – eines anderweitigen humanwissenschaftlichen Studiums. Die ausgebildeten Therapeuten arbeiten in Klinik, Ambulanz, Fachkrankenhäusern, freier Praxis, in Einrichtungen der Suchtkrankenhilfe und Rehabilitation oder anderen Institutionen der Psycho- und Soziotherapie als Einzel- und Gruppenpsychotherapeuten. Aufgrund ihrer vielseitigen Weiterbildung behandeln sie Patienten mit unterschiedlichen Krankheitsbildern und Störungen in

Langzeit- und Kurzzeittherapie. Integrative Leib- und Bewegungs-Psychotherapeuten arbeiten z.B. je nach Interesse und fachlicher Vertiefung mit Neurosekranken, psychosomatischen Patienten, Suchtkranken oder in der Therapie von Kindern und Jugendlichen. Ein besonderer Schwerpunkt liegt in der Behandlung psychiatrischer Akut- und Langzeitpatienten und der bewegungstherapeutischen und bewegungsagogischen Arbeit mit alten Menschen.

### 4.2 Berufsbild des Klinischen Bewegungstherapeuten bzw. Therapeuten für Psychomotorik

Der „Klinische Bewegungstherapeut" bzw. „Therapeut für Psychomotorik" arbeitet psychomotorisch und heilpädagogisch mit Patienten bzw. Klienten im Rahmen von klinischen, heilpädagogischen und rehabilitativen Einrichtungen mit Einzel- und Gruppensitzungen. Weitere Arbeitsfelder liegen in der Soziotherapie, Prävention, Pädagogik, Erwachsenenbildung und Geragogik. In der Zusammenarbeit mit Ärzten und Psychotherapeuten wirkt er im stationären und ambulanten Bereich an der Behandlung von psychiatrischen Patienten, Suchtkranken, Neurosepatienten mit. Er führt psychomotorische Behandlungen in heilpädagogischen, rehabilitativen und gerontotherapeutischen Institutionen und Programmen durch.

# 5. Gliederung der Weiterbildung

Die Weiterbildung ist in einen Zweig für Bewegungs-Psychotherapie und in einen Zweig für klinische Bewegungstherapie/Psychomotorik gegliedert, um den entsprechenden gesetzlichen Vorschriften für die Ausübung der Heilkunde, der unterschiedlichen Vorbildung und den verschiedenen Interessen der Weiterbildungskandidaten zu entsprechen.

## II. Zulassungsbedingungen und Zulassungsverfahren

Die Zulassung zur Weiterbildung in Integrativer Bewegungs- und Leibtherapie ist an bestimmte formale Voraussetzungen gebunden. Über Ausnahmeregelungen entscheidet der Ausbildungsausschuß.

## 1. Formale Voraussetzungen

### 1.1 *Weiterbildungsschwerpunkt Bewegungs-Psychotherapie:*

Zu diesem Weiterbildungsschwerpunkt kann zugelassen werden, wer ein Medizin-, Psychologiestudium oder einen anderen humanwissenschaftlichen Studiengang[4] abgeschlossen hat und über eine mindestens zwölfmonatige Berufserfahrung im klinischen oder sozialen Bereich verfügt.

Die Weiterbildung kann nicht vor dem 24. Lebensjahr begonnen und nicht vor dem 28. Lebensjahr abgeschlossen werden.

### 1.2 *Weiterbildungsschwerpunkt klinische Bewegungstherapie/Psychomotorik*

Zu diesem Schwerpunkt kann zugelassen werden, wer ein Studium der Pädagogik, Sportwissenschaft, Rhythmik, ein Fachhochschulstudium der Sozialpädagogik, Sozialarbeit o.ä., oder eine Ausbildung in einem pädagogischen, pflegerischen oder psychosozialen Beruf von mindestens drei Jahren absolviert hat und über eine zwölfmonatige berufliche Praxis im klinischen, pädagogischen oder sozialen Bereich verfügt.[5]

---

4   vgl. Anmerkung 2
5   In Ausnahmefällen können auch Absolventen eines Fachhochschulstudiums (Sozialpädagogen, Heilpäadgogen, Sozialarbeiter o.ä.) mit einschlägiger, mindestens 2jähriger klinischer Erfahrung und Erlaubnis zur nichtärztlichen Ausübung der Heilkunde (Heilpraktikerprüfung), nachdem sie den Zweig klinische Bewegungstherapie absolviert haben, durch Beschluß des Ausbildungsausschusses zum Schwerpunkt Psychotherapie zugelassen werden, wenn eine besondere Eignung und Kompetenz vorliegt. Für die Schweiz gelten die jeweiligen kantonalen, für die übrigen europäischen Länder die jeweiligen landesrechtlichen Regelungen.

Die Weiterbildung kann nicht vor dem 24. Lebensjahr begonnen und nicht vor dem 28. Lebensjahr abgeschlossen werden.

Über Ausnahmeregelungen entscheidet der Weiterbildungsausschuß.

## 2. Zulassungsverfahren

Sind die formalen Voraussetzungen erfüllt, erfolgt die Zulassung zum Zulassungsverfahren, durch das die persönliche Eignung festgestellt werden soll.

### 2.1 *Persönliche Eignung*

Die Weiterbildung erfordert vom Weiterbildungskandidaten eine Reihe von persönlichen Eigenschaften, die die Voraussetzung für die therapeutische Arbeit an sich selbst im Rahmen der Weiterbildung und für die spätere therapeutische Arbeit mit anderen darstellen. Es werden physische und psychische Belastbarkeit, Konfliktbewußtsein und Selbstreflexion, Rollenflexibilität, soziales Differenzierungsvermögen, Frustrationstoleranz, die Fähigkeit, mit Aggressionen umzugehen, Nähe und Distanz zu regulieren und die Motivation zur Arbeit an sich selbst erwartet.

### 2.2 *Zulassungsprozedere*

### 2.2.1 *Zulassungsseminar*

Ziel des Zulassungsseminares ist es, einen Eindruck von der persönlichen Eignung des Bewerbers zu gewinnen, insbesondere von seiner Fähigkeit, sich in komplexen sozialen Situationen zu verhalten und in einer Gruppe zu kommunizieren. Das Seminar wird von einem Lehrbeauftragten und einem Cotherapeuten geleitet und läuft als Blockveranstaltung über fünf Tage. Bei Abschluß des Seminars teilt der Lehrbeauftragte jedem Bewerber seine Einschätzung mit und leitet seine Stellungnahme an den Weiterbildungsausschuß weiter. Sofern genügend Lehrbeauftragte anwesend sind, kann auch *eines* der erforderlichen Interviews während des Seminars durchgeführt werden.

## 2.2.2 Eingangsinterviews

Diese beiden Tiefeninterviews dienen wie das Zulassungsseminar dazu, ein Bild von der Persönlichkeit des Bewerbers, seiner Bewußtheit für biographische Prägungen, seiner Belastbarkeit, Empathie- und Introspektionsfähigkeit zu gewinnen. Die Lehrbeauftragten geben ihre Stellungnahme an den Weiterbildungsausschuß. Wird ein Bewerber abgelehnt, so werden ihm die Gründe mitgeteilt.

## 2.3 Zulassung

Die vorläufige Zulassung erfolgt bei Vorliegen der formalen Voraussetzungen und Feststellung der persönlichen Eignung durch Gutachten der Lehrtherapeuten bzw. Lehrbeauftragten, die das Zulassungsseminar und die Eingangsinterviews durchgeführt haben. Dabei werden alle drei Voten zugrunde gelegt. Die Zulassung kann dabei an bestimmte Bedingungen bzw. Empfehlungen geknüpft werden, z. B. eine therapeutische Analyse vor der Weiterbildung oder parallel zu ihr, oder Kurse zur Entwicklung des Bewegungspotentials parallel zur Weiterbildung. Im Falle der Ablehnung kann auf Antrag des Bewerbers ein zusätzliches Interview oder Zulassungsseminar bei einem weiteren Lehrtherapeuten durchgeführt werden. Der Weiterbildungskandidat erhält einen Platz in einer fortlaufenden Weiterbildungsgruppe. Nach Absolvierung der Mittelstufe wird die Zulassung zur Oberstufe beschlossen. Grundlage hierfür bildet die Beurteilung des Weiterbildungskandidaten durch seine Lehrtherapeuten, die durch die Einschätzung seiner Weiterbildungsgruppe ergänzt wird. Die letzte Entscheidung liegt beim Weiterbildungsausschuß. Sollten im Verlauf der Weiterbildung grundsätzliche Zulassungsvoraussetzungen entfallen, so daß das Erreichen des Weiterbildungszieles nicht gewährleistet erscheint, kann das Weiterbildungsverhältnis durch Entscheidung des Aus- und Weiterbildungsausschusses unterbrochen oder aufgehoben werden. Das Verhältnis zwischen dem FPI und dem Weiterbildungskandidaten wird vertraglich geregelt.

# III. Aufbau und Gliederung der Weiterbildung (siehe Strukturplan)

Die Weiterbildung läuft berufsbegleitend über 4-5 Jahre und wird über weite Strecken für beide Weiterbildungsschwerpunkte gemeinsam durchgeführt. Weiterbildungselemente oder Stundenangaben, die nur für den Zweig „klinische Bewegungstherapie/Psychomotorik" gelten, sind mit einem Asterikos * gekennzeichnet, Veranstaltungen, die für diesen Zweig entfallen oder fakultativ belegt werden können, mit einem Kreuz +.

## 1. Schwerpunkte der Weiterbildung

### 1.1 *Selbsterfahrung S (ca. 700 Std.)*

Sie stellt das Kernstück der Weiterbildung dar und wird durch folgende Elemente des Curriculums vermittelt: Lehranalyse, Leibtherapie, fortlaufende Selbsterfahrungs- und Weiterbildungsgruppe, Intensivseminar, Theorie-Praxis-Programm, Supervision, Kontrollanalyse/Kontrollstunden*, Bewegungserziehung.

### 1.2 *Theorie T (ca. 500 Std.)*

Theoretische Kenntnisse werden in einem Theorieprogramm, im Theorie-Praxis-Programm, teilweise im Supervisionsprogramm und im Intensivseminar vermittelt.

### 1.3 *Methodik M (ca. 260 Std.)*

Die methodisch-praktische Arbeit umfaßt 2 Schwerpunkte: 1. das Einüben therapeutischer und psychomotorischer Fertigkeiten insbesondere durch die Veranstaltungen des Theorie-Programms und 2. berufsbegleitende Praxis durch kontrollierte Einzel- (400 Std.$^{+}$/200 Std.*) und Gruppentherapie (60 Std.) und die Seminare des Supervisionsprogramms.

## 2. Umfang und Art der Weiterbildung

In der Mehrzahl der Veranstaltungen wird versucht, Selbsterfahrung (S), Theorie (T) und Methodik/Praxis (M) zu integrieren. In der nachfolgenden Gliederung sind die S-, T- und M-Anteile der einzelnen Weiterbildungsveranstaltungen nach ihrer Stundenverteilung approximativ gekennzeichnet.[6]

a  Fortlaufende Selbsterfahrungs- und Weiterbildungsgruppe (200 S + 70 T + 90 M)                       360 Std.
b  Theorie-Praxis-Programm (einschließlich
   Wahlpflichtseminare) (85 S + 85 T+ 90 M)   260 Std. [+]/200 Std.[*]
c  Theorieprogramm (in fortlaufenden Vorlesungen,
   Arbeitsgruppen und Seminaren) (240 T)             240 Std .
d  Intensivseminare (100 S + 25 T + 25 M)    150 Std.[+]/ 70 Std.[*]
e  Lehranalyse (ca. 200 Std./ca. 100 Std.)   200 Std.[+]/100 Std.[*]
f  Leibtherapie (50 S) 50 Std.
g  Praxis- und Supervisionsprogramm
   (60 Std. fortlaufende Supervisionsgruppe,
   80 Std.Kompaktseminar, 20 Std.
   kontrollierte Anamnesen)
   (50 S + 50 T + 60 M)   160 Std.[+]/140 Std.[*]
h  Kontrollanalyse (100 S/M), Kontrollstunden
   (50 S/M) ca.          100 Std.[+]/ 50 Std.[*]

   insgesamt ca.1.520 Std.[+]/1.210 Std.[*]

i  kontrollierte Einzel- und Gruppenarbeit ca.  460 Std.[+]/ 200 Std.[*]
j  klinisches Praktikum (fakultativ)
k  2jährige fortlaufende Teilnahme an einer Weiterbildung in einem
   funktionalen Bewegungsverfahren

---

6  Eine Therapiestunde = 50 Minuten; eine Unterrichtsstunde = 45 Minuten; ein
   Blockseminartag (1 AE) = 8 Unterrichtsstunden.

# 3. Stufen der Weiterbildung

## 3.1 *Grundstufe (Selbsterfahrung)*

Die Grundstufe umfaßt das erste Weiterbildungsjahr mit folgenden Seminaren und Veranstaltungen:

- Eingangsphase der fortlaufenden Weiterbildungsgruppe,
- Hot Seat und Arbeit mit Träumen,
- Atemtherapie, Leibtherapie,
- Theorieprogramm (allgemeiner Teil in fortlaufenden Weiterbildungsgruppen),
- Seminar theoretische Grundlagen I.

Die Ziele und Inhalte sind in der Beschreibung der einzelnen Weiterbildungselemente dargelegt. Bei Abschluß der Grundstufe wird in der laufenden Weiterbildungsgruppe von Lehrtherapeut und Gruppe eine Reflexion der persönlichen Entwicklung durchgeführt.

Bewertungskriterien für die Grundstufe:

Die Ziele der Grundstufe sind erreicht, wenn der Weiterbildungskandidat in der Lage ist,

- differenziertes Feedback zu geben,
- emotionales Erleben auszudrücken,
- persönliche Schwierigkeiten und Konflikte einzubringen und zu bearbeiten,
- Direktheit, Offenheit und Wärme in seinen Interaktionen in der Gruppe zu zeigen,
- sich in Interaktionsspielen und in kreativer Bewegung flexibel und spontan auszudrücken,
- die psychomotorischen Grundmethoden zu kennen,
- die Tonusregulation zu beherrschen,
- sich ausgeglichen und koordiniert zu bewegen,
- über die Inhalte aus dem allgemeinen Theorieprogramm zu verfügen.

## 3.2 *Mittelstufe (Methodik)*

Die Mittelstufe umfaßt das 2. und 3. Weiterbildungsjahr mit folgenden Seminaren und Veranstaltungen:

- Aufbauphase und Abschlußphase der fortlaufenden Weiterbildungsgruppe,

- Methoden, Techniken und Medien der IBT,
- theoretische Grundlagen II,
- Leibtherapie (Thymopraktik),
- Diagnostik I und II,
- Krisenintervention,
- Intensivseminar,
- Gestaltlehranalyse und Leibtherapie,
- fortlaufende Weiterbildung Bewegungserziehung,
- Theorieprogramm (spezieller Teil),
- Wahlpflichtseminare,
- Anamneseerhebung.

Die Mittelstufe wird mit der fortlaufenden Weiterbildungsgruppe abgeschlossen. Von den Lehrtherapeuten und der Gruppe wird eine Bewertung durchgeführt. Auf der Grundlage dieser Bewertung aus der Weiterbildungsgruppe, der befürwortenden Stellungnahme des Lehrtherapeuten, der die Lehranalyse durchführt, und aufgrund der Fachprüfung (III, 4) wird über die Zulassung zur Oberstufe und damit zum Behandlungsteil der Weiterbildung entschieden. Der Kandidat beginnt mit der Oberstufe nur, wenn er einen Platz in einer Supervisionsgruppe oder für die Kontrollanalyse[+]/Kontrollstunden[*] hat.

Bewertungskriterien für die Mittelstufe:
Die Ziele der Mittelstufe sind erreicht, wenn der Weiterbildungskandidat
- über ein angemessenes Problembewußtsein verfügt,
- seine Mechanismen und Verhaltensmuster kennt und mit ihnen umgehen kann,
- Einsichten aus seiner Selbsterfahrung in seinem Alltagsleben umsetzt,
- Prozesse in der Gruppe erkennen und beschreiben kann,
- den Prozeß eines Sitzungsverlaufs erkennen, verfolgen und beschreiben kann (Empathie),
- die Techniken der bewegungstherapeutischen bzw. psychomotorischen Einzel- und Gruppenarbeit beherrscht,
- in der Lage ist, personenzentrierte Sitzungen lege artis durchzuführen,

- in der Lage ist, gruppenzentrierte Sitzungen zu leiten,
- die theoretischen Grundlagen Integrativer Bewegungs- und Leibtherapie beherrscht,
- die Techniken der Krisenintervention handhaben kann,
- über eingehende Kenntnisse des speziellen Theorieprogramms
  verfügt,
- über die Grundlagen der Anamneseerhebung verfügt.

### 3.3 Oberstufe/Behandlungsstufe

Die Oberstufe umfaßt das vierte und fünfte Ausbildungsjahr mit fol-
genden Seminaren und Veranstaltungen:
- Methodikseminare,
- Supervision I und Supervision II [+],
- fortlaufende Supervisionsgruppe,
- Gestaltlehranalyse,
- Kontrollanalyse [+] bzw. Kontrollstunden [*],
- Wahlpflichtseminare.

Der Schwerpunkt der Oberstufe liegt bei der praktischen Behandlungstätigkeit der Weiterbildungskandidaten, begleitet durch Supervision und Kontrollanalyse bzw. Kontrollstunden. Mit Abschluß
der Oberstufe wird von den Lehrtherapeuten eine Bewertung über
Gutachten durchgeführt, die über die Zulassung zur Graduierung
entscheiden.

Bewertungskriterien für die Oberstufe:

Die Ziele der Oberstufe sind erreicht, wenn der Weiterbildungskandidat in der Lage ist,
- seine Eigenproblematik so zu handhaben, daß sie den einzel- und
  gruppentherapeutischen Prozeß nicht beeinträchtigt,
- mit Widerstand, Übertragung und Gegenübertragung umzugehen und die therapeutische Haltung des partiellen Engagements
  zu beherrschen,
- die Dynamik der Fokal-, Kurzzeit- und Langzeittherapien in der
  Einzel- und Gruppenarbeit auf allen Ebenen der therapeutischen
  Tiefung zu handhaben,
- die Situationen von Gruppen- und Einzelklienten diagnostisch
  sicher zu erfassen, geeignete Problemlösungsstrategien zu entwickeln und die vielfältigen Interventionsmöglichkeiten der In-

tegrativen Bewegungstherapie indikationsgerecht und kreativ einzusetzen,
- seine therapeutischen Interventionen und Strategien theoretisch zu begründen.

## 4. Fachprüfung

Am Abschluß der Mittelstufe steht eine Fachprüfung, in der der Weiterbildungskandidat eingehende Kenntnisse der theoretischen und methodischen Grundlagen der Integrativen Bewegungstherapie und ihrer Quellen und Konzepte sowie des im allgemeinen und speziellen Theorieprogramm vermittelten Wissens nachweisen muß. Die Fachprüfung ist öffentlich und wird als Einzel- oder Gruppenprüfung (bis zu drei Kandidaten) von zwei Beauftragten des Weiterbildungsausschusses und einem fortgeschrittenen Weiterbildungskandidaten als Beisitzer durchgeführt. Die Prüfungsdauer beträgt 45 Minuten. Das Ergebnis kann lauten „bestanden" oder „nicht bestanden". Bei dieser Entscheidung hat der Beisitzer volles Stimmrecht. Wurde die Fachprüfung nicht bestanden, so kann sie nach einer von den Prüfern festgesetzten Frist, frühestens aber nach drei Monaten, wiederholt werden. Falls angezeigt, können die Prüfer besondere Auflagen machen. Gegen die Entscheidung der Prüfer kann innerhalb eines Monats beim Weiterbildungsausschuß über die Vertreter der Weiterbildungskandidaten Einspruch eingelegt werden.

Die bestandene Fachprüfung ist Voraussetzung für die Zulassung zur Ober- bzw. Behandlungsstufe und zur Graduierung. Der Weiterbildungskandidat erhält nach bestandener Fachprüfung ein Zertifikat.

## IV. Elemente der Weiterbildung

Im folgenden sollen die einzelnen Elemente der Weiterbildung nach den formalen Bedingungen, Zielen, Inhalten und Methoden dargelegt werden.

# 1. Fortlaufende Selbsterfahrungs- und Weiterbildungsgruppe 360 Std.

## 1.1 *Formale Bedingungen*

Die Gruppe umfaßt in der Regel bis zu 16 Teilnehmern. Sie wird als geschlossene Gruppe von einem Lehrtherapeuten bzw. einem autorisierten Lehrbeauftragten, gegebenenfalls mit Cotherapeuten, geführt. Die Gruppe tagt fraktioniert mindestens fünfmal jährlich jeweils drei Tage. Insgesamt müssen 360 Std. in dieser Gruppe absolviert werden. Diese Mindestzahl kann, soweit für die Weiterbildungssituation und Entwicklung der Gruppe erforderlich, verlängert werden.

Im letzten Drittel der Weiterbildung erfolgt in der Regel ein Therapeutenwechsel, so daß ein Drittel der Weiterbildungsgruppe bei einem zweiten Lehrtherapeuten bzw. Lehrbeauftragten absolviert wird. Dem jeweiligen Lehrtherapeuten obliegt die Weiterbildungsbetreuung in der von ihm geleiteten Gruppe.

## 1.2 *Ziele der fortlaufenden Gruppe*

Die fortlaufende Selbsterfahrungs- und Weiterbildungsgruppe hat zum Ziel, den Weiterbildungskandidaten über einen Zeitraum von ca. drei Jahren die persönliche Arbeit im Rahmen einer Gruppe an eigenen aktualen und biographischen Problemen in einem kontinuierlichen Prozeß zu vermitteln und die Dimensionen ihres Unbewußten zu explorieren. Damit verbunden ist das Erleben der Integrativen Bewegungs- und Leibtherapie in der Praxis. Aufgrund dieser Erfahrung kann eine therapeutische Grundhaltung erworben werden, die im persönlichen Wachstum auf der körperlichen, emotionalen, kognitiven und sozialen Ebene wurzelt. Das Wachstum und die Entfaltung der eigenen Möglichkeiten im sozialen und ökologischen Kontext ist als ein zentrales Ziel der Weiterbildung anzusehen. Der Therapeut selbst ist das wesentlichste Instument der Therapie; deshalb soll der Aufarbeitung seiner bewußten und unbewußten Konfliktdynamik, der Entwicklung seiner persönlichen Integration und Integrität und seiner „personalen Kompetenz" die größte Bedeutung im Rahmen der Weiterbildung zugemessen werden.

Besonderes Gewicht wird auf die Vermittlung psychomotorischer Fertigkeiten wie z.B. funktionaler Bewegungs-, Atem- und Entspannungspraktiken und deren Beherrschung durch den Weiterbildungskandidaten gelegt. Da die IBT einen leiborientierten Ansatz hat, ist es unbedingt erforderlich, daß der Weiterbildungskandidat in seiner eigenen Leiblichkeit (Wahrnehmung, Atmung, Bewegungsfluß, Entspannungsfähigkeit etc.) entwickelt ist.

Als weitere Ziele der fortlaufenden Weiterbildungsgruppe sind zu nennen: Erleben der eigenen Veränderungs- und Integrationsprozesse, differenzierte Handhabung sozialer Situationen (soziale Kompetenz und Performanz), theoretische Reflexion interaktioneller und intrapsychischer Prozesse, Erlernen von psychomotorischen Techniken in ihrem prozeßorientierten Einsatz (professioneller Kompetenz und Performanz), Anwendung des Gelernten im persönlichen und weiteren sozialen Umfeld, Reflexion des persönlichen „sozialen Engagements".

### 1.3 *Weiterbildungsinhalte und -methoden in der fortlaufenden Gruppe*

#### 1.3.1 *Eingangsphase*

In der Eingangsphase der fortlaufendenWeiterbildungsgruppe steht die Selbsterfahrung im Mittelpunkt der Arbeit. Sie vollzieht sich in personenzentrierten, gruppenorientierten und gruppenzentrierten Prozessen. Das Erleben der Interaktions- und Kommunikationsprozesse in der Gruppe wechselt ab mit klassischer Gestalt-Einzelarbeit, psychomotorischen Verfahren, Awareness-Training, aktiver und passiver Entspannung, Tonusregulation, Basiskonzepten der Atemarbeit, funktionaler Körperarbeit. Am Ende der Eingangsphase wird in der Gruppe eine Reflexion der persönlichen Entwicklung der einzelnen Weiterbildungskandidaten durchgeführt.

#### 1.3.2 *Aufbauphase*

In der Aufbauphase der fortlaufenden Gruppe erfolgt eine Intensivierung und Vertiefung der Selbsterfahrung zur Aufarbeitung bewußten und unbewußten Konfliktmaterials. Es werden vermehrt

Träume und die Arbeit an Mechanismen wie Projektion, Retroflektion, Introjektion und Konfluenz in das Vorgehen mit einbezogen. Das projektive Potential der Bewegungsarbeit wird aufgegriffen und erlebniszentriert oder konfliktzentriert verarbeitet. Die Grundlagen der Körperdiagnostik, der bewegungstherapeutischen Bearbeitung von Gruppenprozessen in kleinen und großen Gruppen, die Erweiterung der Improvisationsmöglichkeiten nehmen einen größeren Raum ein. Flexibilitätstraining, weitere psychomotorische Techniken, Entspannungs- und Atemmethoden werden eingeübt. Die Reflexion des therapeutischen Prozesses, der Beziehung zur Gruppe und der Beziehung zum Außenfeld der Teilnehmer wird intensiviert. Die Auswirkungen der Selbsterfahrung im täglichen Leben der Weiterbildungskandidaten werden in die Gruppenarbeit mit einbezogen.

### 1.3.3 *Abschlußphase*

In der Abschlußphase der fortlaufenden Weiterbildungsgruppe findet eine Verbindung von Selbsterfahrung und eigener therapeutischer Arbeit statt. Die Teilnehmer arbeiten miteinander in Triaden oder Kleingruppen als Therapeuten und Klienten unter der Supervision des Lehrtherapeuten mit gegenseitiger Kontrolle. In der theoretischen Reflexion des Geschehens werden im direkten Praxisbezug gemeinsam Behandlungskonzepte der Integrativen Bewegungs- und Leibtherapie erarbeitet. In themenzentrierter Arbeit werden theoretische Fragestellungen angegangen. Besonderes Gewicht wird auf den bewegungstherapeutischen Umgang mit Prozessen der therapeutischen Beziehung gelegt, insbesondere auf Widerstand, Abwehrphänomene, Übertragung, Gegenübertragung, mutuelle Empathie, Abstinenz, self-disclosure, skillfull frustration und support. Ziel ist der Umgang mit der therapeutischen Haltung, der selektiven Offenheit, des partiellen Engagements, der Mutualität. Die Handhabung der therapeutischen Tiefung und die Beherrschung der funktionalen, psychomotorischen Körperinterventionen bilden einen weiteren Schwerpunkt. Die Reflexion der Beziehung zum Therapeuten und zur Gruppe und der eigenen Veränderung im Außenfeld stellt einen wichtigen Teil der Arbeit dar.

## 2. Methodisch-praktisches Programm 260 Std./200 Std.*

Ziel der Veranstaltungen ist, in Form von Seminaren Theorie in un-
mittelbarem Praxisbezug zu lehren. Die Seminare werden durch einschlägige Literatur von den Teilnehmern vorbereitet, so daß die theoretischen Vorkenntnisse in die Aufarbeitung der Prozesse integriert
werden können. Die philosophisch-anthropologischen, persönlich-
keitstheoretischen, psychopathologischen sowie die methodischen
und behandlungstechnischen Grundlagen der Integrativen Bewe-
gungs- und Leibtherapie sollen auf diese Weise erlebnisnah vermittelt werden.

### 2.1 *Hot Seat und Arbeit mit Träumen, 40 Std.*[+]

Das Seminar soll in die Theorie und Technik von Hot Seat und Arbeit
mit Träumen einführen. Die Grundlage bildet das „eigene Material"
der Teilnehmer, die mit ihren Träumen auf dem Hot Seat arbeiten.
Der Akzent des Seminars liegt auf der Selbsterfahrung. Die Sitzungen werden mit dem Lehrtherapeuten theoretisch im Hinblick auf
Kontext, Prozeßverlauf und Interventionstechnik durchgearbeitet.
Dabei werden die Konzepte der integrativen, gestalttherapeutischen, psychoanalytischen Traumbearbeitung und Fokaltherapie
vorgestellt und im Vergleich mit anderen therapeutischen Verfahren
und Methoden diskutiert.

### 2.2 *Methoden, Techniken und Medien in der IBT, 40 Std.*

In diesem Seminar wird ein breites Repertoire von Methoden, Techniken und Medien aus der erlebniszentrierten und übungszentrierten Modalität der IBT für die Patientenarbeit vermittelt. Übungen aus
dem Entspannungs-, Sensibilitäts-, Expressivitäts-, Orientierungs-,
Phantasietraining usw. werden als Einzelintervention und im prozeßorientierten Einsatz vorgestellt und eingeübt. Die indikationsspezifische Verwendung von Medien und Geräten (Bälle, Stöcke, Seile
etc.) als Übergangs- und Intermediärobjekte ist ein weiterer Schwerpunkt dieses Seminars.

### 2.3 *Psycho-physische Atemtherapie, 40 Std.*

Der Atem ist grundlegend für alle Lebensprozesse und an jedem
emotionalen Geschehen wesentlich beteiligt. Die Grundlagen

psycho-physischer Atemarbeit werden in Selbsterfahrung, Theorie und Praxis vermittelt. Atem spüren, Atem locken, unwillkürlicher Atem, Atemräume, Vokalräume, Bewegung und Atem sind einige der Themen dieses Seminars, das in erster Linie der Arbeit am eigenen Atem dient.

Die Teilnehmer vertiefen die Seminarinhalte durch Literaturstudium.

### 2.4 Integrative Leibtherapie (Thymopraktik) 40 Std.

In der integrativen therapeutischen Arbeit ist der Zugang über den Leib von entscheidender Bedeutung. Der diagnostische Aussagewert der Körpersprache und die therapeutische Arbeit am Leib sollen in diesem Seminar erfahren werden. Die prozeßorientierte Anwendung leibtherapeutischer Interventionen wird über Selbsterfahrung vermittelt. Die theoretischen Grundlagen der Leibtherapie kön-nen auf diese Weise anhand des eigenen Materials erarbeitet werden. Parallelen und Divergenzen zu anderen Verfahren körperbezogener Psychotherapie und Psychomotorik werden aufgezeigt. Das Seminar dient in erster Linie der vertieften Arbeit an der eigenen Person über Formen der Leibtherapie.

### 2.5 Diagnostik

Die diagnostische Weiterbildung hat einen psychotherapeutischen und einen bewegungstherapeutisch-psychomotorischen Schwerpunkt.

### 2.5.1 Diagnostik I: Psychotherapeutisches Erstinterview und prozessuale Diagnostik 40 Std.[+]

Dieses Seminar soll in die Technik des Erstinterviews und in die prozessuale Diagnostik einführen. Es sollen neben biographischen Daten auch die korrespondierenden Gefühle, Verhaltensweisen, unbewußten Konflikte, Störungen, Traumata und Defizite erfaßt werden. Die Strukturierung von Erstgesprächen, die Methodik der

Exploration und Anamneseerhebung bei verschiedenen Klienten sowie die Grundlage einer integrativen prozessualen Diagnostik werden vermittelt und von den Teilnehmern praktiziert. Die diagnostische Bedeutung der Körpersprache (Haltung, Atmung, Bewegung, Mimik), des stimmlichen Ausdrucks und der projektiven Gestaltung in kreativen Medien stellen weitere Schwerpunkte dar. Zielsetzung ist, differenziert mit jedem Patienten von den Phänomenen ausgehend die lebensbestimmenden Szenen und Strukturen herauszuarbeiten.

### 2.5.2 Diagnostik II: Bewegungstherapeutisch-psychomotorische Diagnostik 40 Std.

In diesem Seminar werden die Techniken und Methoden psychomotorischer Diagnostik bezogen auf spezifische Altersgruppen (Kinder, Jugendliche, Erwachsene, Alterspatienten), Patientengruppen und Krankheitsbilder (MCD, Körper- und Mehrfachbehinderte, psychiatrische und psychomotorische Erkrankungen etc.) vorgestellt und praktisch eingeübt. Neben der Verwendung apparativer und testdiagnostischer Hilfsmittel zur Erstellung psychomotorischer Diagnosen wird besonderer Wert auf Haltungs- und Bewegungsanalysen und das Erkennen nonverbaler Kommunikaton gelegt.

### 2.6 Krisenintervention 40 Std.

Das Seminar setzt ausreichende Selbsterfahrung, eigene therapeutische Praxis und die Seminare Thymopraktik (2.4) und Prozessuale Diagnostik (2.5) voraus. Es ist deshalb im dritten Ausbildungsjahr angesetzt. Dabei finden drei Aspekte besondere Berücksichtigung: 1. Krisen des Therapeuten, 2. Krisen des Patienten/Klienten, 3. Krisen von Gruppen. Das Erkennen von krankhaften Entwicklungen und das Durcharbeiten von Krisen sollen in der Praxis vermittelt und theoretisch fundiert werden. Besonderes Gewicht wird auf das Einüben und Handhaben von Techniken der Krisenintervention (Realitätstraining, Talk-down, innere Beistände, innere Distanzierung etc.) und das Erleben und Verarbeiten eigener krisenhafter Zustände gelegt.

*2.7 Wahlpflichtfächer 40-60 Std.*

Im 3. und 4. Ausbildungsjahr sollen nach eigener Wahl des Ausbildungskandidaten zwei Wahlpflichtfächer absolviert werden. Zur Wahl stehen:

2.7.1 *Durchführung von Einzeltherapien*
2.7.2 *Gruppenprozeßanalyse*
2.7.3 *Kreative Bewegungsimprovisation/Expression Corporelle*
2.7.4 *Diagnostik und Therapie früherer Schädigungen*
2.7.5 *Bewegungstherapie mit psychiatrischen Patienten*
2.7.6 *Bewegungstherapie mit Kindern und Jugendlichen*
2.7.7 *Bewegungstherapie mit alten Menschen*
2.7.8 *Bewegungstherapie mit Behinderten*
2.7.9 *Bewegung und Traum*

# 3. Theorieprogramm 240 Std.

Im Theorieprogramm sollen die für qualifiziertes psychotherapeutisches und psychomotorisches Handeln erforderlichen Kenntnisse vermittelt werden. Dabei wird im Sinne des Integrativen Ansatzes auf eine breite, am „Tree of Science" orientierte Grundlage Wert gelegt.

*3.1 Allgemeiner Teil – Theoretische Grundlagen der Psychotherapie
(ca. 100 Std., 1.-3. Ausbildungsjahr)*

Im allgemeinen Teil des Programms finden sich folgende Bereiche

*3.1.1 Metatheorie des Integrativen Ansatzes*

– Erkenntnis- und Wissenschaftstheorie (Phänomenologie und Hermeneutik)
– Kosmologie (Lebensweltkonzept)
– Anthropologie (Leib-Seele-Problem)
– Gesellschaftstheorie
– Ethik in der Psychotherapie und Bewegungsbehandlung

### 3.1.2 Allgemeine Theorie der Psychotherapie

- Vergleichende Psychotherapie
  Theorie und Methodik der Psychoanalyse
  Theorie und Methodik der Kommunikations- und Familientherapie
- Persönlichkeitstheorien, insbesondere der Integrativen Therapie, der Gestalttherapie und der Psychoanalyse
- Entwicklungstheorien, Entwicklungspsychologie (psychoanalytische, neuromotorische, kognitive Ansätze, Konzepte zur Sprach- und Symbolentwicklung)
- Sozialisationstheorie, Rollenübernahme, Rollenspiel
- Konzepte der Gestaltpädagogik bzw. Integrativen Agogik
- Konzepte psychoanalytischer Pädagogik

### 3.2 Spezieller Teil – Theoretische Grundlagen Integrativer Bewegungs- und Leibtherapie (100 Std. 2. – 5. Ausbildungsjahr)

Der spezielle Teil des Programms befaßt sich mit den theoretischen und methodischen Grundlagen Integrativer Bewegungs- und Leibtherapie und umfaßt folgende Gebiete:

### 3.2.1 Spezielle Theorie der Psychotherapie

- Gesundheits- und Krankheitslehre
- Psychopathologie und Grundfragen der Psychiatrie, psychiatrische Kasuistik, Psychopharmakologie
- Allgemeine und spezielle Neurosenlehre der Integrativen Therapie, Gestalttherapie und der Psychoanalyse
- Theorien der Psychosomatik
- Konzepte der Psychodiagnostik, psychologische Tests, psychomotorische Tests
- Grundlagen tiefenpsychologischer Charakterologie
- Konzepte des Unbewußten
- die Bedeutung von Traum, Phantasie und Märchen für die therapeutische Praxis
- Theorien der therapeutischen Beziehung
- Übertragung, Gegenübertragung, Ko-respondenz
- Widerstand und Abwehrmechanismen

### 3.2.2 Praxeologie

- Formen der Behandlung (Langzeit-, Kurz-, Fokaltherapie)
- Indikation und Kontraindikation
- Theorie des therapeutischen Prozesses
- Behandlungsbeginn, Behandlungsabschluß
- Prozeßverlauf in der Einzel- und Gruppentherapie
- Gruppendynamik
- Interventionslehre
- Theorie der Methoden, Techniken und Medien
- Praxisfelder und Zielgruppen der Bewegungstherapie und Psychomotorik
- Beratung von Beziehungspersonen
- Konzepte der Heilpädagogik

### 3.2.3 Spezielle Theorie der Bewegungstherapie und Psychomotorik

- Formen und Theorie der Bewegungs- und Leibtherapie und der Psychomotorik
- Neuromotorik
- allgemeine und funktionale Physiologie/Anatomie von Atmung, Bewegung, Kreislauf
- allgemeine Bewegungslehre
- Psychologie und Physiologie der Sinne
- Kenntnisse von Störungen des Bewegungsapparates, der inneren Organe und des Sensoriums
- spezielle psychomotorische Behandlungslehre

Die einzelnen Bereiche werden durch Literaturstudium erarbeitet bzw. in Vorlesungen und Seminaren vermittelt, die von den Regionalinstituten oder vom Zentralinstitut veranstaltet werden. Im Rahmen des Theorieprogramms muß bis zum Abschluß der Weiterbildung ein qualifizierter Vortrag auf einer Tagung, im Rahmen eines Regionalinstituts oder einer Gruppenveranstaltung nachgewiesen werden, dessen Manuskript zur Graduierung vorliegen muß. Nach Abschluß des dritten Jahres ist eine mündliche Fachprüfung erforderlich (vgl. III, 4).

Unmittelbar mit dem ersten Weiterbildungsjahr schließt sich der Weiterbildungskandidat einer regionalen Theorie-Arbeitsgruppe an. Diese werden von den Teilnehmern selbst organisiert und im FPI-Sekretariat registriert.

### 3.3 Theoretische Grundlagen I – Theoretische Basiskonzepte Integrativer Therapie (24 Std.)

In diesem Seminar sollen die theoretischen Grundlagen der Integrativen Bewegungs- und Leibtherapie und der Gestalttherapie erarbeitet werden. Besondere Schwerpunkte bilden folgende Themen: philosophischer Hintergrund, Philosophie des Leibes, anthropologische Konzepte, gesellschaftspolitische Relevanz therapeutischer Arbeit, Gesundheits- und Krankheitsbegriff, Selbstverständnis des Therapeuten, therapeutisches Verhalten, therapeutische Beziehung. Das Seminar wird durch das Studium von Texten vorbereitet.

### 3.4 Theoretische Grundlagen II – Behandlungsmethodik und -technik (24 Std.)

Dieses Seminar ist speziell auf die Belange der therapeutischen Praxis abgestimmt. Es befaßt sich mit der Methodik und Technik der Behandlung. Folgende Schwerpunkte werden durchgearbeitet: Struktur des therapeutischen Settings, Behandlungsbeginn in Einzel- und Gruppentherapie, Behandlungsabschluß, Ablösung, Trauerarbeit, Verlauf des therapeutischen Prozesses, Schwierigkeiten im therapeutischen Prozeß, Indikationen, Anwendungsgebiete Integrativer Leib- und Bewegungstherapie, Interventionstechnik, Theorie therapeutischer Techniken.

## 4. Intensivseminar 160 Std.

Es müssen ein bzw. zwei Intensivseminare absolviert werden, ein 10-Tage-Seminar, in dem vorwiegend gestalttherapeutisch, und ein weiteres, in dem vorwiegend bewegungstherapeutisch gearbeitet wird.

**4.1** *Intensivseminar für Bewegungsarbeit 80-90 Std.*

Das Intensivseminar soll die Möglichkeit geben, über einen längeren Zeitraum mit konfliktzentrierter, erlebniszentrierter und übungszentrierter Bewegungsarbeit und psychomotorischer Methodik in Selbsterfahrung, Theorie und Praxis umzugehen.

**4.2** *Intensivseminar für Gestalttherapie 80-90 Std.*[+]

Das Intensivseminar will in Anlehnung an das Konzept des Gestaltkibbuz von *F.S. Perls* das Setting einer Therapie- und Lerngemeinschaft bereitstellen. Wegen der besonderen Bedeutung der Gestalttherapie für die Aufarbeitung der in der Integrativen Bewegungspsychotherapie aufkommenden Materialien ist eine vertiefte Selbsterfahrung und Kenntnis dieser Methode erforderlich.

# 5. Lehrtherapie

**5.1** *Leibtherapie (ca. 50 Std., 1. und 2. Weiterbildungsjahr)*

Es soll eine funktionale Leibtherapie bei einem Lehrtherapeuten durchgeführt werden. Im Zentrum steht die Entwicklung des Atemgeschehens, Beherrschung der Tonusregulation, Lösen von Verspannungen sowie Korrektur von Fehlatmung mit Hilfe funktionaler Arbeit. Diese Therapie kann nur bei vom FPI und der „Deutschen Gesellschaft für Integrative Bewegungs- und Leibtherapie" (DGIB) anerkannten Therapeuten durchgeführt werden.

**5.2** *Lehranalyse (200 Std./100 Std.\* , 2. – 5. Weiterbildungsjahr)*

Besondere Bedeutung in der Weiterbildung kommt der eigenen Analyse als „dyadischer Therapie" in Form integrativer Einzelbehandlung in der Tradition der aktiven Psychoanalyse von *S. Ferenczi* zu. Diese Lehranalyse ist immer zugleich auch ein therapeutisches

Geschehen. Es wird die Auffassung zugrunde gelegt, daß nur derjenige langfristige therapeutische Prozesse angemessen handhaben kann, der selbst einen solchen Prozeß durchlaufen hat. Die Lehranalyse kann nur bei einem von FPI und DGIB anerkannten Lehrtherapeuten absolviert werden.

## 6. Praxis- und Supervisionsprogramm 160 Std. / 140 Std.*
### – Behandlungstätigkeit

Das Praxis- und Supervisionsprogramm setzt eigene therapeutische Tätigkeit voraus. Vor dem dritten Weiterbildungsjahr sollen die Weiterbildungskandidaten jedoch nicht *selbständig* mit Integrativer Bewegungs- und Leibtherapie sowie mit psychomotorischen Behandlungen beginnen. Mit der Zulassung zur Ober- bzw. Behandlungsstufe (3.2) der Weiterbildung kann der Weiterbildungskandidat mit eigener praktischer Behandlungstätigkeit beginnen, sofern er von seinem eigenen Prozeß her dazu bereit und befähigt ist. Es müssen für den Beginn der Arbeit mit Patienten die befürwortenden Stellungnahmen seiner Lehrtherapeuten und die Fachprüfung vorliegen. Weiterhin muß der Kandidat einen Platz in einer fortlaufenden Supervisionsgruppe und bei einem Kontrolltherapeuten haben, um zur Behandlungstätigkeit zugelassen zu werden. Das Praxis- und Supervisionsprogramm hat zum Ziel, den Weiterbildungskandidaten in den Anfängen eigener Behandlungstätigkeit zu begleiten und ihm Hilfestellung zu geben.

Erste Schritte hierzu werden in der Abschlußphase der fortlaufenden Weiterbildungsgruppe, dem Intensivseminar und im Seminar Supervision I unternommen. Der Schwerpunkt liegt jedoch bei der Kontrollanalyse bzw. den Kontrollstunden*, die eine kontinuierliche Begleitung von Behandlungen bieten, sowie in einer fortlaufenden Supervisionsgruppe, die den Weiterbildungskandidaten klinische Vielfalt eröffnet und die Möglichkeit, ihre Erfahrungen in der Gruppen- und Einzelarbeit unter begleitender Supervision zu sammeln. Vier Aspekte werden berücksichtigt: 1. Supervision der therapeutischen Haltung, 2. Supervision des therapeutischen Prozesses, 3. Supervision der therapeutischen Technik, 4. Vermittlung theoretischer Konzepte zu 1.-3. Im Hinblick auf Punkt 1 und 2 kann Supervision anderer therapeutischer Ausbildungsprogramme und qualifizierter Therapieeinrichtungen zu einem Teil angerechnet werden. Über die Anrechnung entscheidet der Weiterbildungsausschuß nach Prüfung der Unterlagen.

### 6.1 *Fortlaufende Supervisionsgruppe 60 Std.*

Fortlaufende Supervisionsgruppen werden für die Weiterbildungskandidaten des dritten Jahres eingerichtet. Sie arbeiten nach dem Prinzip der gemeinsamen Kompetenz (*joint competence*) unter Leitung eines Lehrbeauftragten. Die Supervisionsgruppe trifft wöchentlich, mindestens aber 14tägig zu einer zweistündigen Sitzung zusammen. In Ergänzung der Kontrollanalyse bzw. der Kontrollstunden (vgl. 7), die auf die kontinuierliche Begleitung von vier Fällen ausgerichtet ist, bietet die Supervisionsgruppe die Möglichkeit, eine Vielfalt von Situationen, Krankheitsbildern und therapeutischen Problemen vorzustellen und kennenzulernen.

### 6.2 *Kompaktseminar Supervision I -- Methodik 40 Std.*

Im dritten Weiterbildungsjahr beginnen die Teilnehmer in ihrem beruflichen Feld mit den Methoden Integrativer Leib- und Bewegungstherapie und psychomotorischer Behandlung zu arbeiten. Das erste Supervisionsseminar hat zum Ziel, diese Arbeit vorzubereiten und Kontrollmöglichkeiten zur Verfügung zu stellen. Die Teilnehmer arbeiten im Beisein des Therapeuten miteinander oder mit Klienten/Patienten. Aufbau und Strukturierung bewegungstherapeutischer und -agogischer Gruppenarbeit wird von den Teilnehmern vorgestellt. Die Sitzungen werden im Anschluß mit der Gruppe durchgearbeitet. Gegebenenfalls greift der Supervisor unmittelbar in die Arbeit des als Therapeut fungierenden Weiterbildungskandidaten ein, um Korrektive zu setzen oder mit Blockierungen des „Therapeuten" zu arbeiten. Zu allen Supervisionsseminaren werden, woweit möglich, audiovisuelle Hilfsmittel sowie Simulation durch Rollenspiel eingesetzt.

### 6.3 Kompaktseminar Supervision II – Kasuistik 40 Std.[+]

In diesem Seminar werden Probleme aus der therapeutischen Praxis der Teilnehmer mit Hilfe von Gestaltmethoden, Rollenspielen, Live-Supervision und Bandsupervisionen durchgearbeitet. Weiterhin wird die direkte Arbeit der Teilnehmer untereinander und mit Patienten supervidiert. Insbesondere wird auf die Handhabung von Prozessen auf den verschiedenen Stufen der therapeutischen Tiefung Wert gelegt. Fragen der Indikation und spezifischer Behandlungstechnik werden anhand der supervidierten Fälle erörtert.

### 6.4 Kontrollierte Anamnesen 20 Std.[+]10 Std.[*]

Nach dem Seminar Erstinterview und prozessuale Diagnostik (IV, 2.5) beginnen die Weiterbildungskandidaten mit der Erhebung von Anamnesen, die sie bei einem Lehrtherapeuten gegebenenfalls im Rahmen ihrer Kontrollanalyse vorstellen und testieren lassen.

## 7. Kontrollanalysen 100 Std.[+]

Nach Abschluß oder frühestens in der zweiten Hälfte der Lehranalyse erhält der Weiterbildungskandidat Kontrollfälle, die er in Einzelsitzungen bei einem Lehrtherapeuten kontrollieren läßt. Die Kontrollanalysen sollen dem Kandidaten ermöglichen, Schwierigkeiten, die sich aus dem therapeutischen Prozeß ergeben, kontinuierlich durchzuarbeiten und eigene Anteile als solche zu erkennen und auszusondern. Auf die Handhabung der Gegenübertragung und des partiellen Engagements wird besonderer Wert gelegt. Über die Dauer der Kontrollanalyse entscheidet der Lehrtherapeut. Sie umfaßt mindestens 100 Stunden und ist nicht durch Gruppensupervision zu ersetzen. Die dem Weiterbildungskandidaten übertragenen Behandlungen werden nach jeder vierten Sitzung dem Kontrollanalytiker vorgestellt.

## 7.1 Eigene Arbeit als Therapeut – Kontrollierte Einzel- und Gruppentherapie bzw. -behandlung

Die eigene therapeutische Tätigkeit unter Supervision bzw. mit begleitender Kontrollanalyse in der Oberstufe der Weiterbildung hat folgenden Rahmen:

### 7.1.1 Kontrollierte Einzeltherapie (400 Std.[+])

Der Weiterbildungskandidat muß für die Graduierung zwei erfolgreich abgeschlossene Kurztherapien und zwei Langzeitbehandlungen (ca. 160 Std.) von Männern *und* Frauen von insgesamt 400 Stunden nachweisen. Für die Kontrollfälle ist ein Behandlungsjournal zu führen. In Absprache mit den zuständigen Lehrtherapeuten werden Tonbandaufzeichnungen angefertigt und durchgesprochen. Eine Langzeittherapie ist in einem ausführlichen Bericht zu dokumentieren.

### 7.1.2 Kontrollierte Gruppentherapie (60 Std.)

Im vierten Weiterbildungsjahr sollen die Weiterbildungskandidaten als Co-Leiter in einer Patienten- oder Selbsterfahrungsgruppe mitarbeiten. Die Gruppe sollte nicht mehr als 10 bis 12 Teilnehmer haben und kontinuierlich über ca. 20 Sitzungen von dreistündiger Dauer laufen, wobei 1/2 Stunde auf die Nachbesprechung der Gruppenleiter entfallen soll. Diese Gruppenarbeit wird in der fortlaufenden Supervisionsgruppe und/oder in der Kontrollanalyse begleitet.

## 7.2 Kontrollstunden für klinische Bewegungstherapie und psychomotorische Behandlung 50 Std.[*]

Für den Zweig „klinische Bewegungstherapie" sind 200 Std. kontrollierte Einzeltherapie bei 50 Kontrollstunden erforderlich. Es müssen drei kontrollierte Behandlungen und sechzig Stunden kontrollierte Gruppentherapie (vgl. 7.1.1-7.1.2) durchgeführt werden. Dabei stehen die Kontrolle übungszentriert-funktionaler und erlebniszentrierter Arbeit sowie psycho-sozialer Beratung im Zentrum.

## 8. Klinisches Praktikum

Vor Abschluß der Weiterbildung soll ein mindestens dreimonatiges klinisches Praktikum absolviert werden. Ein solches Praktikum kann in einer psychiatrischen Klinik, einem Fachkrankenhaus, einer sozialpsychiatrischen Ambulanz oder in anderen klinischen Einrichtungen absolviert werden. Es soll den Weiterbildungskandidaten Gelegenheit geben, ein breites Spektrum an Krankheitsbildern kennenzulernen.

Vom Praktikum kann bei Nachweis entsprechender therapeutischer Tätigkeit an einer klinischen Einrichtung abgesehen werden.

## 9. Fortlaufende Weiterbildung Bewegungserziehung

Die fortlaufende Weiterbildung in einem bewegungsbildenden Verfahren dient der Entwicklung des Bewegungspotentials und der konditionellen und koordinativen Fähigkeiten der Weiterbildungskandidaten. Die Weiterbildung soll in einem der großen gymnastischen Systeme (z.B. *Medau, Bode, Jacobs*), in einem tänzerischen Bereich (z.B. elementarer Tanz, kreativer Tanz, afrikanischer Tanz) oder in einer der ostasiatischen martialen Künste (wie z.B. Tai Chi, Aikido, Kung Fu) erfolgen. Gerade diese Verfahren haben einen hohen bewegungsbildenden, konditions- und koordinationsfördernden Effekt. Sie wirken sich außerdem positiv auf die Zentrierung und das Atemgeschehen aus. In der funktional-übungszentrierten Arbeit können Techniken und Bewegungssequenzen der genannten Verfahren mit ausgezeichnetem Erfolg eingesetzt werden.

Die Weiterbildung im Bereich der Bewegungserziehung sollte über einen Zeitraum von mindestens zwei Jahren mit wöchentlich einer Übungseinheit erfolgen. Der Nachweis ist durch Vorlage einer Bescheinigung des entsprechenden Vereins bzw. Ausbilders oder Lehrers zu erbringen.

Die Weiterbildung in einem bewegungspädagogischen Verfahren kann bei Weiterbildungskandidaten entfallen, die von ihrem Grundberuf her einen Bewegungsbereich vertreten (Gymnastik, Krankengymnastik, Rhythmik, Sport). Es wird ihnen aber eine Weiterbildung in einer der martialen Künste (Budo) empfohlen.

## V. Abschluß der Weiterbildung und Graduierung

### 1. Zulassung

Hat ein Weiterbildungskandidat alle vorgeschriebenen Teile der Weiterbildung durchlaufen, so kann er seine Zulassung zur Graduierung beim Prüfungsausschuß des FPI beantragen. Folgende Unterlagen sind erforderlich:
- Studienbuch mit den testierten Weiterbildungsnachweisen (Lehranalyse, Seminare usw.),
- drei Gutachten (die des Supervisors, des Kontroll- und des Lehrtherapeuten),
- Fachprüfung (I, 4),
- Graduierungsarbeit,
- Nachweis über 400[+]/200[*] kontrollierte Therapiestunden,
- Fachvortrag (IV, 3.2.3)[+],
- Behandlungsbericht (vgl. IV, 7.1.1),
- Nachweis über supervisierte Gruppenarbeit (60 Std.),
- Nachweis über eingehende Kenntnisse in zwei weiteren, nicht tiefenpsychologisch orientierten Verfahren[+] (vgl. I, 1.5.3).

Die eingereichten Unterlagen werden vom Prüfungsausschuß durchgesehen. Mit der Beurteilung der Graduierungsarbeit werden zwei Lehrtherapeuten bzw. Lehrbeauftragte betraut. Für das Kolloquium werden zwei Prüfer und ein Beisitzer bestellt. Neben der Prüfung der formalen Bedingungen, die für die Graduierung erforderlich sind, hat der Prüfungsausschuß für die Zulassung die persönliche Entwicklung und Reife des Kandidaten zu berücksichtigen. Hier kommt den Gutachten seiner Lehr- und Kontrollanalytiker besondere Bedeutung zu. Die Zulassung zur Graduierung setzt nicht nur das Beherrschen bestimmter Techniken und die Kenntnis theoretischer Zusammenhänge, sondern persönliche Reife und Integrität voraus.

## 2. Graduierungsarbeit

Die Graduierungsarbeit soll ein eigenständiger wissenschaftlicher Beitrag aus dem Bereich Integrativer Bewegungspsychotherapie bzw. Psychomotorik sein. Sie soll dokumentieren, daß der Weiterbildungskandidat sich in Theorie und Praxis intensiv mit den Methoden der IBT auseinandergesetzt hat. Das Thema für die Graduierungsarbeit wird im dritten Weiterbildungsjahr mit dem zuständigen Lehrtherapeuten bzw. -beauftragten des Weiterbildungsausschusses besprochen. Die Graduierungsarbeit muß bis zum Abschluß des fünften Weiterbildungsjahres in drei Exemplaren mit einem englischen und deutschen Abstract beim Weiterbildungsausschuß hinterlegt werden. Sie wird von mindestens zwei Gutachtern beurteilt. Mit ihrer Annahme kann der Kandidat zum Graduierungskolloquium zugelassen werden. Die Arbeit oder eine Kurzfassung von ihr muß in einer einschlägigen Fachzeitschrift veröffentlicht werden.

## 3. Behandlungsbericht

Der Weiterbildungskandidat hat für die Graduierung einen Behandlungsbericht über eine Langzeittherapie zu erstellen (7.1.1). Es soll das Procedere und der Verlauf vom Erstkontakt bis zum Abschluß der Behandlung dargestellt werden. Dem Behandlungsbericht sollen zwei wesentliche Sitzungen in Tonbandaufzeichnungen (mit Transkript) als Dokumentation beigegeben werden.

## 4. Abschlußkolloquium

Im Abschlußkolloquium wird die Graduierungsarbeit auf dem Hintergrund der theoretischen und methodischen Konzepte des integrativen bewegungstherapeutischen Ansatzes diskutiert. Das Kollo-

quium wird von mindestens zwei Beauftragten des Weiterbildungsausschusses und einem fortgeschrittenen Weiterbildungskandidaten als Beisitzer abgehalten. Es dauert 45 Minuten und steht Weiterbildungskandidaten im dritten Weiterbildungsjahr offen.

Nach dem Kolloquium entscheiden die Prüfer über das Ergebnis
des Kolloquiums. Bei dieser Entscheidung hat der Beisitzer volles
Stimmrecht. Sie kann lauten „Bestanden" oder „Nicht bestanden".
Wurde das Kolloquium nicht bestanden, so kann es nach einer von
den Prüfern festgesetzten Frist, frühestens aber nach drei Monaten,
wiederholt werden. Falls angezeigt, können die Prüfer besondere
Auflagen machen. Gegen die Entscheidung der Prüfer kann innerhalb eines Monats über die Vertreter der Weiterbildungskandidaten
beim Weiterbildungsausschuß Einspruch eingelegt werden.

## 5. Graduierung zum „Psychotherapeuten für Integrative Bewegungs- und Leibtherapie" bzw. zum „Therapeuten für klinische Bewegungstherapie und Psychomotorik"

Die Graduierung erfolgt durch Beschluß des Weiterbildungsausschusses. Der Weiterbildungskandidat erhält eine Graduierungsur-
kunde. Er kann durch die Graduierung Vollmitglied eines FPI-Re-
gionalinstitutes und der „Deutschen Gesellschaft für Integrative Be-
wegungs- und Leibtherapie" (DGIB) werden.

## 6. Graduierung zum Psychotherapeuten für Integrative Therapie/Gestaltpsychotherapie

Es besteht die Möglichkeit, unter Anrechnung der entsprechenden
Curriculumselemente der IBT-Ausbildung auch den Abschluß in
Integrativer Therapie/Gestaltpsychotherapie zu erhalten, sofern
durch Ergänzungsveranstaltungen die noch erforderlichen Teile der
Weiterbildung gemäß den Weiterbildungsrichtlinien des FPI für
Gestaltpsychotherapie/Integrative Therapie durchlaufen werden.

Ein Antrag auf Zulassung zur Ergänzungsausbildung kann nach
erfolgter Graduierung gestellt werden.

# Strukturplan der Weiterbildung für

## A) Klinische Bewegungstherapie/Psychomotorik

| | | 1. Jahr | 2. Jahr | |
|---|---|---|---|---|
| Zulassungsseminar | 2 Interviews | Grundstufe | | Mittel- |
| | | 360 Std. Selbsterfahrungs- und Ausbildungsgruppe | | |
| | | 40 Std. Hot Seat und Traum | 40 Std. Leibtherapie (Thymopraktik) | |
| | | 40 Std. Psycho-Physische Atemtherapie | 40 Std. Methoden, Techniken und Medien der IBT | |
| | | 24 Std. Theorie I | Intensivseminar Leib- und | |
| | | fortlaufendes Theorieprogramm 160 Std. funktionale Leibtherapie 50 Std. | | |

## B) Bewegungspsychotherapie

| | | 1. Jahr | 2. Jahr | |
|---|---|---|---|---|
| Zulassungsseminar | 2 Interviews | Grundstufe | | Mittel- |
| | | 360 Std. Selbsterfahrungs- und Ausbildungsgruppe | | |
| | | 40 Std. Hot Seat und Traum | 40 Std. Leibtherapie Thymopraktik | |
| | | 40 Std. Psycho-Physische Atemtherapie | 40 Std. Methoden, Techniken und Medien der IBT | |
| | | 24 Std. Theorie I | 24 Std. Theorie II | |
| | | | Intensivseminare: Leib- und Gestaltkibbuz | |
| | | fortlaufendes Theorieprogramm 240 Std. funktionale Leibtherapie 50 Std. | | |

8 Unterrichtsstunden gelten als eine Ausbildungseinheit

# Integrative Bewegungstherapie

| 3. Jahr | 4. Jahr |
|---|---|
| stufe | Oberstufe |
| | 60 Std. Supervision (2jährig) |
| 40 Std. Diagnostik I | 40-60 Std. Wahlpflichtfächer |
| 40 Std. Krisenintervention<br>40 Std. Diagnostik II | 40 Std. Supervision I, Methodik |
| „Kleiner Kibbuz";<br>Bewegungstherapie 80 Std. | kontrollierte Gruppenarbeit<br>und Einzeltherapie |
| Anamnesen 10 Std.<br>Gestalteinzeltherapie 100 Std. | Kontrollstunden 50 Std. |

| 3. Jahr | 4. Jahr |
|---|---|
| stufe | Oberstufe |
| | 60 Std. Supervision (2jährig) |
| 40 Std. Diagnostik I | 40-60 Std. Wahlpflichtfächer |
| 40 Std. Krisenintervention<br>40 Std. Diagnostik II | 40 Std. Supervision I, Methodik<br>40 Std. Supervision II, Kasuistik |
| Bewegungstherapie 80 Std.<br>80 Std. | kontrollierte Gruppenarbeit<br>und Einzeltherapie |
| Anamnesen 20 Std.<br>Lehranalyse 250 Std. | Kontrollanalyse 100 Std. |

# Schlußbemerkung zu den Weiterbildungsrichtlinien

Die Weiterbildungen am „Fritz Perls Institut für Integrative Therapie, Gestalttherapie und Kreativitätsförderung" und der „Europäischen Akademie für psychosoziale Gesundheit" am Beversee sind curricular aufgebaut. In einem zeitlich gegliederten Rahmen sollen bestimmte Ziele und Inhalte vermittelt werden. Wie aus den Weiterbildungsrichtlinien zu ersehen ist, soll nicht nur Faktenwissen vermittelt werden, sondern die Entwicklung zu einer integrierten und differenzierten Persönlichkeit gefördert werden, die den Anforderungen eines therapeutischen und psychosozialen Berufes gewachsen ist. Das Lernziel soll erreicht werden, indem die „Methode durch die Methode gelehrt und gelernt wird". Damit erhält die Selbsterfahrung einen zentralen Platz im Ausbildungskonzept. Das Curriculum ist so angelegt, daß somatomotorische, kognitive, affektive und soziale Lernziele und -inhalte in aufeinander aufbauender Folge durch die verschiedenen Seminare vermittelt werden und daß auch im Hinblick auf Form und Intensität der Selbsterfahrung die Persönlichkeitsentwicklung sich vollziehen kann.

Psychotherapieausbildung ist eine besondere Form berufsspezifischer Fort- und Weiterbildung, die sowohl den Erfordernissen moderner Erwachsenenbildung als auch den Besonderheiten der psychotherapeutischen Dynamik Rechnung tragen muß. Die einzelnen Elemente und Abschnitte des Curriculums sollen in der festgelegten Folge absolviert werden, um ein optimales Lernen zu gewährleisten. Sollte von den Erfordernissen der persönlichen Entwicklung und Situation eine andere Struktur des Zeitplans notwendig werden, so kann dies mit dem zuständigen Lehrtherapeuten oder dem Weiterbildungsleiter des Instituts besprochen werden. Die curriculare Struktur ist nicht gleichbedeutend mit „Verschulung" und der Normierung individueller Lernprozesse. Sie ist so angelegt, daß in ihrem Rahmen Freiraum für den individuellen Rhythmus gegeben ist.

Die Spannung zwischen Psychotherapie und Pädagogik, vorgegebenen Lernzielen und persönlichem Wachstum, zwischen Freiheit und Methode ist keine grundsätzliche. Sie repräsentiert in ihrer Struktur das zentrale Anliegen psychotherapeutischer und sozialtherapeutischer Arbeit: eine kreative Lösung zwischen Selbstbestimmtheit und Fremdbestimmtheit, zwischen den Notwendigkeiten und Forderungen des Lebens und der Verwirklichung eigener Wünsche zu finden.

# Nachwort

Der Begründer der „Integrativen Leib- und Bewegungstherapie" legt den ersten Band seiner gesammelten Schriften vor, der einen Überblick geben soll über zwanzig Jahre, in denen dieser therapeutische Ansatz entwickelt wurde. Es handelt sich also um kein Lehrbuch, obwohl theoretische, methodische und kasuistische Arbeiten zusammengetragen werden und Aus- und Weiterbildungsrichtlinien ihnen angefügt sind.

Gibt es auch eine Reihe von Autoren und Methoden, die die Entwicklungen mit beeinflußt haben – von *Elsa Gindler* und der „Body-Therapy" in der psychodramatherapeutischen Vorgehensweise *Morenos* bis zu asiatischen Formen der Bewegungstherapie – so fußte *Hilarion Petzold* hauptsächlich auf zwei Ausgangspunkten: einmal der psychoanalytischen Tradition *Sandor Ferenczis*, bei dessen Schüler *Vladimir Iljine* er in Analyse war und der – ähnlich wie *Reich* – leibfreundlicher war als *Freud*, zum anderen der französischen Leibphilosophie. *Gabriel Marcel*, bei dem *Petzold* promovierte, unterschied „den Körper, den ich habe, vom Leib, der ich bin". Diese Differenzierung wurde auch von meinen Lehrern *V.v. Weizsäcker* und *V.E. v. Gebsattel* zitiert und verwendet. Die beiden genannten Ausgangspunkte verbindet die Integrative Bewegungstherapie zu einer „Tiefenhermeneutik des Leib-Subjekts", in der Wahrnehmen (auch des Unbewußten), Erfassen, Verstehen und Erklären gleichsam umeinanderkreisen (vgl. auch *Bergson, Jaspersen*) und die zu einer „Anthropologie des schöpferischen Menschen" hinführt. Die scheinbar weit auseinanderliegenden Ausgangspunkte rufen fast zwangsläufig den Begriff und das Bemühen der Integration auf den Plan. In einer Zeit, in der Wissenschaft, Technik und Therapie immer weiter auseinanderdriftende, hochspezialisierte Fachleute hervorbringen, ist die Gegenbewegung des Integrierens hier unverzichtbar. Integrieren bedeutet: auseinander Liegendes und damit verbundene Spannungen zusammen zu bringen und zu verarbeiten. Ein solches Unterfangen liegt schon im biographischen Werdegang des Autors, der ihn von der Theologie und Philosophie zur Psychologie, Soziologie,

Heil- und Sonderpädagogik und zur Medizin geführt hat – ein weiter Spannungsbogen. Er ergibt sich auch aus dem vertretenen Ansatz einer „Therapie in der Lebensspanne", d.h. der Anwendung der Integrativen Bewegungstherapie mit Säuglingen und Kindern bis zu alten Menschen und Sterbenden, weiterhin aus der Breite der methodischen Schritte. In der Integrativen Bewegungstherapie werden „Vier Wege der Behandlung bzw. Heilung" unterschieden und integriert:

1. Gewinn komplexer Einsicht,
2. Nachsozialisation emotionaler Defizite,
3. Erlebnisaktivierung durch multiple Stimulierung,
4. Solidaritätserfahrung.

Im Rückgriff auf Philosophie und klinische Theorie wird indes nie stehengeblieben, sondern ständig in die Praxis der Therapie weitergeführt mit einer großen Spannbreite im methodischen Vorgehen, das Bewegung und Leiberfahrung, kreative Tätigkeit (Malen, Zeichnen, Tanz, Tonskulpturen, Gedichte), Einzel- und Gruppenbehandlung einbezieht, alles mit dem Ziel, Kontakt-, Bewegungs-, Beziehungs- und Bindungsfähigkeit zu stärken. Groß ist auch die Spannbreite der in 20jähriger Arbeit behandelten Patientengruppen – von psychosomatischen Patienten bis hin zu Psychotikern und gerontopsychiatrischen Kranken.

Beim Durcharbeiten dieses umfangreichen – und in den theoretischen Teilen nicht immer leicht lesbaren Buches – beeindruckte mich, daß viele Übereinstimmungen zu meinen eigenen wissenschaftlichen Ausrichtungen auftauchen, obwohl sie anders formuliert sind: zur Gestaltkreislehre und Anthropologie *Victor von Weizsäckers*. Es wird zu wenig beachtet, daß der „Gestaltkreis Einheit von Wahrnehmen und Bewegen" nur der experimentielle Teil dieser Lehre und ihre Auswertung im gleichnamigen Buch ist. Ursprünglich ist er aber in einer klinischen Behandlung (dargestellt in „Körpergeschehen und Neurose") hervorgegangen und von dort her konzipiert worden. Von *Petzold* wird *Iljine* zitiert: „Habe ich meinen Körper verloren, so habe ich mich selbst verloren. Finde ich meinen Körper, so finde ich mich selbst. Bewege ich mich, so lebe ich und bewege die Welt. Ohne diesen Leib bin ich nicht und als mein Leib bin ich ..." So könnten diese Sätze wörtlich neben dem Zitat *Marcels* im „Gestaltkreis" stehen. *Weizsäcker* und *Gebsattel* pflegten den alten Theologen *Oettinger* hinzuzufügen mit seinem Ausspruch: „Das Ende aller Wege Gottes ist der Leib". So findet sich mit den Arbeiten *Petzolds* ein gemeinsamer Grund, was die theoretische Konzeptualisierung anbelangt, aber auch im Hinblick auf das andere große Verfahren der klinischen Bewegungstherapie gibt es Verbindendes. In meiner ärztlichen Einführung zu dem Buch „Konzentrative Bewegungstherapie in der Praxis" von *Christine Graeff* stellte ich dar, daß der Gestaltkreis nicht nur die Grundlagenlehre für diese Therapie darstellt (so *Stolze*), sondern die Konzentrative Bewegungstherapie, die in ihren Anfängen auf *Gindler* zurückgeht, eine direkte Rück- und Weiterführung des Gestaltkreises in die Therapie darstellt, so wie es *von Weizsäcker* einst vorausahnte. Im Ansatz von *Petzold* ist der „life span developmental approach" und die hermeneutische Ausrichtung in der Leibtherapie sowie der Einbezug kreativer Medien ein Spezifikum. Ansonsten gibt es viele Parallelen zwischen den beiden Formen der Bewegungstherapie und damit viele gegenseitige Bestätigungen.

Es ist zu hoffen, daß mit diesem Buch die Verfahren klinischer Bewegungstherapie als leiborientierte Psychotherapie vermehrt Beachtung finden werden, eine Beachtung, die sie aufgrund ihrer breiten Verwendungsmöglichkeit mit unterschiedlichsten Patienten, die durch rein verbale Therapieformen nicht so gut erreicht werden können, verdienen.

*Prof. Dr. med. Eckart Wiesenhütter*

# Literatur

*AAHPER*: A practical guide for teaching the mentally retarded to swim, Washington 1969.

*AAHPER*: Physical education and recreation for impaired, disabled and handicapped individuals... past, present, and future, Washington 1976a.

*AAHPER*: Physical activities for impaired, disabled, and handicapped individuals, Washington 1976b.

*AAHPER*: Physical education and recreation for individuals with multipe handicapping conditions: references and resources, Washington 1978.

*Aaken van, E.*: Unglaubliche Leistungen alter Menschen, *Dt. Turnen 18* (1974) 379.

*Adams, G.M., de Vries, H.A.*: Physiological effects of an exercise training regimen upon women aged 52 to 79, *Journal of Gerontology 28* (1973) 50-55.

*Adamszek, R.*: Trieb und Subjekt, Lang, Bern 1985.

*Adler, A.*: Menschenkenntnis, Leipzig 1929, 3. Aufl.

*Adorno, Th. W.*: Minima Moralia, Suhrkamp, Frankfurt 1964.

*Aissen-Crewett, M.*: Kunsttherapie, Richter, Köln 1986.

*Ajuriaguerra, J. de, Angelergues, R.*: De la psychomotricité au corps dans la relation avec autrui, *L'Evolution psychiatrique*, I (1962).

*Ajuriaguerra, J. de*: Le Corps comme relation, *Revue de psychologie pure et appliquée*, 2 (1962) 137-157.

*Ajuriaguerra, J.de*: Préface, in: *Lemaire*, P. (1964).

*Ajuriaguerra, J. de, et al.*: Le trouble de l'organisation et de la désorganisation interlectuelle chez les enfants psychotiques, *Psychiat. Enf.* 12 (1969) 303-321.

*Ajuriaguerra, J. de*: Manuel de la psychiatrie de l'enfant, Masson, Paris, (en presse) 1970.

*Ajuriaguerra, J. de*: Psychomotricité, Éditions médicines et hygiène, Paris 1970a.

*Alexander, F., French, T.M.*: Psychothérapie analytique. Princips et applications, P.U.F., Paris 1959.

*Alexander, F.M.*: Der Gebrauch des Selbst. Kösel, München 1988.

*Alexander, G.*: Eutonie als Verfahren somatopsychologischer Pädagogik, in: *Petzold* (1974j) 105-128.

*Alexander, G.*: Eutonie. Kösel, München, 1978.

*Althen, U.*: Das Erstinterview in der Integrativen Therapie, Grad. Arbeit, Fritz Perls Institut, Düsseldorf 1987.

*Ambühl, H.R., Grawe, K.*: Die Wirkungen von Psychotherapien als Ergebnis der Wechselwirkung zwischen therapeutischem Angebot und Aufnahmebereitschaft der Klienten, *Zeitschrift für Klinische Psychologie, Psychopathologie und Psychotherapie* 36 (1988) 308-327.

*Ambühl, H.R., Grawe, K.*: Psychotherapuetisches Handeln als Verwirklichung therapeutischer Heuristiken. Ein Prozeßvergleich dreier Therapieformen aus einer neuen Perspektive, *Zeitschrift für Psychotherapie, Psychosomatik und medizinische Psychologie*, 39 (1989) 1-10.

*Améry, J.*: Über das Altern, Revolte and Resignation, Klett, Stuttgart 1977.

*Ammon, G.*: Dynamische Psychiatrie, Hoffmann & Campe, Hamburg 1974.

*Ammon, G.*: Die Rolle des Körpers in der Psychoanalyse, *Integrative Therapie* 2/3 (1975) 58-76; erw. in: *Petzold* (1985g).

*Anzieu, D.*: Le psychodrame analytique chez l'enfant, P.U.F., Paris 1956; dtsch. Junfermann, Paderborn 1985.

*Anzieu, D.*: Psychoanalyse und Sprache, Junfermann, Paderborn 1983.

*Apel, K.-O.*: Das Leibapriori der Erkenntnis, *Archiv f. Philosophie,* 12 (1963), 152-172; in: *Petzold* (1985g) 47-70.

*Argyle, M.*: Körpersprache und Kommunikation, Junfermann, Paderborn 1979.

*Arie, T.*: Health care for the elderly, Croom Helm, London 1981.

*Armstrong, D.*: Political anatomy of the body, Cambridge University Press, London 1983.

*Arthur, R.J.*: Swimming and cardiovascular fitness in older age groups, J. *Sports Medicine* 3 (1975) 35-39.

*Assagioli, R.*: Psychosynthesis, Psyhosynthesis Foundation, New York 1967.

*Astrand, P.O.*: Human physical Fitness with special reference to sex and age, *Physiological Review 36* (1956) 307-355.

*Atchley, R.*: The social forces in later life, Belmont 1982.

*Auriel, B.*: La yogathérapie de groupe, *Psychothérapie et Psychosomat.* 20 (1972) 162-168.

*Austin, J.L.*: Zur Theorie der Sprechakte, Reclam U.B., Stuttgart 1972.

*Ayres, J.*: Bausteine der kindlichen Entwicklung, Springer, Heidelberg 1984.

*Ayres, J.*: Lernstörung. Sensorisch-integrative Dysfunktionen, Springer, Heidelberg 1979.

*Bach, G., Molter, J.*: Psychoboom, Diederichs, Düsseldorf 1976.

*Bach, H.*: Der Krankheitsbegriff in der Psychoanalyse, Vandenhoeck & Ruprecht, Göttingen 1980.

*Baker, E.F.*: Man in the Trap, Macmillan, New York 1967; dtsch. Der Mensch in der Falle. Das Dilemma unserer blockierten Energie. Kösel, München 1980.

*Balint, M.*: Charakteranalyse und Neubeginn (1932), in: *Balint* (1988) 165-177.

*Balint, A., Balint, M.*: Frühentwicklungsstadien des Ichs. Primäre Objektliebe, *Imago* 23 (1937) 270-288; auch in: *Balint* (1988), 83-102.

*Balint, M.*: Wandlungen der therapeutischen Ziele und Techniken der Psychoanalyse, *Intern. J. Psychoanal.* 31 (1950) 117-124; auch in: *Balint* (1988) 222-236.

*Balint, M.*: Der Neubeginn, das paranoide und das depressive Syndrom, *Intern. J. Psychoanal.* 33 (1952) 214; auch in: *Balint* (1988) 244-266.

*Balint, M.*: Die technischen Experimente Sándor Ferenczis, *Psyche* 20 (1966) 904-925.

*Balint, M.*: The basic fault. Therapeutic aspects of regression, Tavistock Publications, London 1968.

*Balint, M.*: Angstlust und Regression, Rowohlt, Reinbek 1972.

*Balint, M.*: Regression, dtv, München 1987.

*Balint, M.*: Die Urform der Liebe und die Technik der Psychoanalyse, dtv, München 1988.

*Baltes, M.M., Barton, I.M., Orcech, M.J., Lago, D.*: Die Mikroökologie von Bewohnern und Personal, *Zeitschrift für Gerontologie* 16 (1983) 18-26.

*Baltes, P., Eckensberger, L.*: Entwicklungspsychologie der Lebensspanne, Klett, Stuttgart 1979.

*Bandler, R., Grinder, J.*: Die Struktur der Magie, 2 Bde., Junfermann, Paderborn 1982.

Bandler, R., Grinder, J.: Neue Wege der Kurzzeittherapie, Junfermann, Paderborn 1983.

Bandura, A.: Principles of Behavior Modification, Holt Rinehart, New York 1969.

Bandura, A.: Lernen am Modell, Klett, Stuttgart 1976.

Bandura, A.: Self-efficacy: Towards an unifying theory of behavioral change, *Psychological Revue* 8 (1977) 191-215.

Bandura, A.: Regulation of cognition process through perceived self-efficacy, *Developmental Psychology* 25 (1989) 729-735.

Baardman, I.: Ingebeelde Lelijkheid, Free University Press, Amsterdam 1988.

Barlow, W.: Die Alexandertechnik, Kösel, München, 1983.

Barrault, J.-L.: Betrachtungen über das Theater, Arche, Zürich 1962.

Barry, A.J., Daly, J.W., Pruett, E.D., Steinmetz, J.R., Page, H.F., Birkhead, N.C., Rodahl, K.: The effects of physical conditioning on older individuals I, *Journal of Gerontology 21* (1966) 182-191.

Barry, A.J., Steinmetz, J.R., Page, H.F. Rodahl, K.: The effects of physical conditioning on older individuals II, *Journal of Gerontology* 21 (1966) 192-199.

Barth, E.: Altersturnen, Schriftenreihe der Eidgenössischen Turn- und Sportschule 26, Magglingen 1976.

Barthes, R.: Mythologies, Paris 1957; dtsch. Mythen des Alltags, Suhrkamp, Frankfurt 1964.

Barthes, R.: Kritik und Wahrheit, Suhrkamp, Frankfurt 1967.

Barthes, R.: Die Lust am Text, Suhrkamp, Frankfurt 1974.

Barthes, R.: Am Nullpunkt der Literatur, Suhrkamp, Frankfurt 1982.

Barthes, R.: Elemente der Semiologie, Suhrkamp, Frankfurt 1983.

Barthes, R.: Fragmente einer Sprache der Liebe, Suhrkamp, Frankfurt 1984.

Bassey, E.J.: Age, inactivity and some physiological responses to exercises, *J. Gerontology* 24 (1978) 66-77.

Bassler, W.: Ganzheit und Element, Hogrefe, Göttingen, 1988.

Bataille, G.: Die Tränen des Eros, Matthes & Seitz, München 1981.

Bateson, G., Jackson, D.D., Haley, J., Weakland, J.: Auf dem Weg zu einer Schizophrenie-Theorie, in: *Habermas, J.*, Schizophrenie und Familie, Suhrkamp, Frankfurt 1969.

Battegay, R.: Der Mensch in der Gruppe, 3 Bde., Huber, Bern 1976.

Baudrillard, J.: Agonie des Realen, Berlin 1978.

Baudillard, J.: Der symbolische Tausch und der Tod, Matthes & Seitz, München 1985.

Baur, R., Betsch, W.: Beiträge zur Altengymnastik, Schwäbischer Turnerbund, Stuttgart 1976, 2. Aufl. 1977.

Bayer, G.: Methodische Problem oder Verhaltenstherapieforschung, in: *Kraiker, Chr.*, Handbuch der Verhaltenstherapie, Kindler, München1974, 151-174.

Beck, O.: Sport im Alter, Z. *Altensforschung* 20 (1967) 223-227.

Becker, B., Brügmann, E., Tutt, I.: Alt werden - beweglich bleiben, Wehrheim 1977.

Becker, H.: Konzentrative Bewegungstherapie, Thieme, Stuttgart 1981.

Becker, V., Hemminger, H.-J.: Wenn Therapien schaden, Rowohlt, Reinbek 1985.

Beckmann, P.: Gymnastik für Erwachsene und ältere Menschen, *Krankengymnastik* 19 (1967) 352-356.

Beisser, A.: The Paradoxical Theory of Change. in: *Fagan, Shepherd* (1971) S. 77-80.

Benne, K.D. et al.: The laboratory method of changing and learning, Science and Behavior Books, Palo Alto 1975.

*Berdjajew, N.*: Der Sinn des Schaffens, Mohr, Tübingen 1927.

*Berdjajew, N.*: Die Philosophie des freien Geistes, Holle Verlag, Darmstadt/Genf 1930.

*Berdjajew, N.*: Cinq méditations sur l'existence, Alcan, Paris 1936.

*Berdjajew, N.*: Der Sinn der Geschichte, Mohr, Tübingen 1950.

*Berdjajew, N.*: Selbsterkenntnis, Holle Verlag, Darmstadt 1953.

*Berdjajew, N.*: Von des Menschen Knechtschaft und Freiheit. Versuch einer personalistischen Philosophie, Holle Verlag, Darmstadt/Genf 1954.

*Berg, van den, J.H.*: Metabletica – Über die Wandlung des Menschen, Vandenhoeck & Ruprecht, Göttingen 1960.

*Berger, A.*: Relaxative Organgymnastik und psychologische Gruppenarbeit im System einer „totalen Gymnastik" nach Prof. H. Petzold, *Atem und Mensch* 3 (1971) 8-13; 4, 13-19.

*Berger, P.L.*: Towards a sociological understanding of psychoanalysis, *Social Research*, Spring (1965) 26-41.

*Berger, P.L., Luckmann, Th.*: Die gesellschaftliche Konstruktion der Wirklichkeit. Eine Theorie der Wissenssoziologie, Fischer, Frankfurt 1970.

*Bergin, A.E., Garfield, S.L.*: Handbook of psychotherapy and behavior change, Wiley, Chichester 1994[4].

*Bergson, H.*: Essai sur les données immédiates de la conscience [1889], P.U.F., Paris 1948.

*Bernard, M.*: Le corps, Editions Universitaires, Paris 1972; dtsch. Der menschliche Körper und seine gesellschaftliche Bedeutung, Bad Homburg v.d.H. 1980.

*Berndt, C.*: Sozialpsychologische Implikationen des Alterssports, *Sportunterricht* 26 (1977) 412-415.

*Berne, E.*: What do you say after you say hello? Grove, New York 1972; dtsch. Was sagen Sie, nachdem Sie guten Tag gesagt haben? Kindler, München 1975.

*Bernstein, B.*: Soziokulturelle Determinanten des Lernens, *Zeitschrift für Soziologie und Sozialpsychologie* 4 (1959).

*Bernstein, D.A., Borkovec, Th.D.*: Entspannungstraining, Pfeiffer, München 1975.

*Bernstein, N.A.*: Bewegungsphysiologie, J.A. Barth, Leipzig 1975.

*Bernstein, P.L.*: Eight theoretical approaches in dance-movement-therapy, Dubuque 1981.

*Besems, Th.*: Überlegungen zu intersubjektivem Unterricht in der integrativen Pädagogik, in: *Petzold, H.G., Brown, G.J.*, Gestaltpädagogik. Pfeiffer, München 1977, 45-47.

*Beuker, F., Bringmann, W., Jönsson, M.*: Der Einfluß des regelmäßigen Sporttreibens auf die physische Leistungsfähigkeit von Werktätigen, *Medizin und Sport* 14 (1974) 147-152.

*Bibring, E.*: Psychoanalysis and the dynamic psychotherapies. *J. Amer. Psychoanal. Assn.* 2 (1954) 745-770.

*Bickert, F.-W.*: Einfluß des wettkampfmäßig betriebenen Sports auf die Lebensdauer und Todesursache, *Deutsch. med. Wochenschr.* 55 (1929) 23-25.

*Birren, J.E.*: Psychophysical relation, in: *Birren, J.E.,R.* Human Aging, National Institute of Health, Betestha 1963, 289-293.

*Birren, J.E.*: Toward an experimental psychology of aging. *American Psychologist* 25 (1970) 124-135.

*Bittner, G.*: Vernachlässigt die Psychoanalyse den Körper? *PSYCHE* 12, 40. Jg. (1986) 709-732.

*Bloch, E.*: Das Prinzip Hoffnung, 2 Bde., Suhrkamp, Frankfurt 1959.

*Blos, P.*: Adoleszenz, Klett, Stuttgart 1978.

*Blödorn, M., Schmidt, P.*: Trablaufen, Rowohlt, Reinbek 1977.

*Blumenthal, E.*: Sportangebot für den älteren Menschen – eine sportpädagogische Aufgabe, *Sportunterricht* 26 (1977) 113-116.

*Blumenthal, E.*: Sportlernen im Alter, in: Sport lehren und lernen. VII. Kongreß für Leibeserziehung, München, Hofmann, Schorndorf 1976.

*Boadella, D.*: Bioplasma and Orgone Biophysics, *Energy and Character* 3 (1975) 43-47.

*Boadella, D.*: In the wake of Wilhelm Reich, Coventure, London 1976.

*Boadella, D.*: Reichianische Körpertherapie, in: *Petzold* (1977n).

*Bobath, B.*: Abnorme Haltungsreflexe bei Gehirnschäden, Thieme, Stuttgart 1976.

*Bode, R.*: Ausdrucksgymnastik, München 1922.

*Boehm, G.*: Seminar: Die Hermeneutik und die Wissenschaften, Suhrkamp, Frankfurt 1978.

*Boehm, R.*: Zeitlichkeit und Endlichkeit bei Merleau-Ponty, in: Studien zum Zeitproblem in der Philosophie des 20. Jahrhunderts, *Phänomenologische Forschung* 13 (1982) 90-106.

*Böhme, G.*: Anthropologie in pragmatischer Hinsicht, Suhrkamp, Frankfurt 1985.

*Böhme, G.*: Natur, Leib, Sprache. Die Natur und der menschliche Leib, Erasmus Universität, Rotterdam 1986.

*Bollweg, B.*: Hermeneutik der Körpersprache. VWB, Oldenburg 1980.

*Boscher, R.*: Running therapy beij patienten met een stemmings op recheling, *Tijdschrift voor Psychiatrie* 26 (1984) 105-116.

*Boschma, J.C.*: Beweegen voor ouderen, De Tijdstroom, Lochum 1975.

*Boszornenyi-Nagy, I., Spark, G.*: Invisible Loyalties: Reciprocity in intergenerational family therapy. - Harper & Row: New York, 1973.

*Botwinick, J., Thompson, L.W.*: Cardiac functioning and reaction time in relation to age, *Journal of Genetic Psychology* 119 (1971) 127-132.

*Bowlby, J.*: Maternal care and mental health. WHO-Monogr. 2. Genf 1951; dtsch. Mütterliche Zuwendung und geistige Gesundheit, Kindler, München 1973.

*Bowlby, J.*: Bindung, Kindler, München 1975.

*Bowlby, J.*: Trennung, Kindler, München 1976.

*Boyesen, M.L.*: Psycho-Peristaltics, *Energy and Character*, Jg. 1974 u. 1975, 3 Folgen.

*Boyesen, M.L., Boyesen, G.*: Biodynamische Theorie und Praxis, in: *Petzold* (1977n) 140-157.

*Boyesen, G.*: Über den Körper die Seele heilen. Biodynamische Psychologie und Psychotherapie. Eine Einführung. Kösel, München 1987.

*Böhlau, V.*: Zur Problematik der Ernährung im Alter, *Medizin des alternden Menschen* 1 (1971) 237-241.

*Böhlau, V.*: Alter und Ernährung, Schattauer, Stuttgart 1972.

*Böhlau, V.*: (Hrsg.), Senior und Fitness, Goldmann, München 1976.

*Böhlau, V.*: Sport bzw. Leibesübungen als Bewegungstherapie im Rahmen der aktuellen Bedeutung der Senioren-Medizin, Kongreßbericht, Schwäbischer Turnerbund, Stuttgart 1977.

*Böklen-Büchle, E.*: Senioren-Gymnastik - sieben heilsame Kapitel für ältere Menschen, Verlag Junge Gemeinde, Stuttgart 1974.

*Boer, K.*: Maurice Merleau-Ponty - Die Entwicklung seines Strukturdenkens, Bouvier, Bonn 1978.

*Brack, O.B.*: Frühdiagnostik und Frühtherapie, Psychologische Behandlung von entwicklungs- und verhaltensgestörten Kindern, Psychologie Verlagsunion, München, Weinheim 1986.

*Brandeis, A.*: Sollen ältere Leute Sport treiben? *Dt. Turn-Zeitung* 72 (1972) 11.

*Brannin, M.*: Your body in mind, Souvenir Press, London 1982.

*Briggs, G.E.*: Engeneering Systems Approaches to Organizations, in: *Cooper, W. et al.*, New Perspectives in Organizational Research, Wiley, New York 1964.

*Briner, F.*: Integrative Tanztherapie, *Integrative Therapie* 2 (1977) 72-90.

*Bringmann, W., Schlegel, M., Schneider, K.* et al.: Leistungsphysiologische Untersuchungsergebnisse an Alterssportlern, *Medizin und Sport* 14 (1974) 152-156.

*Bringmann, W.*: Zur Bewegungstherapie bei prophylaktischen Kuren, *Theorie und Praxis der Körperkultur* 27 (1978) 208-215.

*Broatoy, T.*: De nervøse sinn, Universitätsforlaget, Oslo 1947.

*Broekhoff, J.*: Physical Education and the reification of the human body, *Gymnasion* 2 (1972) 4-11.

*Bronfenbrenner, U.*: Ökologische Sozialisationsforschung, Klett, Stuttgart 1976.

*Bronfenbrenner, U.*: Ansätze zu einer experimentellen Ökologie menschlicher Entwicklung, in: *Oerter, R.*, Entwicklung als lebenslanger Prozeß, Hoffmann & Campe, Hamburg 1978, 33-65.

*Brooks, Ch., Selver, Ch.*: Sensory Awareness, in: *Petzold, H.*, Psychotherapie & Körperdynamik, Junfermann, Paderborn 1974.

*Brooks, Ch.*: Sensory Awareness, Viking Press, New York 1974; dtsch.: Erleben durch die Sinne, Junfermann, Paderborn 1979.

*Brown, G.I, Petzold, H.*: Gefühl und Aktion, Gestaltmethoden im integrativen Unterricht, Flach, Frankfurt 1978.

*Brown, M.*: The New Body Psychotherapies, *Psychotherapy: Theory, Research and Practice* 10 (1973) 98-116.

*Brown, M.*: Ein Vergleich zwischen „Direkter Körperkontakt-Psychotherapie" and Janovs Primär-Therapie: Ähnlichkeiten und Unterschiede. *Integrative Therapie* 2/3 (1975) 90-101

*Brown, M.*: The Healing Touch, unveröffentlichtes Manuskript, Berkerly, Calif. 1976.

*Brown, M.*: Die Beziehung zwischen Therapeut und Patient in der „Therapie des direkten Körperkontakts", in: *Petzold* (1977n) 175-193.

*Brown, M.*: Die heilende Berührung. Die Methode des direkten Körperkontaktes in der körperorientierten Psychotherapie, Synthesis Verlag, Essen 1985.

*Bromme, R., Hömberg, E.*: Psychologie und Heuristik, Steinkopff, Darmstadt 1977.

*Brown, S.R.*: Mind and body - together: Thoughts on the philosophical and psychological aspects of exercise and aging, *Somatics* 4 (1982) 28-33.

*Brunner, D., Jockl, E.*: Physical activity and aging, Karger, Basel 1970.

*Brügman, E.*: Sport für ältere Menschen, Goldmann, München 1974.

*Brügman, E.*: Art der Bewegung bei älteren Menschen, *Praxis der Leibesübung* 16 (1975) 3.

*Brügman, E.*: Die Bedeutung des Bewegungstrainings für ältere und alte Menschen, *Altenpflege* 1 (1976) 88-89.

*Buber, M.*: Das dialogische Prinzip, Lambert Schneider, Heidelberg 1965.

*Buber, M.*: Ich und Du (1923), Lambert Schneider: Heidelberg 1965.

*Buber, M.*: Pfade in Utopia. Über Gemeinschaft und deren Verwirklichung, Lambert Schneider, Heidelberg 1985³.

*Bubolz, E.*: Methoden kreativer Therapie in einer integrativen Psychotherapie mit alten Menschen, in: *Petzold, Bubolz* (1979), 343-383.

*Bubolz, E.*: Bildung im Alter, Lambertus, Freiburg 1983.

*Bundesverband Seniorentanz* (Hrsg.): Gesund und aktiv im Alter durch Seniorentanz, Lahnstein, 1980.

*Bunge, M.*: Das Leib-Seele Problem. Mohr, Tübingen 1987.

*Bunge, N.*: Scientific materialism, Weidel, Dordrecht 1981.

*Bunkan, B.H.* et al.: Psykomotorisk Behandling. Frestskrift til Adel Bülow-Hansen, Universitätsforlaget, Oslo 1982.

*Buytendijk, F.J.J.*: Allgemeine Theorie der menschlichen Haltung und Bewegung. Springer, Berlin, Heidelberg 1956.

*Buytendijk, F.J.J.*: Das Menschliche. Wege zu seinem Verständnis, Stuttgart 1958.

*Bühler, Ch., Allen, M.*: Einführung in die humanistische Psychologie, Klett, Stuttgart 1974.

*Bünte-Ludwig, Ch.*: Gestalttherapie - Integrative Therapie. - in: *Petzold, H.* (Hrsg.): Wege zum Menschen, 2 Bde., Junfermann: Paderborn 1984, I, 217-308.

*Canacakis-Canas, J.*: Zur Praxis der Musiktherapie, *Integrative Therapie* 4 (1975) 220-227.

*Canacakis-Canas, J.*: Ich sehe deine Tränen, Kreuz Verlag, Stuttgart 1988.

*Capra, F.*: Der kosmische Reigen 1981; erw. Neuasgabe: Das Tao der Physik, O.W. Barth Verlag, München 1984.

*Capra, F.*: Die Wende wird kommen, *Psychologie Heute* 10 (1983a) 28-40.

*Capra, F.*: Wendezeit, Scherz Verlag, Bern 1983

*Carus, C.G.*: Psyche. Zur Entwicklungsgeschichte der Seele, Flammer, Hoffmann, Pforzheim 1848.

*Caruso, I.A.*: Psychoanalyse und Synthese der Existenz, Herder, Wien 1952.

*Caruso, I.A.*: Bios, Psyche, Person, Karl Alber Verlag, Freiburg 1957.

*Caruso, I.A.*: Narzißmus und Sozialisation, Bonz-Verlag, Stuttgart 1976.

*Casler, L.*: The effects of extra tactile stimulation on a group of institutionalized infants, *Genet. psychol. Monogr.* 71 (1965) 137-175.

*Castonguay, L.G., Goldfried, M.R.*: Psychotherapy integration: An idea whose time has come, *Applied & Preventive Psychology* 3 (1994) 159-172.

*Chace, M.*: Rythm and Movement as Used in St. Elisabeth's Hospital, *Sociometry* 8 (1945) 481-483.

*Chaiklin, H.*: Marian Chace: Her Papers, ADTA, Columbia. 1975.

*Chasseguet-Smirgel, J.*: Wege des Anti-Ödipus, Syndikat, Frankfurt 1986.

*Château, J.*: Le jeux de l'enfant, Vrin, Paris 1964.

*Chomsky, N.*: Aspekte der Syntax-Theorie, Suhrkamp, Frankfurt 1969.

*Chu, V.*: Psychotherapie nach Tschernobyl, *Gestalttherapie* 1 (1987) 53-58.

*Claremont, A.D., Smith, E., Reddan, E.*: Schwimmbadübungen für den Älteren, *Sport Praxis* 21 (1980) 54.

*Clark, B.A.* et al.: Response of institutionalized geriatric mental patients to a twelve-week programme of regular physical activity, *J. Gerontology* 5 (1975) 565-573.

*Clement, F.*: Effect of physical activity on the maintenance of intellectual capacities, *Gerontologist* 6 (1966) 91-92.

*Coellen, M.*: Laßt uns für die Liebe kämpfen, Kösel, München 1986.

*Coellen, M.*: Paartherapie, Kösel, München 1989.

*Cohn, R.*: Von der Psychoanalyse zur themenzentrierten Interaktion, Klett, Stuttgart 1975.

*Coenen, H.*: Diesseits vom subjektivem Sinn und kollektivem Zwang. Phänomenologische Soziologie im Feld des zwischenleiblichen Verhaltens. Diss. Kath. Hochschule Tilburg, Tilburg 1979; Fink, München 1985.

*Coenen, H.*: Leiblichkeit und Sozialität - ein Grundproblem der phänomenologischen Soziologie, *Integrative Therapie* 2/3 (1981) 138-166, und in: *Petzold* (1985g).

*Collins, A.M., Quillian, M.R.*: How to make a language user, in: *Tulvin, E. Donaldson, W.*, Organisation of memory. Academic Press, New York 1972.

*Comfort, A.*: Aging: The biology of senescence, Routledge & Kegan, London 1968.

*Conti, A.*: Im Irrenhaus. Sehr geehrter Herr Doktor, dies ist mein Leben, Suhrkamp, Frankfurt 1979.

*Cooper, K.H.*: Bewegungstraining - praktische Anleitung zur Steigerung der Leistungsfähigkeit, Fischer, Frankfurt 1975.

*Cotta, H.*: Der Mensch ist so jung wie seine Gelenke, Piper, München 1979.

*Cremerius, J.*: Gibt es *zwei* psychoanalytische Techniken? *Psyche* 33 (1979) 577-599, repr. in: *Cremerius* (1984) I, 187-209.

*Cremerius, J.*: Die Konstruktion der biographischen Wirklichkeit im analytischen Prozeß, Freiburger Literaturpsychologische Gespräche, Suhrkamp, Frankfurt 1981, 15-37; auch in: *Cremerius* (1984) II, 398-425.

*Cremerius, J.*: Freud bei der Arbeit über die Schulter geschaut - seine Technik im Spiegel von Schülern und Patienten, in: *Ehebald, U., Eickhoff, F.W.*, Jahrbuch der Psychoanalyse, 6, Huber, Bern 1981; repr. in *Cremerius* (1984) II.

*Cremerius, J.*: Die Bedeutung des Dissidenten für die Psychoanalyse, *Psyche* 36 (1982) 481-514; auch in: *Cremerius* (1984) II, 364-397.

*Cremerius, J.*: Die Sprache der Zärtlichkeit und der Leidenschaft. Reflexionen zu Sándor Ferenczis Wiesbadener Vortrag 1932, *Psyche*, Nov. (1983) 988-1015.

*Cremerius, J.*: Vom Handwerk des Psychoanalytikers: Das Werkzeug der psychoanalytischen Technik, 2 Bde., frommann- holzboog, Stuttgart-Bad Cannstadt 1984.

*Dalcroze, E.J.*: Rhythmus, Musik und Erziehung, Basel/Genf 1921.

*Damus, M.*: Funktion der bildenden Kunst im Spätkapitalismus, Fischer, Frankfurt 1973.

*Darwin, Ch.*: Der Ausdruck der Gefühle bei Tier und Mensch, Rauh, Düsseldorf 1964.

*Darwin, Ch.*: Die Entstehung der Arten durch natürliche Zuchtwahl (1959), Reclam, Stuttgart 1980.

*Dauber, H.*: Leibhaftige Bildung, *Integrative Therapie* 4 (1986) 284-302.

*Davis, B.*: Ursprung und Bedeutung des Awareness Konzeptes, Graduierungsarbeit, Fritz Perls Institut Düsseldorf 1986.

*Davis, M, Wallbridge, A.*: Eine Einführung in das Werk von D.W. Winnicott, Klett-Cotta, Stuttgart 1983.

*Davis, R.W.*: Activity therapy in a geriatric setting, *J. American Geriatric Society* 12 (1976) 1144-1153.

*De Carlo, T., Castiglione, L.V., Cavusoglu, M.*: A program of balanced physical fitness in the preventive care of elderly ambulatory patients, *Journal of the American Geriatrics Society* 7 (1977) 331-334.

*De Carlo, T.*: Recreation participation patterns and successful aging, *Journal of Gerontology* 29 (1974) 416.

*De Carlo, T.*: The executive's handbook of balanced physical fitness, Association Press, New York 1975.

*Desoille, R.*: Le rêve éveillé en psychothérapie, P.U.F., Paris 1945.

*Desoille, R.*: Théorie et pratique du rêve éveillé dirigé, Mont Blanc, Genève 1961.

*De Vries, H.A., Adams, G.M.*: Effect of the type of exercise upon the work of the heart in older men, *Journal of Sports Medicine* 17 (1977) 41-46.

*De Vries, H.A.*: Physiological effects of an exercise training regimen upon men aged 52-88, *Journal of Gerontology* 24 (1970) 325-336.

*De Vries, H.A.*: Physiology of exercise, W.C. Brown, Dubuque, Iowa 1974.

*Debienne, M.-C.*: Le dessin chez l'enfant, P.U.F., Paris 1968.

*Dedet, S.*: Relaxation psychosensorielle dans la psychothérapie Vittoz, Epi, Paris 1977.

*Deimel, H.*: Sporttherapie bei pychischen Erkrankungen, Marhold, Berlin 1983.

*Deleuze, G., Guattari, F.*: Anti-Ödipus, Suhrkamp, Frankfurt 1974.

*Delgado, J.-M.*: Physical control of the mind, New York 1971.

*Delgado, J.-M.*: Triunism - a transmaterial brain-mind theory, *Ciba Foundation*, Basel, 1979, 369-394.

*Derbolowsky, U.*: Richtig atmen hält gesund, Econ, Düsseldorf/Wien 1978.

*Deutsch, F.*: Thus speaks the body. An analysis of postural behaviour. *Trans. New York Academy of Science, Serial* 2, 12, 1949.

*Deutsch, F.*: Thus speaks the body, IV. Some psychosomatic aspectsof the respiratory discorder: Asthma, *Acta Medica Orientalia*, 3/4 (1951), Israel, 67-69.

*Deutsch, F.*: The misterious leap from the mind to the body, New York 1957.

*Deutsches Rotes Kreuz* (Hrsg.), Bewegung bis ins Alter, Bonn 1980.

*Dieckert, J.* (Hrsg.): Freizeitsport, Bertelsmann, Düsseldorf 1974.

*Diem, C.*: Sport im Alter, in: *Plessner, H., Beck, H.-E., Grupe, O.* (Hrsg.), Sport und Leibeserzeihung, Piper, München 1973, 3. Aufl.

*Diem, L.*: Aktiv bleiben. Lebenstechnik ab 40, Deutsche Verlagsanstalt, Stuttgart 1974.

*Dietrich, K., Hengesch, G.*: Rhythmische Gymnastik in der Psychiatrie, *Krankengymnastik* 25 (1973).

*Dilthey, W.*: Ideen über eine beschreibende und zergliedernde Psychologie, *Sitzungsbericht der Kgl. Preuß. Akad. d. Wiss.* XXIX, 1894, 2. Hbd.

*Dimond, St.*: The Double Brain, Williams & Wilkins. Baltimore 1972.

*Dornes, M.*: Der kompetente Säugling, Fischer, Frankfurt 1993.

*Douglas, M.*: Ritual, Tabu und Körpersymbolik, Suhrkamp, Frankfurt 1984.

*Dreyfuss, H.L.* (1986): Alternative philosophische Konzeption in der Psychopathologie. - In: *Métraux, A., Waldenfels, B.* (Hrsg.), Leibhaftige Vernunft, Fink: München, 1986, 276-288.

*Drigalski, D.v.*: Blumen auf Granit, Ullstein, Berlin 1980.

*Dropsy, J., Sheleen, L.*: (1977): Maîtrise Corporelle und menschliche Beziehungen. - In: *Petzold, H.G.*: Psychotherapie und Körperdynamik, Junfermann, Paderborn 1977, 39-58.

651

*Dröes, R.-M.*: Psychomotorische Therapie voor demente bejaarden? Doctoraal Scriptie, Vrije Universiteit Amsterdam, Interfaculteit Lichamelijke Opvoeding, Amsterdam 1981.

*Duche, D.J., Stork, H., Tomkiewicz, S.*: Les psychoses infantiles, Masson, Paris 1969.

*Duerr, H.P.*: Traumzeit. Über die Grenze zwischen Wildnis und Zivilisation, Suhrkamp, Frankfurt 1978.

*Duhm, D.*: Angst im Kapitalismus, Kübler, Lampertheim 1984.

*Duhm, D.*: Aufbruch zur neuen Kultur, Knaur, München 1984.

*Dumazedier, J.*: Symposion. Sport und Lebensalter, in: *Grupe, O.* (Hrsg.), Sport in unserer Welt. Chancen und Probleme, Springer, Berlin/Heidelberg, New York 1973.

*Dunning, L., Elias, N.*: Sport im höfischen Zeitalter, Lit Verlag, Münster 1979.

*Dürckheim, K.v.*: Der Alltag als Übung, Huber, Bern 1964; 1972[2].

*Dürckheim, K.*: Sportliche Leistung - menschliche Reife, Limpert, Frankfurt 1969.

*Dürckheim, K.*: Hara - die Erdmitte des Menschen, O.W. Barth, Weilheim 1972.

*Dürckheim, K.v.*: Vom Leib, der man ist, in initiatischer und pragmatischer Sicht, in: *Petzold, H.*: Psychotherapie und Körperdynamik, Junfermann, Paderborn 1974, 11-27.

*Dürckheim, K.v.*: Initiatische Therapie als Form transpersonaler Psychotherapie, *Integrative Therapie* 3 (1984) 218-223.

*Dychtwald, K.*: Körperbewußtsein, Synthesis Verlag, Essen 1981.

*Eccles, J.C.*: Das Gehirn des Menschen, Piper, München 1975.

*Eckert, H.M.*: Physical Activity and Developmental Aspects of Aging, in: *Simri, U.*, Physical exercise and activity for the aging, Wingate Institute for Physical Education and Sports, New York 1975, 221-228.

*Eckert, W.*: Der Sport in der zweiten Lebenshälfte unter besonderer Berücksichtigung des Ausdauertrainings und dessen Bedeutung in der Prävention und Rehabilitation der Herz-Kreislaufkrankheiten, *Dt. Z. f. Sportmedizin* 29 (1978) 378-384.

*Ehrenfried, L.*: De l'Education du Corps à l'Equilibre de l'Esprit. - Aubier-Montaigne, Paris, 1956.

*Eichberg, H.*: Das Fortschreiten der Körper und die Kolonialisierung des Raumes, Münster 1983.

*Eitner, S., Rühland, W., Siggelkow, H.*: Die Rolle von Körperkultur und Sport für die Gesunderhaltung des alternden und gealterten Menschen, in: *Eitner, S., Rühland, W., Siggelkow, H.* (Hrsg.), Praktische Gerohygiene, Steinkopff, Darmstadt 1975.

*Eitner, S.*: Gerohygiene, VEB Volk und Gesundheit, Berlin 1966.

*Ekman, P.*: Gesichtsausdruck und Gefühl, Junfermann, Paderborn 1988.

*Elias, N., Dunning, E.*: Sport im Zivilisationsprozeß, Lit-Verlag, Münster 1983.

*Elias, N.*: Über den Prozeß der Zivilisation, 2 Bde., Suhrkamp, Frankfurt 1986.

*Ellenberger, H.F.*: Die Entdeckung des Unbewußten, 2 Bde., Huber, Bern 1973.

*Elsaesser, P.S.*: Wenn sie dir zu nahe kommen, Beltz, Weinheim 1982.

*Elsayed, M., Ismail, A.H., Young, R.J.*: Intellectual differences of adult men related to age and physical fitness before and after an exercise program, *Journal of Gerontology* 3 (1980) 383-387.

*English, F.*: Transaktions- und Skriptanalyse, Hrsg. *Petzold, H., Paula, M.*, Wissensch. Verlag Altmann, Hamburg 1976.

*Epstein, L.J., Simon, A.*: Social, psychological and physical factors in mental health and illness in old age, Verlag der Wiener medizinischen Akademie, Wien 1966.

*Erdheim, M.*: Die gesellschaftliche Produktion von Unbewußtheit. Eine Einführung in den ethnopsychoanalytischen Prozeß, Suhrkamp, Frankfurt 1982.

*Erickson, D.J.*: Exercise for the older adult, *The Physician and Sports Medicine*, Oct. (1978) 99-107.

*Erikson, E.H.*: Kindheit und Gesellschaft, Klett, Stuttgart 1957.

*Erikson, E.H.*: Enfants et société, Delacroix et Niestlé, Neuchâtel 1959.

*Erikson, E.H.*: Identität und Lebenszyklus, Suhrkamp, Frankfurt 1966.

*Erickson, M., Rossi, E.E.*: Hypnotherapie. Aufbau-Beispiele-Forschungen, Pfeiffer, München 1981.

*Ernst, C., Luckner, N.V.*: Stellt die Frühkindheit die Weichen? Eine Kritik der Lehre von der schicksalshaften Bedeutung erster Erlebnisse, Enke, Stuttgart 1987.

*Eschenröder, Ch.*: Hier irrte Freud, Urban & Schwarzenberg, München 1984.

*Espenak, L.*: Dance Therapy: Theory and Application, Springfield 1981.

*Fagan, J., Shepherd, I.*: Gestalt Therapy Now, Harper & Row, New York 1971[2].

*Falk, I.*: Der Allgemeinarzt und die Geriatrie, *Deutsches Ärzteblatt* 2 (1982).

*Federn, P.*: Ichpsychologie und die Psychosen, Huber, Bern 1966.

*Feldenkrais, M.*: Bewußtheit durch Bewegung, Suhrkamp, Frankfurt 1978.

*Fengler, J.*: Soziologische und sozialpsychologische Gruppenmodelle, in: *Petzold, Frühmann* (1986) I, 33-108.

*Fensterle, G.*: Gymnastik für ältere Menschen, *Gymnastik und Rhythmus* 7 (1975) 10-13.

*Ferenczi, S., Rank, O.*: Entwicklungsziele der Psychoanalyse, Internationaler Psychoanalytischer Verlag, Wien, Leipzig, Zürich 1924.

*Ferenczi, S.*: (1908) Psychoanalyse und Pädagogik, Bausteine III, 9-22.

*Ferenczi, S.*: (1911) Erkenntnis des Unbewußten, Bausteine III, 26-32.

*Ferenczi, S.*: (1912) Über passagere Symptombildung während der Analyse, Bausteine II, 588-596.

*Ferenczi, S.*: (1913) Entwicklungsstufen des Wirklichkeitssinnes, Schriften I, 148-163.

*Ferenczi, S.*: (1913-1923) Erfahrungen und Beispiele aus der analytischen Praxis, Bausteine III, 47-57.

*Ferenczi, S.*: (1919a) Technische Schwierigkeiten einer Hysterieanalyse, Bausteine III, 119-128.

*Ferenczi, S.*: (1919b) Hysterische Materialisationsphänomene (Gedanken zur Auffassung der hysterischen Konversion und Symbolik), Bausteine III, 129-147.

*Ferenczi, S.*: (1921a) Weiterer Ausbau der „aktiven Technik" in der Psychoanalyse, Schriften II, 74-91.

*Ferenczi, S.*: (1921b) Beitrag zum Verständnis der Psychoneurosen des Rückbildungsalters, Bausteine III, 180-188.

*Ferenczi, S.*: (1922) Zur Psychoanalyse der paralytischen Geistesstörung, Bausteine III, 189-212.

*Ferenczi, S.*: (1923) Der Traum vom „Gelehrten Säugling", Bausteine III, 218-219.

*Ferenczi, S.*: (1924a) Über forcierte Phantasien, Schriften II, 138-146.

*Ferenczi, S.*: (1924b) Versuch einer Genitaltheorie, Schriften II, 317-402.

*Ferenczi, S.*: (1926a) Aktuelle Probleme der Psychoanalyse, Bausteine III, 332-346.

*Ferenczi, S.*: (1926b) Kontraindikationen der aktiven psychoanalytischen Technik, Schriften II, 182-193.

*Ferenczi, S.*: (1927/28) Die Elastizität der psychoanalytischen Technik, Bausteine III, 380-398.

*Ferenczi, S.*: (1927a) Die Anpassung der Familie an das Kind, Bausteine III, 247-366.

*Ferenczi, S.*: (1927b) Probleme bei der Beendigung der Analysen, Bausteine III, 367-379.

*Ferenczi, S.*: (1928) Über den Lehrgang des Psychoanalytikers, Bausteine III, 413-432.

*Ferenczi, S.*: (1929) Relaxationsprinzip und Neokartharsis, Bausteine (1964) III, 468-489.

*Ferenczi, S.*: (1929a) Das unwillkommene Kind und sein Todestrieb, Bausteine (1964) III, 446-452.

*Ferenczi, S.*: (1931) Kinderanalysen mit Erwachsenen, Bausteine III, 490-510.

*Ferenczi, S.*: (1932) Sprachverwirrung zwischen den Erwachsenen und dem Kind. (Die Sprache der Zärtlichkeit und der Leidenschaft), Bausteine III, 511-525.

*Ferenczi, S.*: (1932/1985) Journal clinique, Payot, Paris 1985; dtsch. Ohne Sympathie keine Heilung. Das klinische Tagebuch von 1932, S. Fischer, Frankfurt 1988.

*Ferenczi, S.*: (1932a) Suggestion in (nach) der Analyse, Bausteine IV, 282-283.

*Ferenczi, S.*: (1932b) Schweige-Technik, Bausteine IV, 268-269.

*Ferenczi, S.*: (1933) Freuds Einfluß auf die Medizin, Bausteine (1964) III, 526-543.

*Ferenczi, S.*: Further contributions to the theory and technique of psychoanalysis, Hogarth Press, London 1926c, 1950[2].

*Ferenczi, S.*: Final contributions to the problems and methods of psychoanalysis, Basic Books, New York 1955.

*Ferenczi, S.*: Thalassa, Payot, Paris 1962.

*Ferenczi, S.*: Bausteine zur Psychoanalyse, 4 Bde. Huber, Bern 1964 (Bausteine).

*Ferenczi, S.*: Oeuvres complètes, 4 Bde., Payot, Paris 1968ff.

*Ferenczi, S.*: Schriften zur Psychoanalyse, (Hrsg. M. Balint), Fischer, Frankfurt 1972, 1982 (Schriften).

*Ferenczi, S.*: Ohne Sympathie keine Heilung. Fischer, Frankfurt 1988.

*Ferguson, M.*: Die sanfte Verschwörung, Knaur, München 1984.

*Ferretti, M.*: Laser, Mazer, Hologramme, Franzis, München 1977.

*Fersh, D.E.*: Dance/Movement therapy: A holistic approach to working with the elderly, *American Jounal of Dance therapy* 3 (1980) 33-43.

*Feudel, E.*: Durchbruch zum Rhytmischen in der Erziehung, Ernst Klett Verlag, Stuttgart 1965, 1974[2].

*Feudel, E.*: Rhythmisch-musikalische Erziehung, Mösseler-Verlag, Wolfenbüttel 1956.

*Feyerabend, P.*: Wider den Methodenzwang, Suhrkamp, Frankfurt 1976.

*Fine, R., Dally, D., Fine, L.*: Psychotanz als Übungsverfahren der Methode der Psychotherapie, in: *Petzold* (1974j) 79-104.

*Fittkau, B.* (Hrsg.): Transpersonale Psychologie. Schwerpunktheft *Integrative Therapie* 3 (1984) 191-289.

*Fixx, J.*: Das komplette Buch vom Laufen, Fischer, Frankfurt 1979.

*Flavell, J.H.*: Rollenübernahme und Kommunikation bei Kindern, Beltz, Weinheim 1975.

*Flitner, A.*: Das Kinderspiel, Piper, München 1975.

*Forer, B.R.*: The Taboo against Touching in Psychotherapy. *Psychotherapy Theory: Research and Practice* 6 (1969) 229-231.

654

*Forest, J. de*: The leaven of love, Victor Gollancz, London 1954.

*Forrester, J.W.*: Industrial Dynamics, MIT-Press, Cambridge 1961.

*Forrester, J.W.*: Grundsätze einer Systemtheorie, Gabler, Wiesbaden 1972.

*Foucault, M.*: Überwachen und Strafen, Suhrkamp, Frankfurt 1977.

*Foucault, M.*: Die Subversion des Wissens, Ullstein, Frankfurt 1978.

*Frank, R.*: Leistungssteigerung im Sport durch posthypnotische und autogene Suggestionen, Unidruck, München 1975.

*Frank, R.*: Zur Ausbildung in körperorientierter Psychotherapie, *Integrative Therapie*, 2/3 (1976) 103-108.

*Frank, R.*: Das Konzept des Widerstandes in der Bioenergetischen Analyse. - In: *Petzold, H.* (Hrsg.): Widerstand - ein strittiges Konzept in der Psychotherapie. Junfermann, Paderborn 1981, 301-324.

*Franson, M.*: Holographie, Springer, Berlin 1972.

*Franzke, E.*: Der Mensch und sein Gestaltungserleben, Huber, Bern 1979.

*Franzke, E.*: Märchen in der Psychotherapie, Huber, Bern 1986.

*Frekany, G., Leslie, D.*: Effects of an exercise program of selected flexibility measurements of senior citizens, *Gerontologist* 15 (1975) 182.

*Freud, A.*: Das Ich und die Abwehrmechanismen, Kindler, München 1968.

*Freud, A.*: Schwierigkeiten der Psychoanalyse in Vergangenheit und Gegenwart, Fischer, Frankfurt 1969.

*Freud, A.*: Child analysis as a subspecialty, *Int. J. Psychoanal.* 53 (1972) 151-156.

Freud, A.: Changes in psychoanalytic practice and experience, *Int. J. Psychoanal.* 57 (1976) 227-260.

*Freud, A.*: Diskussionsbeiträge, *Int. J. Psychoanal.* 57 (1976a) 261-274; 451-460.

*Freud, S.*: (1893) Zur Psychotherapie der Hysterie, GW I, 252-312.

*Freud, S.*: (1899a) Über Deckerinnerungen, GW I, 529-554.

*Freud, S.*: (1900a) Die Traumdeutung, GW II/III, 1-642.

*Freud, S.*: (1905d) Drei Abhandlungen zur Sexualtheorie, GW V, 27-145.

*Freud, S.*: (1909c) Der Familienroman des Neurotikers, GW VII, 225-231.

*Freud, S.*: (1909d) Bemerkungen über einen Fall von Zwangsneurose, GW VII, 379-463.

*Freud, S.*: (1912b) Zur Dynamik der Übertragung, GW VIII, 363-374.

*Freud, S.*: (1912c) Ratschläge für den Arzt bei der psychoanalytischen Behandlung, GW VIII, 375-387.

*Freud, S.*: (1913c) Weitere Ratschläge zur Technik der Psychoanalyse: I, Zur Einleitung der Behandlung, GW VII, 443-478.

*Freud, S.*: (1914g) Weitere Ratschläge zur Technik der Psychoanalyse. Erinnern, Wiederholen, Durcharbeiten, GW X, 125-136.

*Freud, S.*: (1915a) Weitere Ratschläge zur Technik der Psychoanalyse. Bemerkungen über die Übertragung, GW X, 315-321.

*Freud, S.*: (1915c) Das Unbewußte, GW X, 263-303.

*Freud, S.*: (1918b) Aus der Geschichte einer infantilen Neurose, GW XII, 27-157.

*Freud, S.*: (1920) Jenseits des Lustprinzips, GW XIII, 1-69.

*Freud, S.*: (1923a) „Psychoanalyse" und „Libidotherorie", GW XIII, 209-233.

*Freud, S.*: (1923b) Das Ich und das Es, GW XIII, 235-289.

*Freud, S.*: (1924b) Der Untergang des Ödipuskomplexes, GW XIII, 393-402.

*Freud, S.*: (1930a) Das Unbehagen in der Kultur, GW XIV, 419-506.

*Freud, S.:* (1933) Neue Folge der Vorlesungen zur Einführung in die Psychoanalyse, GW XV.

*Freud, S.:* (1937c) Die endliche und die unendliche Analyse, GW XVI, 57-100.

*Freud, S.:* (1940) Abriß der Psychoanalyse, GW XVII, 63-140.

*Freud, S.:* Gesammelte Werke, Imago, London 1943ff; Fischer, Frankfurt 1950ff.

*Freud, S.:* (1955) "L'homme aux rats", Journal d'une analyse, Hrsg. E.R. Hawelka, P.U.F. Paris 1974.

*Freud, S., Abraham, K.:* Briefe, 1907-1926, hrsg. von *H.C. Abraham* und *E.L. Freud*, Fischer, Frankfurt 1965.

*Freudenberger, H.J.:* Das Erschöpfungssyndrom von Mitarbeitern in alternativen Einrichtungen, in: *Petzold, H.G., Vormann, G.,* Therapeutische Wohngemeinschaften, Pfeiffer, München 1980, 88-104.

*Freundlich, D.:* Geburtstrauma und die „Geburtstherapien", *Gestalt-Bulletin* 1/2 (1981) 69-82.

*Friedrich-Barthel, M.:* Rhythmik zwischen Pädagogik und Psychotherapie, Frankfurt 1975.

*Frings-Keyes, M.:* The Inward Jorney. Celestial Art Press, Millbrae, California 1974.

*Frohne, I.:* Musiktherapie mit alten Menschen, in: *Petzold, H., Bubolz, E.,* Psychotherapie mit alten Menschen, Junfermann, Paderborn 1979.

*Frohne, I.:* Das Rhythmische Prinzip, Lilienthal 1981.

*Frohne, I.:* Musik und Gestalt. Klinische Musiktherapie, Junfermann, Paderborn 1988g (im Druck).

*Frostholm, B.:* Leib und Unbewußtes. Freuds Begriff des Unbewußten interpretiert durch den Leib-Begriff Merleau-Pontys, Bouvier, Bonn 1978.

*Frostig, M.:* Bewegungserziehung. Neue Wege der Heilpädagogik, Reinhardt München 1975.

*Frühmann, R.:* Das mehrperspektivische Gruppenmodell im „Integrativen Ansatz" der Gestalttherapie, in: *Petzold, H., Frühmann, R.:* Modelle der Gruppe in Psychotherapie und psychosozialer Arbeit, Bd. I. Junfermann, Paderborn 1986, 225-283.

*Frühmann, R.:* Die Lehranalyse in der Integrativen Therapie, in: *Frühmann, Petzold* (1993).

*Frühmann, R., Petzold, H.:* Lehrjahre der Seele, Junfermann, Paderborn 1993.

*Fuchs, M.:* Funktionelle Entspannung, Hippokrates, Stuttgart 1974.

*Fürstenau, P.:* Praxeologische Grundlagen der Psychoanalyse, Handbuch der Psychologie VIII, I, 847-888, Hogrefe, Göttingen 1977.

*Fürstenau, P.:* Zur Theorie psychoanalytischer Praxis, Klett-Cotta, Stuttgart 1979.

*Gabler, H.:* Altengymanstik, in: *Bauer, R., Betsch, W.,* Beiträge zur Altengymnastik, 2. Aufl., Stuttgart 1977, 75-78.

*Gabler, H.:* Die Praxis im Altensport, in: *Stroetges, K.,* Sport im Alter, Verband Sport für betagte Bürger NRW, Mönchengladbach 1978.

*Gadamer, H.G.:* Wahrheit und Methode, Mohr, Tübingen 1965.

*Gadamer, H.G.:* Rhetorik, Hermeneutik und Ideologiekritik. Metakritischer Erörterungen zu „Wahrheit und Methode", in: *Apel, O. et al.,* Hermeneutik und Ideologiekritik, Suhrkamp, Frankfurt 1982.

*Gagné, R.M.:* Die Bedingungen des menschlichen Lernens, Schroedel, Hannover 1969.

*Galenus, C.:* Claudii Galeni Opera Omnia, Hrsg. C.G. Kühn, 20 Bde. Leipzig 1821-1830.

*Gardiner, M.*: Der Wolfsmann vom Wolfsmann, Fischer, Frankfurt 1972.

*Garnet, E.D.*: A movement therapy for older people, in: Mason, K. C., Dance Therapy, AAHPER, Washington 1977.

*Gazzaniga, M.*: The Bisected Brain, Appleton-Century-Croft, New York 1970.

*Gazzaniga, M.*: Das erkennende Gehirn, Junfermann, Paderborn 1989.

*Gehlen, A.*: Der Mensch. Seine Natur und seine Stellung in der Welt, Junker & Dünnhaupt, Berlin 1940; Athäneum 1966.

*Gehlen, A.*: Zeit-Bilder, Athäneum, Frankfurt 1960.

*Gehrke, C.*: Ich habe einen Körper, Matthes & Seitz, München 1981.

*Geller, L.*: Körperliche und geistige Aktivität im Alter, *Altenheim* 11 (1971) 274-276.

*Gia-Fu-Feng, L.* Tai Chi: A way of centering and I Ching, Collier Macmillan, London 1970.

*Gibson, J.J.*: Senses considered as perceptual systems, Houghton-Mifflin, Boston 1966.

*Gibson, J.J.*: The ecological approach to visual perception, Houghton-Mifflin, Boston 1979.

*Giegerich, W.*: Atombombe und Seele, in: *Petzold, H.*, Psychotherapie und Friedensarbeit, Junfermann, Paderborn 1986, 127-161.

*Glaser, V.*: Sinnvolles Atmen, Lüttle, Berlin 1957.

*Glaser, V.*: Sinnvolle Gymnastik durch aktives Dehnen, Haug, Bad Homburg 1970.

*Glaser, V.*: Eutonie, Heidelberg 1981.

*Goertzel, V., May, P.R., Salkin, J., Shoop, T.*: Body-Egotechnique: An approach to the schizophrenic patient, *J. Neurol. Mental Diseae* 1 (1965) 53-60.

*Goldfried, M.R., Kent, R.N.*: Traditional versus behavioral personality assesment, *Psychological Bulletin* 77 (1972) 404-420.

*Goldfried, M.R., Wachtel, P.L.*: Clinical and conceptual issues in psychotherapy Integration: A Dialogue, *Journal of Integrative and Eclectic Psychotherapy* 2 (1987) 131-144.

*Goldstein, K.*: Der Aufbau des Organismus, Den Haag 1934.

*Goodman, P.*: Aufwachsen im Widerspruch, Darmstädter Blätter, Darmstadt, o.J.

*Goodman, P.*: The may pamphlet; in: Art and Social Nature, Vinco Publishing Company, New York 1946.

*Goodman, P.*: Utopian Essays and practical proposals, Vintage, New York 1962.

*Goodman, P.*: Making do, Random House, New York 1964.

*Goodman, P.*: Nature Heals, Dutton, New York 1978.

*Goodman, P.*: People or personal, Vintage, New York 1967.

*Goodman, P.*: Speaking and language. The defense of poetry, Random House, New York 1971.

*Goodman, P.*: Das Verhängnis der Schule, Fischer, Athenäum, Frankfurt 1975.

*Goodman, P.*: Anarchistisches Manifest, Büchse der Pandora, Telgte 1977a.

*Goodman, P.*: Creator spirit come. Literary essays, Free Life Edition, New York 1977b.

*Gordijn, C.F.*: Wat beweegt ons, Bosch & Keuning, Baarn 1975.

*Gore, I.Y.*: Physical activity and aging: A survey of Soviet literature, *Gerontologica Clinica* 14 (1972) 65-85.

*Goux, J.-J.*: Freud, Marx, Ökonomie und Symbolik, Suhrkamp, Frankfurt 1975.

*Göllnitz, G., Schulz-Wulf, G.*: Rhythmisch-psychomotorische Musiktherapie, Jena 1976.

*Granzow, St.*: Das autobiographische Gedächtnis, Quintessenz, Berlin 1994.

*Graubner, H.*: Leib- und Atemtherapie und die komplexe Psychologie C.G. Jungs, Vortrag Fritz-Perls Institut, Düsseldorf 1975.

*Grawe, K.*: Heuristische Psychotherapie. Eine schematheoretisch fundierte Konzeption des Psychotherapieprozesses, *Integrative Therapie* 4 (1988) 309-325.

*Grawe, K.*: Psychotherapeutische Verfahren im wissenschaftlichen Vergleich, *Praxis der Psychotherapie und Psychosomatik* 33 (1988) 153-167.

*Grawe, K., Donati, R., Bernauer, P.*: Psychotherapie im Wandel. Von der Konfession zur Profession, Hogrefe, Göttingen 1994.

*Groddeck, G.W.*: Das Buch vom Es (1923), Limes, Wiesbaden 1961.

*Groddeck, G.W.*: Der Seelensucher. Ein psychoanalytischer Roman, Internationaler Psychoanalytischer Verlag, Leipzig, Wien 1921.

*Grof, St.*: Folgerungen aus der Bewußtseinsforschung für die Psychotherapie und Selbsterfahrung, *Integrative Therapie* 3/4 (1985a) 290-300.

*Grof, St.*: Jenseits des Todes, An den Toren des Bewußtseins, Kösel, München 1985b.

*Guattari, F.*: Maschine und Struktur, in: Psychotherapie, Politik und die Aufgaben der institutionellen Analyse, Frankfurt 1976.

*Guattari, F.*: Schizoanalyse und Wunschenergie, Bremen 1982.

*Gunther, B.*: Sense Relaxation. Below your Mind, Collier, New York 1969; dtsch. Bärmeier & Nickel 1969.

*Gurwitsch, A.*: Das Bewußtseinsfeld, De Gruyter, Berlin 1974.

*Gurwitsch, A*: Studies in Phenomenology and Psychology, North Western Univ. Press, Evanston 1966.

*Gutman, G.M., Herbert, C.P., Brown, S.R.*: Feldenkrais versus conventional exercises for the elderly, *Journal of Gerontology* 32 (1977) 562-572.

*Günther, H.*: Historische Grundlinien der deutschen Rhythmusbewegung, in: *Bunner/Röthig* (Hrsg.): Grundlagen und Methoden rhythmischer Erziehung, Stuttgart 1971.

*Haas, W., Anagnostu, D., Lang, E.* et al.: Leistungsfähigkeit und Leistungsanamnese älterer Langstreckenläufer, *Münchener med. Wochenschr.* 112 (1970) 1504-1510.

*Habermas, J.*: Erkenntnis und Interesse, Suhrkamp, Frankfurt 1968, 1971[2].

*Habermas, J.*: Zur Logik der Sozialwissenschaften, Suhrkamp, Frankfurt 1970.

*Habermas, J.*: Theorie und Praxis, Suhrkamp, Frankfurt 1971.

*Habermas, J.*: Vorbereitende Bemerkungen zu einer Theorie der kommunikativen Kompetenz, in: *Habermas, J., Luhmann, N.*, Theorie der Gesellschaft oder Sozialtechnologie, Suhrkamp, Frankfurt 1971, 101-141.

*Habermas, J.*: Kultur und Kritik, Suhrkamp, Frankfurt 1973a.

*Habermas, J.*: Philosophische Anthropologie 1973b, in: *Habermas* (1973a).

*Habermas, J.*: Wahrheitstheorien, in: *Fahrenbach, H.*, Wirklichkeit und Reflexion, Neske Verlag, Pfullingen 1973c, 211-266.

*Habermas, J.*: Zur Rekonstruktion des historischen Materialismus, Suhrkamp, Frankfurt 1976.

*Habermas, J.*: Der Universalitätsanspruch der Hermeneutik (1980a), in: *Apel et al.* (1980) 120-149.

*Habermas, J.*: Zu Gadamers „Wahrheit und Methode", in: *Apel et al.* (1980) 45-57.

*Habermas, J.*: Theorie des kommunikativen Handelns, 2 Bde., Suhrkamp, Frankfurt 1981.

*Habermas, J.*: Vorstudien und Ergänzungen zur Theorie des kommunikativen Handelns, Suhrkamp, Frankfurt 1984a.

*Habermas, J.*: Handlungen, Operationen, körperliche Bewegungen (1984b), in: *Habermas* 1984a, 273-306.

*Habermas, J., Luhmann, N.*: Theorie der Gesellschaft oder Sozialtechnologie? Was leistet die Systemforschung, Suhrkamp, Frankfurt 1971.

*Habersetzer, R.*: Kung Fu, Edition Amphora, Paris 1976.

*Haddenbrock, S., Mederer, S.*: Tänzerische Gruppenausdrucksgymnastik in der Psychosebehandlung, *Zeitschr. Psychother. Med. Psychol.* 6 (1960).

*Hagehülsmann, H.*: Begriff und Funktion von Menschenbildern in Psychologie und Psychotherapie, in: *Petzold* (1984a) I, 9-44.

*Halhuber, M.J.*: Zur Frage der körperlichen Belastbarkeit alternder und alter Menschen, *Medizin des alternden Menschen* 1 (1971) 33-36.

*Hall, R.*: The Loomi School, Loomi Press, Los Angeles, Mill Valley 1970.

*Hanna, Th.*: Human aging and physical activity, *Somatics* 4 (1982) 16-20.

*Harlow, H.F.*: Total social isolation: Effects on Macaque monkey behavior, *Science*, Bd. 148, Nr. 3670 (1965).

*Harnisch, H.*: Sport und Training im höheren Lebensalter, *Zahnärztliche Mitteilungen* 61 (1971) 607-612.

*Harter, S.*: Effectance motivation reconsidered: towards a developmental model, *Human Development* 21 (1978) 34-68.

*Harter, S.*: Psychotherapy as a reconstructive process: implications of integrative theories for outcome research, *International Journal of Personal Construct Psychology* 1 (1988) 349-367.

*Hartig, M.*: Selbstkontrolle, Urban & Schwarzenberg, München 1974.

*Hartmann-Kottek-Schröder, L.*: Gestalttherapie. - in: *Corsini, R.*, Handbuch der Psychotherapie, Beltz, Weinheim, 1983, Bd. I, 281-320.

*Hausmann, B.*: Integrative Bewegungstherapie in der Arbeit mit frühgestörten und psychotischen Patienten, 3. Jahrestagung der „Deutschen Gesellschaft für Integrative Bewegungstherapie" vom 26.-28. Oktober 1984, Fritz Perls Akademie, Hückeswagen, Beversee; erw. in, *Petzold, H., Orth, I.*, Die neuen Kreativitätstherapien, Junfermann 1989.

*Hausmann, B.*: Arbeit mit Seilen in der Integrativen Bewegungstherapie mit Psychosepatienten, *Integrative Therapie* 2/3 (1987) 269-274.

*Hausmann, B., Neddermeyer, R.*: Bewegt Sein, Junfermann, Paderborn 1995.

*Hegel, G.F.W.*: Ästhetik, hrsg. v. F. Bassenge, Berlin 1955.

*Hegel, G.F.W.*: Werke in zwanzig Bänden, Suhrkamp, Frankfurt 1971.

*Heidegger, M.*: Sein und Zeit, Mohr, Tübingen 1967.

*Heimann-Knoch, M., de Rijke, J., Schachtner, Ch.*: Alltag im Alter, Campus, Frankfurt 1985.

*Heinl, H., Petzold, H.G., Fallenstein, A.*: Das Arbeitspanorama, in: *Petzold, H.G., Heinl, H.*, Psychotherapie und Arbeitswelt, Junfermann, Paderborn 1983.

*Heinl, H., Spiegel-Rösing, I.*: Integrative Gestalttherapie und Orthopädie, *Integrative Therapie* 1 (1978).

*Heinl, H.*: Körper und Symbolisierung, in: *Integrative Therapie* 3/4 (1985) 227-232.

*Heinl, P.*: Die Interaktionskulptur, in: *Integrative Therapie* 1/2 (1986) 77-109.

*Heitler, S.*: Conflict Resolution: A Framework for Integration, *J. of Integrat. Eclect. Psychother.* 3 (1987) 334-350.

*Hekerens, H.-P.:* Aspekte der Berufstätigkeit von Gestalttherapeuten - Ergebnisse einer Umfrage, *Integrative Therapie* 1/2 (1984).

*Hemminger, H., Becker, V.:* Wenn Therapien schaden. Kritische Analyse einer psychotherapeutischen Fallgeschichte, Rowohlt, Reinbek 1985.

*Hemminger, H.:* Flucht in die Innenwelt, Ullstein, Frankfurt 1980.

*Henry, F.:* Increased Response Latency for Complicated Movements and a „Memory Drum" Theory of Neuromotor Reaction. *Research Quarterly* 31.3 (Oct. 1960) 449.

*Hentig, H. v.:* „Komplexitätsreduktion" durch Systeme oder „Vereinfachung" durch Diskurse? in: *Maciejewski, F.* (Hrsg.), Theorie der Gesellschaft oder Sozialtechnologie. Beiträge zur Habermas-Luhmann-Diskussion, Suhrkamp, Frankfurt 1975.

*Hermann, I.:* Ordnungssinn und Gestaltwerden im Zusammenhang mit der Sittlichkeit, *Zeitschrift für Angewandte Psychologie* 20 (1922) 391-413.

*Hermann, I.:* Urwahrnehmungen, insbesondere Augenleuchten und Lautwerden des Inneren., *Internationale Zeitschrift für Psychoanalyse* 20 (1934a) 553-555.

*Hermann, I.:* Die Psychoanalyse als Methode, Internationaler Psychoanalytischer Verlag, Wien 1934; 2. neubearbeitete Aufl., Westdeutscher Verlag, Köln/Opladen 1963.

*Hermann, I.:* Sich-Anklammern - auf Suche-gehen, *Internationale Zeitschrift für Psychoanalyse* 22 (1936) 349-370.

*Hermann, I.:* Anklammerung, Feuer, Schamgefühl, *Int. Zeitschrf. f. Psychoanal./Imago* 26 (1941) 552-537.

*Hermann, I.:* Psychologie und Psychopathologie des Auswahldenkens, *Pszichológiai Tanolmányok* 2 (1959) 345-353 (ungarisch).

*Hermann, I.:* L'instinct filial, Denoël, Paris 1972.

*Hermann, I.:* Psychanalyse et logique, Denoël, Paris 1978.

*Hermann, Th.:* Anmerkungen zum Theoriepluralismus in der Psychologie, in: *Diemer, A.,* Der Methoden und Theorienpluralismus in den Wissenschaften, Hain, Meisenheim 1971.

*Hernegger, R.:* Der Mensch auf der Suche nach Identität, Habelt, Bonn 1978.

*Herrigel, E.:* Die Kunst des Bogenschießens, Barth, München 1960.

*Herzka, H.S.:* Die Sprache des Säuglings, Schwabe, Basel 1967.

*Herzog, W.:* Die wissenschaftstheoretische Problematik der Integration psychotherapeutischer Methoden, in: *Petzold, H.,* Methodenintegration in der Psychotherapie, Junfermann, Paderborn 1982, 9-31.

*Herzog, W.:* Modell und Theorie in der Psychologie, Hogrefe, Göttingen 1984a.

*Herzog, W.:* Diskrepanzen und Modell: Auf der Suche nach dem Gegenstand der Psychologie. - *Z. Klin. Psychol. Psychopathol. Psychother.* 1 (1984b) 21-42.

*Herzog, W.:* Der Körper als Thema der Pädagogik, in: *Petzold* (1985g) 259-302.

*Hettinger, T.:* Fit sein fit bleiben. Isometrisches Muskeltraining für den Alltag, Thieme, Stuttgart 1969.

*Heuser, H.:* Bewegungslernen, Limpert, Stuttgart 1983.

*Heyer-Grothe, L.:* Atemschulung als Element der Psychotherapie, Wissensch. Buchgesellsch., Darmstadt 1970.

*Hildegard von Bingen:* Welt und Mensch. De operatione Dei, Otto Müller Verlag, Salzburg 1965a.

*Hildegard von Bingen:* Briefwechsel, hrsg. von Adelgundis Führkötter, O. Müller Verlag, Salzburg 1965b.

*Hildegard von Bingen*: Wisse die Wege. Sci vias, Otto Müller Verlag, Salzburg 1972.

*Hildegard von Bingen*: Naturkunde, Otto Müller Verlag, Salzburg 1974.

*Hill, K.*: Dance for physically disabled persons, AAHPER, Washington 1976.

*Hille, J.*: Gestaltberatung, in: *Gruppendynamik* 2 (1982) 91-105.

*Hochrein, M., Schleicher, I.*: Vorschläge für eine gesunde Lebensführung des älteren Menschen, *Zeitschrift Gerontologie* 1 (1968) 111-126.

*Hochrein, M.*: Sporttherapie bei der Rehabilitation von Alterskrankheiten, *Sportmedizin* 9 (1958) 126-134.

*Hörmann, H.*: Meinen und Verstehen. Grundzüge einer psychologischen Semantik, Suhrkamp, Frankfurt 1978

*Hodgson, J.L., Buskirk, E.R.*: Physical fitness and age, with emphasis on cardiovascular function in the elderly, *Journal of the American Geriatrics Society* 9 (1977) 385-392.

*Hoellering, A.*: Zur Theorie und Praxis der rhythmischen Erziehung. Carl Marhold, Verlagsbuchhandlung, Berlin 1986.

*Hoffmann, W.*: Ein neuer Ansatz für die offene Altenarbeit. Die Schwimmkurse des Arbeiter-Samariter-Bundes in München, KDA-Informationen über Dienste in der Altenhilfe, Köln (1978) 1-12.

*Hoffmann-Axthelm, D.*: Sinnesarbeit. Nachdenken über Wahrnehmung, Campus, Frankfurt 1984.

*Hofmarkrichter, K.*: Das Orff-Schulwerk bei tauben, schwerhörigen und sprachkranken Kindern, in: *Wolfgart, H.* (Hrsg.): Das Orff-Schulwerk im Dienste der Erziehung und Therapie behinderter Kinder, Berlin 1971.

*Hohmeier, J., Pohl, H.-J.*: Alter als Stigma, Suhrkamp, Frankfurt 1978.

*Holle, B.*: Die motorische und perzeptuelle Entwicklung des Kindes, Psychologie Verlagsunion, München, Weinheim 1988.

*Holler-von der Trenck, J.*: Einführung in die Organgymnastik, Lehrweise Medau, Bad Homburg v.d.H. 1974.

*Holler-von der Trenck, J.*: Rhythmische (Moderne) Gymnastik, in: *Bünner/Röthig* (Hrsg.): Grundlagen und Methoden rhythmischer Erziehung, Stuttgart 1971.

*Hollmann, W.*: Körperliches Training als Prävention von Herz-Kreislauf-Erkrankungen, Hippokrates, Stuttgart 1965.

*Hollmann, W.*: Für den alternden Menschen empfehlenswerte Sportarten, *Medizin des alternden Menschen* 1 (1971) 37-40.

*Hollmann, W.*: Die biologische Bedeutung von Training und Sport für den älteren Menschen, *Praxis der Leibesübung* 16 (1975) 9-10.

*Hollmann, W., Bouchard, C.*: Alter, körperliche Leistungsfähigkeit und Training, Z. f. Gerontol. 3 (1970) 188-197.

*Hollmann, W., Hettinger, Th.*: Sportmedizin, Schattauer, Stuttgart 1980.

*Hollmann, W., Liesen, H.*: Der Trainingseinfluß auf die Leistungsfähigkeit von Herz, Kreislauf und Stoffwechsel im Alter, *Münch. Med. Wschr.* 31 (1972) 1336-1342.

*Hollmann, W., Liesen, H.*: Über den Trainingseinfluß auf kardio-pulmonale und metabolische Parameter des älteren Menschen, *Sportarzt und Sportmedizin* 24 (1973) 145-150; 188-190.

*Homans, G.C.*: Theorie der sozialen Gruppe, Köln, Opladen 1960.

*Homme, L.E.*: Perspectives in Psychology: control of coverants, the operants of the mind, *Psychological Records* 15 (1965) 5012-511.

*Hopf, W.*: Soziale Zeit und Körperkultur, Münster 1981.

*Hoppa, N.E., Roberts, G.D.*: Implications of the activity factor, *Gerontologist* 3 (1974) 331-335.

*Horney, A.*: Neue Wege in der Psychoanalyse, Kindler, München 1977.

*Horney, A.*: Der innere Konflikt, Fischer, Frankfurt 1984.

*Howell, S.C., Loeb, M.B.*: Nutrition and aging, *Gerontologist* 9 (1969) 111-122.

*Hörmann, H.*: Meinen und Verstehen. Grundzüge einer psychologischen Semantik, Suhrkamp, Frankfurt 1978.

*Huang, Al Chung-Liang*: Embrace Tiger, return to mountain - the essence of T'ai Chi, Real People Press, Moab 1973.

*Huizinga, J.*: Herbst des Mittelalters, Kröner, Stuttgart 1975.

*Hundertmark, K., Petzold, H., Teegen, F.*: Allergischer Schnupfen. Perspektiven zu Genese und Therapie, *Integrative Therapie* 1/2 (1986) 49-76.

*Husserl, E.*: Cartesianische Meditationen, Nijhoff, Den Haag 1963.

*Husserl, E.*: Erfahrung und Urteil, Hamburg 1954.

*Huth, W.*: Glaube, Ideologie, Wahn, Nymphenburger, München 1984.

*Hutterer, I., Denes, Z.*: Psychosomatic rehabilitation of elderly persons, *J. Americ. Geriatr. Soc.* 3 (1975) 137-139.

*Iljine, V.N.*: Improvisiertes Theaterspiel zur Behandlung von Gemütsleiden. - *Treatralny Kurier*, Kiew 1909, russ.

*Iljine, V.N.*: Die Struktur des menschlichen Körpers, die Charakterologie und die Bestimmung des Geistes, Budapest 1923 (russ.).

*Iljine, V.N.*: Das therapeutische Theater, Sobor, Paris 1942 (russ.).

*Iljine, V.N.*: Le corps et le coeur. Skriptum zur gleichlautenden Vorlesung am Institut St. Denis, Paris WS 1965 (mimeorgr.).

*Iljine, V.N.*: Prolegomena, aus *Petzold*, (1974j) 5.

*Iljine, V.*: Das Therapeutische Theater, in: *Petzold, H.*: Angewandtes Psychodrama, Junfermann, Paderborn 1972, 168-176.

*Ivanov, L.A.*: Vlijanie kursa fiziceskoj trenirovki na klislorodnoe snabzenie thanej i intensivnost' tkanevogo dychanija v pozilom vozraste, *Teoria i Prakt. fiz. Kult*, 1 (1976 Moskau) 38-40.

*Jacobson, E.*: Progressive Relaxation, *University of Chicago Press*, Chicago 1938.

*Jacobson, E.*: The Self and the Object World, in: Psychoanal. Study in the child, International Universities Press, New York 1954.

*Jaeger, W.*: Paideia. Die Formung des griechischen Menschen, 3 Bde., Berlin/Leipzig 1934, 1947.

*Janet, P.*: Les médications psychologiques, Alcan, Paris 1919.

*Janet, P.*: L'évolution de la memoire et de la notion de temps, Chahine, Paris 1928.

*Janet, P.*: L'évolution psychologique de la personalité, Chahine, Paris 1929.

*Janov, A.*: The Primal Scream - Primal Therapy: The Cure for Neurosis, Dell Publishing Co., New York 1970.

*Janov, A.*: The Anatomy of Mental Illness. The Scientific Basis of Primal Therapy, G.P. Putnam's Sons, New York 1971.

*Janov, A.*: Anatomie der Neurose, S. Fischer, Frankfurt 1974.

*Janov, A.*: Primal Man: The New Consciousness, Thomas Y. Crowell, New York 1975.

*Janson-Michl, C.*: Gestalten, Erleben, Handeln, Pfeiffer, München 1981.

*Janssen, B.*: Leibesübungen in der Gerohygiene - eine Prophylaxe vorzeitigen Leistungsabbaus, *Berliner Gesundheits-Blätter* 6 (1955) 467-468.

*Jantsch, E.*: Die Selbstorganisation des Universums, dtv, München 1979.

*Jappe, G.*: Über das Wort und Sprache der Psychoanalyse, Fischer, Frankfurt 1971.

*Jaynes, J.*: Der Ursprung des Bewußtseins durch den Zusammenbruch der bikameralen Psyche. Rowohlt, Reinbek 1988.

*Joerißen, B.*: Die Lebenstreppe. Schriften des Rheinischen Museumsamtes, Rheinland-Verlag, Köln 1982.

*Johnson, L.*: Integrated respiration theory/therapy, San Franciosco 1981.

*Johnson, P.* et al.: Sport, Exercise and you, Holt, Rinehart and Winston, New York 1975.

*Jonas, A.D.*: Signale der Urzeit, Hippokrates, Stuttgart 1977.

*Jonas, A.D.*: Kurzpsychotherapie für Allgemeinärzte, Hippokrates, Stuttgart 1981.

*Jonas, A.D.*: Kurzpsychotherapie der multiplen Sklerose, *Integrative Therapie* 2/3 (1983) 248-261.

*Jung, C.G.*: Erinnerungen, Träume, Gedanken, Hrsg. A. Jaffé, Walter, Olten 1962.

*Jung, C.G.*: Die Dynamik des Unbewußten, GW III, Walter, Olten $1976^2$a.

*Jung, C.G.*: Synchronizität als Prinzip kausaler Zusammenhänge, in: Die Dynamik des Unbewußten, GW XIII, Walter, Olten 1976b.

*Jung, C.G.*: Symbolik des Mandalas, in: Die Archetypen und das kollektive Unbewußte, GW IX/1, Walter, Olten 1976c.

*Kagan, J.*: On emotion and its development: A working paper, in: *Lewis, Rosenbluhm* (1978) 11-41.

*Kagan, J.*: Infancy: Its place in human development, Havard University Press, Cambridge/Mass. 1978.

*Kagan, J.*: The nature of the child, Basic Books, New York 1984.

*Kahn, R.L., Goldfarb, A.I., Pollack, M., Gerber, I.E.*: The relationship of mental and physical status in institutionalized aged persons, *Americ. J. Psychiatry* 117 (1969) 120-124.

*Kamper, D., Rittner, V.*: Zur Geschichte des Körpers, Hanser, München 1976.

*Kamper, D., Wulf, Chr.*: Die Wiederkehr des Körpers, Suhrkamp, Frankfurt 1982.

*Kamper, D., Wulf, Chr.*: Der andere Körper, Verlag Mensch und Leben, Berlin 1984.

*Kanfer, F., Phillips, J.*: Die lerntheoretischen Grundlagen der Verhaltenstherapie, Kindler, München 1975.

*Kapustin, P.*: Senioren und Sport, Limpert, Bad Homburg 1980.

*Kapustin, P.*: Sport für alle - auch für Ältere, *Praxis der Leibesübung* 19 (1978) 36-37.

*Kapustin, P.*: Zur Praxis des Seniorensports, *Praxis der Leibesübung* 20 (1979) 74-76.

*Karvonen, M., Barry, A.J.*: Physical activity and the heart, Ch. Thomas, Springfield 1967.

*Kasch, F.W., Boyer, I.L.*: Adult fitness: principles and practices, Mayfield, Palo Alto 1968.

*Kasch, F.W., Wallace, J.P.*: Physiological Variables during 10 years of endurance exercise, *Med. Sci. Sports* 8 (1976) 5-8.

*Kast, V.*: Trauern. Phasen und Chancen des psychischen Prozesses, Bonz, Stuttgart 1982.

*Katz, R.L.*: Empathy, its nature and uses, Collier McMillan, London 1963.

*Keleman, S.*: Sex, Self and Survival. Lodestar, San Francisco 1971, $1972^2$.

*Kelly, G.*: The Psychology of personal constructs, Norton, New York 1956; dtsch.: Die Psychologie persönlicher Konstrukte, Junfermann, Paderborn 1986.

*Kelley, C.*: Post primal and Genital Character: A Critique of Janov and Reich, *Journal of Humanistic Psychology* 12 (1972) 61-73.

*Kempe, Pl., Closs, C.*: Guttman-Skalen zur Erfassung von Rüstigkeit und Kontaktbereitschaft von Betagten, *Z. f. Gerontol.* 12 (1979) 351-359.

*Kempler, W.*: Grundzüge der Gestaltfamilientherapie, Klett, Stuttgart 1975.

*Kernberg, O.F.*: Borderline-Störungen und pathologischer Narzißmus, Suhrkamp, Frankfurt 1975.

*Kernberg, O.F.*: Severe personality disorders, Psychotherapeutic strategies, Yale University Press, New Haven, London 1984.

*Keupp, H., Roehrle, B.*: Soziale Netzwerke, Campus, Frankfurt 1986.

*Kimpfler, A.*: Die Sinne - ihre aktive Pflege und ihre Entwicklung, Aurum, Freiburg 1984.

*King, F., Herzig, W.*: Beweglich bis ins hohe Alter, Rüschlikon, Zürich 1973.

*Kintsch, W.*: Notes on the structure of semantic memory, in: *Tulving, E., Donaldson, W.*, Organization of memory, Academic Press, New York 1972.

*Kintsch, W., Restorff, H. von*: Analyse von Vorgängen im Spurenfeld, 1. Über die Wirkung von Bereichsbildung im Spurenfeld, *Psychologische Forschungen* 18 (1933).

*Kipard, E.J.*: Leibesübungen als Therapie, Flöttmann, Gütersloh 1979a.

*Kipard, E.J.*: Motopädagogik. - Verlag modernes Lernen, Dortmund 1979b.

*Kirchhoff, Th.*: Grundriß einer Geschichte der dt. Irrenpflege, Berlin 1890.

*Kirchmann, E.*: Die Bedeutung der Musik in der integrativen, konzentrativen und rhythmischen Bewegungstherapie, in: *Petzold* et al. (1983).

*Kirchmann, E.*: Moderne Verfahren der Bewegungstherapie: Integrative Bewegungstherapie, Konzentrative Bewegungstherapie, Rhythmische Bewegungstherapie, *Beihefte zur Integrativen Therapie* 2, Junfermann, Paderborn 1979.

*Kiwitz, P.*: Lebenswelt und Lebenskunst, Fink, München 1985.

*Klein, G.S.*: Psychoanalytic theory. An exploration of essentials, International Universities Press, New York 1976.

*Klein, M.*: Contributions to psychoanalysis, Hogarth, London 1948.

*Klein, M.*: Das Seelenleben des Kleinkindes und andere Beiträge zur Psychoanalyse, Klett, Stuttgart 1962.

*Klein, M.*: Die Psychoanalyse des Kindes, München 1974.

*Klein, M.*: Frühstadien des Ödipuskomplexes. Frühe Schriften, Fischer, Frankfurt 1984.

*Klein, P.*: Tanztherapie, Pro Janus, Suderburg 1983.

*Klein, W.H. et al.*: Promoting mental health of older people through group methods: A practical guide. Mental Health Materials Center, New York 1966.

*Klossowski, P., Battaille, G., Blanchot, M., Deleuze, M., Foucault, M. et al.*: Sprachen des Körpers, Berlin 1979.

*Kluge, F.*: Ethymologisches Wörterbuch der deutschen Sprache, De Gruyter, Berlin 1975.

*Knobloch, F., Knobloch, J.*: Psychogymnastik, in: *Petzold (1974j) 203-216.*

*Koffka, K.*: Principles of gestalt psychology, Kegan, Paul French, London 1935.

*Kogan, G.*: Your body works, Transformation Press, Berkley 1980.

*Kohli, M., Robert, G.*: Biographie und soziale Wirklichkeit, Enke, Stuttgart 1984.

*Kohut, H.*: Narzißmus, Suhrkamp, Frankfurt 1973.

*Kohut, H.*: Die Heilung des Selbst, Suhrkamp, Frankfurt 1979.

*Kohut, H.*: How does analysis cure? University of Chicago Press, Chicago 1984.

*Kombächer, J.*: Integrative Bewegungstherapie mit Alkoholikern. - Grad. Arbeit, Fritz Perls Institut, Düsseldorf 1977.

*Konrad, R., Riefenstahl, P. Zacharias, G.*: Ich, Wir, Wohin? Differenzierung menschlichen Verhaltens durch Rhythmik. Verlag Goebecke & Heinemann, Braunschweig 1973.

*Kouretas, D.*: Aspects modernes des cures psychothérapiqués pratiqués dans les sanctuaires de la Grèce antique, *Rev. franc. psychanal.* 5/6 (1962), 1039-1043.

*Kouwenhoven, M.*: Meer bewegen voor geronto-psychiatrische patienten, *T. Psychomotorische Therapie* 4 (1977).

*Köhler, W.*: Gestalt psychology, New York 1947.

*Köhler, W.*: Werte und Tatsachen, Springer, Berlin 1968.

*Köhler, W.*: Bemerkungen zum Leib-Seele-Problem, *Deutsche med. Wochenschrift* 50 (1924) 1269-1270.

*Köhler, W.*: Die Aufgabe der Gestaltpsychologie, Springer, Berlin 1971.

*Köllermann, H.*: Tonarbeit und Gestalt als kreativer Ansatz in der integrativen Therapie, Grad. Arbeit,. Fritz Perls institut, Düsseldorf 1979.

*König, K.*: Zur Musiktherapie in der Heilpädagogik, in: *Teirich, H.R.* (Hrsg.): Musik und Medizin, Stuttgart 1958.

*Köstlin-Gloger, G.*: Sozialisation und kognitive Stile, Beltz, Weinheim 1973.

*Krahl, H.*: Medizinische Aspekte des Alterssports, in: *Rieder, H.*, Bewegung - Leistung - Verhalten, Hofmann, Schorndorf 1972.

*Krause, H.* (Hrsg.): 4. Rundbrief der Landesarbeitsgemeinschaft Musik Nordrhein-Westfalen, 1959.

*Krawczyk, Z.*: Sport, Kultur, Gesellschaft, Verlag Karl Hofmann, Schorndorf 1983.

*Kreitler, H., Kreitler, S.*: Movement and aging: A psychological approach, in: Medicine and Sport Bd. 4, hrsg. von *Brunner, D., Jokl, E.*, Physical Activity and Aging, Karger, Basel 1970, 302-306.

*Kreuzer, K.J.*: Handbuch der Spielpädagogik, 5 Bde., Düsseldorf 1983-1984.

*Krietsch-Mederer, S.*: Bewegungstherapie mit einer Gruppe von Langzeitpatienten in einem psychiatrischen Krankenhaus, *Integrative Therapie* 4 (1975) 208-219.

*Krippner, S.* (Hrsg.) Galaxies of Life, London, Paris, New York 1973.

*Kris, A.O.*: Free Association. Method and process, Yale University Press, Hew Haven 1982.

*Kris, E.*: The recovery of childhood memories in psychoanalysis, *Psychoanalytic Study of the Child* 11 (1926) 54-88.

*Krohn, W., Küppers, G.*: Emergenz: Die Entstehung von Ordnung, Organisation und Bedeutung, Suhrkamp, Frankfurt 1992.

*Kropotkin, P.*: Gegenseitige Hilfe, Cramer, Berlin 1977[2].

*Kubie, L.S.*: The fallacious use of quantitative concepts in dynamic psychology, *Psychoanalytic Quarterly* 16 (1947) 507-518.

*Kuhlmann, F.*: Älterer Mensch und Sport, *Ärztliche Praxis* 21 (1969) 3225, 3233-3234.

*Kuhlmann, F.*: Ärztliche Erfahrungen und Überlegungen beim Sport älterer Menschen, *Zeitschrift f. Gerontologie* 3 (1970) 336-343.

*Kuhn, Th.*: The structure of scientific revolutions, Chicago University Press, Chicago 1970; dtsch. Die Struktur der wissenschaftlichen Revolution, Suhrkamp, Frankfurt 1979.

*Kuhr, I., Berger-Jopp, A.:* Integrative Bewegungstherapie, in: *Petzold, Sieper* (1993a) 505-518.

*Kunz, H.:* Die anthropologische Bedeutung der Phantasie, Verlag Recht und Gesellschaft, Basel 1946.

*Kuper, L.:* Genocide, its political use in the twentieth century, Penguin Brooks, Harmondsworth 1981.

*Kurz, R.:* Körperzentrierte Psychotherapie. Synthesis, Essen 1985.

*Kutter, P.:* Emphathische Kompetenz – Begriff, Training, Forschung, Z. *Psychother. med. Psychol.* 31 (1981) 37-41.

*Kübler-Ross, E.:* Intervievs mit Sterbenden, Kreuz-Verlag, Stuttgart 1969.

*Kübler-Ross, E.:* Reif werden zum Tode, Kreuz-Verlag, Stuttgart 1976.

*Küchler, Th., v. Salisch, M.:* Ein inhaltsanalytischer Ansatz zur Interpretation von nonverbalem Verhalten, *Gruppendynamik* 1 (1983) 3-24.

*Küchler, Th.:* Eine konzeptionelle und empirische Studie zum non-verbalen und verbalen Gefühlsausdruck bei Patienten mit psychosomatischen Erkrankungen. Diss. phil., Univ. Hamburg 1982.

*Kwon, J.H.:* Zen-Kunst der Selbstverteidigung, O.W. Barth, München 1976.

*Laan, van der T.:* Gymnastik im Alter, Lambertus, Freiburg 1977.

*Laban, R.:* Modern Educational Dance, London 1948.

*Labourive-Vief, G.:* Models of cognitive functioning in the older adult: Research needs in educational gerontology, in: *Sherron, R.H.,* (Hrsg.), Introduction to Educational Gerontology, Hemisphere Publishing Corporation, Washington 1978, 229-254.

*Lacan, J.:* Schriften, Bd. I, Walter, Olten 1975.

*Lamettrie, J.O.:* L'Homme Machine, Eluzac Fils, Leyden 1748.

*Lamprecht, F.:* Spezialisierung und Integration der Psychosomatik und Psychotherapie, Springer, Heidelberg 1987.

*Landau, E.:* Psychologie der Kreativität, Reinhardt, München 1969.

*Landauer, G.:* Aufruf zum Sozialismus, Verlag Büchse der Pandora, Münster 1978.

*Lang, E., Diener, R., Kessel, R.:* Zur Bewertung ungewohnter körperlicher Aktivität in der Freizeit des älteren Menschen, *Geriatrie* 6 (1976) 157-163.

*Lang, E.:* Welches körperliche Training ist im Alter angebracht und vertretbar? *Zeitschrift f. angew. Bäder- und Klimaheilkunde* 21 (1974) 230-234.

*Latner, J.G.:* The Gestalt Therapy Book, Julian Press, New York 1973.

*Lazarus, A.A.:* In support of technical eclecticism, *Psychol. Report* 21 (1967) 415-416.

*Lawther, J.D.:* The Learning and Performance of Physical Skills, Prentice-Hall, London 1977.

*Lämmert, E.:* Bauformen des Erzählens, Metzler, Stuttgart 1982.

*Lebovici, S.:* Avenir éloigné des psychoses dites schizophréniques de l'enfant, *Rev. Neuropsychiat. Infantile* 10 (1962) 233-241.

*Lebovici, S., Diatkine, R.:* Les obsessions chez l'enfant, *Revue Française de Psychanalyse* 5 (1957) 647-670.

*Lebovici, S., Diatkine, R.:* Essay d'approche de la nocion de prépsychose en psychiatrie infantile, *Bull. Psychol.* 17 (1963) 20-52.

*Lebovici, S., Diatkine, R., Danon-Boileau, R.:* Psychodrame et traitement des psychotiques, *L'Évolution Psychiatrique* 2 (1958a) 499-521.

*Lebovici, S., Diatkine, R., Kestemberg, E.*: Bilan de dix ans de thérapeutique par le psychodrame chez l'enfant et l'adolescent, *Psychiatrie de lénfant* 1 (1958b) 63-179.

*Leboyer, F.*: Der sanfte Weg ins Leben, Kösel, München 1977².

*Leeds, A.*: Lomi, ein ganzheitlicher Zugang zu Bewußtsein und persönlichem Wachstum, in: *Petzold, H.* (1977n) 313-330.

*Lehr, U.*: Körperliche und geistige Aktivität - eine Voraussetzung für ein erfolgreiches Altern, *Z. Gerontologie* 11 (1978) 290-299.

*Lehr, U.*: Die Bedeutung des Sports im Rahmen der Interventionsgerontologie, in: *Müller, N., Röch, H.-E., Wischmann, B.* (Hrsg.), Alter und Leistung, Schors, Hochheim 1979.

*Lémaire, J.G.*: La Relaxation, Payot, Paris 1964.

*Lendvoy, H.F.*: Physical activity and programming for the elderly, *Somatics* 4 (1982) 21-28.

*Lenhart, P.*: Sport und Gymnastik im Alter, in: *Becker, F., Rausch, E.* (Hrsg.), Orthopädie im Alter, Vordruckverlag, Bruchsal 1978.

*Lenk, E.*: Die unbewußte Gesellschaft, Matthes & Seitz, München 1983.

*Leroi-Gourhan, A.*: Hand und Wort. Die Evolution von Technik, Sprache und Kunst, Suhrkamp, Frankfurt 1984.

*Lessac, A.*: Body Wisdom - The use and trainig of the human body, Drama Books, New York 1981.

*Leuner, H.C.*: Katathymes Bilderleben. Unterstufe, Thieme, Stuttgart 1970.

*Leutz, G.A.*: Psychodrama. Theorie und Praxis. Bd. 1. Springer, Berlin, Heidelberg 1974.

*Lévi-Strauss, C.*: Strukturale Anthropologie, Suhrkamp, Frankfurt 1972.

*Lévi-Strauss, C.*: Das Wilde Denken, Suhrkamp, Frankfurt 1973.

*Lévi-Strauss, C.*: Medizinmänner und Psychoanalyse, *Integrative Therapie* 4 (1979) 297-302.

*Lewin, K.*: Dynamic theory of personality, Harper, New York 1935.

*Lewin, K.*: Resolving social conflicts, Harper, New York 1948.

*Lewin, K.*: Feldtheorie in den Sozialwissenschaften, Huber, Bern 1963.

*Lewontin, R.C., Roose, S., Kamin, L.J.*: Die Gene sind es nicht... Psychologie Verlagsunion, München/Weinheim 1988.

*Liesen, H., Heikkinen, E., Suominen, H., Michel, C.*: Der Effekt eines 12wöchigen Ausdauertrainings auf die Leistungsfähigkeit und den Stoffwechsel bei untrainierten Männern des 6. und 7. Lebensjahrzehnts, *Sportarzt und Sportmedizin* (1975) 26-35.

*Liesen, H., Hollmann, W.*: Bedeutung und Praxis sportlicher Betätigung beim älteren und alten Menschen, in: *Petzold, H., Bubolz, E.* (1976) 266-279.

*Liesen, H., Völker, K., Lagerström, D.*: Ein körperliches Aufbautraining bei ungeübten älteren Menschen, *Z. präklin. Geriatrie* 6 (1976) 147-148.

*Liesen, H.*: Ausdauersport gegen frühzeitiges Altern, *Sportwissenschaft* 9 (1979) 111-114.

*Lindgren, H.C.*: Einführung in die Sozialpsychologie, Beltz, Weinheim 1973.

*Lippe zur, R.*: Am eigenen Leibe: Zur Ökonomie des Lebens, Syndikat, Frankfurt 1979.

*Lippe, zur R.*: Leib, Arbeit und Arbeit am Leib, in: *Petzold, H., Heinl, H.*, Psychotherapie und Arbeitswelt, Junfermann, Paderborn 1983, 74-119.

*Lippert-Lutz, Ch.*: Körper, Schule und Bewegungstherapie; ein psychotherapeutisches Verfahren geht in die Schule, in: *Latka, F., Maack, N., Merten, R., Trischkat, A.*, Dokumentation der Münchener Gestalttage, München 1987.

*Loch, W.*: Voraussetzungen, Mechanismen und Grenzen des psychoanalytischen Prozesses, Huber, Bern 1965.

*Loewald, H.W.*: On the therapeutic action of psycho-analysis, *International Journal of Psychoanalysis* 41 (1960) 16-33.

*Loewald, H.W.*: On internalisation, *International Journal of Psychoanalysis* 54 (1973) 9-17.

*Lohmann, H.M.*: Das Unbehagen in der Psychoanalyse, Qumram, Frankfurt 1983.

*Lohmann, H.M.*: Die Psychoanalyse auf der Couch, Qumram, Frankfurt 1984.

*London, P.*: Major issues in psychotherapy integration, *Internat. J. of Eclectic Psychother.* 5 (1986a) 211-217.

*London, P.*: The modes and morals of psychotherapy; Hemisphere Publ., New York 1986b, 2. Aufl.

*Lorenz, K.*: Das sogenannte Böse. Zur Naturgeschichte der Aggression, Borotha-Schölir, Wien 1963.

*Lorenz, K.*: Die Rückseite des Spiegels, Versuch einer Naturgeschichte des menschlichen Erkennens, Piper, München 1973.

*Lorenz, K.*: Das wirklich Böse. Involutionstendenzen der Kultur, in: *Schatz, O., Was wird aus dem Menschen?* Styria, Graz 1974.

*Lorenz, K.*: Der Abbau des Menschlichen, Piper, München 1983.

*Lorenzer, A.*: Sprachzerstörung und Rekonstruktion, Suhrkamp, Frankfurt 1970.

*Lorenzer, A.*: Zur Begründung einer materialistischen Sozialisationstheorie, Suhrkamp, Frankfurt 1972.

*Lorenzer, A.*: Sprachspiel und Interaktionsformen, Suhrkamp, Frankfurt 1977.

*Lowen, A.*: Physical dynamics of character structure, Grune & Stratton, New York 1958.

*Lowen, A.*: Breathing. Feelings and Movement, Institute for Bioenergetic Analysis, Monograph, New York 1965.

*Lowen, A.*: Bioenergetik. Der Körper als Retter der Seele, Scherz, Bern 1976.

*Lowen, A.*: Bioenergetische Analyse, in: *Petzold* (1977n).

*Lowen, A.*: Körperausdruck und Persönlichkeit, Kösel, München 1981.

*Lowen, A., Lowen, L.*: The way to Vibrant Health, Harper Colophon, New York 1977.

*Luhman, N.*: Zweckbegriff und Systemrationalität. Über die Funktion von Zwecken in sozialen Systemen, Mohr, Tübingen 1968a.

*Luhmann, N.*: Sinn als Grundbegriff der Soziologie, in: *Habermas, J., Luhmann, N.,* Theorie der Gesellschaft oder Sozialtechnologie. Suhrkamp, Frankfurt 1971.

*Luhmann, N.*: Vertrauen. Ein Mechanismus der Reduktion sozialer Komplexität, Enke, Stuttgart 1978.

*Lukacs, G.*: Werke, Luchterhand, Neuwied 1970.

*Luquet, P.*: Apropos des facteurs de guérison non-verbalisables de la cure analytique, *Revue Française de Psychanalyse* 2 (1957) 182-209.

*Lückel, R.*: Integrative Arbeit mit Märchen, Junfermann, Paderborn 1987.

*Lückert, H.R.*: Konfliktpsychologie, E. Reinhardt, München 1959.

*Lyotard, J.-F.*: Grabmal der Intelektuellen, Passagen Verlag, Wien 1985.

*Lyotard, J.-F.*: Das postmoderne Wissen, Passagen Verlag, Wien 1986[2].

*Lyotard, J.-F.*: Der Widerstreit, Fink, München 1987.

*Maas, G.*: Die gestaltungstherapeutische Gruppe, in: *Preuss, H.G.* (Hrsg.): Analytische Gruppenpsychotherapie: Grundlagen und Praxis, München 1966.

*Maegerlein, H., Hollmann, W.*: Aktiv über 40, Limpert, Frankfurt 1975.

*Mahler, M.S.*: Studien über die ersten beiden Lebensjahre, Klett, Stuttgart 1985.

*Mâle, P.*: Psychothérapie de l'adolescent, P.U.F., Paris 1969.

*Marcel, G.*: Être et avoir, Alcan, Paris 1935.

*Marcel, G.*: Homo viator, Alcan, Paris 1945; dtsch. Bastion, Düsseldorf 1949.

*Marcel, G.*: Die Menschenwürde und ihr existentieller Grund, Knecht, Frankfurt 1967.

*Marcel, G.*: Sein und Haben, Schönigh, Paderborn 1968.

*Marcel, G.*: Prolegomena, in: *Petzold, H.*: Psychotherapie und Körperdynamik, Junfermann, Paderborn 1974, 5.

*Marcel, G.*: Leibliche Begegnung, in: *A. Kraus* (Hrsg.), Leib, Geist, Geschichte, Hüthig, Heidelberg 1978, S. 47-73 und in: *Petzold, H.*: Leiblichkeit. Philosophische, gesellschaftliche und therapeutische Perspektiven, Junfermann, Paderborn 1985, 15-47.

*Marchiani, R., Fong, L.*: Powertraining in Kung-Fu and Karate, O'Hara Publications, Burbank, California 1974.

*Marty, P., M'Uzan, M. de, David, C.*: L'investigation psychosomatique, P.U.F., Paris 1963.

*Marx, K.*: Das Elend der Philosophie, Frühschriften, hrsg. von S. Landshut, Stuttgart 1955.

*Marx, K.*: Das Kapital, Kröner, Stuttgart 1961.

*Maslow, A.*: Religion, values and peak-experiences, Ohio State University Press, Ohio 1964.

*Maslow, A.*: Psychologie des Seins, Kindler, München 1973.

*Mason, K.C.*: Dance Therapy, Washington 1980.

*Mathisen, U.*: Das Dickicht der Lebenswelt und die Theorie des kommunikativen Handelns, Fink, München 1983.

*Mattner, D.*: Zur Dialektik des Leibes - eine ganzheitliche Analyse des menschlichen Körpers, Verlag Modernes Lernen, Dortmund 1987.

*Maturana, H.R., Varela, F.J.*: Der Baum der Erkenntnis. Wie wir die Welt durch unsere Wahrnehmung erschaffen. Scherz, Bern 1987.

*Maurer-Groeli, Y.A.*: Gruppentherapie mit Schizophenen (Zur Einführung und Begründung der körperzentrierten Gruppentherapie mit schizophrenen Kranken) *Schweizer Archiv f. Neurochirugie und Psychiatrie*117/2 (1975) 309-324.

*Maurer-Groeli, Y.A.*: Die Haut als Medium in der Therapie depressiv schizophrener Kranker, *Psychosomat. Medizin* 6 (1976a) 67-78.

*Maurer-Groeli, Y.A.*: Körperzentrierte Gruppenpsychotherapie bei akut schizophren Erkrankten, *Archiv Nervenkr.* 221 (1976b) 259-271.

*Maurer-Groeli, Y.A.*: Libido-ökonomische und Ich-psychologische Aspekte der Psychosen, *Dynamische Psychiatrie* 2 (1976c) 123-130.

*Maurer, Y.*: Physikalische Therapie in der Psychiatrie, Huber, Bern 1979.

*Maurer, Y.*: Körperzentrierte Psychotherapie, in: *Maurer, Y.* (Hrsg.): Bedeutende Psychotherapieformen der Gegenwart, Hippokrates, Stuttgart 1984.

*Maurer, Y., Petzold, H.*: Die therapeutische Beziehung in der Gestalttherapie, in: *Battegay, R., Trenkel, A.*, Die therapeutische Beziehung, Huber, Bern 1978.

*Mauss, M.*: Die Techniken des Körpers, in: *Mauss, M.*, Soziologie und Anthropologie, 2 Bde., Ullstein, Frankfurt 1978.

*May, P.R., Wexler, M., Salkin, J., Shoop, T.*: Non-verbal techniques in reestablishment of body image and self identity, *Psychiatry Resarch Report* 16 (1963) 68-82.

*McGeoch, J.*: The Psychology of Human Learning. Longmans & Green New York 1942.

McLellan, J.: Anne-Sophie Mutter and Her Strad, *International Herald Tribune*, Dec. 15 (1988) 20.

McNiff, S.: Pantheon of Creative Arts Therapies: An Integrative Perspective, *J. of Integrat. Eclectic Psychother.* 3 (1987) 259-281.

Mead, G.H.: Mind, Self and Society, University of Chicago Press, Chicago 1934; dtsch. Geist, Identität, Gesellschaft, Suhrkamp, Frankfurt 1975.

Medau, H.: Moderne Gymnastik, Celle 1967.

Meijer, O.G.: The hierarchy debate. Perspectives for a theory and history of movement science. Free University Press, Amsterdam 1988.

Meijer, O.G., Roth, K.: Complex movement behaviour: The motor-action controversy, Elsevier Science Publishers, Amsterdam 1988.

Meltzer, D.: Temperatur und Distanz als technische Dimension der Deutung, *Bulletin der Europäischen Psychoanalytischen Förderation* 11 (1976) 45-52.

Mensendiek, B.: Körperkultur der Frau, Berlin 1906.

Mentzos, S.: Neurotische Konfliktverarbeitung, Kindler, München 1982.

Merleau-Ponty, M.: La structure du comportement, Gallimard, Paris 1942; dtsch. Die Struktur des Verhaltens, De Gruyter, Berlin 1976.

Merleau-Ponty, M.: Phénoménologie de la perception, Gallimard, Paris 1945; dtsch. Phänomenologie der Wahrnehmung, De Gruyter, Berlin 1966.

Merleau-Ponty, M.: Les dessins infantine, *Bulletin de Psychologie de l'Université de Paris* 8 (1950) 12-13; 9 (1950) 6-10.

Merleau-Ponty, M.: Le visible et l'invisible, Gallimard, Paris 1964; dtsch. Das Sichtbare und das Unsichtbare, Fink, München 1986.

Merleau-Ponty, M.: L'oeil et l'esprit, Gallimard, Paris 1964; dtsch.: Das Auge und der Geist, Rowohlt, Reinbek/Hamburg 1967.

Merleau-Ponty, M.: La prose du monde, Gallimard, Paris 1969; dtsch. Die Prosa der Welt, Fink, München 1984.

Merleau-Ponty, M.: Das Auge und der Geist, Felix Meiner Verlag, Hamburg 1984.

Metzger, A.M.: A Q-methodological study of the Kübler-Ross stage theory, *Omega* 4 (1979/80) 291-301.

Metzger, W.: Psychologie, Steinkopff, Darmstadt 1963[3].

Metzger, W.: Gestalttheorie und Gruppendynamik, *Gruppendynamik* 6 (1975) 311-331.

Metzmacher, B.: Integrative Bewegungstherapie in der Behandlung von Kindern und Jugendlichen. - in: Petzold, H., Ramin, G.: Schulen der Kinderpsychotherapie, Junfermann, Paderborn 1987, 227-255.

Meusel, H. et al.: Dokumentationsstudie Sport im Alter, Hofmann, Schorndorf 1980.

Meusel, H.: Sport, Spiel, Gymnastik in der zweiten Lebenshälfte, Limpert, Bad Homburg 1982.

Meyer, E.: Konzentrative Bewegungstherapie, in: Petzold (1974j).

Meyer-Drawe, K.: Leiblichkeit und Sozialität, Fink, München 1984.

Meyer-Drawe, K.: Zähmung eines wilden Denkens? Piaget und Merleau-Ponty zur Entwicklung der Rationalität, in: Métraux, Waldenfels (1986) 258-276.

Métraux, A., Waldenfels, B.: Leibhaftige Vernunft. Spuren von Merleau-Pontys Denken, Fink, München 1986.

Michael, Ch.R.: Retinal Processing of Visual Images, *Scientific American*, 5 (1969).

Middendorf, I.: Atemtherapie in Prävention und Rehabilitation, *Atem*, 3 (1969).

*Middendorf, I.*: Atem und seine Bedeutung für die Entwicklung und das Heilsein des Menschen, in: *Petzold, H.G.*: Die neuen Körpertherapien, Paderborn 1977, 436-451.

*Middendorf, I.*: Der erfahrbare Atem und seine Wirkungen. Über die pneopädische Behandlung eines Postinfarktpatienten, *Integrative Therapie* 2 (1978) 109-115.

*Middendorf, I.*: Der erfahrbare Atem, Junfermann, Paderborn 1984.

*Miller, A.*: Das Drama des begabten Kindes, Suhrkamp, Frankfurt 1979.

*Miller, A.*: Am Anfang war Erziehung, Suhrkamp, Frankfurt 1980.

*Miller, A.*: Du sollst nicht merken, Suhrkamp, Frankfurt 1981.

*Miller, A.*: Bilder einer Kindheit, Suhrkamp, Frankfurt 1985.

*Miller, A.*: Der verlorene Schlüssel, Suhrkamp, Frankfurt 1986.

*Mindell, A.*: Dream body, Los Angeles 1981; dtsch. Der Leib und die Träume. Prozeßorientierte Psychologie in der Praxis, Junfermann, Paderborn 1987.

*Mindell, A.*: Körpersymptome der Sprache und der Seele. - Bonz: Fellbach-Oeffingen, 1985.

*Montagu, A.*: Körperkontakt, Klett, Stuttgart 1974.

*Moog, W., Moog, E.S.*: Die entwicklungspsychologische Bedeutung von Umweltbedingungen im Säuglings- und Kindesalter. *Fortschritte d. Sonderpädagogischen Psychologie* 5 (1972).

*Moreno, J.L.*: Einladung zu einer Begegnung. Anzengruber. Wien 1914.

*Moreno, J.L.*: Das Stegreif-Theater, Kiepenheuer, Potsdam 1924.

*Moreno, J.L.*: Who shall survive? A new approach to the problem of human interrelations, Nervous and Mental Disease, Publishing Company, Washington 1934; erw. Ausg. Beacon House, Beacon 1953.

*Moreno, J.L.*: Psychodrama, Vol. I, Beacon House, Beacon 1946, 1964[2].

*Moreno, J.L.*: Sociometry and the science of man, Beacon House, Beacon 1956.

*Moreno, J.L.*: Psychothérapie de groupe et psychodrame, P.U.F., Paris 1965.

*Moreno, J.L.*: Psychodrama, vol. 2-3, Beacon House, Beacon 1969.

*Morgenthaler, F.*: Technik. Zur Dialektik der psychoanalytischen Praxis, Syndikat Verlag, Frankfurt 1978.

*Mrazek, J.*: Die Verkörperung des Selbst. - *Psychologie Heute* 2 (1984) 50-58.

*Mühsam, E.*: Befreiung, Cramer, Berlin 1974.

*Müller-Braunschweig, H.*: Die Wirkung der frühen Erfahrung. Klett, Stuttgart 1975.

*Nacht, S.*: Comment terminé le traitement psychanalytique, *Revue Française de Psychanalyse* 4 (1955) 509-521.

*Nagler, N.*: Einige Vorbemerkungen zum Leib-Seele-Problem in der Psychoanalyse Freuds, *Integrative Therapie* 4 (1987) 236-365.

*Nathusius von, W.*: Sport und Bewegungstherapie in der zweiten Lebenshälfte, *Physikal.-diätet. Therapie* 5 (1964) 84-88.

*Naumburg, M.*: Dynamically oriented art therapy, Knopf, New York 1958.

*Naville, S.*: Psychomotorische Therapie und Musik, in: *Pahlen, K.* (Hrsg.): Musiktherapie, Heyse, München 1973.

*Neisser, U.*: Kognition und Wirklichkeit, Klett-Cotta, Stuttgart 1979.

*Neumann, O.*: Alterssport mit wissenschaftlicher Begleitung, in: *Deutscher Sportbund*, Sport für den älteren Menschen im Verein, Frankfurt 1976.

*Neumann, O.*: Art, Maß und Methode von Bewegung und Sport bei älteren Menschen, Kohlhammer, Stuttgart 1978.

*Neyraut, M.*: Die Übertragung. Eine psychoanalytische Studie, Suhrkamp, Frankfurt 1947.

*Niceley, T.*: Adam and his works. A bibliography of sources by and about Paul Goodman, Scarecrow Press, Methuen, London 1979.

*Nickolai, W., Quensel, S., Rieder, H.*: Sport in der sozialpädagogischen Arbeit mit Randgruppen, Lambertus, Freiburg 1982.

*Niemeyer, L.*: Leibesübungen als Altershilfe - ein Arbeitsfeld des Deutschen Turnerbundes, *Kuratorium Deutsche Altershilfe* 78 (1978) 14-17.

*Noder, W.*: Leistungsfähigkeit über 40 - aktiv und gesund durch Herz-Kreislauf-Training, Gräfe & Unzer, München 1975.

*Norcross, J.C.*: Handbook of eclectic Psychotherapy, Brunner & Mazel, New York 1986.

*Norcross, J.C.*: Toward a common language of psychotherapy, *Journal of Integrative and Eclectic Psychotherapy* 2 (1987) 165-168.

*Nordorff, P., Robbins, C.*: Musik als Therapie für behinderte Kinder, Klett, Stuttgart 1975.

*Norman, D.A.*: Learning and Remembering: A tutorial preview, in: *Kornblum, S.*, Attention and Performance IV, Academic Press, New York 1973.

*Nöcker, L.*: Bedeutung des Sports für die Vorbereitung auf das Alter, in: *Schubert, Störmer* (Hrsg.), Vorbereitung auf das Alter, Werkverlag Banaschewski, München 1974.

*O'Neill, J.*: Der Spiegel-Leib. Merleau-Ponty und Lacan zum frühkindlichen Verhältnis von Selbst und anderem, in: *Métraux, Waldenfels* (1986) 236-258.

*Oaklander, V.*: Gestalttherapie mit Kindern und Jugendlichen, Klett, Stuttgart 1981.

*Obholzer, K.*: Gespräche mit dem Wolfsmann, eine Psychoanalyse und die Folgen, Rowohlt, Reinbek 1980.

*Orban, P.*: Psyche und Soma, Athenäum, Frankfurt 1981.

*Orff, C.*: Das Schulwerk - Rückblick und Ausblick. Orff-Institut, Jahrbuch 1963, Mainz 1964.

*Orff, G.*: Die Orff-Musiktherapie, München 1974.

*Orlinsky, D.E., Howard, K.I.*: Ein allgemeines Psychotherapiemodell, *Integrative Therapie* 4 (1988) 281-309.

*Ornstein, R.*: Psychologie des Bewußtseins, Fischer, Frankfurt 1976.

*Ornstein, R.*: Multimind, Ein neues Modell des menschlichen Geistes, Junfermann, Paderborn 1989.

*Orr, L., Ray, S.*: Rebirthing in the New Age, Celestial Arts. Millbrae 1977.

*Orth, I.*: Unbewußtes in der therapeutischen Arbeit mit künstlichen Methoden und kreativen Medien, *Integrative Therapie* 4 (1994) 312-339.

*Orth, I.*: Der „domestizierte Körper". Die Behandlung beschädigter Leiblichkeit in der Integrativen Therapie. In: *Hermer, M.* (Hg.): Integrative Ansätze in der Psychotherapie. *Psychologische Beiträge*. Bd. 36, Pabst Science Publ., Lengerich 1994.

*Orth, I., Petzold, H.G., Sieper, J.*: Ideologeme der Macht in der Psychotherapie, *Gestalt und Integration* 2 (1995).

*Orth, I., Petzold, H.G.*: Gruppenprozeßanalyse, *Integrative Therapie* 4 (1995) 340-391.

*Osborn, A.F.*: Applied imagination, New York 1963.

*Osten, P.*: Die Anamnese in der Psychotherapie – ein Integratives Konzept, Reinhard, München 1995.

*Otto, H.*: Handbook to actualize Human potential, Human Potential Institute, Beverly Hills 1970.

*Ouspiensky, N.*: Viens harleine - Respiration et thérapie, Vortrag Institut St. Denis, Paris 1964.

*Overduin-Swets, C.*: Toen ik oud vas...Psychomotorische Therapie bij psychisch gestoorde bejaarden, *T. Psychomotorische Therapie* 4 (1977).

*Overton, W.F.*: On the Assumptive Base of the Nature-Nurture Controversy. Additive versus Interactive Conceptions. - *Human Development* 16 (1973) 74-89..

*Pahlen, K.*: Musiktherapie, Heyne, München 1973.

*Palmore, E.B.*: The effects of aging on activities and attitudes, *Gerontologist* 8 (1968) 259-263.

*Palmore, E.B.* (Hrsg.): Normal Aging II. Duke University Press, Durham, N.C. 1974.

*Palos, St.*: Atem und Meditation, Scherz, Bern 1972.

*Pankow, G.*: L'homme et sa psychose, Aubier-Montaigne, Paris 1969.

*Papoušek, H., Papoušek, M., Giese, R.*: Die Anfänge der Eltern-Kind-Beziehung, in: *Frick-Bruder, V., Platz, P.*, Psychosomatische Probleme in der Gynäkologie und Geburtshilfe, Springer, Berlin, Heidelberg 1984.

*Papoušek, H., Papoušek, M.*: Interactional failures. The origins and significance in infant psychiatry, in: *Call, J.D., Galenson, E., Tyson, R.L.*, Frontiers in infant psychiatry, Basic Books, New York 1983, 31-37.

*Papoušek, H. Papoušek, M.*: Intuitives elterliches Verhalten im Zwiegespräch mit dem Neugeborenen, *Sozialpäd. Prax. Klin.* 3 (1981) 229-238.

*Papoušek, H. Papoušek, M.*: Intuitive parenting, in: *Osofsky, J.D.*, Handbook of infant development, Wiley 1982[2]

*Papoušek, M.*: Frühe Phasen der Eltern-Kind-Beziehungen, *Praxis Psychother, Psychosom.* 34 (1989) 109-122.

*Parin, P., Parin-Matthey, G.*: Der Medicozentrismus in der Psychoanalyse. Eine notwendige Revision der Neurosenlehre und ihre Relevanz für die Theorie der Behandlungstechnik, in: *Hoffmann, S.O.*, Deutung und Beziehung. Kritische Beiträge zur Behandlungskonzeption und Technik in der Psychoanalyse, Fischer, Frankfurt 1983.

*Parin, P.*: Warum die Psychoanalytiker so ungern zu brennenden Zeitproblemen Stellung nehmen. Eine ethnologische Betrachtung, *Psyche* 32 (1978) 385-399.

*Parsons, T.*: The social system, Free Press, Glencoe 1951.

*Paulus, P.*: Zur Erfahrung des eigenen Körpers, Beltz, Weinheim 1982.

*Pawlow, I.P.*: Sämtliche Werke, Akademie Verlag, Berlin 1953.

*Pawlow, I.P.*: Conditioned Reflexes, Oxford Univ. Press, London 1927.

*Pechtl, W.*: Die Therapeutische Beziehung und die Funktion des Therapeuten in der bioenergetischen Analyse. - in: *Petzold* (1980f) 189-210.

*Penfield, W.*: The mystery of the mind, Princeton Univ.-Press, Princeton 1975.

*Perls, F., Hefferline, R., Goodman, P.*: Gestalt Therapy, Julian Press, New York 1951; Dell, New York 1965[2]; dtsch. bei Klett, Stuttgart 1978.

*Perls, F.S.*: Cowichan Lecture on Gestalt Therapy and Integration, Lake Cowichan 1969a.

*Perls, F.S.*: Gestalt Therapy Verbatim, Real People Press, Laffayette, 1969b, 1971[2]; dtsch. Gestalttherapie in Aktion, Klett, Stuttgart 1974.

Perls, F.S.: In and Out the Garbage Pail, Real People Press, Lafayette 1969c; dtsch. Gestalt-Wahrnehmung. Verlorenes und Wiedergefundenes aus meiner Mülltonne, Verlag für Humanistische Psychologie, W. Flach, Frankfurt 1981.

Perls, F.S.: The Gestalt Approach, Eye Wittness to Therapy. Science and Behavior Books, Ben Lomond 1973; dtsch. bei Pfeiffer, München 1976.

Perls, F.S.: Grundlagen der Gestalttherapie, Pfeiffer, München 1976.

Perls, F.S.: Theorie und Praxis der Persönlichkeitsintegration, Integrative Therapie 1 (1978).

Perls, F.S.: Gestalt, Wachstum, Integration. Aufsätze, Vorträge, Therapiesitzungen, hrsg. von H. Petzold, Junfermann, Paderborn 1980.

Perls, F.S., Hefferline, R.F., Goodman, P.: Gestalt-Therapie, Lebensfreude und Persönlichkeitsentfaltung, Klett-Cotta, Stuttgart 1979a.

Perls, F.S., Hefferline, R.F., Goodman, P.: Gestalt-Therapie, Wiederbelebung des Selbst, Klett-Cotta, Stuttgart 1979b.

Perls, F.S., Clement, C.C.: Ausagieren versus Durchagieren, in: Perls (1980) 183-193.

Perls, L.: Begriffe und Fehlbegriffe der Gestalttherapie, in: Perls (1980) 255-261.

Perls, L.: Interviews, in: Wysong, J., Rosenfeld, E., An oral history of Gestalt Therapy, Gestalt Journal Publishing, Highland, New York 1982.

Pesso, A.: Movement in psychotherapy. - Psychomotor techniques and training, International Univ. Press, New York 1969.

Pesso, A.: Experience in Action. A Psychomotor Psychology, Intern. Univ. Press, New York 1973.

Presso, A.: Dramaturgie des Unbewußten, Klett-Cotta, Stuttgart 1987.

Peterfreund, E.: The process of psychoanalytic therapy. Models and strategies, Analytic Press, Hillsdale N.J. 1983.

Petzold-Heinz, I.: Literarische Werkstätten im Altenheim, in: Petzold, H., Orth, I., Poesie und Therapie, Junfermann, Paderborn 1985a.

Petzold-Heinz, I., Petzold, H.: Mutter und Sohn - Poesie und Therapie, in: Frühmann, R., Frauen und Therapie, Junfermann, Paderborn 1985b, 339-361.

Pfeffer, Ch.: Bewegung aller Erziehung Anfang. Sämann-Verlag, Zürich 1958.

Pfeiffer, J.: Vision in Frogs, Natural History 71 (1962).

Piaget, J.: Le développement de la function du temps chez l'enfant, P.U.F., Paris 1946.

Piaget, J.: Nachahmung, Spiel, Traum, Klett, Stuttgart 1969.

Piaget, J.: Das moralische Urteil beim Kinde, Fischer, Frankfurt 1973.

Piaget, J.: Die Equilibration der kognitiven Struktur, Klett, Stuttgart 1976.

Piaget, J., Inhelder, B.: La psychologie de l'enfant, P.U.F., Paris 1968.

Piaget, J., Inhelder, B.: Die Entwicklung des räumlichen Denkens beim Kinde, Klett, Stuttgart 1976.

Pierrakos, J.: Core-Therapie, in: Petzold (1977n) 90-116.

Pierrakos, J.: Die Energie Deines Zentrums, Synthesis Verlag, Essen 1988.

Pietropinto, A.: Nonsenso poetry - ein Ansatz für literarische Werkstätten, in: Petzold, H., Orth, J.: Poesie und Therapie. Über die Heilkraft der Sprache, Junfermann, Paderborn 1985, 387-413.

Pietschmann, H.: Das Ende des naturwissenschaftlichen Zeitalters, Zsolnay, Wien 1980.

Platt, D.: Biologie des Alterns, Quelle & Meyer UTB, Heidelberg 1976.

Plessner, H.: Die Einheit der Sinne, Bouvier, Bonn 1923.

*Plessner, H.*: Die Stufen des Organischen und der Mensch, Berlin/Leipzig 1928; Gesammelte Schriften. Hrsg. *G. v. Dux, O. Marquard*, Suhrkamp, Frankfurt 1982.

*Plessner, H.*: Zwischen Philosophie und Gesellschaft, Franke, Bern 1953.

*Plessner, H.*: Philosophische Anthropologie, Fischer, Frankfurt 1970.

*Plessner, H.*: Anthropologie der Sinne, in: *Gadamer, H.G., Vogler, P.*, Neue Anthropologie Bd. 7, Thieme, Stuttgart 1975, S. 3-61.

*Plügge, H.*: Der Mensch und sein Leib, Tübingen 1967.

*Plügge, H.*: Über das Verhältnis des Ichs zum eigenen Leibe, in: *Petzold* (1985g) 107-132.

*Polednak, A.P.*: Longevity and cause of death among Harvard College Athletes and their classmates, *Geriatrics* 27 (1972) 53-64.

*Polster, E., Polster, M.*: Gestalttherapie. Theorie und Praxis der integrativen Gestalttherapie, Kindler, München 1975.

*Pontalis, J.B.*: En nouveau guérisseuer, J.L. Moreno, *Les Temps Modernes* 108 (1954) 932-947; auch in: *J.B. Pontalis*, Après Freud, Gallimard, Paris 1965, 220-236; dtsch. Nach Freud, Fischer, Frankfurt 1969.

*Pontvik, A.*: Heilen durch Musik, Rascher Zürich 1955.

*Pontvik, A.*: Der tönende Mensch, Rascher, Zürich 1962.

*Popper, K.*: Logik der Forschung, Mohr, Tübingen 1973$^2$.

*Popper, K.*: Objektive Erkenntnis. Ein evolutionärer Entwurf, Hoffmann & Campe, Hamburg 1974$^2$.

*Popper, K., Eccles, J.*: Das Selbst und sein Gehirn, Springer, Heidelberg, London, New York 1977.

*Portele, G.*: Gestalt-Theorie, Gestalt-Therapie und Theorien der Selbstorganisation, *Gestalttherapie* 1(1987) 25-29.

*Portele, G.*: Gestalt, Macht, Liebe, Suhrkamp, Frankfurt 1988.

*Portmann, A.*: Das Tier als soziales Wesen, Rhein Verlag, Zürich 1953.

*Poskauer, M.*: Breathing Therapie, in: *Otto, H.*, Exploration in Human potentialities, Charles C. Thomas, Springfield 1966.

*Powell, R.R., Pohndorf, R.H.*: Comparison of adult exercisers and nonexercisers on fluid intelligence and selected physiological variables, *Research Quarterly* 42 (1971) 70-77.

*Powell, R.R.*: Psychological effects of exercise therapy upon institutionalized geriatric mental patients, *Journal of Gerontology* 2 (1974) 157-161.

*Prechtel, H.F.R.*: Continuity of neural functions from prenatal to postnatal life, Lippincott, Philadelphia 1984.

*Prengel, A.*: Gestaltpädagogik, Beltz, Weinheim 1985.

*Pribram, K.H.* (1979): Hologramme im Gehirn. - in: *Psychologie Heute* 10 (1979) 33-42.

*Pribram, K.H*: Worum geht es beim holographischen Weltbild, in: *Wilber* (1986).

*Prick, J.J.G.*: Aspecten van een gerontologie en van een anthropologisch psychiatrische en neurologische geriatrie, Van Loghum Slaterus, Deventer 1971.

*Priestley, M.*: Musiktherapeutische Erfahrungen, Klett, Stuttgart 1982.

*Prokop, L., Bachl, N.*: Alterssportmedizin, Springer, Wien 1984.

*Pross, C.*: Die „Machtergreifung" am Krankenhaus, *Deutsches Ärzteblatt* 16 (1989) A-1105-A-1112.

*Quittmann, H.*: Humanistische Psychologie, Hogrefe, Göttingen 1985.

*Raapke, H.-D.*: Funktionen einer Theorie der Erwachsenenbildung, *Zeitschrift für Pädagogik* 5 (1970) 609-640.

Rahm, D.: Gestaltberatung, Paderborn 1985, 3. Aufl.

Raknes, O.: Wilhelm Reich und die Orgonomie, Fischer, Frankfurt 1973.

Rambert, M.: Puppenspiel in der Kindertherapie, in: Petzold, H., Puppen und Puppenspiel in der Psychotherapie, Pfeiffer, München 1983.

Ramin, G., Petzold, H.: Integrative Therapie mit Kindern, in: Petzold, Ramin (1988) 359-427.

Rank, O., Ferenczi, S.: Entwicklungsziele der Psychoanalyse. Zur Wechselbeziehung von Therapie und Praxis, Internationaler Psychoanalytischer Verlag, Wien 1924.

Rank, O.: Das Trauma der Geburt und seine Bedeutung für die Psychoanalyse, Internationaler Psychoanalytischer Verlag, Leipzig, Wien, Zürich 1924.

Rapaport, D.: Die Struktur der psychoanalytischen Theorie, Klett, Stuttgart 1970.

Ratzel, I., Schweizer, H.: Seniorengymnastik, Badischer Turnerbund, Karlsruhe 1978.

Rausch, E.: Das Eigenschaftsproblem in der Gestalttheorie der Wahrnehmung, Handbuch der Psychologie 1, Hogrefe, Göttingen 1966.

Read, H.: Erziehung durch Kunst. Droemer/Knaur, München 1962.

Reed, E.S., Johnes, R.: Reasons for realism: Selected essays of J.J. Gibson, Laurence Erlbaum, Hillsdale, N.Y. 1982.

Reed, E.S.: Applying the theory of action systems to the study of motorskills, in: Meijer, Roth (1988) 45-86.

Reese, H.W., Overton, W.F.: Models of Development and Theories of Development. - in: Goulet, L.R., Baltes, P.B.: Life Span Developmental Psychology. - Research and Theory, Academic Press, New York 1970, 115-145.

Reich, W.: Character analysis, Orgone Institute Press, New York 1949, 3. Aufl.

Reich, W.: Charakteranalyse, Kiepenheuer & Witsch, Köln/Berlin 1970[2]; Fischer, Frankfurt 1973.

Reich, W.: Die Entdeckung der Orgons. Die Funktion des Orgasmus. Kiepenheuer & Witsch, Köln 1971[5.]

Reich, W.: Die Funktion des Orgasmus, Kiepenheuer & Witsch, Köln 1972.

Reich, W.: Die Biopathie des Krebses, Kiepenheuer & Witsch Köln 1982.

Reil, J.Ch.: Rhapsodien über die Anwendungen der psychischen Curmethode auf Geisteszerrüttungen, Halle 1803.

Reinecker, M.: Gymnastik ab 40, Südwestverlag, München 1972.

Revers, W.J., Harrer, G., Simon, W.C.M.: Neue Wege der Musiktherapie, Econ, Düsseldorf 1974.

Rheingold, H.L.: The effect of environmental stimulation upon social and exploratory behavior in the human infant, in: Foss, B., Determinants of infant behavior, Wiley, New York Bd. 1 (1961) 143-177.

Richards, A.P.: The relation between the psychoanalytic theory ad psychoanalytic technique, J. Americ. Psychoanal. Assoc. 32 (1984) 587-602.

Richier, M.: Der Sinn der Phänomenologie in: „Das Sichtbare und das Unsichtbare" in: Métraux, Waldenfels (1986) 86-110.

Richter, H.E.: Lernziel Solidarität, Rowohlt, Reinbek 1974.

Ricœur, P.: Die Interpretation. Versuch über Freud, Suhrkamp, Frankfurt 1969.

Ricœur, P.: Der Text als Modell: Hermeneutisches Verstehen, in: Boehm (1978) 83-117.

Ridder, P.: Einverleibung, Z. f. klin. Psychol. Psychopathol. Psychother. 2 (1983) 149-157.

Riedl, R.: Die Ordnung des Lebendigen. Systembedingungen der Evolution, Parey, Hamburg 1975.

*Riedl, R.*: Biologie der Erkenntnis. Die stammesgeschichtlichen Grundlagen der Vernunft, Parey, Hamburg/Berlin 1981.

*Riemann, F.*: Grundformen der Angst, Ernst Reinhardt Verlag, München 1972.

*Riemann, G.*: Das Fremdwerden der eigenen Biographie. Narrative Interviews mit psychiatrischen Patienten, Fink, München 1987.

*Rijsdorp, H.*: Meer, Bewegen vor Ouderen, Deker en van de Vegt, Nijmwegen 1980.

*Rijsdorp, H.*: Oud worden, een kwaliteitsverandering van het leven, *T. Psychomotorische Therapie* 4 (1977).

*Rillaer, J. van*: Les illusions de la psychanalyse, Pierre Mardaga, Brüssel 1980.

*Rinast, M.*: Integrative Bewegungstherapie mit drogenabhängigen Jugendlichen, Graduierungsarbeit, Pritz-Perls-Institut, Düsseldorf 1978.

*Rocheblave-Spenlé, A.N.*: Psychologie des Konflikts, Lambertus, Freiburg 1974.

*Rodabough, T.*: Alternatives to the stages model of the dying process, *Death Education* 1 (1980) 1-19.

*Rogers, C.*: Encounter-Gruppen. Das Erleben der menschlichen Begegnung, Kindler, München 1970.

*Rogers, C.R.*: Entwicklung der Persönlichkeit, Klett, Stuttgart 1973.

*Rogers, C.R.*: Lernen in Freiheit, Kösel, München 1974.

*Rogers, C.R.*: Therapeuten klären. Grundlagen der Gesprächspsychotherapie, Fischer, Frankfurt 1983.

*Rogers, C.R., Rosenberg, R.L.*: Die Person als Mittelpunkt der Wirklichkeit, Klett, Stuttgart 1980.

*Rohé, F.*: Zen des Laufens, Bodymind, Berlin 1978.

*Roheim, G.V.*: La panique des dieux, Payot, Paris 1972.

*Roheim, G.V.*: Les portes du rêve, Payot, Paris 1973.

*Rojas-Bermúdez, R.*: Nucleo del Yo, Genitor, Buenos Aires 1979.

*Rojas-Bermúdez, J.G.*: Handpuppen als Intermediär-Objekte in der Behandlung von Psychotikern, in: *Petzold, H.G.*, Puppen und Puppenspiel in der Psychotherapie, Pfeiffer, München 1983, 129-161.

*Rolf, I.*: Structural Integration and Gravity. Boulder, Colorado 1972.

*Rombach, H.*: Struktur-Anthropologie: der menschliche Mensch, Alber Verlag, Freiburg, München 1987.

*Rohracher, H.*: Die Arbeitsweise des Gehirns und die psychischen Vorgänge, Urban & Schwarzenberg, München 1967.

*Rohracher, H.*: Einführung in die Psychologie, Urban & Schwarzenberg, München 1971.

*Rosenberg, J.L.*: Total Orgasm, Random House, New York 1973; dtsch. Orgasmus, Seterap (Verein zur Förderung der therapeutischen Selbsthilfe), Berlin 1975.

*Rosenkranz, M.* (1978): „Hände" - eine Arbeit zur integrativen Körpererziehung. - in: *Petzold, H.G., Brown, G.*: Gefühl und Aktion, Verlag für Humanistische Psychologie, W. Flach, Frankfurt 1978, 115-134.

*Roszak, Th.*: Gegenkultur, List, München 1973.

*Roth, H.-O., Wolf, N.*: Sport und Spiel für Ältere, Frankfurt 1974.

*Rousseau, J.J.*: Emile oder über die Erziehung, Schöningh, Paderborn 1971.

*Royal Canadian Air Force* (Hrsg.): 5 BX Plan for physical fitness, RCAF Pamphlet Bd. 30/1, Ottawa 1961; ersch. bei Herald-Woodward, Duhamel, Ottawa 1961.

*Rösing, I.*: Die Verbannung der Trauer. Nächtliche Heilungsrituale in den Hochanden Boliviens, Mundo Ankari I, Greno Verlag, Nördlingen 1987.

*Rubin, J.R.*: Bibliotherapy source book, Oryx Press, London 1978.

*Rubin, J.R.*: Bibliotherapie, in: *Petzold, H., Orth, I.*, Poesie und Therapie, Junfermann, Paderborn 1985.

*Rüegsegger, N.*: Methodik und psychische Auswirkungen des Lauftrainings in der Integrativen Bewegungstherapie, Fritz-Perls-Institut, Düsseldorf 1985 (mimeogr.).

*Rumpf, H., Schomann, H.*: Möglichkeiten der Körperdiagnostik in der Therapie, *Gruppendynamik* 1 (1983) 25-33.

*Rumpf, H.*: Die übergangene Sinnlichkeit, Juventa, München 1981.

*Russelman, G.H.E.*: Van James Watt tot Sigmund Freud. - Van Loghum Slaterus: Deventer, 1983.

*Russelman, G.H.E.*: Freud's overmatige angst voor de dood en de gefolgen hiervan vor zijn psychotherapie en ethiek. - Amsterdam, 1985.

*Russelman, G.H.E.*: Der Energiebegriff in der Bioenergetik. Eine kritische Abhandlung, *Integrative Therapie* 1 (1988) 4-40.

*Rutter, M.*: Pathways from Childhood to Adult Life, *J. Child Psychol. Psychiat.* 1 (1989) 23-51.

*Sabetti, St.*: Lebensenergie. Wesen und Wirken jener Kraft, die unsere körperliche, geistige und seelische Verfassung steuert, Scherz, München 1985.

*Sacks, H.M., Sacks, M.L.*: Psychology of running, Human Kinetics Publishers, Champaign 1981.

*Sacks, M., Buffone, G.*: Running as therapy, Univ. Nebraska Press, Nebraska 1984.

*Sagan, C.*: Unser Kosmos, Knaur & Droemer, München 1983.

*Sameroff, A.J.*: Early Influences and Development: Facts or Fancy? *Merrill-Palmer Quarterly* 4 (1975) 267-294.

*Samuels, A.*: Dance Therapy for geriatric patients. Proceedings of the 8th annual conference of the American Dance Therapy Association, American Dance Therapy Association, Maryland 1973, 27-30.

*Samuels, A.*: Dance Therapy for the aged: Proceedings of the 3rd annual conference of the American Dance Therapy Association, American Dance Therapy Association, Maryland 1968, 85-87.

*Sartre, J.P.*: L'imaginaire, Gallimard, Paris 1948; dtsch., Das Imaginäre, Rowohlt, Reinbek 1971.

*Sartre, J.P.*: Das Sein und das Nichts, Rowohlt, Hamburg 1962.

*Sartre, J.P.*: L'imagination, P.U.F., Paris 1936, 1949, 1963; dtsch. Die Transzendenz des Ego, Rowohlt, Reinbek 1987.

*Satir, V.*: Conjoint Family Therapy, Science and Behavior Books, Palo Alto 1967; dtsch. Familienbehandlung, Lambertus, Freiburg 1973.

*Schaarschuch, A.*: Lösungs- und Atemtherapie bei Schlafstörungen, Bietigheim 1962.

*Schadewaldt, W.*: Die Anfänge der Philosophie bei den Griechen, Suhrkamp, Frankfurt 1978.

*Scharll, M.*: Aktiv im Alter durch Gymnastik, Thieme, Stuttgart 1972.

*Schefflen, A.E.*: Körpersprache und soziale Ordnung, Klett, Stuttgart 1975.

*Scheiblauer, M.*: Die musikalisch-rhythmische Erziehung im Dienste der Heilpädagogik, in: Festschrift zum 60. Geburtstag von E. Jaques Dalcroze, Zürich, 1946.

*Scheler, M.*: Der Formalismus in der Ethik und die materiale Wertethik. Neuer Versuch der Grundlegung eines ethischen Personalismus, Bern 1966.

*Schelp, T., Kemmler, L.*: Emotion und Psychotherapie, Huber, Bern 1988.

*Schilder, P.*: Das Körperschema. Ein Beitrag zur Lehre vom Bewußtsein des eigenen Körpers, Springer, Berlin 1924.

*Schilder, P.*: The Image and Appearance of the Human Body, Paul, French & Trubner, London 1935.

*Schipperges, H.*: Der Arzt als Pädagoge, *Integrative Therapie* 4 (1986) 364-283.

*Schlaffhorst, C., Andersen, H.*: Atem und Stimme, Wolfenbüttel 1928,1955².

*Schmidbauer, W.*: Die hilflosen Helfer, Rowohlt, Reinbek 1977.

*Schmidbauer, W.*: Im Körper zuhause, Fischer, Frankfurt 1982.

*Schmidbauer, W.*: Helfen als Beruf, Rowohlt, Reinbek 1983.

*Schmidt, D.*: Sport für alternde und alte Menschen, in: *Schmitz-Scherzer, R.* (Hrsg.), Aktuelle Beiträge zur Freizeitforschung, Steinkopff, Darmstadt 1977, 187-198.

*Schmidt, J.*: Bedingungen für Sport im Alter, *Med. Klinik* 69 (1974) 317-374.

*Schmidt, J.*: Geeignete Sportarten für den alternden Menschen, *Med. Klinik* 69 (1974) 367-371.

*Schmidt, J.*: Höheres Alter und Sport, in: *Hollmann, W.*, Zentrale Themen der Sportmedizin, Springer, Berlin 1972, 188-198.

*Schmitt, J.L.*: Atemheilkunde, München 1956, 3. Aufl.

*Schmitt, J.L.*: Das Hohelied vom Atem, München 1966, 4. Aufl.

*Schmitz, H.*: System der Philosophie, Bd. II, Der Leib, 1. Teil. Bouvier, Bonn 1965, Bd. III, Der Raum, 1. Teil: Der Leibliche Raum, Bouvier, Bonn 1967.

*Schmitz, H.*: Phänomenologie der Leiblichkeit, in: *Petzold* (1985g) 71-106.

*Schmitz, H.*: Leib und Gefühl. Materialien zu einer philosophischen Therapeutik, Junfermann, Paderborn 1989.

*Schneider, H.-D.*: Sexualität in der zweiten Lebenshälfte, Kohlhammer, Stuttgart 1986.

*Schneider, H.-D.*: Sexuelle Verhaltensweisen im Alter, *Z. f. Gerontol.* 15 (1982) 214-219.

*Schneider, K.*: Widerstand in der Gestalttherapie. - in: *Petzold, H.* (Hrsg.): Widerstand - ein strittiges Konzept in der Psychotherapie, Junfermann, Paderborn 1981, 227-254.

*Schneiter, Ch.*: Ausdauerleistung und Alter, *Jugend und Sport* 30 (1973) 57-61.

*Schoberth, H.*: Sport im Alter, *Therapiewoche* 29 (1979) 7674-7688.

*Schoop, T.*: Won't you join the dance, Palo Alto 1974; dtsch., Komm, tanz mit mir, Pan, Zürich 1981.

*Schrenk, M.*: Gestalt und Symbol des menschlichen Leibes, *Z. f. klin. Psychol. Psychopathol. Psychother.* 2 (1983) 158-173.

*Schreyögg, A.*: Supervision, Junfermann, Paderborn (in Vorber.)

*Schreyögg, A.*: Supervision und Ethik, *Integrative Therapie* 2-3 (1988) 158-171.

*Schreyögg, A.*: Integrative Gestaltsupervision, ein methodenplurales Modell, in: *Pühl, H.* (Hrsg.), Handbuch der Supervision, Marhold, Berlin 1989.

*Schroots, J.F.*: Aging, health and competence. The first generation of longitudinal research, Elsevier, Amsterdam 1993.

*Schultz, J.H.*: Das Autogene Training, Thieme, Stuttgart 1959, 14. Aufl. 1974.

*Schumann, H.J. v.*: Erotik und Sexualität in der zweiten Lebenshälfte, Hippokrates, Stuttgart 1979.

*Schütz, A.*: Der sinnhafte Aufbau der sozialen Welt, Wien 1960.

*Schütz, A., Luckmann, Th.*: Strukturen der Lebenswelt, Luchterhand, Neuwied 1973.

*Schütze, F.*: Narrative Repräsentationen kollektiver Schicksalsbetroffenheit, in: *Lämmert, E.*: Erzählforschung, Netzler, Stuttgart 1982, 568-590.

*Schütze, F.*: Biographieforschung und narratives Interview, *Neue Praxis* 3 (1983) 283-293.

*Schütze, F.*: Kognitive Figuren des autobiographischen Stegreiferzählens, in: *Kohli, Robert* (1984) 78-117.

*Schwabe, Chr.*: Erfahrungen mit der Singtherapie, *Psychiatr. Neurol. med. Psychol.*, 16 (1964).

*Schwabe, Chr.*: Musiktherapie bei Neurosen und funktionellen Störungen, Fischer, Stuttgart 1974, 3. Aufl.

*Schwabe, Chr.*: Aktive Musikgruppentherapie, Fischer, Stuttgart 1983.

*Schwaner, B.*: Seniorensport, Pohl-Verlag, Celle 1978.

*Schwäbischer Turnerbund* (Hrsg.): Gymnastik, Spiel und Sport für Senioren, Hofmann, Schorndorf 1981.

*Schwäbischer Turnerbund*: Leibesübungen als Altershilfe, Kongreßbericht, Seniorenkongreß am 26./27. Aug. 1977 in Stuttgart, Stuttgart 1977.

*Schweinsberg-Reichart, I.* (Hrsg.): Performanz. Sprache und Sprechen. Scriptor, Frankfurt 1985.

*Scott, W.A.*: Attitude change by response reinforcement: Replication and extension, *Sociometry* 22 (1959) 328-335.

*Séchéhaye, M.A.*: La réalisation symbolique, Paris 1947; dtsch. Die symbolische Wunscherfüllung, Huber, Bern 1955.

*Segal, H.*: Introduction to the work of Melanie Klein, Hogarth Press, London 1964.

*Selver, C., Brooks, C.*: Sensory Awareness, in: *Petzold* (1974j) 59-78.

*Semon, R.*: Die Mneme, Leipzig 1920.

*Sheldrake, R.*: Das schöpferische Universum, Meyster Verlag, München 1983.

*Sheleen, L., Dropsy, J.*: Maîtrise corporelle et menschliche Beziehungen, in: *Petzold* (1974j).

*Sheleen, L.*: Bewegung in Raum und Zeit. Zum Sinn von Tanz und bewegung in der „Expression Corporelle". - in: *Petzold, H.*, Leiblichkeit, Junfermann, Paderborn (1985), 453-464.

*Sheleen, L.*: Maske und Individuation, Junfermann, Paderborn 1987.

*Shephard, R.J.*: Intensity, duration and frequency of exercise as determinants of the response to a training regimen, *Internationale Zeitschrift f. angewandte Physiologie* 26 (1969) 272-278.

*Sidenbladh, E.*: Wasserbabys, Synthesis, Essen 1983.

*Sidney, K.H., Shephard, R.J.*: Attitudes towards health and physical activity in the elderly, *Medicine and Science of Sport* 4 (1976) 246-252.

*Sidney, K.H., Shephard, R.J.*: Perception of exertion in the elderly, effects of aging, mode of exercise and physical training, *Percept. Mot. Skills* 3 (1977) 999-1010.

*Siebert, H.*: Erwachsenenbildung. Aspekte einer Theorie, Bertelsmann Universitätsverlag, Düsseldorf 1972.

*Sieper, J.*: Bildungspolitische Hintergrunddimensionen für integrativ-agogische Arbeit an FPI und FPA, *Integrative Therapie* 3/4 (1985) 340-358.

*Sieper, J., Petzold, H. G.*: Integrative Agogik – ein kreativer Weg des Lehrens und Lernens, 1993c, in: *Petzold, Sieper* (1993a) 359-370.

*Simmel, G.*: Zur Philosophie des Schauspielers, *Logos* 9 (1921/22) 339-362.

*Simkin, J.S.*: Gestalt Therapy Mini-Lectures, Celestial Arts, Millbrae 1976.

*Simon, W.C.M.*: Abriß einer Geschichte der Musiktherapie, in: *Harrer, G.*, Grundlagen der Musiktherapie und Musikpsychologie, Fischer, Stuttgart 1975.

*Simon, W.C.M.*: Musik und Heilkunst, in: *Pahlen, K.*, Musiktherapie, Heyne, München 1973.

*Simonson, E.*: Performance as a function of age and cardiovascular disease, in: *Welford, A.T., Birren, J.E.*: Behaviour aging and the nervous system, Thomas, Springfield 1965, 401-434.

*Singer, R.* (Hrsg.): Alterssport. Versuch einer Bestandsaufnahme, Hofmann, Schorndorf 1981.

*Sipsma, D.H.*: Het wankele evenwicht; een praktisch model ten behoeve van preventie, vroegdiagnostiek en behandeling van geestelijke stoornissen bij bejaarden, *Ned. T. Gerontologie* 4 (1973) 13-23.

*Sivadon, P., Ganthéret, F.*: La reéducation corporelle des fonctions mentales, Editions ESF, Paris 1973.

*Skinner, B.F.*: Science and human behavior, Free Press, New York 1953; dtsch. Wissenschaft und menschliches Verhalten, Kindler, München 1973.

*Skowronek, H.*: Umwelt und Begabung, Klett, Stuttgart 1973.

*Sloterdijk, P.*: Der Zauberbaum. Die Entstehung der Psychoanalyse im Jahre 1785, Suhrkamp, Frankfurt 1985.

*Smith, E.L., Reddan, W.*: Proceeding physical activity. A modality for bone accretion in the aged, *American Journal of Roentgenology* 126 (1976) 1297.

*Smith, W.C., Figetakis, N.*: Some effects of isometric exercises on muscular strength, body-image, perception and psychiatric symptomatology in chronic schizophrenics, *Amer. Corr. Ther.* 4 (1970) 100-104.

*Smuts, J.*: Holism and evolution, MacMillan, New York 1926.

*Snell, B.*: Die Entdeckung des Geistes, Claassen & Goverts, Hamburg 1946[4].

*Sollmann, U.*: Bioenergetische Analyse, Synthesis, Essen 1984.

*Sosna, U.*: Soziale Isolation und psychische Erkrankung im Alter, Campus, Frankfurt 1983.

*Spaemann, R., Koslowski, G., Löw, R.*: Evolutionstheorie und menschliches Selbstverständnis, CIVITAS RESULTATE, Bd. 6, Acta Humaniora, Verlag Chemie, Weinheim 1984.

*Speads, C.*: Atem, Kösel, München 1983.

*Speidel, H.*: Psychoanalyse, Alter und chronische Krankheit, *Psychother. med Psychol.* 35 (1985) 141-146.

*Spiegel, Y.*: Der Prozeß des Trauerns, 2 Bde., Kaiser, München 1972.

*Spiegel-Rösing, I., Petzold, H.G.*: Die Begleitung Sterbender, Junfermann, Paderborn 1984.

*Spirduso, W.W., Clifford, P.*: Replication of age and physical activity effects on reaction and movement time, *Journal of Gerontology* 33 (1978) 26-30.

*Spirduso, W.W.*: Reaction and movement time as a function of age and physical activity level, *J. Gerontology* 4 (1975) 435-440.

*Spitz, R.*: Hospitalism, in: *The Psychoanalytic Study of the Child* 1 (1945) 53-74.

*Spitz, R.*: Hospitalism, in: *The Psychoanalytic Study of the Child* 2 (1946) 113-117.

*Spitz, R.A.*: La cavité primitive, *Revue Francaise de Psychanalyse* 2 (1959) 205-235.

*Spitz, R.*: Vom Säugling zum Kleinkind, Klett, Stuttgart 1967.

*Spolin, V.*: Improvisationstechniken, Junfermann, Paderborn 1984.

*Sprondel, W.M., Grathoff, R.*: Alfred Schütz und die Idee des Alltags in den Sozialwissenschaften, Enke, Stuttgart 1979.

*Staemmler, F., Bock, R.*: Neuentwurf der Gestalttherapie, Pfeiffer, München 1987.

*Stahl, Th.*: Triffst du'nen Frosch unterwegs..., Junfermann, Paderborn 1988.

*Stamford, B.A.*: Physiological effects of training upon institutionalized geriatric men, *Journal of Gerontology* 27 (1972) 451-455.

*Stamford, B.A.: Hambacher, W., Fallica, A.*: Effects of daily physical exercises on the psychiatric state of institutionalized geriatric mental patients, *Research Quarterly* 1 (1974) 35-41.

*Stanislavskij, K.S.*: Theater, Regie und Schaupieler, Hamburg 1958.

*Starzmann, I.*: Gymnastik auch für psychisch kranke, ältere Menschen, *Innere Mission* 61 (1971) 125-126.

*Stead, C.*: Aroma therapy, Celestial Arts, Millbrae 1987.

*Steen, M. P. van der, Vermeer, A.*: Competentie en bewegingsbeinvloeding, *Bewegen & Hulpverlening* 2 (1987) 92-111.

*Steere, D.A.*: Bodily expression in psychotherapy, Brunner & Mazel, New York 1982.

*Steinbach, M.*: Gesundheit, Leistung und Alter, in: *Böhlau, U.*, (Hrsg.), Alter und Physiotherapie, Schattauer Verlag, Stuttgart 1971.

*Steiner, C.*: Wie man Lebenspläne verändert, Junfermann, Paderborn 1985.

*Steinert, H.*: Symbolische Interaktion, Klett, Stuttgart 1973.

*Steinmann, B.*: Medizinische Probleme des Alterssports, *Sportunterricht* 26 (1977) 129-134.

*Steinmann, B.*: Belastbarkeit und Leistungssteigerung im Alter, *Schweiz. Z. Sportmed.* 21 (1973) 177-187.

*Stern, D.*: The interpersonal world of the intant, Basic Books, New York 1985.

*Stevens, B.*: Don't Push the River, Real People Press, Laffayette 1970.

*Stevens, B.*: Body Work, in: *Stevens*, Gestalt is (1975) S. 157-184; in: *Petzold* (1977n) 218-243.

*Stevens, B.*: Gestalt-Körperarbeit, in: *Petzold* (1977n) 218-243.

*Stevens, J.O.* (Hrsg.): Gestalt Is. Real People Press. Moab, Utah 1975.

*Stevens, J.O.*: Die Kunst der Wahrnehmung. Übungen der Gestalttherapie. Chr. Kaiser, München 1975.

*Stiefvater, E.W., Stiefvater, I.R.*: Chinesische Atemlehre und Gymnastik, Haug, Ulm 1972.

*Stockvis, B., Wiesenhütter, E.*: Handbuch der Entspannung, Hippokrates Verlag, Stuttgart 1979.

*Stoerig, P.*: Leib und Psyche. Eine interdisziplinäre Erörterung des psycho-physischen Problems, Flink, München 1985.

*Stolze, H.*: Konzentrative Bewegungstherapie, in: Psychologie des 20. Jahrhunderts, Bd. 3, Kindler, München 1977.

*Stolze, H.*: Die konzentrative Bewegungstherapie. Grundlage und Erfahrungen. Verlag Mensch und Leben, Berlin 1984; 2. Aufl. Springer, Heidelberg 1988.

*Stork, J.*: Zur Psychologie und Psychopathologie des Säuglings, Frommann Holzboog, Stuttgart 1986.

*Stork-Groenveld, I., Meerloo, J.A.M.*: Ouder en wijzer worden, verchijnselen van het ouder worden, Bosch & Keuning, Baarn 1974.

*Strauss, A.L.* et al.: Gefühlsarbeit, *Kölner Zeitschr. f. Soziologie und Sozialpsychol.* 4 (1980) 229-251.

*Strauss, A.L.*: A social world perspective, in: *Denzin, M.K.*, Studies in symbolic interaction, Vol. I, JAI Press, Greenwich 1982, 119-128.

*Strauzenberg, S.E.*: Der ältere Mensch als aktiver Sportler, in: *Ries, W.* (Hrsg.), Sport und Körperkultur des älteren Menschen, Barth, Leipzig 1966, 218-229.

*Strauzenberg, S.E.*: Einfluß sportlicher Aktivität auf die Gesundheit und Leistungsfähigkeit des älteren Menschen, *Theor. Prax. Körperkult* 28 (1979) 120-123.

*Strauzenberg, S.E.*: Gesundheitstraining leistungsfähig - lebensfroh - aktiv bis ins hohe Alter, Volk und Gesundheit, Berlin 1977.

*Strauzenberg, S.E.*: Umsetzung sportmedizinischer Erkenntnisse in Prophylaxe, Therapie, Rehabilitation und Metaphylaxe, *Medizin und Sport* 14 (1974) 158-162.

*Stricker, G., Gould, J.R.*: Comprehensive Handbook of Psychotherapy Integration, Plenum, New York 1993.

*Strobel, W., Huppmann, G.*: Musiktherapie, Hogrefe, Göttingen 1978.

*Stroetges, K.*: Aktiv ab 60. Sport für betagte Bürger, Mönchengladbach 1976.

*Stroetges, K.*: Sport im Alter - ein Programm und seine Organisation, NRW-Verband Sport für betagte Bürger, Mönchengladbach 1976.

*Stroetges, K.*: Sport im Alter, Sport für betagte Bürger, Möchengladbach 1978.

*Strotzka, H.*: Psychotherapie heute und morgen, Facultas Verlag, Wien 1983.

*Strunk, D.*: Political dimensions of the body, Cambridge, University Press 1983.

*Sulloway, F.J.*: Freud - Biologe der Seele. Jenseits der psychoanalytischen Legende, Hohenheim, Köln 1979.

*Swieten, G. van*: Rede über die Erhaltung der Gesundheit der Greise, Wien 1778.

*Tansley, D.V.*: Subtle body. - London, 1977; dtsch.: Kösel, München 1986.

*Tamboer, J.W.I.*: Mensbeelden achter bewegingsbeelden: Kinanthropologische analysis vanuit het perspectiv van de Lichamelijke Opvoeding, De Vrieseborch, Haarlem 1985.

*Tamboer, J.W.I.*: Images of the body. Underlying concepts of action, in: *Meijer, O.G., Roth, K.*: Complex movement behaviour: the motor-action controversy, Elsevier Science Publishers, Amsterdam 1988.

*Taminiaux, J., Merleau-Ponty, M.*: Auf dem Weg von der Dialektik zur Hyperdialektik, in: *Métraux, A., Waldenfels, B.*, Leibhaftige Vernunft. Spuren von Merleau-Pontys Denken, Fink, München 1986, 64-85.

*Tauscher, H.* (Hrsg.): Die rhythmisch-musikalische Erziehung in der Heilpädagogik. Carl Marhold, Berlin 1964.

*Tausk, V.*: Entwertung des Verdrängungsmotivs durch Recompense, *Internationale Zeitschrift für Psychoanalyse* I (1930) 230-239.

*Teegen, F.* (1985): Verstärkte Atmung und seelisches Erleben. - in: *Petzold* (1985) 499-546.

*Teilhard de Chardin, P.*: Der Mensch im Kosmos, Beck, München 1959.

*Teirich, H.R.*: Musik in der Medizin. Beiträge zur Musiktherapie, Fischer, Stuttgart 1958.

*Textor, M.R.*: Psychotherapie - Charakteristika und neue Entwicklungen, *Integrative Therapie* 4 (1988) 269-281.

*Thamm, A.*(1985): Poesie und Integrative Therapie. Linguistische Überlegungen zu einem besonderen Sprachspiel. - in: *Petzold, H., Orth, I.* (Hrsg.): Poesie und Therapie. Über die Heilkraft der Sprache, Junfermann, Paderborn 1985, 135-158.

*Thomae, H.*: Das Individuum und seine Welt, Verlag für Psychologie, Göttingen 1968.

*Thomae, H.*: Patterns of aging, Karger, Basel 1976.

*Thomae, H.*: Alternsstile und Alternsschicksale, Huber, Bern 1983.

*Thomas, G.*: Unterschicht, Psychosomatik und Psychotherapie. Eine kritische Sichtung von Forschung und Praxis, Junfermann, Paderborn 1986.

*Thomas, G., Thomas, C.*: Integrative Therapie bei Arbeiterehepaaren mit einem psychosomatisch erkrankten Partner, *Integrative Therapie* 1/2 (1986) 21-38.

*Thomas, G.*: Evaluationsforschung in der Psychotherapie. Ein Überblick für Gestalttherapeuten, *Integrative Therapie* 4 (1987) 304-336.

*Thomas, K.*: Praxis der Selbsthypnose und des autogenen Trainings, Thieme, Stuttgart 1967.

*Thomä, H., Kächele, H.*: Lehrbuch der pschoanalytischen Therapie. Grundlagen, Springer, Heidelberg 1986.

*Thomä, H.*: Die Aktivität des Psychoanalytikers als Determinant des therapeutischen Prozesses, Jahrbuch der Psychoanalyse, Beiheft 6, Huber, Bern 1981, 1-80.

*Thoreau, H.D.*: Über die Pflicht zum Ungehorsam gegen den Staat, Diogenes, Zürich 1973.

*Tiller, W.*: Some Energy Field Observations of Man and Nature, in: *Krippner* (1973).

*Tilliette, X., Mètraux, A.*: M. Merleau-Ponty: Das Problem des Sinnes, in: Grundprobleme der großen Philosophen. Philosophie der Gegenwart II; Vandenhoek & Ruprecht, Göttingen 1973.

*Ting, L.*: Praying mantis Kung-Fu, Wing Chung, Martial Art Association, Hongkong 1980.

*Ting, L.*: Five-Pattern Hung Kuen, International Wing Chung Martial Art Association, Hongkong 1980, Bd. 2, 1981.

*Tolman, E.C.*: There is more than one kind at learning, *Psychol. Rev.* 56 (1949) 144-155.

*Tolstoi, L.M.*: Die Schule von Jasnaja Poljana, Verlag Die Büchse der Pandora, Telgte 1973.

*Trogsch, F., Olbricht, H.*: Bericht über ein zehnjähriges Trainingsexperiment zur Festigung der Gesundheit, *Theorie u. Praxis der Körperkultur* 23 (1974) 1010-1024.

*Trogsch, F.*: Zum Erhalt der physischen Leistungsfähigkeit des menschlichen Organismus im 6. und 7. Lebensjahrzehnt. Festschr. Josef Recla, hrsg. v. *F. Thaller, H. Recla*, Zeichen der Zeit, Hoffmann, Schorndorf 1975, 242-252.

*Troisfontaines, R.*: De l'existence à l'être. - La philosophie de Gabriel Marcel, Nauwelaerts, Löwen 1968.

*Trüb, H.*: Heilung aus der Begegnung, Klett, Stuttgart 1948.

*Tugendhat, E.*: Der Wahrheitsbegriff bei Husserl und Heidegger, De Gruyter, Berlin 1970.

*Tulku, T.*, Selbstheilung durch Entspannung, *O.W. Barth*, München 1982.

*Turvey, M.T., Kugler, P.N.*: Ecological approach to perception and action, in: *Whiting* (1984) 373-412.

*Tutt, I.*: Seniorentanz, Kuratorium Deutsche Altershilfe, Köln 1977.

*Uexküll, J.V.*: Theoretische Biologie, Suhrkamp, Frankfurt 1973.

*Uexküll, Th.v.*: Psychosomatische Medizin, Urban & Schwarzenberg, München 1986.

*Ullmann, G.*: Kreativitätsforschung. Köln 1973.

*Ullmann, R.* (1981): Lernen, den Leib zu (be)achten. Integrative Bewegungserziehung in der Prävention. - *Zeitschr. f. Humanist. Psychol.* 3/4 (1981 43-55.

*Ullmann, R.*: Integrative Bewegungstherapie, in: *Maurer, Y.*, Bedeutende Psychotherapieformen der Gegenwart, Hippokrates, Stuttgart 1985.

*Ullmann, R.*: Basiskonzepte der Integrativen Bewegungstherapie. - Fritz Perls Institut Düsseldorf, 1986, (mimeogr.).

*Unruh, D.R.*: Invisible lifes. Social worlds of the aged, Sage Publications, Beverly Hills 1983.

*Vernon, G.M.*: Time to die, Washington 1979.

*Vetter, V.G.* (Hrsg.): Handbuch des Musikunterrichts für Musikschullehrer und freie Musikerzieher. Gustav Bosse Verlag, Regensburg 1970.

*Vittoz, R.*: Traîtment des psychonevroses par la rééducation du controle cérébral, Baillère, Paris 1972.

*Voigt, R.*: Über den Aufbau von Bewegungsgestalten, *Neue Psychol. Studien* Bd. IX 1 (1933, München) 5-32.

*Vollmer, G.*: Evolutionäre Erkenntnistheorie, Hirzel, Stuttgart 1975.

*Vopel, K.*: Handbuch für Gruppenleiter, ISKO-Press, Homburg 1976.

*Völker, U.*: Humanistische Psychologie, Beltz, Weinheim 1980.

*Vööbus, K.*: (1956: L'analyse corporelle, approche nouvelle pour l'integration personelle. - Wilhelm Reich Research Center, Montreal 1956.

*Vööbus, K.* (1975): Gegen die Psychotechniker oder ein Plädoyer für die Gestaltanalyse als Einzeltherapie. - *Integrative Therapie* 2/3 (1975) 102-109.

*Vygotsky, L.*: Mind and society: a development of higher psychological processes, Harvard University Press, Cambridge 1978.

*Vygotsky, L.*: Consciousness as a problem of psychology of behaviour, *Soviet Psychology* 17 (1979) 5-35.

*Waldenfels, B.*: Das Zwischenreich des Dialogs, Nijhoff, Den Haag 1971.

*Waldenfels, B.*: Die Verschränkung von Innen und Außen im Verhalten, *Phänomenologische Forschungen* 1976, II.

*Waldenfels, B.*: Der Spielraum des Verhaltens, Suhrkamp, Frankfurt 1980.

*Waldenfels, B.*: Phänomenologie in Frankreich, Suhrkamp, Frankfurt 1984.

*Waldenfels, B.*: In den Netzen der Lebenswelt, Suhrkamp, Frankfurt 1985.

*Waldenfels, B.*: Das Problem der Leiblichkeit bei Merleau-Ponty 1985, in: *Petzold* (1985g) 149-172.

*Waldenfels, B.*: Das Zerspringen des Seins. Ontologische Auslegung der Erfahrung am Leitfaden der Malerei, in: *Métraux, Waldenfels* (1986) 144-161.

*Waldenfels, B.*: Ordnung im Zwielicht, Suhrkamp, Frankfurt 1987.

*Wallon, H.*: L'évolutioon psychologique de lénfant, Collin, Paris 1941.

*Wallon, H.*: Le dessin du personnage par l'enfant, *Enfance* 3 (1958) 177-191.

*Watzlawick, P.*: Grundlagen menschlicher Kommunikation, Huber, Bern 1969.

*Weber, A.*: Gesundheit und Wohlbefinden durch regelmäßiges Laufen, Junfermann, Paderborn 1984.

*Weiner, M.*: Therapist disclosure. The use of the Self in psychotherapy, Butterworth, Boston 1978.

*Weinstein, N.*, et al.: Bibliography of sensory and perceptual deprivation, isolation and related areas, *Percept. Motor Skills* 26 (1968) 883-903.

*Weise, K., Albert, H.-D.*: Psychomotorische Therapie auf der psychiatrischen Station, in: *Köhler, Ch.* (Hrsg.): Musiktherapie. Theorie und Methodik, Jena 1971.

*Weisman, A.D.*: A model for psychological phasing in cancer, *General Hospital Psychiatry* 3 (1979a) 187-195.

*Weisman, A.D.*: Coping with Cancer, McGraw Hill, New York 1979b.

*Weiß, B.*: Therapeutische Arbeit mit Masken in der Integrativen Therapie, MS 1988, in: *Petzold, Orth* (1989).

*Weiss, U.*: Die Leibesübungen des älteren Menschen, Hippokrates, Stuttgart 1978.

*Weiss, U.*: Kann der Mensch auch noch in höherem Alter mit einem sportlichen Training beginnen? *Jugend und Sport* 31 (1974) 183-184.

*Weizäcker, C.F.*: Die Einheit der Natur, Piper, München 1971.

*Weizsäcker, v.V.*: Gestalt und Zeit, Vandenhoeck & Ruprecht, Göttingen 1960².

*Weizäcker, v.V.*: Der Gestaltkreis. Theorie der Einheit von Wahrnehmen und Bewegen, Suhrkamp, Frankfurt 1973.

*Welsch, W.*: Unsere postmoderne Gesellschaft, Acta Humaniora, Weinheim 1987.

*Welter, R.*: Der Begriff der Lebenswelt. Theorien vor theoretischer Erfahrungswelt, Fink, München 1986.

*Wertheimer, M.*: Untersuchungen zur Lehre von der Gestalt, I u. II, in: *Psychologische Forschungen* 1 (1922), 4 (1923).

*Wertheimer, M.*: Produktives Denken, Kramer, Frankfurt 1964.

*Wex, M.*: Männliche und weibliche Körpersprache, Wiesbaden 1980, 2. Aufl.

*Weyde, R.* (1985): Leiberfahrung und Darstellung. - in: *Petzold H.*, Leiblichkeit, Junfermann, Paderborn (1989) 431-452.

*White, D.P.*: Preface, in: *Brunner, D., Jokl, E.*: Physical activity and aging, Karger, Basel 1970.

*White, R.W.*: Motivation reconsidered: The concept of competence, *Psychological Review* (1959) 297-333.

*Whitehead, A.N.*: The function of reason, Princeton Univ. Press, Princeton 1929.

*Whiting, H.T.A.*: Human motor actions: Bernstein reassessed, North-Holland, Amsterdam 1984.

*Widlöcher, D.*: Étude du dessin d'enfant comme moyen de communication, *Anal. d'Hygiène Mentale* 54 (1967) 165-169.

*Widlöcher, D.*: L'interprétation des dessins d'enfants, Dessart, Bruxelles 1965.

*Wieltschnig, E.*: Unabhängigkeit im Alter, Haupt, Bern 1982.

*Wigand, P.*: Der menschliche Körper im Munde des deutschen Volkes, Frankfurt 1899; 2. Aufl., Lit, Münster 1981.

*Wilber, K.*: Das holographische Weltbild, Scherz, O.W. Barth, Bern 1986.

*Wilber, K.*: Halbzeit der Evolution, Scherz, Bern 1987.

*Wilber, K., Engler, J., Brown, D.*: Psychologie der Befreiung, Scherz, München 1988.

*Wilber, K.*: Das Spektrum des Bewußtseins, Scherz, München 1987.

*Willke, E.*: Psychotherapie durch Bewegung, *Sportunterricht* 3 (1976) 72-77.

*Willke, E.*: Tanztherapie, *Psychomotorik* 3 (1978a) 54-59.

*Willke, E.*: Tanz - Erfahrung jenseits der Sprache, *Psychologie Heute* 7 (1978b), 15-25.

*Willke, E.*: Tanztherapie. Zur Verwendung des Mediums Tanz in der Psychotherapie, in: *Petzold* (1985g) 265-298.

*Willke, E., Hölter, G., Petzold, H.*: Klinische Tanztherapie, Junfermann, Paderborn 1990 (in Vorber.).

*Willms, H.*: Musiktherapie bei psychotischen Erkrankungen, Musiktherapie I, Fischer, Stuttgart 1975.

*Wilmore, J.A.*: Individual exercise prescription, *The American Journal of Cardiology* 33 (1974) 757-759.

*Winnicott, D.W.*: Transitional Objects and Transitional Phenomena, *International Journal of Psycho-Analysis* 34 (1953); dtsch. Übergangsobjekte und Übergangsphänomene, *Psyche* 23 (1969) 666-682.

*Winnicott, D.C.*: Processus de maturation chez l'enfant, Payot, Paris 1962.

*Winnicott, D.W.*: De la pédiatrie à la psychanalyse, Payot, Paris 1969.

*Winnicott, D.W.*: The maturational process and the facilitating environment: studies in the theorie of emotional development, Hogarth Press, London 1972[2]; dtsch.: Reifungsprozeß und fördernde Umwelt, Kindler, Müchen 1974.

*Winnicott, D.W.*: Vom Spiel zur Kreativität, Stuttgart 1973.

*Wirbel, U.*: Verletzung in der Therapie, *Integrative Therapie* 4 (1987) 407-423.

*Wittgenstein, L.*: Philosophische Untersuchungen, in: Schriften I, Suhrkamp, Frankfurt 1960.

*Wittgenstein, L.*: Tractatus logico-philosophicus, Suhrkamp, Frankfurt 1978.

*Wolf, N., Roth, H.-O.*: Sport für ältere Menschen im Verein, DSB, Frankfurt 1976.

*Wolfgart, H.* (Hrsg.): Das Orff-Schulwerk im Dienste der Erziehung und Therapie behinderter Kinder, Berlin 1971.

*Wolfsohn, A.*: Stimme und Person, unveröffl. MS 1938.

*Wöllzenmüller, F., Grünewald, B.*: Ausdauertraining: Laufen, Radfahren, Skilanglauf, Schwimmen, Mosaik, München 1980.

*Wöllzenmüller, F.*: Richtig Jogging, Dauerlaufen, BLV, München 1979.

*Woodworth, R.S.*: Dynamics of Behavior, Winston, New York 1958.

*Wulf, F.*: Über die Veränderung von Vorstellungen. Gedächtnis und Gestalt. *Psychologische Forschungen* 1 (1922).

*Wunderlich, D.*: Sprachakte, in: *Mass, U., Wunderlich, D.*, Pragmatik und sprachliches Handeln. Suhrkamp, Frankfurt 1972.

*Wyss, D.*: Die tiefenpsychologischen Schulen von den Anfängen bis zur Gegenwart, Vandenhoeck & Ruprecht, Göttingen 1973.

*Yalom, I.*: Gruppenpsychotherapie, Kindler, München 1974.

*Yonteff, G.A.*: A rewiew of the practice of Gestalt therapy, Ph. D. Dissertation, Univ. of Arizona 1969.

*Zacher, A.*: Die Tiefe der Tiefenpsychologie und die Geschichte des Einzelnen, *Psychother. Med. Psychol.* 38 (1988) 167-174.

*Zimmer, D.*: Tiefenschwindel. Die endlose und die beendbare Psychoanalyse, Rowohlt, Reinbek 1979.

*Zinker, J.*: Gestalttherapie als kreativer Prozeß, Junfermann, Paderborn 1983.

*Zuckrigl, H., Zuckrigl, A., Helbling, H.*: Rhythmik hilft behinderten Kindern, München 1976.

*Zundel, E., Zundel, R.*: Leitfiguren der Psychotherapie, Kösel, München 1987.

*Zundel, R., Hilarion Petzold*: Integrative Therapie, in: *Zundel, Zundel* (1987) 191-214.

# Gesamtbibliographie
# Hilarion Gottfried Petzold
# 25.3.1944

# Bibliograpie I 1965-1988*
# 1988n/1996a

## Psychologische, psychotherapeutische, pädagogische und sozialwissenschaftliche Publikationen.

### 1965

1.  *Petzold, H.G.*, 1965. Géragogie – nouvelle approche de l'éducation pour la vielles-se et dans la viellesse. *Publications de L'Institut St. Denis* 1, 1-16; dtsch. in: *Petzold* (1985a) 11-30.

### 1968

2.  *Petzold, H.G.*, 1968a. Überforderungserlebnis und nostalgische Reaktion bei aus-ländischen Arbeitern in der BRD, Genese, Diagnose, Therapie, Paris.

3.  *Petzold, H.G.*, 1968b. Arbeitspsychologische und soziologische Bemerkungen zum Gastarbeiterproblem in der BRD, *Zeitschrift f. Prakt. Psychol.* 7, 331-360.

4.  *Petzold, H.G.*, 1968c. Überforderungserlebnis und nostalgische Reaktion als päd-agogisches Problem an Auslandsschulen. *Der deutsche Lehrer im Ausland* 1, 2-9.

### 1969

5.  *Petzold, H.G.*, 1969a. Die verhaltenstherapeutische Komponente im Psychodrama. Überlegungen zum Konzept eines Behaviourdramas, Paris, mimeogr.; teilweise dtsch. in: (1971e).

6.  *Petzold, H.G.*, 1969b. L'analyse progressive en psychodrame analytique. Paris, mimeorg.; auszugsweise dtsch. in: **(1988n [dieses Buch S. 455-491],o).**

7.  *Petzold, H.G.*, 1969c. Les Quatre Pas. Concept d'une communauté thérapeutique. Paris, mimeogr.; teilweise dtsch. in: (1974l).

---

\*  In dieser Liste ist die Vielzahl der vornehmlich in den Zeitschriften „Integrative Therapie" und „Gestalt & Integration. Gestalt Bulletin" erschienenen Rezensionen nicht aufgeführt. Die in diesem Band (**1988n/1996a**) enthaltenen durchgesehenen (revid.) Arbeiten sind durch **Fettdruck** gekennzeichnet.

# 1970

8. *Petzold, H.G.*, 1970a. Le „Gestaltkibbouz" modèle et méthode thérapeutique. Paris, mimeogr.

9. *Petzold, H.G.*, 1970b. Some important techniques of psychodrama. Vidareutbild-ningskurs i psykiatri. Hrsg. *E. Franzke, St. Sigfrid Sjuknus, Växjö* 1970b. Teilweise dtsch. in: *Petzold* (1977a).

10. *Petzold, H.G.*, 1970c. Thérapie du mouvement, training relaxatif, thymopratique et éducation corporelle comme integration, Paris, dtsch. Auszugsweise in: (1992b), 841ff.

11. *Petzold, H.G.*, 1970d. Psychodramatische Techniken in der Therapie mit Alkoholikern. *Zeitschr. f. prakt. Psychol.* 8, 387-408; überarbeitete Fassung in *Petzold* (1977a).

12. *Petzold, H.G.*, 1970e. Bibliographie zur Gruppenpsychotherapie und zum Psychodrama. *Zeitschr. f. prakt. Psychol.* 8 (1970e) 454-474; überarbeitete Fassung (750 Titel) in: *Petzold* (1972a).

12a. *Petzold, H.G., Sieper, J.* Zur Verwendung des Psychodramas in der Erwachsenenbildung, *Zeitschr. f. prakt. Psychol.* 8 (1970) 442-447; repr. (1973c).

# 1971

13. *Petzold, H.G.*, 1971a. Die therapeutischen Möglichkeiten der psychodramatischen Magic-Shop Technik, *Zeitschr. f. klin. Psychol. Psychother*, 4, 345-396; erweiterte Fassung in: *Petzold* (1977h).

14. *Petzold, H.G.*, 1971b. Psychodramatisch gelenkte Aggression in der Therapie mit Alkoholikern, *Gruppenpsychotherapie und Gruppendynamik* 3, 268-281.

15. *Petzold, H.G.*, 1971c. Möglichkeiten der Psychotherapie bei drogenabhängigen Jugendlichen. In: *G. Birdwood*, Willige Opfer, Rosenheim, 212-245.

16. *Petzold, H.G.*, 1971d. Triadisches Psychodrama in der Erwachsenenbildung. *Volkshochschule im Westen* 3, 120-132.

17. *Petzold, H.G.*, 1971e, Behaviourdrama, eine verhaltenstherapeutische Variante des Psychodramas. Ref. auf der I. Tagung der Europäischen Gesellschaft für die Modifikation und Therapie des Verhaltens, Müchen 20.-23. Juli, in: *Samenspel* 6/7 (1975) 139-146.

18. *Petzold, H.G.*, 1971f. Chemische Aversionskonditionierung, nondirektive Gruppenpsychotherapie, Gruppenhypnose, klassisches und tetradisches Psychodrama in der Behandlung von Alkoholikern, ein Methodenvergleich. Referat auf dem VI. Int. Kongreß f. Psychodrama und Soziodrama, Amsterdam 22.-26. Aug.

19. *Petzold, H.G.*, 1971g. La méthode spectrométrique en psychodrame, thérapie de groupe et dynamique de groupe, *Folia Psychodramatica* 3 *(Louvain)* 65-73.

20. *Petzold, H.G.*, 1971h. Einige psychodramatische Initial-, Handlungs- und Abschlußtechniken. *Zeitschr. f. Psychother. med. Psychol.* 6, 209-227; auch in: *Petzold, H.G.* (1977h).

21. *Petzold, H.G.*, 1971i. Moderne Methoden psychologischer Gruppenarbeit in der Erwachsenenbildung, *Erwachsenenbildung* 3, 160-178; auch in: *Petzold* (1973c).

22. *Petzold, H.G.*, 1971j. Die psychodramatische Technik der Zukunftsprojektion. Referat VI. Intern. Kongr. f. Psychodrama und Soziodrama, Amsterdam 22.-26. Aug. 71, erweiterte Fassung in: *Petzold* (1979k).

23. *Petzold, H.G.*, 1971k. Der Beitrag kreativer Therapieverfahren zu einer erlebnisaktivierenden Erwachsenenbildung, Vortrag auf der Arbeitstagung „Kreativitätstraining, kreative Medien, Kunst- und Kreative Therapie", VHS Dormagen und Büderich 1.6.1971; VHS Büderich, mimeogr.


# 1972


24. *Petzold, H.G.*, 1972a (Hrsg.) Angewandtes Psychodrama in Therapie, Pädagogik, Theater und Wirtschaft, Junfermann, Paderborn, 2. erweiterte Aufl. (1977h), 4. Aufl. 1993

25. *Petzold, H.G.*, 1972b. Situationsanalyse und intensiviertes Rollenspiel in der Industrie. In: *Petzold* (1972a) 358-372.

26. *Petzold, H.G.*, 1972c. Psychodrama als Instrument der Pastoraltherapie, der religiösen Selbsterfahrung und der Seelsorge, *Wege zum Menschen* 2/3, 41-56. Erweiterte Fassung in: *Petzold* (1972a) 265-283.

27. *Petzold, H.G.*, 1972d. Das spektrometrische Diagramm als Technik des Behaviourdramas und der Selbstregulation. *Psychologie und Praxis* XVI, 134-139.

28. *Petzold, H.G.*, 1972e. Komplexes Kreativitätstraining mit Vorschulkindern. *Schule und Psychologie* 3, 146-157.

29. *Petzold, H.G.*, 1972f. Methoden in der Behandlung Drogenabhängiger. Vierstufentherapie. Komplexes katathymes Erleben, Psychosynthesis, Gestalttherapie, Psychodrama, Nicol, Kassel.

30. *Petzold, H.G.*, 1972g. Curriculum zur psychotherapeutischen und soziotherapeutischen Zusatzausbildung im Bereich der Suchtkrankenhilfe, Gesamtverband für Suchtkrankenhilfe, Kassel, (mimeogr.). Teilweise abgedruckt in: *Petzold* (1974h).

31. *Petzold, H.G., Osterhues, U.J.* 1972. Zur Verhaltenstherapeutischen Verwendung von gelenkter katathymer Imagination und Behaviourdrama in einem Lebenshilfezentrum. In: *Petzold* (1972a) 232-241.

32. *Petzold, H.G., Schmidt, I.* 1972. Psychodrama und Theater. In: *Petzold* (1972a) 13-44.

33. *Petzold, H.G., Schulwitz, I.* 1972. Tetradisches Psychodrama in der Arbeit mit Schulkindern. In: *Petzold* (1972a).

34. *Petzold, H.G., Geibel, Ch.* 1972. „Komplexes Kreativitätstraining" in der Vorschulerziehung durch Psychodrama, Puppenspiel und Kreativitätstechniken. In: *Petzold* (1972a) 331-334.

35. *Petzold, H.G., Osterhues, U.J.* 1972. Ekklesiogene Neurosen und Sexualität – Standortbestimmung und Ansatz zur gruppenpsychotherapeutischen Behandlung. *Zeitschr. f. prakt. Psychol.*, Separatum.

36. *Petzold, H.G., Iljine, V.N., Zenkovskij, B.* 1972. Das Didaktische Theater in der Schulischen Erziehung. *Internationale Zeitschr. f. Erziehungswissenschaften* 2, 232-237.

37. *Petzold, H.G., Iljine, V.N., Schmidt, I.* 1972. Didaktisches „Théatre permanent" in der Erwachsenenbildung. *Volkshochschule im Westen* 2.

38. *Petzold, H.G., Sieper, J.* 1972a. Präambel, 1. Jahresprogramm des Fritz Perls Instituts für Integrative Therapie, Gestalttherapie und Kreativitätsförderung, Basel, Würzburg, Düsseldorf.

39. *Petzold, H.G., Sieper, J.* 1972b. Ausbildungsrichtlinien des Fritz Perls Instituts, Basel, Würzburg, Düsseldorf.

## 1973

40. *Petzold, H.G.* 1973a. Gestalttherapie und Psychodrama, Nicol, Kassel.

41. *Petzold, H.G.,* 1973b. Das „Therapeutische Theater" als Form dramatischer Therapie. In: *Petzold* (1973a) 97-133, nachgedr. in: (1982a) 88-109.

42. *Petzold, H.G.,* 1973c. (Hrsg.) Kreativität und Konflikte. Junfermann, Paderborn.

43. *Petzold, H.G.,* 1973d. Das Soziodrama als Instrument kreativer Konfliktlösung. In: *Petzold* (1973c) 244-256; nachgedr. (1982a) 252-261.

44. *Petzold, H.G.,* 1973e. Analytische Gruppenpsychotherapie, Gruppendynamik und szenisches Spiel als „triadisches Psychodrama" in der Arbeit mit Studenten. In: *Petzold* (1973c) 167-205.

45. *Petzold, H.G.,* 1973f. Gestalttherapie und direkte Kommunikation in der Arbeit mit Elterngruppen. In: *Petzold* (1973c) 271-289.

46. *Petzold, H.G.,* 1973g. Die spektrometische Methode in der Psychotherapie und psychologischen Gruppenarbeit. *Zeitschr. f. klinische und Psychol. Psychotherapie* 2, 110-128.

47. *Petzold, H.G., Sieper, J.* 1973. Zur Verwendung des Psychodramas in der Erwachsenenbildung. In: *Petzold* (1973c) 56-85; repr. von (1970).

47a. *Petzold, H.G.,* 1973f. Supervision in der Drogentherapie. Supervisionsbericht für die Therapiekette Hannover, Hannover.

## 1974

48. *Petzold, H.G.,* 1974a. Die Rollentheorie Morenos – Grundlagen und Materialien zur Praxis. Fritz Perls Institut, Düsseldorf 1974 mimeogr.; teilweise verwendet in: *Petzold* (1979a).

49. *Petzold, H.G.,* 1974b. (Hrsg.) Drogentherapie – Methoden, Modelle, Erfahrungen, Junfermann/Hoheneck, Paderborn; 2. Aufl. Klotz, Frankfurt 1980.

50. *Petzold, H.G.,* 1974c. Die diagnostischen und therapeutischen Möglichkeiten des Psychodramas im „tetradischen System". *Dynamische Psychiatrie* 3, 151-181; überarbeitete Fassung in: *Petzold* (1977h).

51. *Petzold, H.G.,* 1974d. Therapeutische Modelle und Methoden in der Behandlung Drogenabhängiger. In: *Petzold* (1974b) 41-61.

52. *Petzold, H.G.*, 1974e. Daytop – das „Konzept" einer Therapeutischen Gemeinschaft zur Behandlung Drogenabhängiger. In: *Petzold* 62-95.

53. *Petzold, H.G.*, 1974f. Das Vierstufenmodell der Therapeutischen Kette in der Behandlung Drogenabhängiger. In: *Petzold* (1974b) 133-222.

54. *Petzold, H.G.*, 1974g. Tetradisches Psychodrama in der Behandlung von Alkoholikern. In: *Petzold* (1974b) 269-346 und (1977h) 268-311.

55. *Petzold, H.G.*, 1974h. Programmatische und curriculare Überlegungen zur Ausbildung von Suchtkrankentherapeuten und -betreuern. In: *Petzold* (1974b) 473-502.

56. *Petzold, H.G.*, 1974i. Planspiel und methodenvariables Laboratorium in der Ausbildung von Suchtkrankentherapeuten. In: *Petzold* (1974b) 503-513.

57. *Petzold, H.G.*, 1974j. (Hrsg.) Psychotherapie und Körperdynamik, Junfermann, Paderborn, 7. Aufl. 1994.

58. *Petzold, H.G.*, 1974k. Integrative Bewegungstherapie. In: *Petzold* (1974j), 285-404; **revid. in (1988n [dieses Buch, 1996a, S. 59-172]).**

59. *Petzold, H.G.*, 1974l. Konzepte zur Drogentherapie. In: *Petzold* (1974b) 524-529.

60. *Petzold, H.G.*, 1974m. Phoenix und Odyssey Houses als Modelle in der Behandlung Drogenabhängiger. In: *Petzold* (1974b) 122-132.

61. *Petzold, H.G., Berger, A.* 1974a. Integrative Bewegungserziehung. In: *Petzold* (1974j) 403-431.

62. *Petzold, H.G., Berger, A.* 1974b. Integrative Bewegungstherapie. *Atem* 2.

62a. *Petzold, H.G.* et al. (*Lotze, J., Stasch, R., Mohr, O., Vollmer, S., Rabe M.-L., Meyer, A., Petzold, H.G.*), Konzeption des Ambulanten Therapieprogramms unter Verwendung von Methadon (ATM), in: *Petzold* (1974b) 450-456.


## 1975

63. *Petzold, H.G.*, 1975a. Integrative Therapie. Zeitschrift für Verfahren Humanistischer Psychologie und Pädagogik. Begründet von *Charlotte Bühler* und *Hilarion Petzold* 1975ff, ab 1992 mit dem geänderten Untertitel: Zeitschrift für vergleichende Psychotherapie und Methodenintegration.

64. *Petzold, H.G.*, 1975b. Das „Therapeutische Theater" V.N. ILJINES. *Gruppendynamik* 6, 117-126; auch in: *Petzold* (1977h) 228-237.

65. *Petzold, H.G.*, 1975c. Masken und Märchenspiel in der Integrativen Therapie. *Integrative Therapie* 1, 44-48; auch in (1982a) 303-308.

66. *Petzold, H.G.*, 1975d. Die Arbeit mit Puppen und Großpuppen in der Integrativen Therapie. *Integrative Therapie* 4, 197-207; erw. in (1983a).

67. *Petzold, H.G.*, 1975e. Thymopraktik als körperbezogene Arbeit in der Integrativen Therapie. *Integrative Therapie* 2/3, 115-145; erweiterte Fassung in: *Petzold* 1977n; **revid. (1988n [S.341-406]).**

68. *Petzold, H.G.*, 1975f. Psychophysische Körper- und Bewegungstherapie – eine Literaturübersicht. *Integrative Therapie* 2/3, 156-164.

69. *Petzold, H.G.*, 1975g. Ich bin o.k. – Du bist so là là. Die Transaktionsanalyse Eric Bernes, *Psychologie Heute* 9, 35-45.

70. *Petzold, H.G.*, 1975h. Integrative Therapie ist kreative Therapie. Fritz Perls Institut, Düsseldorf.

71. *Petzold, H.G.*, 1975i. Psychodrama and role-playing in group work. In: *Benne, K.D., Bradford, L.P., Gibb, J.R., Lippitt, R.D.* (Hrsg.). The Laboratory Methods of Changing and Learning, Science and Behaviour Books, Palo Alto, 365-392.

72. *Petzold, H.G.*, 1975j. Behaviourdrama, *Samenspel* 6/7, 139-146.

73. *Petzold, H.G.*, 1975k. Editorial, *Integrative Therapie* 1 (1975) 1-2.

74. *Petzold, H.G.*, 1975l. Editorial, *Integrative Therapie* 4 (1975) 177.


## 1976


75. *Petzold, H.G.*, 1976a. Psychodrama und dramatische Therapie – eine Literaturübersicht. *Integrative Therapie* 4, 236-246.

76. *Petzold, H.G.*, 1976b. Dramatische Therapie. *Integrative Therapie* 4, 178-189; auch in (1982a) 9-12.

77. *Petzold, H.G.*, 1976c. Konzepte der Transaktionalen Analyse. In: *Petzold, H., Paula, M.* (1976) 13-72.

78. *Petzold, H.G.*, 1976d. Einführung zur transaktionsanalytischen Skriptanalyse. In: *Petzold, H., Paula, M.* (1976) 7-12.

79. *Petzold, H.G.*, 1976e. Die Verbindung von Transaktionaler Analyse, kreativer Medien und TA-Psychodrama. Beispiele aus der Paartherapie. *Partnerberatung* 3, 119-124; 4, 1973-191, gekürzt in (1982a) 262-284.

80. *Petzold, H.G.*, 1976f. Zur Entwicklung der Ich-Zustände in der transaktionalen Analyse – ein Beitrag zur Strukturanalyse zweiter Ordnung. *Integrative Therapie* 1, 37-47.

81. *Petzold, H.G.*, 1976g. Vorwort zu: *W. Kempler*, Gestalt-Familientherapie. Klett, Stuttgart.

82. *Petzold, H.G.*, 1976h. Vorwort zu. *F. Perls*, Grundlagen der Gestalttherapie. Pfeiffer, München.

83. *Petzold, H.G.*, 1976i. Editorial, *Integrative Therapie* 2/3, 65-66.

84. *Petzold, H.G., Amt, D.* 1976. Dramatisches Spiel im Rahmen Integrativer Therapie. In: *Velzeboer, J.* (Hrsg.), Kongreßbericht, 2. Intern. Kongr. f. edukatives Drama, Utrecht, 11. – 17. Aug. 1975. NCA, Maarssen 1976, 133-140.

85. *Petzold, H.G., Paula, M.* 1976. (Hrsg.) Transaktions- und Skriptanalyse. Aufsätze und Vorträge von Fanita English, Wissenschaftlicher Verlag Altmann, Hamburg.

86. *Petzold, H.G., Bubolz, E.* 1976a. (Hrsg.) Bildungsarbeit mit alten Menschen. Klett, Stuttgart.

87. *Petzold, H.G., Bubolz, E.* 1976b. Konzepte zu einer integrativen Bildungsarbeit mit alten Menschen. In: *Petzold, Bubolz*, 37-60.

88. *Petzold, H.G., Bubolz, E.* 1976c. Literatur zur Altenbildung (500 Titel). In: *Petzold, Bubolz*, 297-315.

89. *Petzold, H.G., Marcel, G.* 1976. Anthropologische Bemerkungen zur Bildungsarbeit mit alten Menschen. In: *Petzold, Bubolz*, 9-18.

90. *Petzold, H.G., Thomson, G.* 1976. Zur Verbindung von Transaktionsanalyse und Gestalttherapie, *Integrative Therapie* 1 (1976) 42-77; ital. Verso il collegamento dell' analisi transaxionale a la terapia della gestalt. *Arca* 3 (1976); holl. Ets over het gekommbineerde gebruik van transaktionele analyse en gestalttherapie, *Samenspel* 12 (1976) 264-272.

91. *Petzold, H.G., Sieper, J.* 1976. Zur Ausbildung von Gestalttherapeuten. *Integrative Therapie* 2/3, 120-144.

## 1977

92. *Petzold, H.G.*, 1977a. Thymopraktik als Verfahren Integrativer Therapie. In: *Petzold* (1977n) 252-396; **revid. in: (1988n [dieses Buch, 1996a, S. 341-406]).**

93. *Petzold, H.G.*, 1977b. Gestaltpädagogik. In: *Petzold, H., Brown, G.I.*, Hrsg., 7-13.

94. *Petzold, H.G.*, 1977c. Die Rolle der Medien in der integrativen Pädagogik. In: *Petzold, Brown*, 101-123.

95. *Petzold, H.G.*, 1977d. Confluent education als integrative Erwachsenenbildung. Gruppendynamik in der Schule. *Beiheft 1 zu Gruppendynamik im Bildungsbereich*, 190-201.

96. *Petzold, H.G.*, 1977e. Integrative Geragogik – Gestaltmethoden in der Bildungsarbeit mit alten Menschen. In: *Petzold, Brown*, 214-246; repr. (1985a) 31-68.

97. *Petzold, H.G.*, 1977f. Behaviourdrama als verhaltesmodifizierende Phase des tetradischen Psychodramas. *Integrative Therapie* 1, 20-39; auch in (1982a) 219-233.

98. *Petzold, H.G.*, 1977g. Der Gestaltansatz in der psychotherapeutischen, soziotherapeutischen und pädagogischen Arbeit mit alten Menschen. *Gruppendynamik 8*, 32-48.

99. *Petzold, H.G.*, 1977h. (Hrsg.) Angewandtes Psychodrama in Therapie, Pädagogik und Theater. Überarbeitete und erweiterte Fassung von Petzold 1972a. Junfermann, Paderborn, 4. Aufl. 1993.

100. *Petzold, H.G.*, 1977i. Krisenintervention und Krisenprävention. Seminarnachschrift von *A. Rauber*. Bern, Schule für soziale Arbeit. mimeogr.

101. *Petzold, H.G.*, 1977j. Prozessuale Diagnostik und Erstinterview. Seminarnachschrift von *A. Rauber*. Bern, Schule für soziale Arbeit. mimeogr.

102. *Petzold, H.G.*, 1977k. Ablösung und Trauerarbeit in der Gestalttherapie mit Abhängigen. *Drogen Informationsdienst aus der Therapiekette Hannover* 2; erw. in: *Petzold, Vormann* (1980) 250-282.

103. *Petzold, H.G.*, 1977l. Gegen den Mißbrauch von Körpertherapie. Risiken und Gefahren bioenergetischer, primärtherapeutischer und thymopraktischer Körperarbeit. *Sensus-Kommunikation* 3, 3-7; auch in: *Petzold* (1977n) 478-490.

104. *Petzold, H.G.*, 1977m. Theorie und Praxis der Traumarbeit in der integrativen Therapie. *Integrative Therapie* 3/4, 147-175.

105. *Petzold, H.G.*, 1977n. (Hrsg.) Die neuen Körpertherapien. Junfermann, Paderborn, 6. Aufl. 1991.

106. *Petzold, H.G.*, 1977o. Gestalttherapie, in: *E. Meyer* (Hrsg.) Handbuch Gruppenpädagogik und Gruppendynamik, Quelle & Meyer, Heidelberg, 22-24.

107. *Petzold, H.G.*, 1977p. Soziodrama, in: *E. Meyer*, Handbuch, 76-78.

108. *Petzold, H.G.*, 1977q. Humanistische Psychologie – Was ich darunter verstehe. *DGHP-Nachrichten* 1 und *Integrative Therapie* 2, 128-141.

109. *Petzold, H.G.*, 1977r. Editiorial, *Integrative Therapie* 3/4 (1977) 145-146.

110. *Petzold, H.G.*, 1977s. Editorial, *Integrative Therapie* 2 (1977) 71.

111. *Petzold, H.G., Berger, A.* 1977. Integrative Bewegungstherapie in der Arbeit mit psychiatrischen Patienten. In: *Petzold* (1977n) 457-477. Gekürzt auch in: Gezondheit Symposiumsbundel. Interfaculteit Lichnamelijke Opvoeding. Vrije Universiteit Amsterdam, De Vrieseborch, Haarkin.; **revid. (1988n [dieses Buch, 1996a, S. 493-578]).**

112. *Petzold, H.G., Brown, G.* 1977 (Hrsg.) Gestaltpädagogik, Pfeiffer, München.

113. *Petzold, H.G., Sieper, J.* 1977. Quellen und Konzepte der Integrativen Pädagogik. In: *Petzold, Brown* (1977) 14-36.

114. *Petzold, H.G., Vööbus, K.* (1977). Thymopraktik als kreative Therapie am Leibe, *Sensus-Kommunikation* 6, 9-12; holl. *Samenspeel* 3 (1977).


# 1978


115. *Petzold, H.G.*, 1978a. Das Psychodrama als Methode der klinischen Psychotherapie. In: Handbuch der Psychologie. Bd. 8, II. Hogrefe, Göttingen, 2751-2795; überarbeitete Fassung in: *Petzold* 1979k.

116. *Petzold, H.G.*, 1978b. Integrative Gestalttherapie in der Ausbildung von Seelsorgern. Vortrag Graz 1978; ausgearbeitet Fassung in: *Scharfenberg, H.J.*, Freiheit und Methode. Wege christlicher Einzelseelsorge. Vandenhoeck & Ruprecht, Göttingen 1979, 113-135.

117. *Petzold, H.G.*, 1978c. Das Ko-respondenzmodell in der Integrativen Agogik. *Integrative Therapie* 1, 21-58; revid. und erw. (1991e).

118. *Petzold, H.G.*, 1978d. Theatrum mundi. *Sensus-Kommunikation* 6, 12-16.

119. *Petzold, H.G.*, 1978e. Lewin und Moreno. *Gruppendynamik* 9, 208-211.

120. *Petzold, H.G.*, 1978f. Integrative Körper- und Bewegungserziehung. In: *Brown/Petzold* (1978) 100-114.

121. *Petzold, H.G.*, 1978g. Überlegungen zum Entwurf einer gestalttheoretisch fundierten Psychotherapie von *H.J. Walter*. *Integrative Therapie* 3/4, 271-277.

122. *Petzold, H.G., Berger, A.* 1978a. Die Rolle der Gruppe in der Integrativen Bewegungstherapie, *Integrative Therapie* 2, 79-100; holl. *Tijdschrift Psychomotorische Therapie* 3, 108-114; 149-159; 5, 201-207; gekürzt in: *Petzold, Frühmann* (1986) II, 95-126; **revid. in (1988n [dieses Buch, 1996a, S. 419-453]).**

123. *Petzold, H.G., Berger, A.* 1978b. Integrative Bewegungstherapie und Bewegungs-erziehung in der Arbeit mit alten Menschen. *Integrative Therapie* 3/4, 249-271; er-weitert in: *Petzold, Bubolz* (1979), 379-426; teilweise auch **in: (1988n [dieses Buch, 1996a, S. 519-562]).**

124. *Petzold, H.G., Brown, G.* 1978. *(Brown, Petzold)* Hrsg., Gefühl und Aktion – Gestalt-methoden im Integrativen Unterricht. W. Flach Verlag für Humanistische Psy-chologie, Frankfurt.

125. *Petzold, H.G., Mathias, U.* 1978. Integrative Pädagogik in der Arbeit mit behinder-ten und verhaltensgestörten Kindern. In: *Brown, Petzold*, 156-166.

126. *Petzold, H.G., Maurer, Y.* 1978. Die therapeutische Beziehung in der Gestalttthera-pie. In: *Battegay, R., Trenkel, A.* Die therapeutische Beziehung. Huber, Bern, 95-116.

127. *Petzold, H.G., Kost, U., Middendorf, I.* 1978. Editorial. *Integrative Therapie* 2 (1978) 77-78.


## 1979


128. *Petzold, H.G.,* 1979a. Konzepte zu einer integrativen Rollentheorie auf der Grund-lage der Rollentheorie Morenos. Fritz Perls Institut, Düsseldorf, mimeogr., erw. in: *Petzold, Mathias* (1983).

129. *Petzold, H.G.,* 1979b. Psychodrama, Therapeutisches Theater und Gestalt als Me-thoden der Intenventionsgerontologie und der Alterspsychotherapie. In: *Petzold/Bubolz* (1979) 147-260; auch in: *Petzold* (1979k) gekürzt.

130. *Petzold, H.G.,* 1979c. Zur Veränderung der sozialen Mikrostruktur im Alter – eine Untersuchung von 40 „sozialen Atomen" alter Menschen. *Integrative Therapie* 1/2, 51-78.

131. *Petzold, H.G.,* 1979d. Die Doppeltechnik im Psychodrama. In: *Petzold* (1979k) 139-197.

132. *Petzold, H.G.,* 1979e. Der Gestaltansatz in einer integrativen psychotherapeuti-schen, soziotherapeutischen und agogischen Arbeit mit alten Menschen. In: *Petzold/Bubolz* (1979) 261-294.

133. *Petzold, H.G.,* 1979f. Die Technik der Zukunftsprojektion – Zur Zeitstrukturierung im Psychodrama. In: *Petzold* (1979k) 198-250.

134. *Petzold, H.G.,* 1979g. Zur Rolle der Musik in der Integrativen Bewegungstherapie. *Zeitschrift für humanistische Psychol.* 1; auch in: *Petzold, Frohne* (1983) und holl. Het gebruik van muziek in de Integrative Bewegingsterapie. *Tijdschrift Psycho-mo-torische Therapie* 1, 2-13; **revid. in: (1988n [dieses Buch, 1996a, S. 407-417]).**

135. *Petzold, H.G.,* 1979h. Zur Situation der Gestalttherapie – ein Interview. *Gestaltbul-letin* 3, 67-78 (erstveröffentlicht; PSY. *Fachschaft Psychologie Trier* 6 (1978) 23-28.

136. *Petzold, H.G.,* 1979i. Psychodrama und Rollenspiel – eine Literaturübersicht. *Inte-grative Therapie* 1/2 (1979) 144-160.

137. *Petzold, H.G., 1979j.* Das Therapeutische Theater V.N. Iljines in der Arbeit mit alten Menschen. *Zeitschrift für Humanist. Psychol.* 3/4, 105-119; auch in: (1982a) 318-334.

138. *Petzold, H.G.*, 1979k. Psychodrama-Therapie. Dissertation. Philosophische Fakultät Universität Frankfurt. Institut für Heil- und Sonderpädagogik. „Beihefte zur Integrativen Therapie" 3, Junfermann, Paderborn, 2. Aufl. 1985.

139. *Petzold, H.G.*, 1979l. Die inhumane Situation alter Menschen und die Humanisierung des Alters. *Z. f. humanistische Psychol.* 3/4, 54-63.

140. *Petzold, H.G.*, 1979m. Wie ich an Patienten herangehe – zu den Bewertungsparametern in der Therapie und ihren Hintergründen, *Gestalt-Bulletin* 1, 67-72.

141. *Petzold, H.G.* 1979n. Die Zeit zu kurz betrachtet, *Integrative Therapie* 4, 331-332.

142. *Petzold, H.G., Bubolz, E.* 1979. Psychotherapie mit alten Menschen, Junfermann, Paderborn.

143. *Petzold, H.G., Laschinsky, D., Rinast, M.* 1979. Exchange Learning – ein Konzept für die Arbeit mit alten Menschen. *Integrative Therapie* 3, 224-245; repr. (1985a) 69-92.

144. *Petzold, H.G., Lemke, J.* 1979. Gestaltsupervision als Kompetenzgruppe, *Gestalt-Bulletin* 3, 88-94.


## 1980


145. *Petzold, H.G.*, 1980a. Integrative Arbeit mit einen Sterbenden, *Integrative Therapie* 2/3, 181-193; engl. Gestalt Therapy with the dying patient, *Death Education* 6 (1982) 246-264.

146. *Petzold, H.G.*, 1980b. Modelle und Konzepte zu integrativen Ansätzen der Therapie, *Integrative Therapie* 4, 323-350; auch in *Petzold* (1982g) 83-112.

147. *Petzold, H.G.*, 1980c. Zum Konzept der Therapiekette und zur Karriere Drogenabhängiger, in: *Petzold, Vormann* (1980) 208-228.

148. *Petzold, H.G.*, 1980d. Ablösung und Trauerarbeit im Four-Steps-Modell der gestalttherapeutischen Wohngemeinschaft für Drogenabhängige, in: *Petzold, Vormann* (1980) 250-282.

149. *Petzold, H.G.*, 1980e. Wohnkollektive – eine Alternative für die Arbeit mit alten Menschen, in: *Petzold, Vormann* (1980) 423-462; repr. (1985a) 202-236.

150. *Petzold, H.G.*, 1980f. Die Rolle des Therapeuten und die therapeutische Beziehung, Junfermann, Paderborn, 2. Aufl. 1987.

151. *Petzold, H.G.*, 1980g. Die Rolle des Therapeuten und die therapeutische Beziehung in der integrativen Therapie, in: *Petzold* (1980f) 223-290.

152. *Petzold, H.G.*, 1980h. Einleitung zu *Perls, F.S.*, Gestalt, Wachstum, Integration, Junfermann, Paderborn, 7-16.

153. *Petzold, H.G.*, 1980i. Curriculum zur Ausbildung von Supervisoren, Kath. Akademie Trier/Fritz Perls Institut, Düsseldorf, mimeogr.

154. *Petzold, H.G.*, 1980j. Moreno – nicht Lewin, der Begründer der Aktionsforschung, *Gruppendynamik* 2, 142-160.

155. *Petzold, H.G.*, 1980k. Moreno und Lewin und die Ursprünge der psychologischen Gruppenarbeit, *Zeitsch. f. Gruppenpädagogik* 6, 1-18; Nachdr. in *Schwalbacher Blätter* 3 (1981) 96-112.

156. *Petzold, H.G.*, 1980l. Konflikt in der Institution, Steierischer Lehrertag, Tag der Verantwortlichen, Bischöfl. Ordinariat Graz, Schulamt Graz, mimeog.

157. *Petzold, H.G.*, 1980m. Die Lehrer sollten sich mehr in die Rolle der Schüler hineindenken, *Die Wende* (Graz) 51, 6-7.

158. *Petzold, H.G.*, 1980n. Editorial. *Integrative Therapie* 1, 1-2.

159. *Petzold, H.G.*, 1980o. Editorial. *Integrative Therapie* 2/3, 93-94.

160. *Petzold, H.G.*, 1980p. Das Psychodrama Morenos als Methode der humanistischen Psychologie, in: *U. Völker*, Humanistische Psychologie, Beltz, Weinheim 1980, 193-218.

161. *Petzold, H.G.*, 1980q. Zur Methodenintegration in der Psychotherapieausbildung, *Gestalt-Bulletin* 2/3, 5-14.

162. *Petzold, H.G., Heinl, H.* 1980. Körper- und Leibtherapie, *Gestalt-Bulletin* 2/3, 13-18.

163. *Petzold, H.G., Vormann, G.* 1980 (Hrsg.), Therapeutische Wohngemeinschaften, Erfahrungen – Modelle – Supervision, Pfeiffer, München.

164. *Petzold, H.G., Heinl, H.* 1980. Gestalttherapeutische Fokaldiagnose und Fokalintervention bei Störungen aus der Arbeitswelt, *Integrative Therapie* 1, 20-57; auch in: *Petzold, Heinl* (1983).

165. *Petzold, H.G., Berger, A.* 1980. Integrative movement therapy, in: *G. Kogan*, Your body works, Transformations Press-And/Or Press, Berkeley 1980, 1981[2], 48-56.


## 1981


166. *Petzold, H.G.*, 1981a. Fritz Perls der Begründer der Gestalttherapie, Einführung zu: *F.S. Perls*, Verlorenes und Wiedergefundenes aus meiner Mülltonne, Verlag für Humanistische Psychologie, W. Flach, Frankfurt, S. 9-12.

167. *Petzold, H.G.*, 1981b. (Hrsg.) Widerstand – ein strittiges Konzept der Psychotherapie, Junfermann, Paderborn.

168. *Petzold, H.G.*, 1981c. Konzept des Widerstandes in der Psychotherapie, in: *Petzold, H.G.* (1981b), S. 7-37.

169. *Petzold, H.G.*, 1981d. Gestalttherapie, in: *R. Bastine* et al., Grundbegriffe der Psychotherapie, edition psychologie, Weinheim, S. 140-142.

170. *Petzold, H.G.*, 1981e. Das Hier-und-Jetzt-Prinzip in der psychologischen Gruppenarbeit, in: *C. Bachmann*, Kritik der Gruppendynamik, Fischer, Frankfurt 1981, S. 214-299.

171. *Petzold, H.G.*, 1981f. Grundfragen der menschlichen Kommunikation im Lebensverlauf, *Gestalt-Bulletin* 1/2, S. 54-69; repr. in: *Petzold, Stöckler* (1988) 47-64.

172. *Petzold, H.G.*, 1981g. Sich selbst im Lebensganzen verstehen lernen. In: *Pro Senectute, H.D. Schneider*, (Hrsg.), Vorbereitung auf das Alter, Schöningh, Paderborn 1981, S. 89-112; repr. (1985a) 93-122.

173. *Petzold, H.G.*, 1981h. Leibzeit, *Integrative Therapie* 2/3, S. 167-178; auch in: *Kamper, D., Wulf, Ch.*, Die Wiederkehr des Körpers, Suhrkamp, Frankfurt 1982, 68-81.

174. *Petzold, H.G.,* 1981i. Integrative Dramatherapie, *Integrative Therapie* 1, S. 46-61, auch in: *Petzold* (1982g).

175. *Petzold, H.G.,* 1981j. Der Mensch lebt nicht in freier Wildbahn, *Psychologie Heute* 10, 32.

176. *Petzold, H.G.,* 1981k. Vorsorge – ein Feigenblatt der Inhumanität – Prävention, Zukunftsbewußtsein und Entfremdung, *Zeitschrift für Humanistische Psychologie* 3/4, S. 82-90; auch in *Gestalt-Bulletin* 2/3 (1980) 94-105.

177. *Petzold, H.G.,* 1981l. Transcultural aspects of therapeutic communities, International Congress of Therapeutic Communities, Manila, 15-20. November 1981, Proceedings, Dare Foundation, Manila.

178. *Petzold, H.G.,* 1981m. (Hrsg.) Freud und Moreno und das analytische Psychodrama (Vorwort), In: *Basquin, Testemale-Monod, Dubuisson, Samuel-Lajeunesse,* Analytisches Psychodrama, Bd. I, Junfermann, Paderborn 9-12.

179. *Petzold, H.G.,* 1981n. Therapie in der Gesellschaft (Podiumsdiskussion), *Zeitschr. f. Humanist. Psychol.* 1/2, 43-55.

180. *Petzold, H.G., Heinl., H.,* 1981a. Einige Gedanken zu Inhalt und Struktur von Supervision in der Psychotherapieausbildung, *Gestalt-Bulletin* 1/2, 38-41.

181. *Petzold, H.G., Heinl, H.* 1981b. Körpertherapie in: *R. Bastine* et al., Grundbegriffe der Psychotherapie, edition psychologie, Weinheim, S. 209-211.

182. *Petzold, H.G., Stahl, Th.* 1981. Vorwort an den deutschen Leser, In: *Bandler, Grinder,* Neue Wege der Kurzzeit-Therapie. Neurolinguistische Programme, Junfermann, Paderborn, 7-12.

## 1982

183. *Petzold, H.G.,* 1982a. Dramatische Therapie. Neue Wege der Behandlung durch Psychodrama, Rollenspiel, therapeutisches Theater, Hippokrates, Stuttgart.

184. *Petzold, H.G.,* 1982b. Der Mensch ist ein soziales Atom, *Integrative Therapie* 3, 161-165.

185. *Petzold, H.G.,* 1982d. Kranke lassen sich nicht „recyclen", *Zeitschrift für Humanistische Psychologie* 1/2, 21-33, Schwerpunktheft I; Humanisierung des Krankenhauses, *Hrsg. H. Petzold.*

186. *Petzold, H.G.,* 1982e. Rollentheoretische Entwicklungen in der argentinischen Schule des Psychodramas, *Integrative Therapie* 1/2, 4-12.

187. *Petzold, H.G.,* 1982f. Gestaltdrama, Totenklage und Trauerarbeit in: *Petzold* (1982a) 335-368; repr. (1985a) 500-537.

188. *Petzold, H.G.,* 1982g[1]. Methodenintegration in der Psychotherapie, Junfermann, Paderborn.

189. *Petzold, H.G.,* 1982g[2]. Theater – oder das Spiel des Lebens, Verlag für Humanistische Psychologie, W. Flach, Frankfurt.

190. *Petzold, H.G.,* 1982h. Puppenspiel in der therapeutischen und geragogischen Arbeit mit alten Menschen, *Integrative Therapie* 1/2, 74-122; auch in *Petzold* (1983a), (1985a) 294-337.

191. *Petzold, H.G.*, 1982i. Symbolspiele mit Puppen, *Animation* 7, 249-251.

192. *Petzold, H.G.*, 1982j. Poesie- und Bibliotherapie mit Alten und Sterbenden, *Integrative Therapie* 4; auch in *Altenpflege* 10, 393-395; 11, 430-433; 12, 462-464 und *Petzold* (1985a) 338-382.

193. *Petzold, H.G.*, 1982k. Gestaltsupervision, in: *R. Rienas*, Die Handlungsorientierung der gestalttherapeutisch orientierten Supervision, Diplomarbeit, Gesamthochschule Kassel, Abt. Sozialwesen, Kassel 1982 Bd. II, Interview 6, 1-31.

194. *Petzold, H.G.*, 1982l. Over de opleiding van dynamisch georienteerde bewegingstherapeuten, *Tijdschrift Psychomotorische Therapie* 1 (1982) 29-48; dtsch. (1983i).

195. *Petzold, H.G.*, 1982m. Sterben – ein Lebensprozeß, *Sensus-Kommunikation* 2, 1982, 3-9.

196. *Petzold, H.G.*, 1982n. Gestalttherapeutische Perspektiven zu einer „engagierten Thanatotherapie", 1. Tagungsbericht für Thanatopsychologie, Univ. Oldenburg, Abt. Vechta 4.-6. Nov. 1982, Tagungsbericht, Vechta; Proceedings, Klotz, Frankfurt 1983; repr. (1985a) 538-552.

197. *Petzold, H.G.*, 1982o. Welttheater, in: *Petzold* (1982a) 22-37.

198. *Petzold, H.G.*, 1982p. Bewegungs- und Leibtherapie, *Sensus-Kommunikation* 1, 3-6.

199. *Petzold, H.G.*, 1982q. Poesie- und Bibliotherapie, *Gestalt-Bulletin* 1/3, 60-64.

200. *Petzold, H.G.*, 1982r. Krisenintervention, *Gestalt-Bulletin* 1/3, 64-67.

201. *Petzold, H.G.*, 1982s. Psychodramaliteratur in den Lateinamerikanischen Ländern, Literaturbericht 3, *Integrative Therapie* 1/2, 113-121.

202. *Petzold, H.G.*, 1982t. Psychodrama, Rollenspiel, Planspiel, dramatische Therapie, Literaturbericht 4, *Integrative Therapie* 1/2, 128-157.

203. *Petzold, H.G.*, 1982u. Integrative Intervention – a system approach to the planning and realization of drug therapy programs, Proceedings of the 12th Int. Conf. on Drug Dependence, 22.-26.3.1982, Bangkok, International Council on Alcohol and Addictions, Lausanne/Genf 1982, 48-80.

204. *Petzold, H.G.*, 1982v. An integrated model of identity and its impact on the treatment of the Drug addict, Proceedings of the 12th Int. Conf. on Drug Dependence, 22.-26.3.1982, Bangkok, International Council on Alcohol and Addictions, Lausanne/Genf 1982, 260-276.

205. *Petzold, H.G.*, 1982w. Zur Geschichte des Rollenspiels als Methode der Verhaltensmodifikation, *Schwalbacher Blätter* 4, 155-164.

206. *Petzold, H.G., Orth, I.* 1982. Editorial, *Integrative Therapie* 4, 265-266.

## 1983

207. *Petzold, H.G.*, 1983a (Hrsg.). Puppen und Puppenspiel in der Psychotherapie, Pfeiffer, München, pp. 328.

208. *Petzold, H.G.*, 1983b. Die Geheimnisse der Puppen, in: *Petzold* (1983a) 19-31, auch *Integrative Therapie* 1, (1983) 9-19.

209. *Petzold, H.G.*, 1983c. Puppen und Großpuppen als Medien in der Integrativen Therapie, in: *Petzold* (1983a) 32-57.

210. *Petzold, H.G.*, 1983d (Hrsg.). Psychotherapie, Meditation, Gestalt, Junfermann, Paderborn, pp. 393.

211. *Petzold, H.G.*, 1983e. Nootherapie und „säkulare Mystik" in der Integrativen Therapie, in: *Petzold* (1983d) 53-100.

212. *Petzold, H.G.*, 1983f. Der Verlust der Arbeit durch die Pensionierung als Ursache von Störungen und Erkrankungen – Möglichkeiten der Intervention durch Soziotherapie und Selbsthilfe-Gruppen, in: *Petzold, Heinl* (1983) 409-449; repr. (1985a) 123-158.

213. *Petzold, H.G.*, 1983g. Der Schrei in der Psychotherapie, in: Schreien. *Trans. Magazin für therapeutische Kultur*, Kaiser Verlag, München; erweitert in: (1985g) 547-572.

214. *Petzold, H.G.*, 1983h (Hrsg.). Schwerpunktheft Körpertherapie, *Gruppendynamik* 1.

215. *Petzold, H.G.*, 1983i (Hrsg.). Zur Ausbildung von dynamisch orientierten Leib- und Bewegungstherapeuten, Schwerpunktheft Körpertherapie, *Gruppendynamik* 1, 1-84; repr. (1985g) und **revid. in: (1988n [dieses Buch, 1996a, S. 583-600])**.

216. *Petzold, H.G.*, 1983j (Hrsg.) Humanisierung des Krankenhauses, Schwerpunktheft II, Z. f. *Humanist. Psychol.* 3/4, 4-12.

217. *Petzold, H.G.*, 1983k. Vorwort, Humanisierung des Krankenhauses, Schwerpunktheft II, Z. f. *Humanist. Psychol.* 3/4, 13-14.

218. *Petzold, H.G.*, 1983l. Was ist und woher kommt die Humanistische Psychologie? Humanisierung des Krankenhauses, Schwerpunktheft II, Z. f. *Humanist. Psychol.* 3/3, 4-12.

219. *Petzold, H.G.*, 1983m. Zur Arbeit mit Musik in der Integrativen Bewegungstherapie, in: *Petzold, Frohne* (1983) 113-123; repr. von (1979g); **revid. in: (1988n [dieses Buch, 1996a, S. 407-417])**.

220. *Petzold, H.G.*, 1983n. Gestalttherapie, *Guten Tag* 4, (F. Reinecke, Hamburg) 34-36.

221. *Petzold, H.G.*, 1983o Editorial. *Integrative Therapie* 1,1-2.

222. *Petzold, H.G.*, 1983p. Editorial. *Integrative Therapie* 2/3, 81-83.

223. *Petzold, H.G.*, 1983q. Bewegungstherapie, in: *Daumenlang, Andre*, Taschenbuch der Schul- und Erziehungsberatung, Päd. Verlag, Burgbücherei Schneider, Baltmannsweiler (1983) 46-48.

224. *Petzold, H.G.*, 1983r. Geragogik, in: *Daumenlang, Andre*, Taschenbuch der Schul- und Erziehungsberatung, Päd. Verlag, Burgbücherei Schneider, Baltmannsweiler (1983) 104-105.

225. *Petzold, H.G.*, 1983s. Gestalttherapie, in: *Daumenlang, Andre*, Taschenbuch der Schul- und Erziehungsberatung, Päd. Verlag, Burgbücherei Schneider, Baltmannsweiler (1983) 115-116.

226. *Petzold, H.G.*, 1983t. Krisenintervention, in: *Daumenlang, Andre*, Taschenbuch der Schul- und Erziehungsberatung, Päd. Verlag, Burgbücherei Schneider, Baltmannsweiler (1983) 170-173.

227. *Petzold, H.G.*, 1983u. Poesie- und Bibliotherapie, in: *Daumenlang, Andre*, Taschenbuch der Schul- und Erziehungsberatung, Päd. Verlag, Burgbücherei Schneider, Baltmannsweiler (1983) 211-213.

228. *Petzold, H.G., Bäumges, U.*, 1983. Integrative Therapie mit älteren Glaukom-Patienten, *Integrative Therapie* 2, 198-238; repr. in: (1985a) 383-427.

229. *Petzold, H.G., Frohne, I.* et. al. 1983 (Hrsg.). Poesie- und Musiktherapie, Junfermann, Paderborn.

230. *Petzold, H.G., Heinl, H.* 1983 (Hrsg.) Psychotherapie und Arbeitswelt, Junfermann, Paderborn.

231. *Petzold, H.G., Heinl, H., Walch, S.,* 1983. Gestalttherapie mit Patienten aus benachteiligten Schichten, in: *Petzold, Heinl* (1983) 267-309.

232. *Petzold, H.G., Heinl, H., Fallenstein, A.,* 1983. Das Arbeitspanorama, in: *Petzold, Heinl* (1983) 356-408.

233. *Petzold, H.G., Mathias, U.,* 1983. Rollenentwicklung und Identität, Junfermann, Paderborn.

234. *Petzold, H.G., Reinhold, K.,* 1983. Humanistische Psychologie, Integrative Therapie und Erwachsenenbildung, in: *Garnitschnik, K.,* Festschrift f. Ingnaz Zangerle, Herold, Wien, 49-67.


### 1984


235. *Petzold,* H.G., 1984a (Hrsg.). Wege zum Menschen. Methoden und Persönlichkeiten moderner Psychotherapie. Ein Handbuch. 2 Bde., Junfermann, Paderborn, 6. Aufl. 1994.

236. *Petzold, H.G.,* 1984b. Psychodrama. Die ganze Welt ist eine Bühne, in: *Petzold* (1984a) Bd. 1, 111-216.

237. *Petzold, H.G.,* 1984c. Integrative Therapie – der Gestaltansatz in der Begleitung und psychotherapeutischen Betreuung sterbender Menschen, in: *Petzold, Spiegel-Rösing* (1984) 431-501.

238. *Petzold, H.G.,* 1984d. Die Wahrheit der Maske, in: *Petzold, Petzold/-Heinz, Schmitz-Kurschildgen* (1984) 1-5.

239. *Petzold, H.G.,* 1984e. Bewegungs- und Leibtherapie, in: *Battegay, Glatzel, Pöldinger, Rauchfleisch,* Handwörterbuch der Psychiatrie, Ferd. Enke, Stuttgart (1984) 81-85.

240. *Petzold, H.G.,* 1984f. Gestalttherapie, in: *Battegay, Glatzel, Pöldinger, Rauchfleisch,* Handwörterbuch der Psychiatrie, Ferd. Enke, Stuttgart (1984) 215-218.

241. *Petzold, H.G.,* 1984g. Editorial. *Integrative Therapie* 1, 1-4.

242. *Petzold, H.G.,* 1984h. Die Gestalttherapie von Fritz Perls, Lore Perls und Paul Goodmann, *Integrative Therapie* 1/2, 5-72.

243. *Petzold, H.G.,* 1984i. Vorüberlegungen und Konzepte zu einer integrativen Persönlichkeitstheorie, *Integrative Therapie* 1/2, 73-115.

244. *Petzold, H.G.,* 1984j. Editorial. *Integrative Therapie* 2, 103-104.

245. *Petzold, H.G.,* 1984k. Editorial. *Integrative Therapie* 4, 291-293.

246. *Petzold, H.G.,* 1984l. Homosexuality and Gestalt Therapy. An Interview, *Self and Society* Vo. XII, No. 6. Nov./Dec., 312-317.

247. *Petzold, H.G.,* 1984m. Fehlmeinungen und Vorurteile zur Gestalttherapie, *Verhaltenstherapie und psychosoziale Praxis* 16, 592-596.

248. *Petzold, H.G.*, 1984n (Hrsg.). Vorwort, in: *Adamson*, Kunst als Heilungsprozeß, Bd. 1 der Reihe: Kunst – Therapie – Kreativität, Junfermann, Paderborn (1984) 7-8.

249. *Petzold, H.G.*, 1984o. Vorwort. Analytisches Psychodrama – dramatische Psychoanalyse, in: *Anzieu,D.*, Analytisches Psychodrama, Bd. II, Analytisches Psychodrama mit Kindern und Jugendlichen, Junfermann, Paderborn (7-8).

250. *Petzold, H.G., Epe, C.*, Das Spiel und seine Bedeutung für die stationäre Langzeittherapie mit drogenabhängigen Jugendlichen in der Integrativen Gestalttherapie, in: *Kreuzer* (Hrsg.), Handbuch der Spielpädgogik, Bd. 4, Schwann, Düsseldorf (1984), 399-421.

251. *Petzold, H.G., Huck, K.*, 1984. Death Education, Thanatagogik – Modelle und Konzepte, in: *Petzold, Spiegel-Rösing* (1984) 501-576.

252. *Petzold, H.G., Metzmacher, B.*, 1984. Kreative Medien, Awareneness-Training und Interaktionsspiele der Integrativen Gestalttherapie in der Arbeit mit Kindern und Jugendlichen, in: *Kreuzer (Hrsg.)*, Handbuch der Spielpädagogik, Bd. 4, Schwann, Düsseldorf (1984), 253-267.

253. *Petzold, H.G., Petzold-Heinz, I., Schmitz-Kurschildgen, E.*, 1984 (Hrsg.). Hinter der Maske, Egger-Verlag, Willich-Anrath.

254. *Petzold, H.G., Rösing, I.*, (Hrsg.) 1984. Die Begleitung Sterbender – Theorie und Praxis der Thanatotherapie. Ein Handbuch. Junfermann, Paderborn, 2. Aufl. 1992.

# 1985

255. *Petzold, H.G.*, 1985a. Mit alten Menschen arbeiten, Pfeiffer, München.

256. *Petzold, H.G.*, 1985b. Angewandte Gerontologie als Bewältigungshilfe für das Altwerden, das Alter und im Alter, in: *Petzold* (1985a) 11-30; Übers. von *Petzold* (1965) 1-16.

257. *Petzold, H.G.*, 1985c. Gestalttherapeutische Perspektiven zu einer »engagierten« und »kritischen« Thanatotherapie, in: *Petzold* (1985a) 538-552; (erw. von 1982n).

258. *Petzold, H.G.*, 1985d. Die Verletzung der Alterswürde – zu den Hintergründen der Mißhandlung alter Menschen und zu den Belastungen des Pflegepersonals, in: *Petzold* (1985a) 553-572.

259. *Petzold, H.G.*, 1985e. Die Rolle der Gruppe in der therapeutischen Arbeit mit alten Menschen – Konzepte zu einer „Integrativen Intervention", in: *Petzold*, (1985a) 409-446; revid. in: *Petzold, Frühmann* Bd. II (1986).

260. *Petzold, H.G.*, 1985f. Bewegung ist Leben – körperliche Gesundheit, Wohlbefinden und Lebensfreude im Alter durch Integrative Bewegungstherapie, Tanztherapie und Isodynamik, in: *Petzold* (1985a) 428-466; **repr. (1988n [dieses Buch, 1996a, S. 519-562]).**

261. *Petzold, H.G.*, 1985g (Hrsg.). Leiblichkeit. Philosopische, gesellschaftliche und therapeutische Perspektiven, Junfermann, Paderborn, pp. 604.

262. *Petzold, H.G.*, 1985h. Der Schrei in der Therapie, in: *Petzold* (1985g) 547-572; erweiterte Fassung von *Petzold* (1983g).

263. *Petzold, H.G.*, 1985i. Die modernen Verfahren der Bewegungs- und Leibtherapie und die „Integrative Bewegungstherapie", in: *Petzold* (1985g) 347-390; **revid. (1988n [dieses Buch, 1996a, S. 21-58]).**

264. *Petzold, H.G.*, 1985j. Die klassische Gestalttherapie, in: *Toman, W., Egg, R.* (Hrsg.), Psychotherapie. Ein Handbuch, Kohlhammer, Stuttgart, Bd. 1, 178-200.

265. *Petzold, H.G.*, 1985k. Die »nonverbalen« Therapieverfahren – Moderne Methoden der Bewegungs- und Leibtherapie, in: *Toman, W., Egg, R.* (Hrsg.), Psychotherapie. Ein Handbuch, Kohlhammer, Stuttgart, Bd. 2, 100-123.

266. *Petzold, H.G.*, 1985l. Über innere Feinde und innere Beistände, in: *Bach, G., Torbet, W.*, Ich liebe mich – ich hasse mich, Rowohlt, Reinbek, 11-15.

267. *Petzold, H.G.*, 1985m. Neue Körpertherapien für den bedrohten Körper. Leiblichkeit, Zeitlichkeit und Entfremdung, in: *Petzold, Scharfe*, 131-158; repr. (1986a) 223-250.

268. *Petzold, H.G.*, 1985n. Editorial, *Integrative Therapie* 2, 103-104.

269. *Petzold, H.G.*, 1985o. Editorial, *Integrative Therapie* 3-4, 221-224.

270. *Petzold, H.G.*, 1985p. Gestalttherapie – Fragen, Wege und Horizonte. Abschließende Überlegungen zur ersten deutschen Tagung für Gestalttherapie, in: *Petzold, Schmidt* (1985) 74-96.

271. *Petzold, H.G.*, 1985q. Episkript – Wirklichkeiten und Realitäten. Umkreisungen des Wunsches. *Integrative Therapie* 3/4, 381-384.

272. *Petzold, H.G.*, 1985r. „Identität und Leiblichkeit", in: *Protokolle* 7 (Bildungshaus Neuwaldegg, Wien) 31-68.

273. *Petzold, H.G.*, 1985s. Trends and Developments of Gestalt Therapy in Europe – European Sources of Gestalt Therapy, *Bulletin van de Nederlandse Vereniging voor Gestalttherapie* 1, 14-27.

274. *Petzold, H.G.*, 1985t. Autobiographisches Postscriptum, in: *Petzold* (1985a) 573-580.

275. *Petzold, H.G.*, 1985u. Arbeit mit alten Menschen, Schwerkranken und Sterbenden als persönliche Erfahrung. Ein Interview. *Jahrbuch der Zeitschr. f. Humanistische Psychologie*, Friedensinitiativen und Friedensarbeit, DGHP, Eschweiler Jg. 8 (1985) 35-50.

276. *Petzold, H.G., Lückel, K.*, 1985. Die Methode der Lebensbilanz und des Lebenspanoramas in der Arbeit mit alten Menschen, Kranken und Sterbenden, in: *Petzold* (1985a) 467-499.

277. *Petzold, H.G., Maurer, Y.*, 1985. Integrative Gestaltpsychotherapie, in: *Maurer, Y.*, Bedeutende Psychotherapieformen der Gegenwart, Hippokrates, Stuttgart, 61-86.

278. *Petzold, H.G., Orth, I.* 1985a (Hrsg.). Poesie und Therapie. Über die Heilkraft der Sprache. Poesietherapie, Bibliotherapie, Literarische Werkstätten, Junfermann, Paderborn, 3. Aufl. 1995, pp. 432.

279. *Petzold, H.G., Orth, I.*, 1985b. Poesie- und Bibliotherapie. Entwicklung, Konzepte, Theorie – Methodik und Praxis des Integrativen Ansatzes, in: *Petzold, Orth* (1985a) 21-102.

280. *Petzold, H.G., Orth, I.*, 1985c. Überlegungen zur Eigenständigkeit kunsttherapeutischer Medien. Ausbildung in Poesie- und Bibliotherapie, in *Petzold, Orth* (1985a) 413-431.

281. *Petzold, H.G., Petzold-Heinz, I.* 1985. Mutter und Sohn – Poesie und Therapie, in *Frühmann, R.*, Frauen und Therapie, Junfermann, Paderborn, 339-359.

282. *Petzold, H.G., Scharfe, H.* (Hrsg.), 1985. Kreative Aggression. Festschrift für George Bach, Junfermann, Paderborn.

283. *Petzold, H.G., Schmidt, Chr. J.* 1985 (Hrsg.) Gestalttherapie – Wege und Horizonte, Junfermann, Paderborn.

284. *Petzold, H.G., Spiegel-Rösing, I.* 1985. Psychotherapie mit alten Menschen, Kranken und Sterbenden, in: *Toman, W., Egg, R.* (Hrsg.), Psychotherapie. Ein Handbuch, Kohlhammer, Stuttgart, Bd. 2, 264-284.

285. *Petzold, H.G., Zander, B.* 1985. Stadtteilarbeit mit alten Menschen – ein integrativer Ansatz zur Verhinderung von Segregation, in: *Petzold* (1985a) 159-201.


## 1986


286. *Petzold, H.G.*, 1986a (Hrsg.). Psychotherapie und Friedensarbeit, Junfermann, Paderborn 1986.

287. *Petzold, H.G.*, 1986b. Was nicht mehr vergessen werden kann. Psychotherapie mit politisch Verfolgten und Gefolterten. In: *Petzold* (1986a) 357-372; auch in: *Integrative Therapie* 3/4, 268-280.

288. *Petzold, H.G.*, 1986c. Editorial, *Integrative Therapie* 1/2, 1-2.

289. *Petzold, H.G.*, 1986d. Umgang mit Sterbenden. Die Bedeutung der Lebensbilanz, *Altenpflege* 10, 593-596.

290. *Petzold, H.G.*, 1986e. Konfluenz, Kontakt, Begegnung und Beziehung im Ko-respondenz-Prozeß der Integrativen Therapie, *Integrative Therapie* 4, 320-341.

291. *Petzold, H.G.*, 1986f. Über die Bedeutung der Lebensbilanz im Umgang mit alten Menschen und Sterbenden, *Ärztliche Praxis und Psychotherapie* 5-6, 3-10.

292. *Petzold, H.G.*, 1986g. Zeit und Psychotherapie. *Integrative Therapie* 3, 155-162.

293. *Petzold, H.G.*, 1986h. Zur Psychodynamik der Devolution, *Gestalt-Bulletin* 1, 75-101.

294. *Petzold, H.G.*, 1986i. Berufspolitische Überlegungen zur Situation der Kunsttherapie, in: *Kunst in Therapie und Prophylaxe, Schriftenreihe des Instituts für Bildung und Kultur*, Remscheid, 155-168.

295. *Petzold, H.G., Berger, A.* 1986. Die Rolle der Gruppe in der Integrativen Bewegungstherapie, in: *Petzold, Frühmann* (1986) Bd. II, 95-126; repr. von: *Petzold, Berger* (1978a); **revid. (1988n [dieses Buch, 1996a, S. 419-453])**.

296. *Petzold, H.G., Frühmann, R.* (Hrsg.), 1986a. Modelle der Gruppe in Psychotherapie und psychosozialer Arbeit, 2 Bde., Junfermann, Paderborn 1986.

297. *Petzold, H.G., Frühmann, R.* 1986b. Historische und kritische Bemerkungen zu verdeckten ideologischen Momenten in der psychologischen Gruppenarbeit, in: *Petzold, Frühmann* (1986) Bd. II., 377-398.

298. *Petzold, H.G., Schneewind, U.* 1986a. Konzepte zur Gruppe und Formen der Gruppenarbeit in der Integrativen Therapie und Gestalttherapie, in: *Petzold, Frühmann* (1986) Bd. I, 109-254.

299. *Petzold, H.G., Schneewind, U.* 1986b. Die Interventionsstrategien in der Gruppenarbeit der „Integrativen Therapie" und ihr konzeptueller Hintergrund, *Gestalt-Bulletin* 1, 26-41.

300. *Petzold, H.G., Vermeer, A.* 1986. Actief blijven in de ourderdom door sport, spel en dans, *Bewegen & Hulpverlening* 2, 101-117.

301. *Petzold, H.G., Hundertmark, K., Teegen, F.* 1986. Allergischer Schnupfen. Perspektiven zur Genese und Therapie, *Integrative Therapie* 1/2, 49-75.


1987


302. *Petzold, H.G.,* 1987a. Puppen und Puppenspiel in der Integrativen Therapie mit Kindern, in: *Petzold, Ramin* (1987) 427-490.

303. *Petzold, H.G.,* 1987b. Gong-Singen, Gong-Bilder und Resonanzbewegung als „Sound Healing". Intermediale Prozesse in der Integrativen Therapie, *Integrative Therapie* 2/3, 194-234; repr. (1989c).

304. *Petzold, H.G.,* 1987c. Überlegungen und Konzepte zur Integrativen Therapie mit kreativen Medien und einer intermedialen Kunstpsychotherapie, *Integrative Therapie* 2/3, 104-141.

305. *Petzold, H.G.,* 1987d. Kunsttherapie und Arbeit mit kreativen Medien – Wege gegen die „multiple Entfremdung" in einer verdinglichenden Welt, in: *Richter, K.* (Hrsg.), Psychotherapie und soziale Kulturarbeit – eine unheilige Allianz? *Schriftenreihe des Instituts für Bildung und Kultur*, Bd. 9, Remscheid, 38-95; repr. in: *Matthies, K.*, Sinnliche Erfahrung, Kunst, Therapie, Bremer Hochschulschriften, Univ. Druckerei, Bremen 1988.

306. *Petzold, H.G.,* 1987e. Pedagogia de la gestalt, *Educacion* Vol. 35, Institut für wiss. Zusammenarbeit, Tübingen (1987) 47-54 (engl. Introduction to Gestalt Education, *Education* Vol. 36, Inst. f. wiss. Zusammenarbeit, Tübingen, 75-81; übers. von (1977b).

307. *Petzold, H.G.,* 1987f. Zu Paul Goodmanns Ausstieg aus der Gestalttherapie und der „Psychoszene". *Gestalt-Bulletin* 1, 102-105.

308. *Petzold, H.G.,* 1987g. Vertrauenstherapeuten, *Gestalt-Bulletin* 1, 120-124.

309. *Petzold, H.G.,* 1987h. Rückschritte der Gestalttherapie, *Integrative Therapie* 4, 440-446.

310. *Petzold, H.G.,* 1987i. Geschichten zwischen Patient und Therapeut, *Integrative Therapie* 4, 455-456.

311. *Petzold, H.G.,* 1987j. Vom Unfug „pädagogischer Psychotherapie". Stellungnahme zum Diskussionsbeitrag Pädagogische Psychotherapie/konfliktorientierte Erwachsenenbildung von K. Lumma, i:W, *Informationen Weiterbildung in NW 5*, 13-14.

312. *Petzold, H.G.*, 1987k. Form als fundierendes Element in der Integrativen Therapie mit kreativen Medien, *Kunst & Therapie* 11, 59-86.

313. *Petzold, H.G., Metzmacher, B.* 1987. Integrative Bewegungstherapie met kinderen, *Bewegen und Hulpverlening* 2, 112-134.

314. *Petzold, H.G., Ramin, G.* 1987. Integrative Therapie mit Kindern, in: *Petzold, H.G., Ramin, G.*, Schulen der Kindertherapie, Junfermann, Paderborn 1987, 359-427, 4. Aufl. 1995.

315. *Petzold, H.G., Schobert, R.* 1987. Empirische Studien über die Effizienz gestalttherapeutischer Interventionen. *Gestalt-Bulletin* 1, 55-79.

316. *Petzold, H.G., Sieper, J.* 1987a. Therapeutische Arbeit mit kreativen Medien, *Integrative Therapie* 2/3, 97-103.

317. *Petzold, H.G., Sieper, J.* 1987b. Zur Kritik psychotherapeutischer Konzepte, Methoden und Institutionen, *Integrative Therapie* 4, 297-303.


## 1988

318. *Petzold, H.G.*, 1988a. Integrative Therapie als intersubjektive Hermeneutik bewußter und unbewußter Lebenswirklichkeit, Fritz Perls Institut, Düsseldorf, revid. (1991a) 153-332.

319. *Petzold, H.G.*, 1988b. Zur Hermeneutik des sprachlichen und nichtsprachlichen Ausdrucks in der Integrativen Therapie, Fritz Perls Institut, Düsseldorf, revid. (1991a) 91-152.

320. *Petzold, H.G.*, 1988c. Heraklitische Wege – Gestalttherapie und Integrative Therapie: Bezüge, Gemeinsamkeiten und Divergenzen, in: *Latka, H.F., Maak, N., Merten, R., Trischkat, A.*, Gestalttherapie und Gestaltpädagogik zwischen Anpassung und Auflehnung. Dokum. d. Münchner Gestalt-Tage '87, 34-92.

321. *Petzold, H.G.*, 1988d. Die „vier Wege der Heilung" in der „Integrativen Therapie" und ihre anthropologischen und konzeptuellen Grundlagen – dargestellt an Beispielen aus der „Integrativen Bewegungstherapie", Teil I, Integrative Therapie 4, 325-364; Teil II, IT 1 (1989) 42-96; **revid. in (1988n [überarbeitet, dieses Buch, 1996a, S. 173-283]).**

322. *Petzold, H.G.*, 1988e. Künstler in der Therapie. *Kultur – Kontakte. Projektztg. d. Inst. f. Bildung u. Kultur* Nr. 4, 26-27.

323. *Petzold, H.G.*, 1988f. „Multiple Stimulierung" und „Erlebnisaktivierung", in: *Petzold, Stöckler* (1988) 65-86.

324. *Petzold, H.G.*, 1988g. Bewegungsaktivierung in der Arbeit bei alten Menschen, in: *Petzold, Stöckler* (1988) 87-96.

325. *Petzold, H.G.*, 1988h. Grundfragen der menschlichen Kommunikation im Lebensverlauf, in: *Petzold, Stöckler* (1988) 47-64; repr. von (1981f).

326. *Petzold, H.G.*, 1988i. Das Leib-Seele-Geist-Problem in der Integrativen Therapie – Überlegungen zu einem differentiellen, emergenten Monismus, Fritz Perls Institut, Düsseldorf.

327. *Petzold, H.G.*, 1988j. Beziehung und Deutung in der „Integrativen Bewegungstherapie" und in leiborientierten Formen der Psychotherapie, in: *Reinelt, Datler* (Hrsg.), Beziehung und Deutung im psychotherapeutischen Prozeß, Springer, Heidelberg; **erw. in (1988n [überarbeitet, dieses Buch, 1996a, S. 285-340]).**

328. *Petzold, H.G.*, 1988k. Progredierende Analyse und narrative Praxis in der Therapeutik der Integrativen Therapie, MS Fritz Perls Institut, Düsseldorf.

329. *Petzold, H.G.*, 1988l. Organismuskonzept und Anthropologie, *Integrative Therapie* 4; **auch in (1988n [dieses Buch, 1996a, S. 276-283]).**

330. *Petzold, H.G.*, 1988m. Das Bewußtseinsspektrum und das Konzept „komplexen Bewußtseins", *Integrative Therapie* 4; Auszug aus (1975h); **auch in (1988n [dieses Buch, 1996a, S. 278-281]).**

331. *Petzold, H.G.*, **1988n. Integrative Bewegungs- und Leibtherapie. Ausgewählte Werke Bd. I, Junfermann, Paderborn, 3. revid. und überarbeitete Auflage 1996a.**

332. *Petzold, H.G.*, **1988o.** Progredierende Analyse – Kinderanalyse mit psychodramatischen und bewegungstherapeutischen Mitteln (auszugsweise übers. von 1969b) in: **(1988n [dieses Buch, 1996a, S. 455-491]).**

333. *Petzold, H.G.*, **1988p,** Beziehung und Deutung in der Integrativen Bewegungstherapie, in: *Petzold* **(1988n [dieses Buch, 1996a, S. 285-340]).**

334. *Petzold, H.G.*, 1988q. Psychotherapie als neue Heilslehren oder als Möglichkeit persönlicher Suche nach Sinn, in: *Ladenhauf, K.H.*, Symposionsbericht, Inst. f. Pastoraltheologie, Univ. Graz.

335. *Petzold, H.G.*, 1988r. Gestalttherapie in der BRD – berufs- und institutionspolitische Initiativen des FPI, *Gestalt 2, Publ. d. Schweiz. Vereins f. Gestalttherapie* (1988) 24-39.

336. *Petzold, H.G.*, **1988s.** Curriculum zur Ausbildung in Integrativer Bewegungstherapie, in: **(1988n [dieses Buch, 1996a, S. 601-638]).**

337. *Petzold, H.G.*, 1988t. Methoden des therapeutischen Umgangs mit Symbolen und Symbolisierungsprozessen, Vortrag auf dem 7. Deutschen Symposium für Kunsttherapie, 27.-30.11.1988, Fritz Perls Akademie, Hückeswagen.

338. *Petzold, H.G.*, 1988u. Therapie und Integration, *Integrative Therapie* 4, 259-269.

339. *Petzold, H.G., Drefke, H.*, 1988. Die Integrative Bewegungstherapie und ihre Bedeutung in der Ausbildung von Sportlehrern und Bewegungswissenschaftlern, in: *Hölter, G.*, Bewegung und Therapie – interdisziplinär betrachtet, verlag modernes lernen, Dortmund, 106-125.

340. *Petzold, H.G., Heinl, H.*, 1988. Weiterbildungsrichtlinien „Integrative Therapie/Gestalttherapie, psychotherapeutischer Zweig", 4. überarb. Aufl., Fritz Perls Akademie, Hückeswagen.

341. *Petzold, H.G., Orth, I.*, 1988a. Methodische Aspekte der Integrativen Bewegungstherapie im Bereich der Supervision, *Motorik, Zeitschr. f. Motopäd. u. Motother.* 2 44-56; **revid. in (1988n [dieses Buch, 1996a, S. 563-581]).**

342. *Petzold, H.G., Orth, I.*, 1988b. Die neuen Kreativitätstherapien, Junfermann, Paderborn (in Vorbereitung).

343. *Petzold, H.G., Orth, I.* 1988c. Metamorphosen – zur Arbeit mit kreativen Medien in der Integrativen Therapie, in: *Petzold, Orth* (1988b).

344. *Petzold, H.G., Sieper, J.*, 1988a. Integrative Therapie und Gestalttherapie am Fritz Perls Institut – Begriffliche persönliche und konzeptuelle Hintergründe und Entwicklungen, *Gestalttherapie & Integration, Gestalt-Bulletin* 1, 22-96.

345. *Petzold, H.G., Sieper, J.*, 1988b. Die FPI-Spirale – Symbol des „heraklitischen Weges", *Gestalttherapie & Integration, Gestalt-Bulletin* 2, 5-33.

346. *Petzold, H.G., Sieper, J.*,1988c. Menschlichkeit allein genügt nicht – auch wenn nichts geht ohne sie in der therapeutischen Arbeit. Rezension zu Daniel Rosenblatt, „Türen öffnen" – was geschieht in der Gestalttherapie, in: *Gestalttherapie & Integration, Gestalt-Bulletin* 1, 97-108.

347. *Petzold, H.G., Stöckler, M.*, 1988 (Hrsg.). Aktivierung und Lebenshilfen für alte Menschen. Aufgaben und Möglichkeiten des Helfers, *Integrative Therapie Beiheft* 13, Junfermann, Paderborn 1988.

**Fortführung in Bibliographie III, S. 716ff.**

# Bibliographie II 1958-1977 *
# 1988n/1996a

## Theologie, Philosophie, Orientalistik, Varia

### 1958

1. *Petzold, H.G.* 1958.Das Käuzchen vom Lambertusturm. Erzählung. Von der Stadt Düsseldorf anläßl. des Jan Wellem Jahres mit dem 1. Preis ausgezeichnet. Veröffentl. *Düsseldorfer Nachrichten* 1958; repr. *Gestalttherapie & Integration* 2 (1989).

### 1961

2. *Petzold, H.G.* 1961a. Gräser im bromium racemosi. Landwirtschaftsschule Neuss. November 1961 mimeogr.

3. *Petzold, H.G.* 1961b. Zur Pflege des Dauergrünlandes. Landwirtschaftsschule Neuss. Dezember 1961 mimeogr.

### 1962

4. *Petzold, H.G.* 1962. Frühjahrsklauenpflege. Landwirtschaftsschule Neuss, Januar 1962. mimeogr.

### 1963

5. *Petzold, H.G.* 1963. Über die Symbole und Sinnbilder der Bibel. *Orthodoxie Heute* 6, 1963, 7-16; erw. *Erbe und Auftrag. Benediktinische Monatsschrift* 2, 1966, 119-130.

### 1964

6. *Petzold, H.G.* 1964. Nosema-prophylaxis. *L'Apiculteur.* Januar 1964, 2-3.

### 1965

7. *Petzold, H.G.* 1965. Zum Fest der Christgeburt und seiner Ikonographie. *Kyrios. Z. f. osteuropäische Kirchen und Geistesgeschichte* 1, 1965, 193-203.

---

\* Diese Bibliographie II hat eine eigene, in den Bibliographien I und III nicht miterfaßte Numerierung. Sie wird bibliographisch zitiert durch Zufügung der II z.B. *Petzold 1968IIa.*

# 1966

8. *Petzold, H.G.* 1966a. Von Geist und Wesen der Ikonen. *Wort und Antwort 6,* 1966 Mainz, 172-176.

9. *Petzold, H.G.* 1966b. Abgestiegen zur Unterwelt. Zur Ikonographie des Osterfestes. *Echo der Zeit* 15, 1966, 16.

10. *Petzold, H.G.* 1966c. Esprit et nature des icones. Reflexions d'un orthodoxe. *Cahiers Saint-Irénée* 57, 1966 Paris, 15-22.

11. *Petzold, H.G.* 1966d. Das Wesen der Orthodoxie nach der Auffassung der Serbischen Kirche des Mittelalters. *Concilium 7,* 1966, 515-519.

12. *Petzold, H.G.* 1966f. Dreifaltigkeit und Geistsendung. *Echo der Zeit* 23, 1966, 13-15.

13. *Petzold, H.G., Sieper, J.*: Mysterium des Kreuzes. Seine Deutung in liturgischen und patristischen Texten, *Erbe und Auftrag. Benediktinische Monatsschrift 5,* 1966, 363-374.

# 1967

14. *Petzold, H.G.* 1967a.Geisteskrankheit, Ehe und Ordination im Orientalischen Kirchenrecht. *Österreichisches Archiv für Kirchenrecht* 3, 1967, 325-338.

15. *Petzold, H.G.* 1967b. Das Verhältnis des Subdiakonats zum Weihesakrament in der alten Kirche und seine Stellung im klassisch-orthodoxen Kirchenrecht. *Österreichisches Archiv für Kirchenrecht* 4, 1967, 394-455.

16. *Petzold, H.G.* 1967c. Der heilige Baum. *Quatember* 1, 1967/68, 2-6.

17. *Petzold, H.G.* 1967d. Die Christgeburt in der Sicht der orthodoxen Theologie. *Kirche in der Zeit* 12, 1967, 7-11.

18. *Petzold, H.G.* 1967e. Antinomie und Synthese in Kirche und Kosmos. *Kyrios* 3/4, 1967, 229-251.

19. *Petzold, H.G.* 1967f. Von Geist und Bedeutung der Weihnachtsikone. *Stimme der Gemeinde* 24, 1967, 763.

20. *Petzold, H.G.* 1967g. Rabi'a al-'adawiyya al-quasyya de Basra et les animaux. *Cahiers Persannes* 2, 1967, 7-11.

21. *Petzold, H.G.* 1967h. La mystique séculier d'Omar Khayyam. *Cahiers Persannes* 4, 1967, 19-25.

22. *Petzold, H.G.* 1967i. Das Osterfest in der orthodoxen Kirche. *Stimme der Gemeinde* 8, 1967, 263.

23. *Petzold, H.G.* 1967j. Besprechung: A. Posow, Osnovi drevne-zerkovnoi antropologii. Madrid 1965, in: *Kyrios* 1, 1967, 59-60.

24. *Petzold, H.G.* 1967k. Besprechung: A. Fontrier, Saint Nectaire d'Egine, Esquisse Biographique. Paris 1965, in: *Kyrios* 1, 1967, 60-61.

25. *Petzold, H.G.* 1967l. Besprechung: V. Bourne, La Queste de Vérité d'Irénée Winnaert, Genf 1966, in: *Kyrios* 1, 1967, 61.

# 1968

26. *Petzold, H.G.* 1968a. Gottes heilige Narren. *Hochland* 2, 1968, 97-109.

27. *Petzold, H.G.* 1968b. Bemerkungen zur Erforschung der altserbischen Kirchenmusik und zu drei neumennotierten Gesängen einer HS aus Fruschkagora. *Kyrios* 3/4, 1968, 129-145.

28. *Petzold, H.G.* 1968c. Orthodoxe Zeitschriften in Westeuropa. *Una Sancta* 3, 1968, 137-138.

29. *Petzold, H.G.* 1968d. Die Lehre von der Kirche bei Metropolit Antonius Khrapovitzkij, *Trierer theologische Zeitschrift* 6, 1968, 379-389.

30. *Petzold, H.G.* 1968e. Der Subdiakonat im Byzantinischen Eherecht unter Berücksichtigung der gegenwärtigen Praxis in den orthodoxen Kirchen und im römisch-katholischen Ostkirchenrecht. *Kyrios* 1/2, 1968, 163-221.

31. *Petzold, H.G.* 1968f. Strittige Probleme im orthodoxen Eherecht unter besonderer Berücksichtigung partikularrechtlicher Probleme der Gemeinden des abendländischen (gallikanischen) Ritus. Diss. Fac. Theol., Institut St. Denis, Paris, *Publications de l'Institut St. Denis*, Paris 1968, pp. 575.

32. *Petzold, H.G.* 1968g. Die heilige Höhle. *Erbe und Auftrag. Benediktinische Monatszeitschrift* 6, 1968, 450-467.

33. *Petzold, H.G.* 1968h. L'ivresse mystique chez Omar Khayyam. *Cahiers Persannes* 1, 1968, 7-12.

34. *Petzold, H.G.* 1968i. Besprechung: A. Lampart, Ein Märtyrer der Union mit Rom: Josef I. (1681-1696) Patriarch der Chaldäer, Einsiedeln 1966, in: *Kyrios* 3/4, 1968, 236-237.

35. *Petzold, H.G.* 1968j.Besprechung: L. Müller, Die Scholien zu Buch 21, Titel 1 der Basiliken, Berlin 1966, in: *Kyrios* 3/4, 1968, 232-233.

36. *Petzold, H.G.* 1968k. Besprechung: E. Schneeweis, Serbokroatische Volkskunde, Berlin 1961, in: *Kyrios* 3/4, 1968, 233-234.

37. *Petzold, H.G.* 1968l. Besprechung: Speculum Iuris et Ecclesiarum. Festschrift für Willibald Plöchl, Wien 1966, in: *Kyrios* 3/4, 1968, 234-235.

38. *Petzold, H.G.* 1968n. Besprechung: M. Hayek, Liturgie Maronite: Histoire et Textes Eucharistiques, Tours 1964, in: *Kyrios* 3/1, 1968, 236.

39. *Petzold, H.G.* 1968m. Besprechung: K. Wessel, Die byzantinische Email-Kunst, Recklinghausen 1967, in: *Kyrios* 1/2, 1968, 120-121.

40. *Petzold, H.G.* 1968o. Besprechung: Y. Congar, Heilige Kirche, Stuttgart 1966, in: *Kyrios* 1/2, 1968, 123-124.

41. *Petzold, H.G.* 1968p. Besprechung: Sophia, Quellen östlicher Theologie, Band 1-8, Freiburg i. Br., in: *Kyrios* 1/2, 1968, 125.

42. *Petzold, H.G.* 1968q. Besprechung: M. Restle, Die byzantinische Wandmalerei in Kleinasien, Bd. 1-3, Recklinghausen 1967, in: *Kyrios* 1/2, 121.

43. *Petzold, H.G.* 1968. Besprechung: K. Weitzmann et al., Frühe Ikonen, Wien 1965, in: *Kyrios* 1/2, 1968, 123.

# 1969

44. *Petzold, H.G.* 1969a. Die altdeutsche Predigt als geschriebenes und gesprochenes Wort. *Theologie und Philosophie* 2, 1969, 196-232.

45. *Petzold, H.G.* 1969b. Die Auffassung über die Spendung des Ehesakramentes in Recht und Usus der orthodoxen Kirche. *Kyrios* 4, 1969, 193-221.

46. *Petzold, H.G.* 1969c. Bemerkungen zur orthodoxen Ekklesiologie anläßlich eines Buches zu diesem Thema. *Kyrios* 1, 1969, 58-61.

47. *Petzold, H.G.* 1969d. Weltvollendung und Verklärung der Schöpfung. Zur Theologie des Eschatons aus der Sicht der Ostkirche. *Ostkirchliche Studien* 4, 1969, 309-319.

48. *Petzold, H.G.* 1969e. Das Bild des Menschen im Lichte der orthodoxen Anthropologie, (mit *B. Zenkovsky*, Verlag R.F. Edel,) Marburg 1969, pp. 135.

49. *Petzold, H.G.* 1969f. Leben und Werk von Otto Marx (1887-1963). Gedanken zum „Plein-air" am Niederrhein. *Das Tor* 10, 1969, Düsseldorf, 203-213.

50. *Petzold, H.G.* 1969g. Jakob Heinz zum 40. Todestag. *Das Tor* 6, 1969, 118-122.

51. *Petzold, H.G.* 1969h. Die Kunst der Naiven. Adalbert Trillhaase (1858-1936). Ein Maler des einfältigen Herzens. *Das Tor* 4, 1969, 65-70.

52. *Petzold, H.G.* 1969i. Die Bedeutung von Ariel im AT und auf der Mescha-Stele, verbunden mit einem Beitrag zur altorientalischen Feldzeichenkunde. *Theologia* 1/4, Athen 1969, 372-415.

53. *Petzold, H.G.* 1969j. Die Geschichte der Bibliothek des Dominikanerklosters zu Düsseldorf an der Herzogstraße. *Das Tor* 7, 1969, 144-148.

# 1970

54. *Petzold, H.G.* 1970. Die Kerzen sind verlöscht vor den Ikonen. Christliche Elemente im russischen Totenbrauchtum, *Kirche im Osten*, Bd. 13, 1970, 18-52.

# 1971

55. *Petzold, H.G.* 1971a. Bruchstücke eines unveröffentlichten Briefwechsels von Nikolaj Berdjaev. *Kyrios* 1, 1971, 21-50

56. *Petzold, H.G.* 1971b. Eschatologie und Anthropologie aus der Sicht ostkirchlicher Religionsphilosophie und -psychologie. Diss. Fac. phil., Institut St. Denis, Paris 1971.

# 1972

57. *Petzold, H.G.* 1972a. Die eschatologische Dimension der Liturgie in Schöpfung, Inkarnation und Mysterium pascale. *Kyrios* 1/2, 1972, 67-95.

58. *Petzold, H.G.* 1972b. Zum Frömmigkeitsbild der heiligen Säulensteher. *Kleronomia* 2, Thessaloniki 1972, 251-266.

# 1974

59. *Petzold, H.G.* 1974. Leben und Werk von Vladimir N. Iljine. *Kyrios* 4 (1974) 253-273.

# 1976

60. *Petzold, H.G.* 1976. Integrative Kunst, in: I. *Petzold-Heinz,* Intervalle, Bläschke, Darmstadt 1976, 34-36.

# 1977

61. *Petzold, H.G.* 1977. Zur Frömmigkeit der heiligen Narren, in: Die Einheit der Kirche. Festschrift für Peter Meinhold, hrsg. v. Lorenz Hein. Franz Steiner Verlag, Wiesbaden 1977, 140-153.

# Bibliographie III 1989-1995*
## 1996a

## Psychologische, psychotherapeutische, pädagogische und sozialwissenschaftliche Publikationen

Fortsetzung von 1988n
Bibliographie I: S. 643-663, dieses Buch 1996a,
S. 689-710, Nr. 1-347 I
und Bibliographie II: S. 644-668, dieses Buch 1996a,
S 711-715, Nr. 1-61 II

### 1989

348. *Petzold, H.G.,* 1989a. Gestalt und Rhizom – Marginalien zu Einheit und Vielfalt, *Gestalt und Integration, Gestalt-Bulletin* 1, 34-50; repr. **Bd.II, 1,** S. 397-411.

349. *Petzold, H.G.,* 1989b. Belastung, Überforderung, Burnout – Gewaltprobleme in Heimen, *Behinderte in Familie, Schule, Gesellschaft* 4, 17-44.

350. *Petzold, H.G.,* 1989c. Heilende Klänge. Der Gong in Therapie, Meditation und Sound Healing, Junfermann, Paderborn.

351. *Petzold, H.G.,* 1989d. Die „Brille von vorgestern" – Vergangenheitsprojektion und Zeitreisen in der Erinnerungs- und Antizipationsarbeit der Integrativen Therapie, *Gestalt und Integration* 2, 44-52

352. *Petzold, H.G.,* 1989e. Das Käutzchen vom Lambertusturm – ein Märchen über Reisen in der Zeit, *Gestalt und Integration* 2, 34-42 (repr. von 1958 II).

353. *Petzold, H.G.,* 1989f. Zeitgeist als Sozialisationsklima – zu übergreifenden Einflüssen auf die individuelle Biographie, *Gestalt und Integration* 2, 140-150.

354. *Petzold, H.G.,* 1989g. Konzepte zum Thema „Trauerarbeit und Neuorientierung" in der Psychotherapie, *Gestalt und Integration* 2, 231-232.

355. *Petzold, H.G.,* 1989h. „Leben ist Bewegung" – Überlegungen zum „komplexen Bewegungsbegriff" und zum Konzept der „Kommotilität" in der Integrativen Bewegungstherapie. Vortrag auf der Studientagung „Klinische Bewegungsthe-

---

\* Die in den „ausgewählten Schriften" Bd. I, 1 und I, 2 (1996a) sowie Bd. II, 1 (1991a), II, 2 (1992a) und II, 3 (1993a) nachgedruckten, zumeist revidierten Fassungen früherer Arbeiten sind in **Fettdruck** gekennzeichnet und stellen die derzeitige Endversion dar, nach der zitiert werden sollte.

rapie", 6. Juni 1989, Freie Universität Amsterdam; repr. *Integrative Bewegungstherapie* 2 (1991) 25-39 und als: „Leben ist Bewegung" – Überlegungen zu einem Bewegungsbegriff und zur Kommotilität, **Bd. II, 3,** S. 1337-1348.

356. *Petzold, H.G.*, 1989i. Supervision zwischen Exzentrizität und Engagement, *Integrative Therapie* 3/4, 352-363.

357. *Petzold, H.G.*, 1989j. Psychotherapie und Pädagogik – Pädagogik und Therapie, *Integrative Therapie* 3/4, 365-374.

358. *Petzold, H.G.*, 1989k. Grundkonzepte der Integrativen Agogik, *Integrative Therapie* 3/4, 392-398.

359. *Petzold, H.G.*, 1989l. Nachwort. Drei Pioniere der Bewegungsarbeit: Laban, Alexander und Feldenkrais und ihre Metakonzepte, in: *Friedmann, E. D.*, Laban, Alexander, Feldenkrais, Pioniere bewußter Wahrnehmung durch Bewegungserfahrung, Junfermann, Paderborn, 119-127.

360. *Petzold, H.G.*, 1989m. Introduction to Gestalt Education, *Indian Journal of Community Guidance Service* 3, 1-9.

361. *Petzold, H.G., Verweij, E.*, 1989. Kijkgedrag van Zuigelingen Tijdens de Moeder-Kind Interactie. Een Vergelijkende Studie tussen Mensen en Mensapen, Faculty of Human Movement Sciences, Dp. Movement Education, Clinical Movement Therapy, Freie Universität Amsterdam.

## 1990

362. *Petzold, H.G.*, 1990a. Die Behandlung und Aktivierung alter Menschen durch Integrative Tanz- und Bewegungstherapie. Vortrag auf der Fachtagung „Arbeiten und Leben mit verwirrten alten Menschen und Hochbetagten", 8.-9. Oktober 1990, Düsseldorf; repr. *Praxis der Psychotherapie und Psychosomatik* 36, 195-206; erw. **Bd. II, 3,** S. 1231-1263.

363. *Petzold, H.G.*, 1990b. „Form und Metamorphose" als fundierende Konzepte für die Integrative Therapie mit kreativen Medien – Wege intermedialer Kunstpsychotherapie, in: *Petzold, Orth* (1990a) II, 639-720 (gänzlich überarbeitet und ergänzt von 1987k).

364. *Petzold, H.G.*, 1990c. Pathogenese im Lebensverlauf. Autoreferat, in: *Hausmann, Meier-Weber*, in: *Petzold, Orth* (1990a) II, 1022-1023.

365. *Petzold, H.G.*, 1990d. Editorial. Der Tod, die Psychotherapie und die Verdrängung des Todes, *Integrative Therapie* 3, 171-174.

366. *Petzold, H.G.*, 1990e. „Entwicklung in der Lebensspanne und Pathogenese". Vortragsreihe auf der Tagung „Bewegungstherapie und Psychomotorik", 22.-23. 11. 1990 an der Freien Universität Amsterdam; erw. als: „Integrative Therapie in der Lebensspanne", **Bd. II, 2,** S. 649-788.

367. *Petzold, H.G.*, 1990f, Krisenintervention und empathisch-intuierende Identifikation in der niedrigschwelligen Drogenarbeit, *Gestalt und Integration* 2, 185-187.

368. *Petzold, H.G.*, 1990g. Nonverbale Interaktion mit Hochbetagten und Sterbenden. Vortrag auf dem Studientag von Pro Senectute Österreich, 7.12.1990, Batschuns, Vorarlberg.

369. *Petzold, H.G.*, 1990h. Der „Tree of Science" als Erklärungs- und Erkenntnismodell für Theorie und Praxis der Integrativen Therapie, bearbeitet von *Bernd Heinermann*, Fritz Perls Institut, Düsseldorf.

370. *Petzold, H.G.*, 1990i. Selbsthilfe und Professionelle – Gesundheit und Krankheit, Überlegungen zu einem „erweiterten Gesundheitsbegriff". Vortrag auf der Arbeitstagung „Zukunftsperspektiven der Selbsthilfe", 8.-10. Juni 1990, Dokumentation, Düsseldorf, auch in: *Petzold, Schobert* (1991) 17-28

371. *Petzold, H.G.*, 1990j. Drogenabhängigkeit als Krankheit, *Gestalt und Integration* 2, 149-159.

372. *Petzold, H.G.*, 1990k. Drogentherapie heißt Karrierebegleitung. Reflexionen nach 20 Jahren Arbeit im Felde der Drogenarbeit am Beispiel des Stufenmodells therapeutischer Wohngemeinschaften und des Konzeptes der therapeutischen Kette. Vortrag auf dem Therapiekette-Niedersachsen-Seminar 11, 1989, STEP, Hannover.

373. *Petzold, H.G.*, 1990l. Die Botschaft des Symptoms. Festrede zum 10jährigen Jubiläum der Elisabethklinik für Kinder- und Jugendlichenpsychotherapie, 4. Oktober 1989, Dortmund, Fritz Perls Institut, Düsseldorf.

374. *Petzold, H.G.*, 1990m. Kindliche Entwicklung, kreative Leiblichkeit und Identität. Basiskonzepte für die Arbeit mit Kindern im Vorschulbereich, in: *Kerschbaumer, F.X.*, Mit Kindern auf dem Weg. Gedanken, Referate, Zusammenfassung, NÖ Kindergartensymposion 1987 – 1989, NÖ Schriften, Wien, 50-69.

375. *Petzold, H.G.*, 1990n. Ethische Konzepte für die Psychotherapie – Die diskursive und situationsbezogene Ethik der Integrativen Therapie, *Gestalt* 9 (Zürich) 6-12; revid. **Bd. II, 2**, S. 500-515.

376. *Petzold, H.G.*, 1990o. Konzept und Praxis von Mehrperspektivität in der Integrativen Supervision, dargestellt an Fallbeispielen für Einzel- und Teambegleitung, *Gestalt und Integration* 2, 7-37; erw. **Bd. II, 3**, S. 1291-1336.

377. *Petzold, H.G.*, 1990p. Integrative Dramatherapie und Szenentheorie – Überlegungen und Konzepte zur Verwendung dramatherapeutischer Methoden in der Integrativen Therapie, in: *Petzold, Orth* (1990a) II, 849-880; völlig überarb. von (1981i); repr. **Bd. II, 2**, S. 897-925.

378. *Petzold, H.G.*, 1990q. Terzo congresso della European association for Gestalt Therapy (EGGT), *Caleidoscopio* 2, 84-85.

379. *Petzold, H.G.*, 1990r. Die Krankheit der Inhumanität, *Altenpflege* 9, 498-506.

380. *Petzold, H.G.*, 1990s. Belastung – Überforderung, *Altenpflege* 10, 566-604.

381. *Petzold, H.G.*, 1990t. Belastung, Überforderung, Burnout, *Altenpflege* 11, 648-680.

382. *Petzold, H.G.*, 1990u. Integrative Bewegungstherapie als Verbindung funktionaler und psychotherapeutischer Behandlung, *Krankengymnastik* 11, 1238-1241.

383. *Petzold, H.G.*, 1990v. Omgang met stervenden, in: Hospice Terminale Thuiszorg, Landelijke Stichting Elckerlijc, Amsterdam, 11-18.

384. *Petzold, H.G.*, 1990w. „Komplexes katathymes Erleben" – Arbeit zwischen Imagination und Aktion – Vorlesungsnachschrift von *N. Katz-Bernstein*, in: *Petzold, Orth* (1990a) II, 908-912.

385. *Petzold, H.G.*, 1990x. Handpuppenspiel löst seelische Konflikte, *Senioren & Behinderten Journal* 4 (Jg. 3) 4-5.

386. *Petzold, H.G.*, 1990y. Integrative Kunsttherapie und Arbeit mit kreativen Medien in der Begleitung Sterbender, in: *Petzold, Orth* (1990a) II, 1171-1200.

387. *Petzold, H.G.*, 1990z. Ausbildungscurriculum zum Diplom-Supervisor, Freie Universität Amsterdam, Amsterdam.

388. *Petzold, H.G.*, 1990ä. Klinischer Unfug, in: *Goldner, C.*, Rebirthing: Gefährlicher Weg zurück zur Geburt, *Psychologie Heute* 7 (1990) 33 und in: *Goldner, C.*, Rebirthing: Mißgeburt des New Age, *Kölner Stadt Revue* 11, 28.

389. *Petzold, H.G., Heinermann, B.*, 1990. Psychotherapie mit Jugendlichen – Adoleszenz, ein vernachlässigtes Thema psychotherapeutischer Theorie und Praxis, *Gestalt und Integration* 2, 232-233.

390. *Petzold, H.G., Kirchmann, E.*, 1990. Selbstdarstellungen mit Ton in der Integrativen Kindertherapie, in: *Petzold, Orth* (1990a) II, 933-974.

391. *Petzold, H.G., Orth, I.*, 1990a. Die neuen Kreativitätstherapien. Handbuch der Kunsttherapie, 2 Bde., Junfermann, Paderborn, 3. Aufl. 1994.

392. *Petzold, H.G., Orth, I.*, 1990b. Die neuen Kreativitätstherapien – Formen klinischer Kunsttherapie und Psychotherapie mit kreativen Medien, in: *Petzold, Orth* (1990a) I, 15-30.

393. *Petzold, H.G., Orth, I.*, 1990c (*Orth, Petzold*). Metamorphosen – Prozesse der Wandlung in der intermedialen Arbeit der Integrativen Therapie, in: *Petzold, Orth* (1990a) II, 721-774; auch verk. in: *Integrative Therapie* 1/2, 53-93 und *Forum für Kunsttherapie*, 9-31.

394. *Petzold, H.G., Petzold, H.*, 1990. Portrait und Selbstportrait als Wege der Selbsterkenntnis, Fritz Perls Institut, Düsseldorf.

395. *Petzold, H.G., Schlippe, A. von*, 1990. Editorial. Die Familie und das schwerkranke Mitglied. Therapeutische Hilfen für Fatum-Familien, *Integrative Therapie* 4, 271-275.

396. *Petzold, H.G., Schreyögg, A., Frühmann, R., Melchard, E.*, 1990. Editorial, *Gestalt und Integration* 2, 5-6.

397. *Petzold, H.G., Sieper, J.*, 1990a. Kunst und Therapie, Kunsttherapie, Therapie und Kunst – Überlegungen zu Begriffen, Tätigkeiten und Berufsbildern, in: *Petzold, Orth* (1990a) I, 169-186.

398. *Petzold, H.G., Sieper, J.*, 1990b. Die neuen – alten – Kreativitätstherapien. Marginalien zur Psychotherapie mit kreativen Medien, in: *Petzold, Orth* (1990a) II, 519-548.


## 1991


399. **Petzold, H.G., 1991a. Integrative Therapie. Ausgewählte Werke Bd. II, 1: Klinische Philosophie, Junfermann, Paderborn.**

400. *Petzold, H.G.*, 1991b. Die Chance der Begegnung. Dapo, Wiesbaden; repr. **Bd. II, 3**, S. 1047-1087.

401. *Petzold, H.G.*, 1991c. Die Ursachen hinter den Ursachen, in: Festrede zum 50jährigen Geburtstag von Rolf Schwendter, Wien; erw. in (1994c).

402. *Petzold, H.G.*, 1991d. Masken – die „andere Identität des Selbst", in: *Sommer, K.*, Therapeutisches Maskenspiel – Grundformen der Theatertherapie – Gesichter der Frauen – ein Frauenseminar, Junfermann, Paderborn, 9-17.

403. *Petzold, H.G.*, 1991e. Das Ko-respondenzmodell als Grundlage der Integrativen Therapie und Agogik, überarbeitet und erw. von (1978c); repr. **Bd. II, 1**, S. 19-90.

404. *Petzold, H.G.* (Hrsg.) 1991f. Editorial. Differenzierung und Integration, *Integrative Therapie* 4, 353-366.

405. *Petzold, H.G.*, 1991g. Therapeutische Identität und plurale therapeutische Kultur – Überlegungen am Beispiel Gestalttherapie/ Integrative Therapie, *Gestalt* 11, 14-34; erw. (1993n).

406. *Petzold, H.G.*, 1991h. Die Behandlung alter Menschen durch Integrative Tanz- und Bewegungstherapie in der Arbeit mit alten Menschen, in: *Willke, E., Hölter, G., Petzold, H.G.*, Tanztherapie – Theorie und Praxis. Ein Handbuch. Junfermann, Paderborn, 413-446, auch in: *Suden-Weickmann, A.* (Hrsg.), Physiotherapie in der Geriatrie. Grundlagen und Praxis, Pflaum, München 1993, 229-253.

407. *Petzold, H.G.*, 1991i. Podiumsdiskussion mit Vertretern verschiedener Therapierichtungen, in: *Sell, M.*, Lesebuch. Zusammenstellung von Kongreßbeiträgen des 11. Kongresses der Deutschen Gesellschaft für Transaktionsanalyse, INITA, Hannover 1991, 23-63.

408. *Petzold, H.G.*, 1991j. Bedrohte Lebenswelten, in: *Petzold, Petzold* (1991) 248-293, erw. von (1989b).

409. *Petzold, H.G.*, 1991k. Der „Tree of Science" als metahermeneutische Folie für die Theorie und Praxis der Integrativen Therapie, Fritz Perls Institut, Düsseldorf, repr. **Bd. II, 2**, S. 457-647.

410. *Petzold, H.G.*, 1991l. Menschenbilder als bestimmendes Moment von Grundhaltungen und Konzepten in der Drogenhilfe. Eröffnungsvortrag auf dem 14. Bundeskongreß, 10.-13. Juni 1991, FDR, in: Was hilft! Grundhaltung – Menschenbild – Konzepte, Fachverband Drogen und Rauschmittel, Braunschweig 1992, 16-41, und in: *Gestalt und Integration* 1, 1995, 7-32.

411. *Petzold, H.G.*, 1991m. Editorial. Das Körper-Seele-Problem und die Therapie, *Integrative Therapie* 1/2, 1-8.

412. *Petzold, H.G.*, 1991n. Die Bedeutung und Praxis der Kontrollanalysen in der Integrativen Therapie, Fritz Perls Institut, Düsseldorf, erw. in: *Petzold, Frühmann* (1993m).

413. *Petzold, H.G.*, 1991o. Zeit, Zeitqualitäten, Identitätsarbeit und biographische Narration – Chronosophische Überlegungen, FPI Düsseldorf, **Bd. II, 1**, S. 333-395.

414. *Petzold, H.G.*, 1991p. Krisen der Helfer – Überforderung, zeitextendierte Belastung und Burnout. Vortrag auf dem Symposion „Krisenintervention Heute", 25./26. Oktober 1991, Inselspital, Kinderklinik, Bern, erw. (1993g).

415. *Petzold, H.G., Frühmann, R., Melchard, E., Schreyögg, A.*, 1991. Editorial, Schwerpunktheft Integrative Supervision in Institutionen und Teams, *Gestalt und Integration* 1, 5-6.

416. *Petzold, H.G., Goffin, J.J.M., Oudhof, J.*, 1991. Protektive Faktoren – eine positive Betrachtungsweise in der klinischen Entwicklungspsychologie, Faculty of Human Movement Sciences, Dep. Movement Education, Clinical Movement Therapy, erw. in: *Petzold, Sieper* (1993a) 173-266 und in: *Petzold* (1993c) 345-497.

417. *Petzold, H.G., Groot, de L.*, 1991. Therapeutische Arbeit mit Frühgeborenen, Faculty of Human, Movement Sciences, Dept. Movement Education, Clinical Movement Therapie, Amsterdam.

418. *Petzold, H.G., Hentschel, U.*, 1991. Niedrigschwellige und karrierebegleitende Drogenarbeit als Elemente einer Gesamtstrategie der Drogenhilfe, *Wiener Zeitschrift für Suchtforschung* 1, 11-19 und in: *Scheiblich, W.*, Sucht aus der Sicht psychotherapeutischer Schulen, Lambertus, Freiburg 1994, 89-105.

419. *Petzold, H.G., Kühn, R.*, 1991 (*Kühn, Petzold*). Psychotherapie und Philosophie, Junfermann, Paderborn.

420. *Petzold, H.G., Orth, I.*, 1991a. Körperbilder in der Integrativen Therapie – Darstellungen des phantasmatischen Leibes durch „Body Charts" als Technik projektiver Diagnostik und kreativer Therapeutik, *Integrative Therapie* 1, 117-146; repr. **Bd. II, 3**, S. 1201-1230.

421. *Petzold, H.G., Orth, I.*, 1991b (*Orth, Petzold*). Integrative Leib- und Bewegungstherapie mit erwachsenen Patienten, Fritz Perls Institut, Düsseldorf; als: Zur Theorie und Praxis Integrativer Leib- und Bewegungstherapie, *Energie & Charakter* 1. Teil, 4, 136-158, 2. Teil, 5 (1992) 100-115; repr. **Bd. II, 3**, S. 1151-1199.

422. *Petzold, H.G., Petzold, Ch.*, 1991a. Lebenswelten alter Menschen, Vincentz Verlag, Hannover.

423. *Petzold, H.G., Petzold, Ch.*, 1991b. Soziale Gruppe, „social worlds" und „narrative Kultur" als bestimmende Faktoren der Lebenswelt alter Menschen und gerontotherapeutischer Arbeit, in: *Petzold, Petzold* (1991a) 192-217; repr. **Bd. II, 2**, S. 871-986.

424. *Petzold, H.G., Pritz, A.*, 1991 (*Pritz, Petzold*). Der Krankheitsbegriff in der modernen Psychotherapie, Junfermann, Paderborn.

425. *Petzold, H.G., Schobert, R.*, 1991. Selbsthilfe und Psychosomatik, Junfermann, Paderborn.

426. *Petzold, H.G., Schobert, R., Schulz, A.*, 1991. Anleitung zu „wechselseitiger Hilfe" – Die Initiierung und Begleitung von Selbsthilfegruppen durch professionelle Helfer – Konzepte und Erfahrungen, in: *Petzold, Schobert* (1991) 207-259.

427. *Petzold, H.G., Schuch, W.*, 1991. Der Krankheitsbegriff im Entwurf der Integrativen Therapie, in: *Petzold, Pritz* (1991) 371-486.

428. *Petzold, H.G., Willke, E., Hölter, G.*, 1991 (*Willke, Hölter, Petzold*). Tanztherapie – Theorie und Praxis. Ein Handbuch. Junfermann, Paderborn, 2. Aufl. 1992.

## 1992

429. **Petzold, H.G., 1992a. Integrative Therapie. Ausgewählte Werke Bd. II, 2: Klinische Theorie, Junfermann, Paderborn.**

430. *Petzold, H.G.*, 1992b. Konzepte zu einer integrativen Emotionstheorie und zur emotionalen Differenzierungsarbeit als Thymopraktik, **Bd. II, 2**, S. 789-870 und revid. in (1995g).

431. *Petzold, H.G.*, 1992c. Bemerkungen zur Bedeutung frühkindlicher Gedächtnisentwicklung für die Theorie der Pathogenese und die Praxis regressionsorientierter Leib- und Psychotherapie, *Gestalt und Integration* 1, 100-109.

432. *Petzold, H.G.*, 1992d. Empirische Baby- und Kleinkindforschung und der Paradigmenwechsel von psychoanalytischer Entwicklungsmythologie und humanistisch-psychologischer Unbekümmertheit zu einer „mehrperspektivischen, klinischen Entwicklungspsychologie", *Integrative Therapie* 1/2, 1-10.

433. *Petzold, H.G.*, 1992e. Integrative Therapie in der Lebensspanne, erw. von (1990e); repr. **Bd. II, 2,** S. 649-788 und in (1994j).

434. *Petzold, H.G.*, 1992f. Gebt Narziß seinen Namen zurück – Überlegungen zu einem Buch über „Narzißmus", *Integrative Therapie* 3, 323-325.

435. *Petzold, H.G.*, 1992g. Das „neue" Integrationsparadigma in Psychotherapie und klinischer Psychologie und die „Schulen des Integrierens" in einer „pluralen therapeutischen Kultur", **Bd. II, 2,** S. 927-1040.

436. *Petzold, H.G.*, 1992h. Integrative Beratungsarbeit – Gestaltberatung. Dokumentation zur 17. Konferenz der Evangelischen Eheberaterinnen und Eheberater Europas, 22.-26. Juni 1992, Dresden 1992, teilweise in: **Bd. II, 3,** S. 1283-1290.

437. *Petzold, H.G.*, 1992i. Diskussionsbeiträge, in: Integrative Psychotherapie: Fiktion oder Fakt?, überarbeitete Fassung einer Podiumsdiskussion auf „Tage der Klinischen Psychologie", Mannheim, 3. November 1991, *Report Psychologie* 7, 34-48.

438. *Petzold, H.G.*, 1992j. Bewegungs- und Leibtherapie, in: *Battegay, R., Glatzel, J., Pöldinger, W., Rauchfleisch, U.*, Handwörterbuch der Psychiatrie, Enke, Stuttgart, 87-91; revid. von 1984e

439. *Petzold, H.G.*, 1992k. Gestalttherapie/Integrative Therapie, in: *Battegay, R., Glatzel, J., Pöldinger, W., Rauchfleisch, U.*, Handwörterbuch der Psychiatrie, Enke, Stuttgart, 221-224; revid. von 1984f.

440. *Petzold, H.G.*, 1992l. Poesie- und Bibliotherapie, in: *Battegay, R., Glatzel, J., Pöldinger, W., Rauchfleisch, U.*, Handwörterbuch der Psychiatrie, Enke, Stuttgart, 420-423.

441. *Petzold, H.G.*, 1992m. Die heilende Kraft des Schöpferischen, *Orff-Schulwerk-Informationen* 50, 6-9, repr. in: *Integrative Bewegungstherapie* 1, 1993, 10-14.

442. *Petzold, H.G.*, 1992n. Editorial. Psychotherapie und Interventionsforschung, *Integrative Therapie* 4, 341-345.

443. *Petzold, H.G.*, 1992o. Nur zwei Grundorientierungen oder eine plurale Psychotherapie?, *Integrative Therapie* 4, 467-471.

444. *Petzold, H.G.*, 1992p. Regelungen für Suchtkrankentherapeuten?, *Integrative Therapie* 4, 471-475

445. *Petzold, H.G.*, 1992q. Die Bedeutung der Charta für die Zukunft der Psychotherapie und deren Auswirkungen in Europa. Vortrag zur Unterzeichnung der Charta, Zürich, ersch. in: *Forum Psychotherapie* 2 (Zürich 1993) 17-19 und *Gestalt* 17 (Zürich 1993) 38-39.

446. *Petzold, H.G.*, 1992r. Für und wider die Gestalt„therapie", *Christlich Pädagogische Blätter* 2, 95-98.

447. *Petzold, H.G., Knobel, R., Mankwald, B., Sombrowski, C.*, 1992 (*Knobel* et al.). Qualitative Forschung als Grundlage therapeutischer Intervention in den Neuen Bundesländern – ein interdisziplinärer Ansatz, *Integrative Therapie* 4, 429-454.

# 1993

448. *Petzold, H.G.*, 1993a. Integrative Therapie. Ausgewählte Werke Bd. II, 3: Klinische Praxeologie, Junfermann, Paderborn.

449. *Petzold, H.G.*, 1993b. Die Wiederentdeckung des Gefühls. Emotionen in der Psychotherapie, Fritz Perls Institut, Düsseldorf, in (1995g).

450. *Petzold, H.G.*, 1993c. Frühe Schädigungen, späte Folgen? Psychotherapie und Babyforschung, Bd. I, Junfermann, Paderborn.

451. *Petzold, H.G.*, 1993d. Identität und Entfremdung, Fritz Perls Institut, Düsseldorf.

452. *Petzold, H.G.*, 1993e. Integrative Therapie mit depressiven Patienten, Fritz Perls Institut, Düsseldorf.

453. *Petzold, H.G.*, 1993f. Integrative Therapie, in: *Stumm, G., Wirth, B.*, Psychotherapie: Schulen und Methoden, Falter, Wien 1994, 242-251.

454. *Petzold, H.G.*, 1993g. Die Krisen der Helfer, in: *Schnyder, U., Sauvant, Ch.*, Krisenintervention in der Psychiatrie, Huber, Bern, 157-196.

455. *Petzold, H.G.*, 1993h. Grundorientierungen, Verfahren, Methoden – berufspolitische, konzeptuelle und praxeologische Anmerkungen zu Strukturfragen des psychotherapeutischen Feldes und psychotherapeutischer Verfahren aus integrativer Perspektive, *Integrative Therapie* 4, 341-379 und in: *Hermer, M.* (Hrsg.), Psychologische Beiträge, Pabst Science Publishers, Lengerich 1994, 248-285.

456. *Petzold, H.G.*, 1993i. Zur Integration motopädagogischer, psychotherapeutischer und familientherapeutischer Interventionen in der Arbeit mit geistig Behinderten. Vortrag, Univ. Freiburg, in: *Koch, U., Lotz, W., Stahl, B.* (Hrsg.), Die psychotherapeutische Behandlung geistig behinderter Menschen, Huber, Bern 1994, 226-240.

457. *Petzold, H.G.*, 1993j. Epilog, **Bd. II, 3**, S. 1349- 1352.

458. *Petzold, H.G.*, 1993k. Dramatische Therapie – Herkunft, Entwicklung, Konzepte, in: *Klosterkötter-Prisor, B.*, Grenzüberschreitungen – Theater, Theaterpädagogik, Therapie, RAT, Remscheider Arbeitshilfen und -texte, Remscheid.

459. *Petzold, H.G.*, 1993l. Ethische Fragestellungen in der Psychotherapeutenausbildung an FPI und EAG, in: *Petzold, Sieper* (1993a) 687-693.

460. *Petzold, H.G.*, 1993m. Kontrollanalyse und Supervisionsgruppe – zwei unverzichtbare, aber unterschiedliche Methoden in der Weiterbildung von Psychotherapeuten, erw. von 1991n in: *Petzold, Frühmann* (1993a), 479-616.

461. *Petzold, H.G.*, 1993n. Zur Frage nach der „therapeutischen Identität" in einer pluralen therapeutischen Kultur am Beispiel von Gestalttherapie und Integrativer Therapie – Überlegungen (auch) in eigener Sache, in: *Petzold, Sieper* (1993a) 51-92.

462. *Petzold, H.G.*, 1993o. Leben als Integrationsprozeß und die Grenzen des Integrierens, in: *Petzold, Sieper* (1993a) 385-394.

463. *Petzold, H.G.*, 1993p. Integrative fokale Kurzzeittherapie (IFK) und Fokaldiagnostik – Prinzipien, Methoden, Techniken, in: *Petzold, Sieper* (1993a) 267-340.

464. *Petzold, H.G.*, 1993q. Integratieve lichaams- en bewegingstherapie, *Bewegen & Hulpverlening* 1, 60-67.

465. *Petzold, H.G.*, 1993r. Editorial. Psychotherapie zwischen gesetzlicher Regelung und emanzipatorischem Freiraum, *Integrative Therapie* 4, 321-323.

466. *Petzold, H.G., Frühmann, R.,* 1993a (*Frühmann, Petzold*). Lehrjahre der Seele, Junfermann, Paderborn.

467. *Petzold, H.G., Frühmann, R.,* 1993b. Weiterbildung von Lehrtherapeuten an FPI und EAG, in: *Petzold, Sieper* (1993a) 659-666.

468. *Petzold, H.G., Goffin, J.J.M., Oudhof, J.,* 1993. Protektive Faktoren und Prozesse – die „positive" Perspektive in der longitudinalen, „klinischen Entwicklungspsychologie" und ihre Umsetzung in die Praxis der Integrativen Therapie, in: *Petzold* (1993c) und in : *Petzold, Sieper* (1993a) 173-266.

469. *Petzold, H.G., Hentschel, U.,* 1993. Drogenarbeit und Suchtkrankenhilfe an FPI und EAG – Konzepte, Innovation, Interventionen, Weiterbildung, Supervision, in: *Petzold, Sieper* (1993a) 619-633.

470. *Petzold, H.G., Lobnig, H.,* 1993 (*Lobnig, Petzold*). Kunsttherapie/Gestaltungstherapie, in: *Stumm, G., Wirth, B.,* Psychotherapie: Schulen und Methoden, Wien.

471. *Petzold, H.G., Michelmann, A., Hein, J., Linster, H. W.,* 1993. Aufruf zur Bewahrung und Gewährleistung der Methodenvielfalt in der Psychotherapie, *Gestalt Theory* 2, 146-150.

472. *Petzold, H.G., Orth, I.,* 1993a. Therapietagebücher, Lebenspanorama, Gesundheits-/Krankheitspanorama als Instrumente der Symbolisierung, karrierebezogenen Patientenarbeit und Lehranalyse in der Integrativen Therapie, *Integrative Therapie* 1/2 (1993) 95-153; auch in: *Frühmann, Petzold* (1993a) 367-446.

473. *Petzold, H.G., Orth, I.,* 1993b (*Orth, Petzold*). Beziehungsmodalitäten – ein integrativer Ansatz für Therapie, Beratung, Pädagogik, in: *Petzold, Sieper* (1993a) 117-124.

474. *Petzold, H.G., Orth, I.,* 1993c (*Orth, Petzold*). Zur „Anthropologie des schöpferischen Menschen", in: *Petzold, Sieper* (1993a) 93-116.

475. *Petzold, H.G., Orth, I.,* 1993d. Integrative Kunstpsychotherapie und Arbeit mit „kreativen Medien" an der Europäischen Akademie für psychosoziale Gesundheit, in: *Petzold, Sieper* (1993a) 559-574.

476. *Petzold, H.G., Orth, I.,* 1993e. Integrative Leibtherapie – Thymopraktik, die Arbeit mit Leib, Bewegung und Gefühl, Weiterbildung am Fritz Perls Institut und an der EAG, in: *Petzold, Sieper* (1993a) 519-536.

477. *Petzold, H.G., Orth, I.,* 1993f. Curriculum für die Ausbildung von Lehrtherapeuten und Lehrbeauftragten, in: *Petzold, Sieper* (1993a) 667-680.

478. *Petzold, H.G., Petzold, Ch.,* 1993a. Soziotherapie als methodischer Ansatz in der Integrativen Therapie, in: *Petzold, Sieper* (1993a) 459-482; repr. **Bd. II, 3,** S. 1263-1290.

479. *Petzold, H.G., Petzold, Ch.,* 1993b. Integrative Arbeit mit alten Menschen und Sterbenden – gerontotherapeutische und nootherapeutische Perspektiven in der Weiterbildungspraxis an FPI/EAG, in: *Petzold, Sieper* (1993a) 633-647.

480. *Petzold, H.G., Sieper, J.,* 1993a. Integration und Kreation, 2 Bde., Junfermann, Paderborn, 2 Aufl. 1996.

481. *Petzold, H.G., Sieper, J.,* 1993b. Einführung. Integration und Kreation – Der Integrative Ansatz in der Weiterbildung von Angehörigen helfender und psychosozialer Berufe. Festschrift 20 Jahre Bildungsarbeit an FPI und EAG, in: *Petzold, Sieper* (1993a) 11-14.

482. *Petzold, H.G., Sieper, J.,* 1993c (*Sieper, Petzold*). Integrative Agogik – ein kreativer Weg des Lehrens und Lernens, in: *Petzold, Sieper* (1993a) 359-370.

# 1994

483. *Petzold, H.G.*, 1994a. Mehrperspektivität – ein Metakonzept für die Modellpluralität, konnektivierende Theorienbildung und für sozialinterventives Handelns in der Integrativen Supervision, *Gestalt und Integration* 2, 1994, 225-297.

484. *Petzold, H.G.*, 1994b. Mut zur Bescheidenheit in: *Standhardt, R., Löhmer, C.*, Zur Tat befreien. Gesellschaftspolitische Perspektiven der TZI-Gruppenarbeit, Matthias Grünewald, Mainz, 161-170.

485. *Petzold, H.G.*, 1994c. Metapraxis: Die „Ursachen hinter den Ursachen" oder das „doppelte Warum" – Skizzen zum Konzept „multipler Entfremdung" und einer „anthropologischen Krankheitslehre" gegen eine individualisierende Psychotherapie in: *Gestalt* (Schweiz) 20, 1994, 6-28 und *Hermer, M.* (Hrsg.), Die Gesellschaft der Patienten, dgvt, Tübingen 1995, 143-174.

486. *Petzold, H.G.*, 1994d. „Das Fremde, die eigene Identität und die Angst". Chancen und Hindernisse interkultureller Arbeit. Vortrag gehalten auf dem Studientag des Carl-Orff-Institutes am 14.12.1993 in Salzburg, Fritz Perls Institut, Düsseldorf.

487. *Petzold, H.G.*, 1994e. Psychotherapie mit alten Menschen – die „social network perspective" als Grundlage integrativer Intervention. Vortrag auf der Fachtagung „Behinderung im Alter" am 22.-23.11.1993 in Köln, in: *Berhaus, H.C., Sievert, U.* (Hrsg.), Behinderung im Alter, Kuratorium Deutsche Altershilfe, Köln 1994, 86-117

488. *Petzold, H.G.*, 1994f. Jugend und Gewaltprobleme – Gedanken unter einer longitudinalen Entwicklungsperspektive. Vortrag gehalten auf der Tagung der Landesarbeitsgemeinschaft für Erziehungsberatung, Hamburg 10.12.1993, Dokumentation 1994 und in *Gestalt* (Schweiz) 24, 1995, 4-21.

489. *Petzold, H.G.*, 1994g. Unterwegs zu einer allgemeinen Psychotherapiewissenschaft: „Integrative Therapie" und ihre Heuristik der „14 healing factors" – theoriegeschichtliche, persönliche und konzeptuelle Perspektiven und Materialien. Überarbeitete und ergänzte Fassung eines Vortrages auf dem Symposion der Rheinischen Landesklinik in Düren, 10.09.1994, in: *Weißig, N.* (Hrsg.), Differenzierung und Integration, Kohelet, Köln (in Vorbereitung).

490. *Petzold, H.G.*, 1994h. Therapieforschung und die Praxis der Suchtkrankenarbeit – programmatische Überlegungen. Vortrag, gehalten auf der Fachtagung: „Vernetzung von Forschung und Praxis in der Suchttherapie" am 20. Oktober 1994, *Drogalkohol* (Schweiz) 3, 144-158.

491. *Petzold, H.G.*, 1994i. „Ich kann nur warnen, sich solchen Behandlern anzuvertrauen ...", ein Interview, in: *Platta, H.*, New-Age-Therapien. Pro und Contra, Beltz, Weinheim, 1994, 205-224.

492. *Petzold, H.G.*, 1994j. Die Kraft liebevoller Blicke. Psychotherapie und Babyforschung, Bd. 2, Junfermann, Paderborn 1994j.

493. *Petzold, H.G.*, 1994k. Zum Problem von Metakonzepten in Supervision und Organisationsberatung, *Organisationsberatung, Supervision, Clinical Management* (*OSC*) 1, 87-90.

494. *Petzold, H.G.*, 1994l. Entwicklungen in der Gestalttherapie von Fritz Perls, in: *Freiler, Ch.* et al., 100 Jahre Fritz Perls, Internationale Psychotherapietagung der Fachsektion für Integrative Gestalttherapie ÖAGG, Facultas, Wien 1994, 15-72.

495. *Petzold, H.G.*, 1994m. Stellungnahme zur Erhebung des Wissenschaftsbeirats des SPV, *Gestalt* (Schweiz) 21, 55-65 und erw. in: *Gestalt und Integration* 1 (1996) 93-111.

496. *Petzold, H.G.*, 1994n. Musisch-künstlerische Heilpädagogik – auf dem Wege zu einer künstlerischen und wissenschaftlichen Disziplin, *Orff-Schulwerk-Informationen* 53, 24-30.

497. *Petzold, H.G.*, 1994o. Integrative Therapie und Psychotherapieforschung oder: Was heißt „auf das richtige Pferd setzen?" *Gestalt* (Schweiz) 21, 37-45.

498. *Petzold, H.G., Beek, Y van, Hoek, A.-M. van der*, 1994a. Grundlagen und Grundmuster „intimer Kommunikation und Interaktion" – „Intuitive Parenting" und „Sensitive Caregiving" von der Säuglingszeit über die Lebensspanne, in: *Petzold* (1994j) 491-646.

499. *Petzold, H.G., Lemke, J., Rodriguez-Petzold, F.*, 1994b. Die Ausbildung von Lehrsupervisoren. Überlegungen zur Feldentwicklung, Zielsetzung und didaktischen Konzeption aus Integrativer Perspektive, *Gestalt und Integration* 1, 1995, 298-349.

500. *Petzold, H.G., Orth, I.*, 1994a. Kreative Persönlichkeitsdiagnostik durch „mediengestützte Techniken" in der Integrativen Therapie und Beratung, *Integrative Therapie* 4, 340-391.

501. *Petzold, H.G., Orth, I.*, 1994b. Weiterbildung von Lehrtherapeuten – ein Muß für die Qualitätssicherung in der Ausbildung von Psychotherapeuten. Konzepte für die Mitarbeiterfortbildung am FPI und EAG, Fritz Perls Institut, Düsseldorf, erw. in: *Gestalt und Integration* 1 (1996) 30-66..

501. *Petzold, H.G., Orth, I.*, 1994c. Integrative Kunsttherapie – ein kreativer Ansatz der Kulturarbeit und der Krankenbehandlung, in: *Faust, J., Marburg, F.* (Hrsg.), Zur Universalität des Schöpferischen, Lit, Münster 1994, 196-215.

## 1995

502. *Petzold, H.G.*, 1995a. Weggeleit, Schutzschild und kokreative Gestaltung von Lebenswelt – Integrative Arbeit mit protektiven Prozessen und sozioökologischen Modellierungen in einer entwicklungsorientierten Kindertherapie, in: *Metzmacher, B., Petzold, H.G., Zaepfel, H.*, Therapeutische Zugänge zu den Erfahrungswelten des Kindes. Theorie und Praxis der Integrativen Kindertherapie, Bd. I, Junfermann, Paderborn 1995 (im Druck).

503. *Petzold, H.G.*, 1995b. Integrative Kindertherapie als sozialökologische Praxis beziehungszentrierter und netzwerkorientierter Entwicklungsförderung, Fritz Perls Institut, Düsseldorf und in: *Metzmacher, Petzold, Zaepfel*, Bd. II (in Vorbereitung).

504. *Petzold, H.G.*, 1995c. Geleitwort in: *Osten, P.*, Die Anamnese in der Psychotherapie, Reinhardt, München, 11-14.

505. *Petzold, H.G.*, 1995d. Das Körper-Seele-Geist-Problem – Überlegungen aus der Sicht der Integrativen Therapie, Fritz Perls Institut, Düsseldorf.

506. *Petzold, H.G.*, 1995e. Integrative Eltern- und Familientherapie bzw. -beratung (IFT) – einige Kernkonzepte, in: *Metzmacher, Petzold, Zaepfel*, Bd. II (in Vorbereitung).

507. *Petzold, H.G.*, 1995f. Fremdheit, Entfremdung und die Sehnsucht nach Verbundenheit – anthropologische Reflexionen. Vortrag auf dem Internationalen Symposion des Orff-Instituts am 29.06.1995 in Salzburg, Fritz Perls Institut, Düsseldorf und Dokumentation, Carl Orff Institut, Salzburg.

508. *Petzold, H.G.*, 1995g. Die Wiederentdeckung des Gefühls. Emotionen in der Psychotherapie und der menschlichen Entwicklung, Junfermann, Paderborn.

509. *Petzold, H.G.*, 1995h. Schulenübergreifende Perspektiven zu einer integrierten Psychotherapie und einer allgemeinen Psychotherapiewissenschaft – der Beitrag von Gestalttherapie und Integrativer Therapie, in: Berufsverband deutscher Psychologen (Hrsg.), Gegenwart und Zukunft der Psychotherapie im Gesundheitswesen, Deutscher Psychologen Verlag, Bonn, 71-94.

510. *Petzold, H.G.*, 1995n. Therapeutische Beziehung und „shared meaning" in der Integrativen Kindertherapie, Fritz Perls Institut, Düsseldorf.

511. *Petzold, H.G.*, 1995o. Berufsprofile und Zweige am FPI. Terminologische Klarstellungen, in: *Petzold, Orth, Sieper* (1995a) 248-251.

512. *Petzold, H.G., Hass, W., Jakob, S., Märtens, M., Merten, P.*, Evaluation in der Psychotherapieausbildung: Ein Beitrag zur Qualitätssicherung in der Integrativen Therapie, in: *Petzold, Orth, Sieper* (1995a) 180-223.

513. *Petzold, H.G., Josić, S. (Josić, Petzold)* 1995. Kriegstraumatisierung, posttraumatischer Streß – diagnostische und therapeutische Dimensionen, Zentrum für Kriegshilfe, Belgrad (serb.).

514. *Petzold, H.G., Lemke, J., Orth, I.*, Einführungsbriefe in die Ausbildung, in: *Petzold, Orth, Sieper* (1995a) 256-267.

515. *Petzold, H.G., Märtens, M., (Märtens, Petzold)*, 1995a. Perspektiven der Psychotherapieforschung und Ansätze für integrative Orientierungen, *Integrative Therapie* 1, 7-44.

516. *Petzold, H.G., Märtens, M., (Märtens, Petzold)* 1995b. Psychotherapieforschung und kinderpsychotherapeutische Praxis in: *Metzmacher, Petzold, Zaepfel*, Bd. I, 1995 und in: *Praxis der Kinderpsychologie und Kinderpsychiatrie* 8 (1995), 302-321.

517. *Petzold, H.G., Märtens, M.*, 1995c. The „Ghent declaration for children an adolescents psychotherapy", in: *Petzold, Orth, Sieper* (1995a) 266-267.

518. *Petzold, H.G., Metzmacher, B., Zaepfel, H. (Metzmacher, Petzold, Zaepfel)* 1995. Therapeutische Zugänge zu den Erfahrungswelten des Kindes. Theorie und Praxis der Integrativen Kindertherapie, 2 Bde, Junfermann, Paderborn 1995.

519. *Petzold, H.G., Orth, I. (Orth, Petzold)* 1995a. Kritische Überlegungen zu offenen und verdeckten Ideologien in der Psychotherapie – Überlieferungen und Veränderungen im psychotherapeutischen Feld – Präzisierungen Integrativer Positionen, Fritz Perls Institut, Düsseldorf 1995.

520. *Petzold, H.G, Orth, I. (Orth, Petzold)* 1995b. Gruppenprozeßanalyse – ein heuristisches Modell für Integrative Arbeit in und mit Gruppen, *Integrative Therapie* 3/4, 197-212.

521. *Petzold, H.G., Orth, I.*, 1995c. Weiterbildung von Lehrtherapeuten – ein Muß für die Qualitätssicherung in der Ausbildung von Psychotherapeuten. Konzepte für die Mitarbeiterfortbildung an FPI und EAG, *Gestalt und Integration* 1 (1996), S. 30-66.

522. *Petzold, H.G., Orth, I., Sieper, J.,* 1995a. Qualitätssicherung und Didaktik in der therapeutischen Aus- und Weiterbildung, Sonderausgabe von *Gestalt und Integration*, FPI-Publikationen, Düsseldorf.

523. *Petzold, H.G., Orth, I., Sieper, J.* (*Orth, Petzold, Sieper*) 1995b. Ideologeme der Macht in der Psychotherapie – Reflexionen zu Problemen und Anregungen für alternative Formen der Praxis, in: *Petzold, Orth, Sieper* (1995a).

524. *Petzold, H.G., Orth, I., Sieper, J.,* 1995c. Curricular strukturierte Psychotherapieausbildung. Überlegungen zur strukturierten Vermittlung psychotherapeutischer Kompetenz und Performanz, in: *Petzold, Orth, Sieper* (1995a) 12-29.

525. *Petzold, H.G., Sieper, J., Rodriguez-Petzold, F.,* 1995. Das Wissenschaftsverständnis und die Therapie- und Forschungsorientierung der Integrativen Therapie, in: *Petzold, Orth, Sieper* (1995a) 93-111, erw. von 1994m.

526. *Petzold, H.G., Thomas, G.,* 1995. Integrative Suchttherapie und Supervision, Sonderausgabe von *Gestalt und Integration*, FPI-Publikationen, Düsseldorf.

## 1996

527. **Petzold, H.G., Integrative Bewegungs- und Leibtherapie. Ein ganzheitlicher Weg leibbezogener Psychotherapie. Ausgewählte Werke Bd. I, 1 und Bd. I, 2, Junfermann, Paderborn, 3. revidierte und überarbeitete Auflage von 1988n.***

---

* Für Zitationen sollte diese 3. revidierte Auflage gegenüber der Erstauflage von 1988(n) verwandt werden.

# Revidierte Nachdrucke:

In Bd. II, 1-3 und Bd I, 1-2 wurden folgende in der Bibliographie I aufgeführte Arbeiten nachgedruckt bzw. in revidierten Fassungen veröffentlicht:

**1978c**
Das Ko-respondenzmodell in der Integrativen Agogik,
Nr. 117    als: Das Ko-respondenzmodell als Grundlage der Integrativen Therapie und Agogik, **1991a, Bd. II, 1**, S. 19-90.

**1981i**
Integrative Dramatherapie, als: Integrative Dramatherapie und Sze-
Nr. 172    nentheorie – Überlegungen und Konzepte zur Verwendung dramatherapeutischer Methoden in der Integrativen Therapie, **1992a, Bd. II, 2,** S. 897-926.

**1988a**
Integrative Therapie als intersubjektive Hermeneutik bewußter und unbe-
Nr. 318    wußter Lebenswirklichkeit, **1991a, Bd. II, 1**, S. 153-332.

**1988b**
Zur Hermeneutik des sprachlichen und nichtsprachlichen Ausdrucks in
Nr. 319    der Integrativen Therapie, als: Konzepte zu einer mehrperspektivischen Hermeneutik leiblicher Erfahrung und nicht-sprachlichen Ausdrucks in der Integrativen Therapie, **1991a, Bd. II, 1**, S. 91-152.

**Petzold, H.G., Ramin, G. 1987 (Ramin, Petzold).**
Nr. 314    Integrative Therapie mit Kindern, **1993a, Bd. II, 3,** S. 1089-1150.

**Petzold, H.G., Sieper, J. 1988b.**
Nr. 345    Die FPI-Spirale – Symbol des „heraklitischen Weges", als: Die Spirale – das Symbol des „Heraklitischen Weges" in der Integrativen Therapie, **1991a, Bd. II, 1,** S. 413-44.

**Petzold, H.G., 1988d.**
Nr. 321    Die „Vier Wege der Heilung", als: Die „Vier Wege der Heilung und Förderung", **1996a, Bd. I, 1,** S. 173-284.

**Petzold, H.G., 1988j/1988p.**
Nr. 327    Beziehung und Deutung in der Integrativen Bewegungstherapie, **1996a, Bd.**
u. 333    **I, 1,** S. 285-340.

# Personenverzeichnis

733

# Sachwortregister

741

747